前田育徳会尊経閣文庫編

尊経閣善本影印集成 65

水左記

八木書店

例言

一、『尊経閣善本影印集成』は、加賀・前田家に伝来した蔵書中、善本を選んで影印出版し、広く学術調査・研究に資せんとするものである。

一、本集成第八輯は、平安古記録を採りあげ、『小右記』『水左記』『台記』（『宇槐記抄』・『宇槐雑抄』・『台記抄』）の三部を十一冊に編成、収載する。

一、加藤友康（明治大学）・尾上陽介（東京大学史料編纂所）の両氏が、本集成第八輯の編集委員を担当した。

一、本冊は、本集成第八輯の第十冊『水左記』として、巻子本二巻、冊子本一冊を収め、カラーで製版、印刷した。

一、巻子本の料紙は第一紙、第二紙と数え、本文図版の下欄、各紙右端にアラビア数字を括弧で囲んで、(1)、(2)のごとく標示した。

一、冊子本の料紙は遊紙を除き、墨付で第一丁、第二丁と数え、各丁のオモテ、ウラをそれぞれ本冊の一頁に収め、図版の下欄の左端または右端に(1オ)、(1ウ)のごとく丁付した。

一、原本の包紙（墨書のある部分）等、付属書類を参考図版として適宜掲載した。

一、本冊尾に、所収書目の「解説」を石田実洋氏執筆により掲載した。「解説」の末尾に、表紙・本文・補紙・軸の法量表を前田育徳会尊経閣文庫の計測により掲載した。

平成二十九年四月

前田育徳会尊経閣文庫

目次

水左記

承暦元年

水左記
承暦元年秋冬
用紙具注暦
一

水左記
承暦元年秋冬
用紙具注暦
一

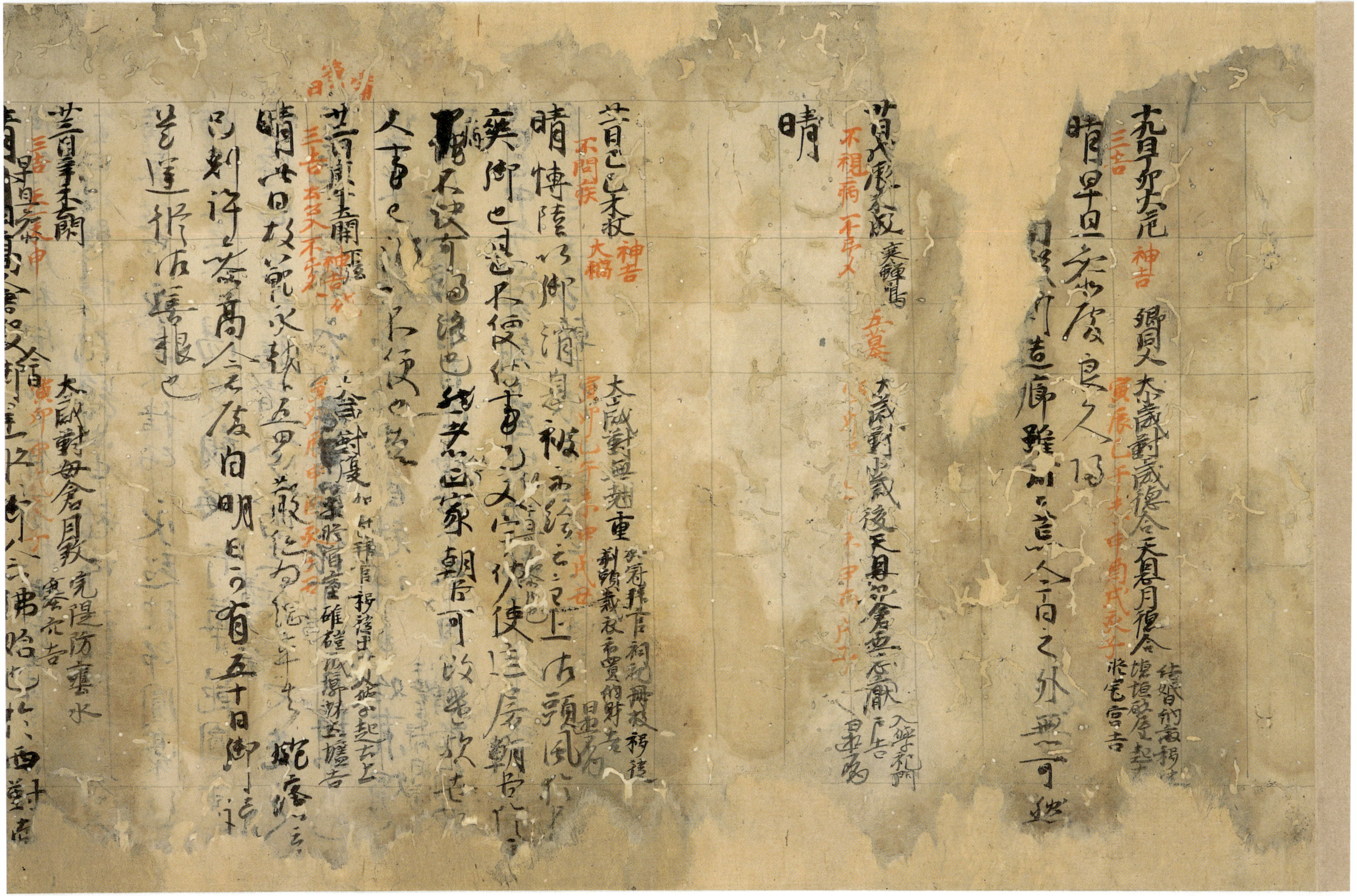

廿三日辛未閑　大歳對　母倉　月殺　宜堤防塞水　塞穴吉
晴、早旦向高倉殿、四面懸幡花鬘等、御佛造作始也、於西對南面有此事、奉安三尺皆金色阿弥陀三尊像、佛師[illegible]
[illegible]書手數、[illegible]
鐘　螺　鈸
妙法華經一部、八巻開結、阿弥陀轉女成佛經、般若心經
廿四日壬申金除　神吉　大歳對　歳德　月德
晴、早旦參高倉殿、有御懺法事、調[illegible]
事了退出、晚頭又參、被供養黒字法華經[illegible]
一部、以自今日每日一部、可被供養也、以永慶
律師為講師、布施三疋、相次有阿弥陀佛調[illegible]
廿五日癸酉金建　大歳對　九坎　沐浴　公損
晴、晚參高倉殿、有遍御懺法也、調[illegible]以乾園
今日朝[illegible]頗有遠[illegible]、[illegible]入自[illegible]
[illegible]不快[illegible]參[illegible]、皆[illegible]御念佛
廿六日甲戌火滿　大歳對
或人云、昨日相撲[illegible]
晴、[illegible]源[illegible]與昨日同[illegible]出[illegible]、早[illegible]源
宰相中将[illegible]來[illegible]
相撲節
廿七日乙亥火平　沐浴　大歳位重　祠祀　移徙
晴、花[illegible]若[illegible]、[illegible]
白[illegible]

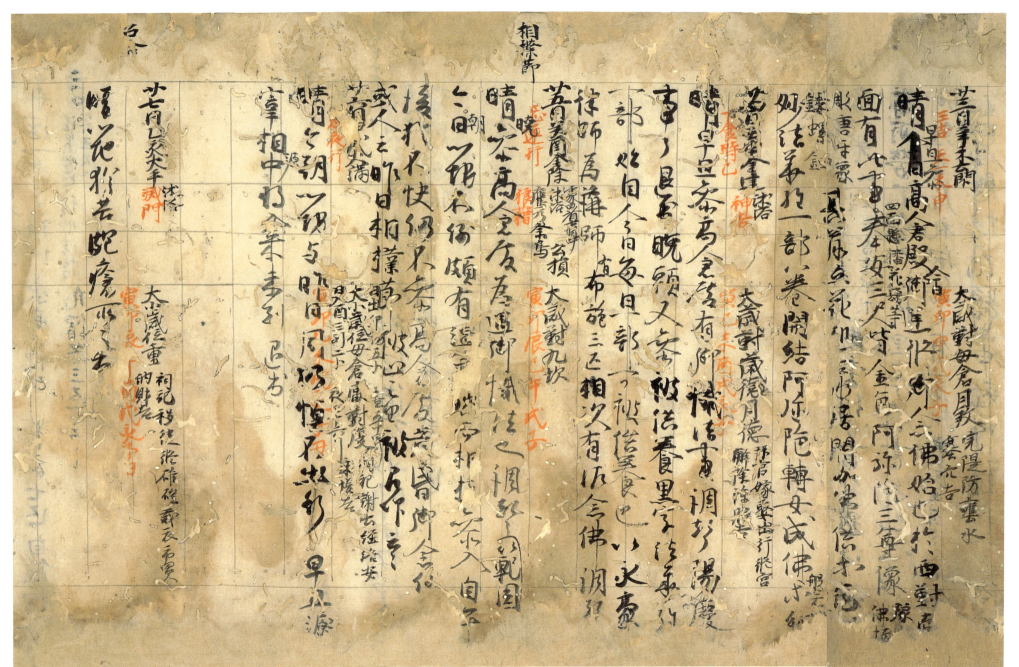

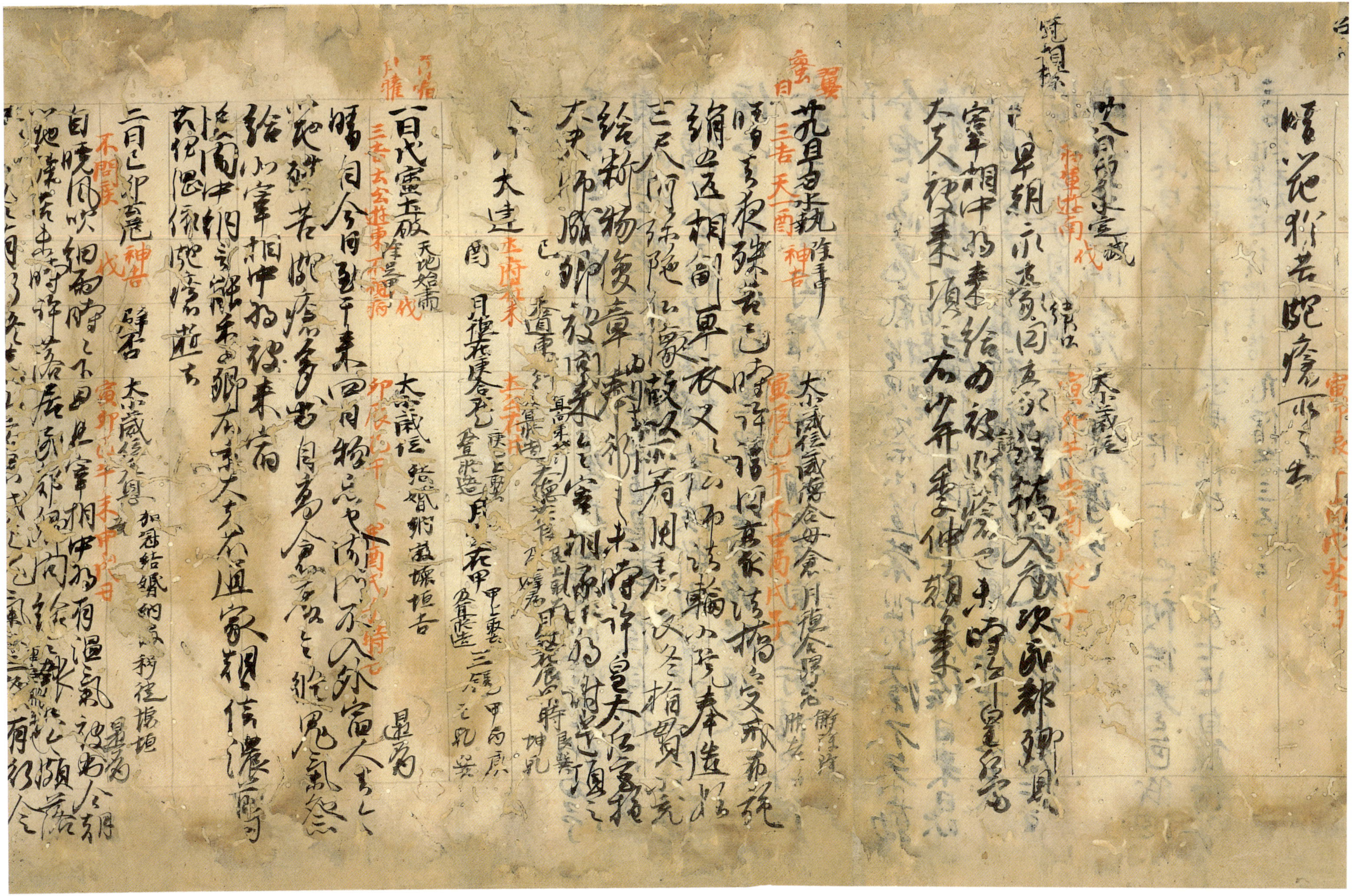

(3)

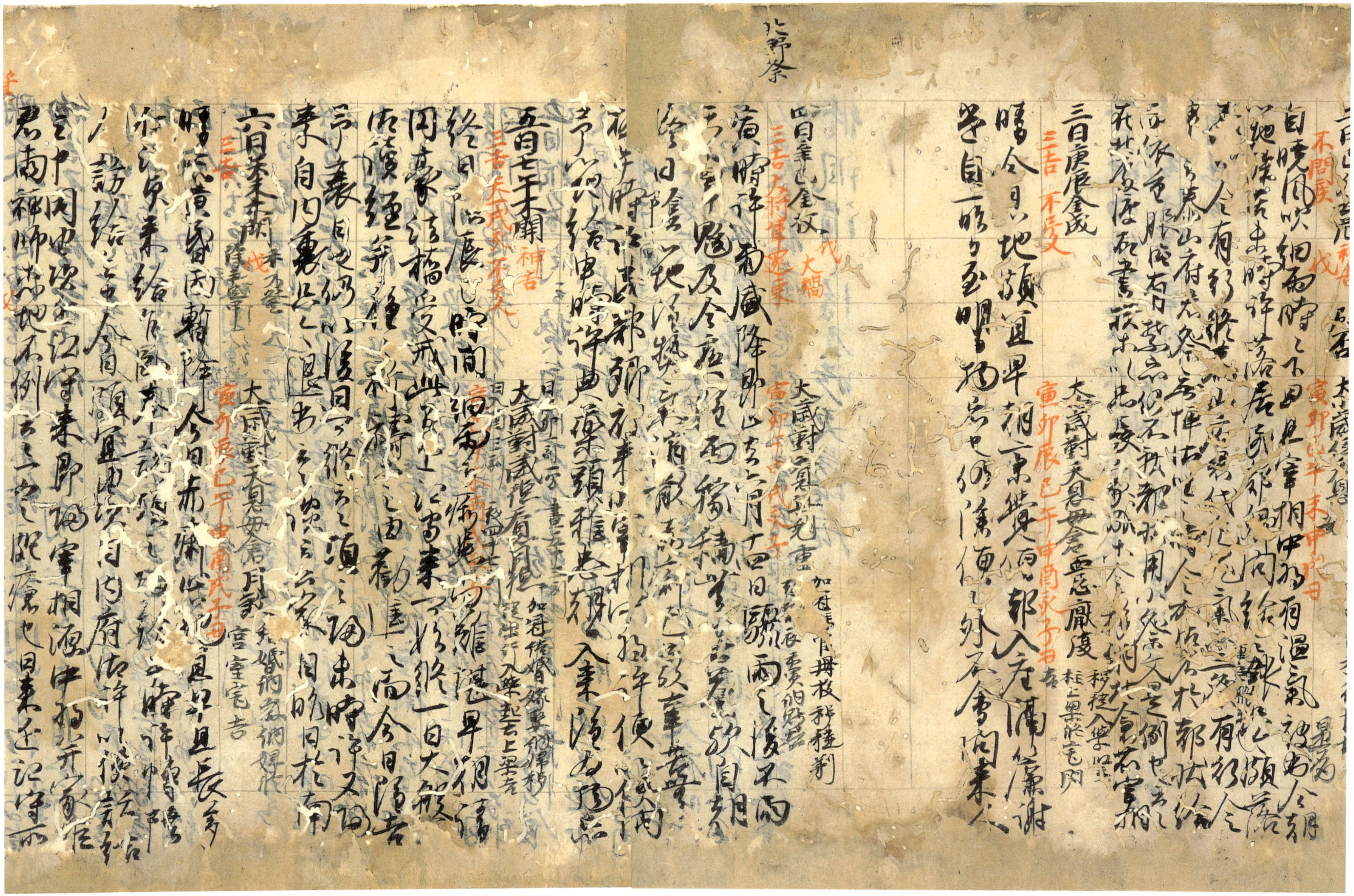

裏7（83頁）　裏8（82頁）　裏9（82頁）　裏10（82頁）

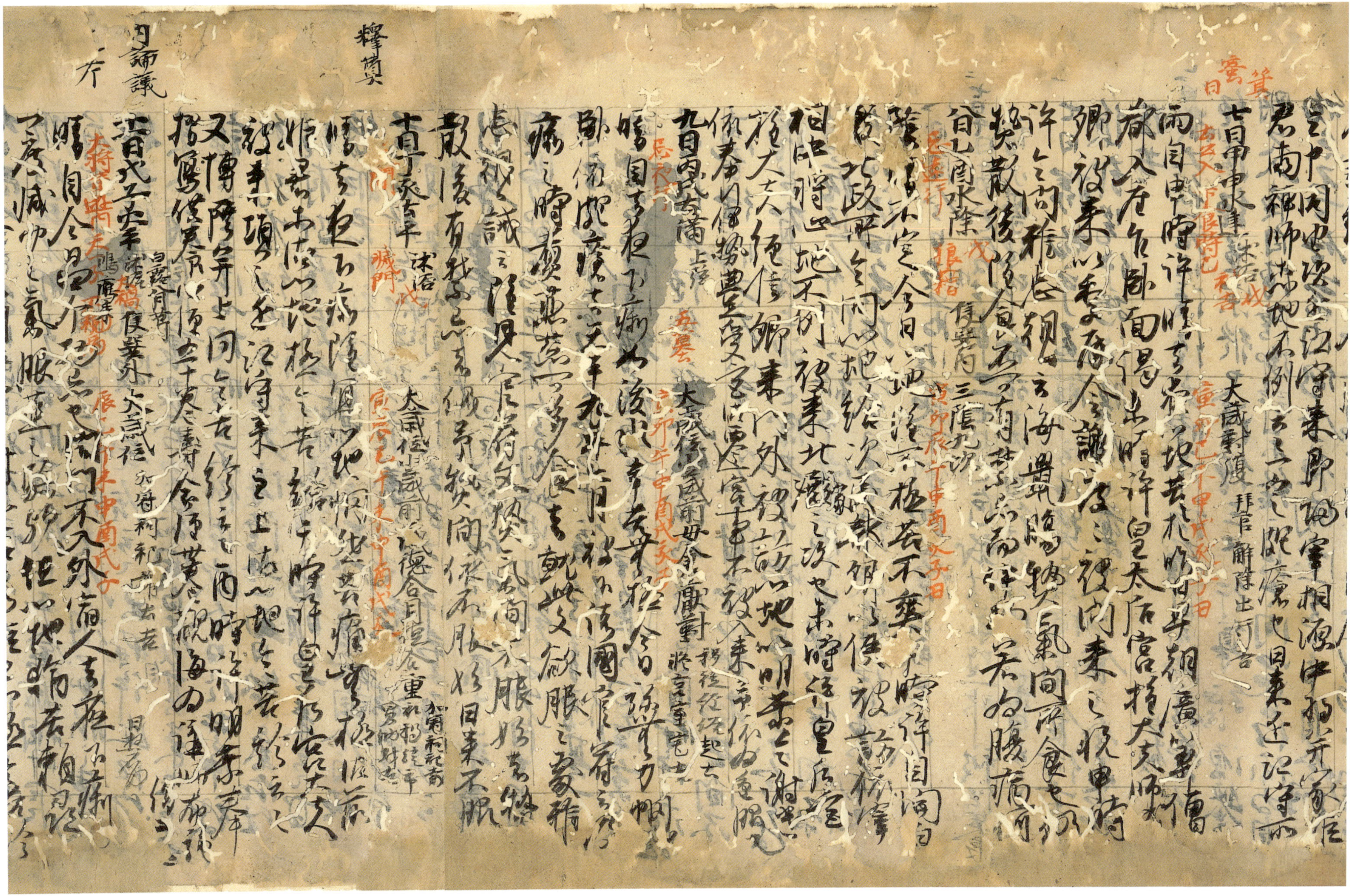

(5)

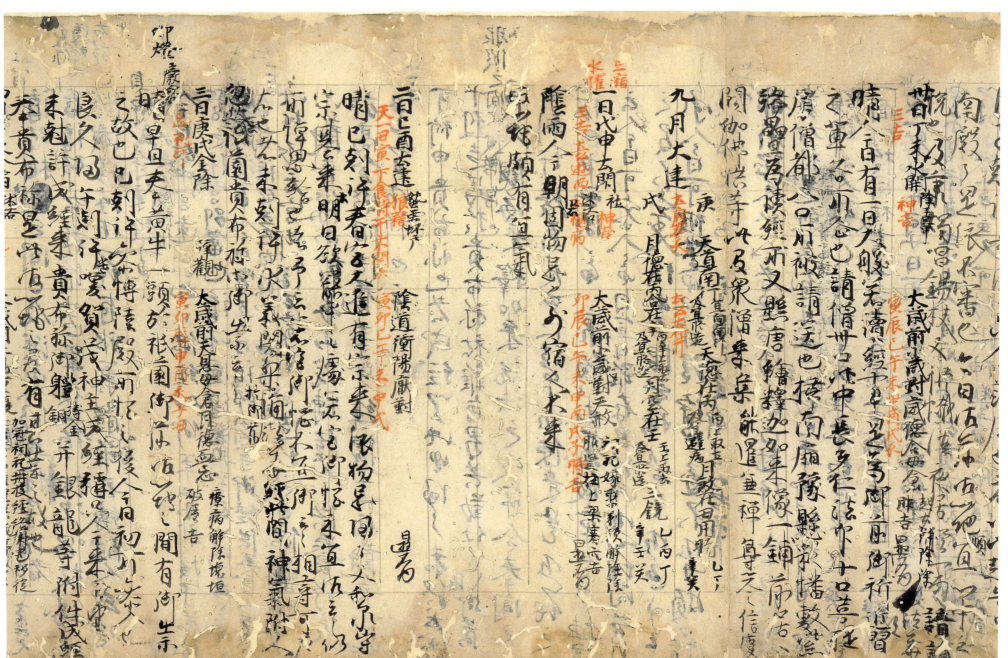

裏15（81頁）

裏14（81頁）

裏13（81頁）

裏12（81―82頁）

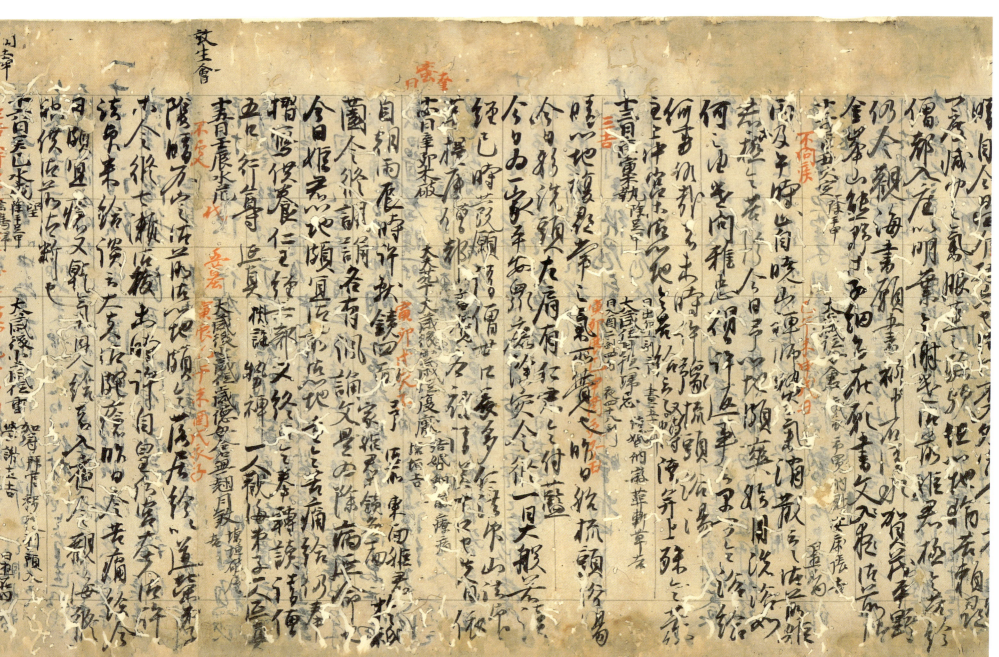

裏11（82頁）

裏16（81頁）　裏17（80頁）　裏18（80頁）　裏19（80頁）

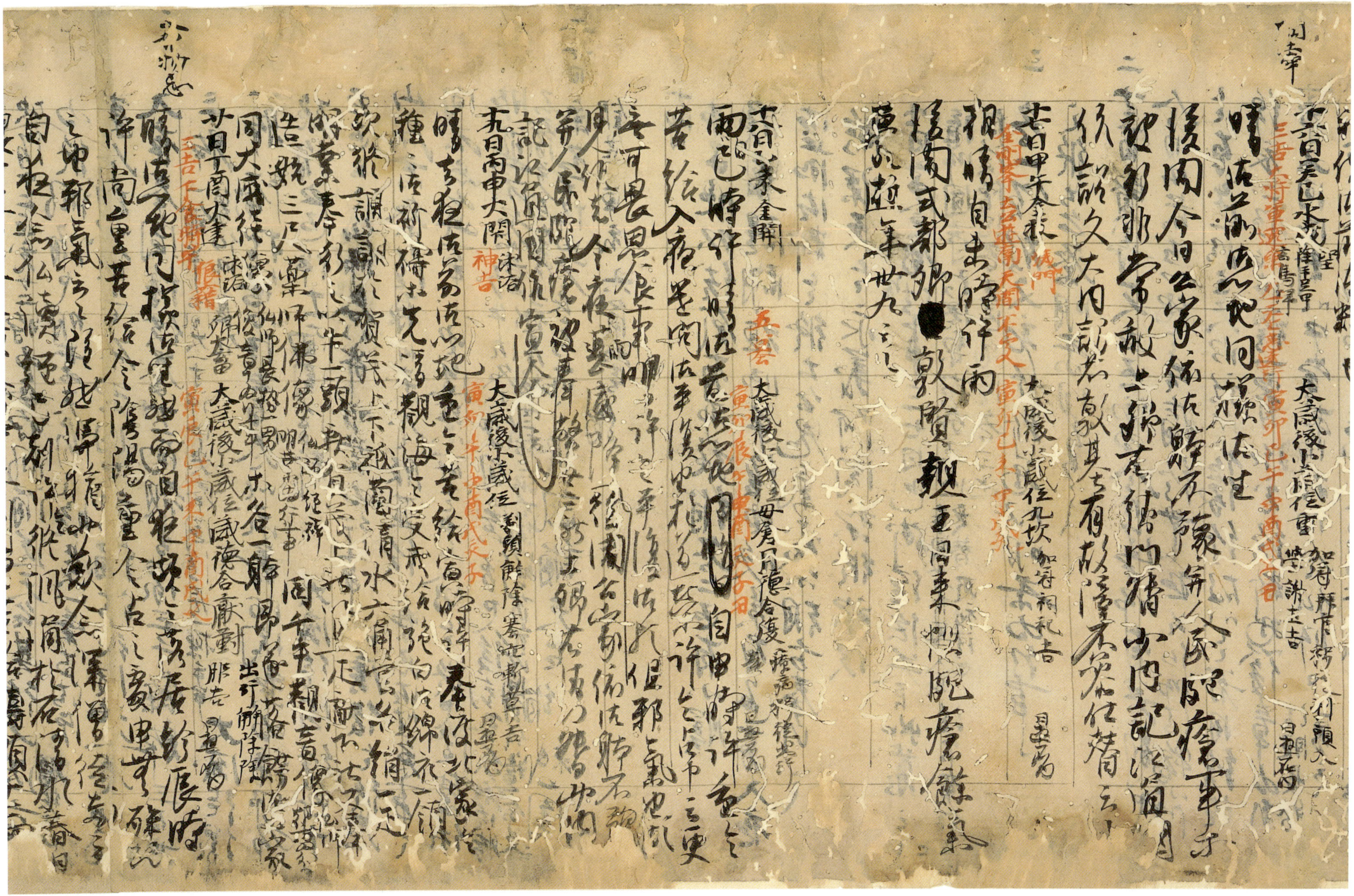

裏22（79頁）　裏21（79頁）　裏20（79―80頁）

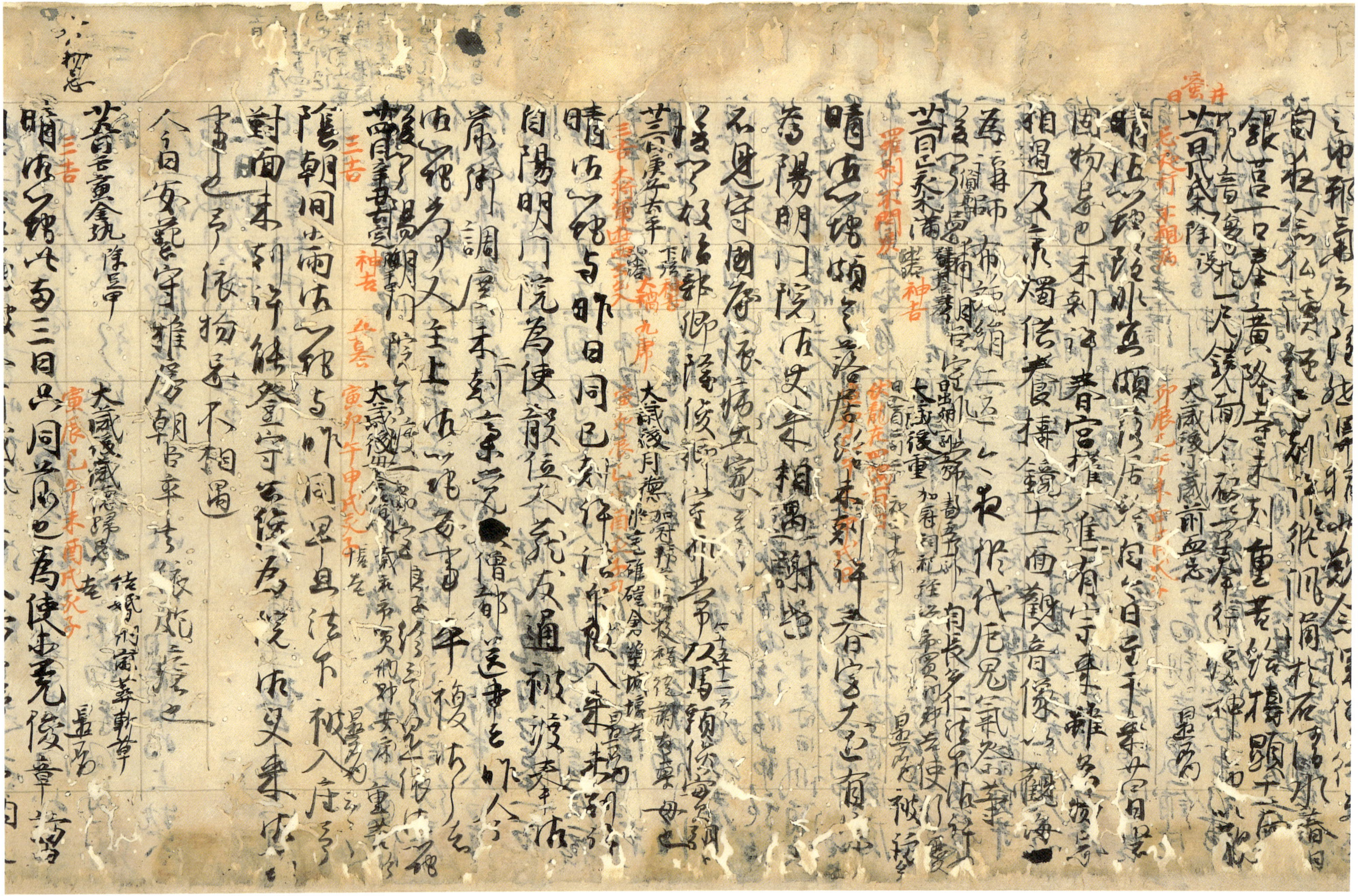

裏25（78頁）　裏24（79頁）　裏23（79頁）

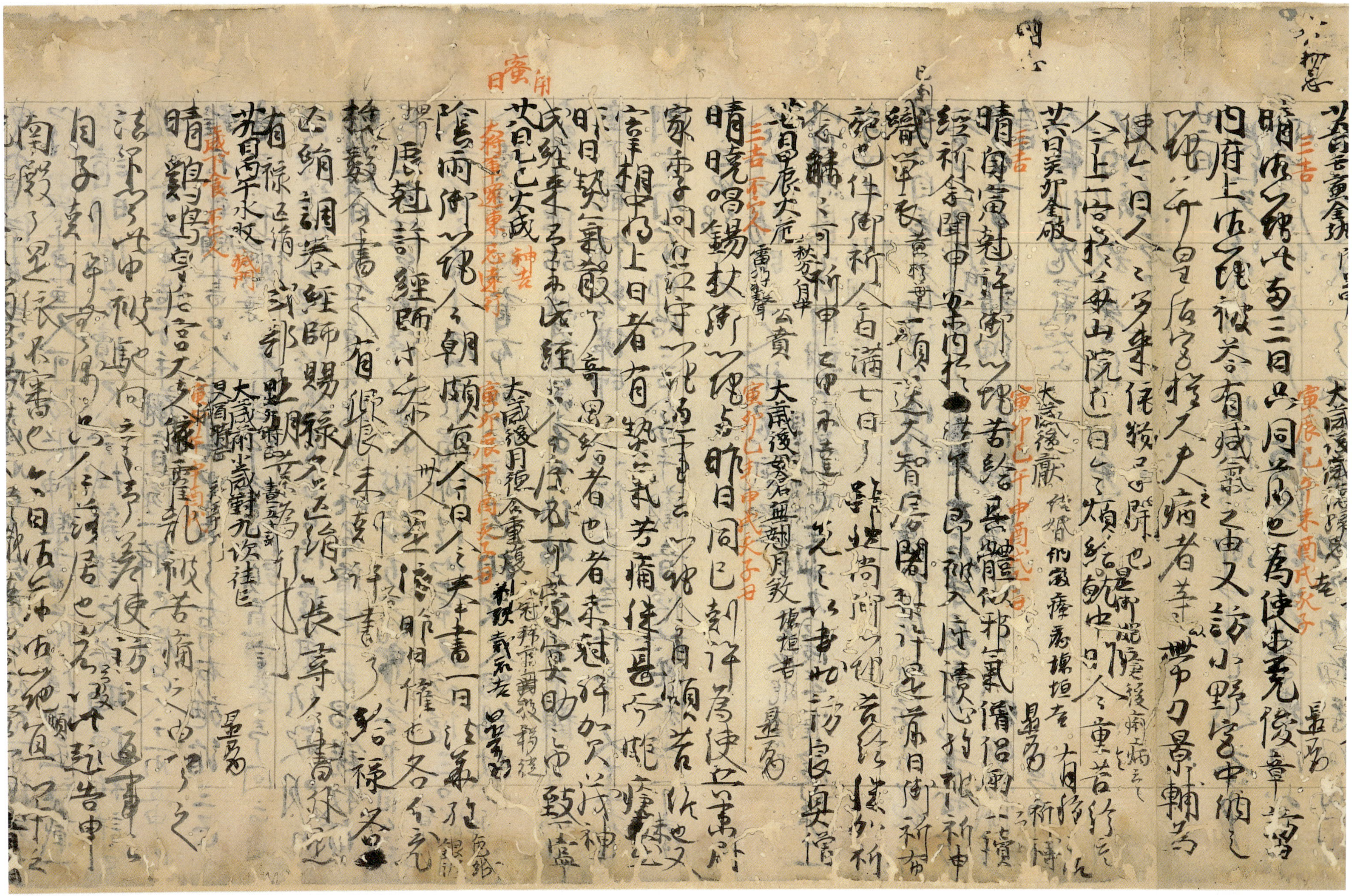

裏26（78頁）　裏27（77頁）　裏28（77頁）　裏29（77頁）

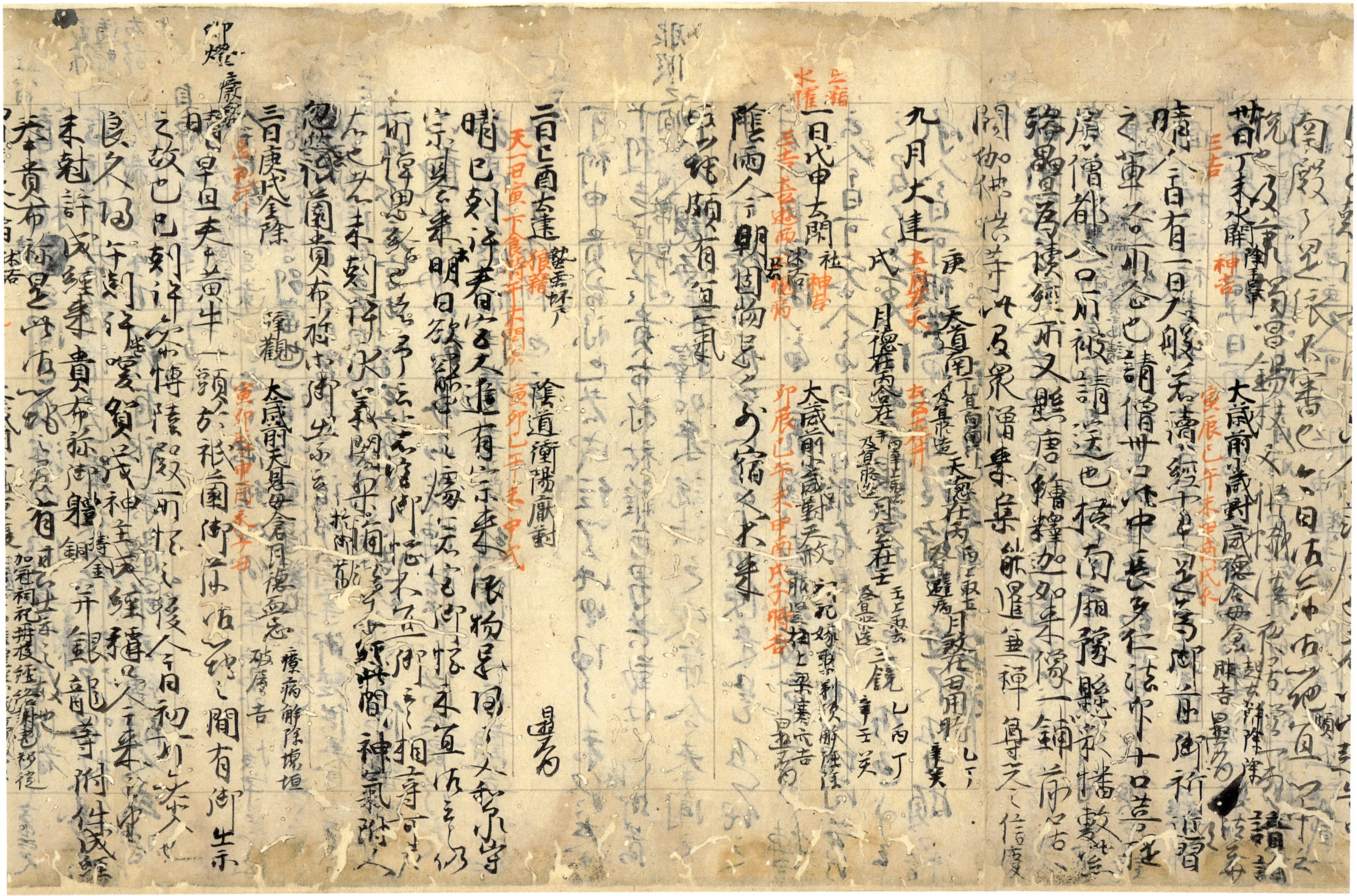

未剋許成經來、貴布祢御體銅并金銅龍等所…
奉貴布祢是也、而…之、…有…
八卦物忌
四日辛亥金滿 沐浴 [三吉 神吉 九虎 寅卯申戌亥子] 大歳前 天恩 重復 加冠 祠祀 拜官 移徙 起土 修宅 碓磑 築城 壞垣 承實 納財 奴婢 六畜 安床帳吉
晴、御祀頗宜、入午剋博陸被行仁王講云々、
是右宮御祈云々、申剋許参入、來相次、
相源朝臣来、相逢謝遣、自入夜欲始觀音供、而
道榮占申云、處中不快、仍不始、今夜依児氣…心了、懺悔帝
[宴賀] 五日壬子木平 沐浴 [大將軍遊北 神吉 大禍 寅辰巳午未酉戌亥子] 大歳後 天恩 加冠 拜官 祠祀 結婚 納徵 移徙 起土 竪柱 上梁 修宮門 碓磑 築城 壞垣
晴、辰剋許参博陸殿、右宮從昨日御坐也、…苦給、故…
良久退出、今日令僧五口 行舜 良覺 奝覺 永有 永義 轉讀般若
心經千巻、廻向行疫神、未剋許結願、各有布施、
申剋参殿、入夜退家、先之於院…深更、
依児氣也、
六日癸丑木定 [三吉 神吉 戌] 陰孝 [寅卯巳午申酉子] 日出前二刻三分 晝四十九刻 大歳後 天恩 日入前二刻九分 夜五十二刻 移徙 起土 二千貫 納財 母倉 女手帳吉
晴、早旦参博陸殿、右宮御…諸…苦給、大略…御
祈…家未剋許奉十列…於祇園、是御…
之地間…鼓…出…、有其告之故也、申剋参博陸、有
先之博陸参内給、良久…給、此日…諸山僧於…滿尊勝陀羅尼
祝…奉是…右宮御體無…人存…、…氣…博陸云…上皇
七日甲寅水執 水始涸 陰孝 [三吉 大歳入 寅卯巳未申戌亥子日] 大歳後 厭忌 吉 結婚 納徵 嫁娶 …
晴、晩頭参殿、…夕相具僧等参中宮…
者也、又奉送…、…付人於近邊了、今日守…
也、…有厭魅之者、即…人令防禦也、…中…僧
不可…者也、七歳…年…同事也、前大…良久…
今朝召陰陽師、…問日時方角…、…戌時…方…
八日乙卯水破 上弦 [天一卯 寅卯辰申酉戌亥子日] 陰錯 …
晴、辰剋許参殿、頃之退出、
晩頭戸部被来、示…得…談…
…

裏31（76頁）　裏32（76頁）　裏33（75頁）　裏34（75頁）　裏35（75頁）　裏36（75頁）　裏37（75頁）　裏38（75頁）　裏39（75頁）

晩頭戸部被来、示指揚之事、談世事之間、子剋被出了、

九日丙辰土危　〔朱〕不斉又　復陽妹内大歳後母倉無翹月殺　壊垣破屋吉　〔朱〕寅卯午申酉戌亥子

晴、巳剋参内、南殿着座、依上日着座所御也、良久帰、晩頭又参入、夜間日来所修之懺法今日満三七日、雖未結願、尚今日退出了、已而帰、亥剋帰宅、

十日丁巳土成　〔朱〕三吉大将軍遊東　忌遠行　寅卯辰巳午未申酉戌亥子　大歳位大歳後歳徳合重　加冠拝官移徙入学　入財納財吉

晴、辰剋参内、南殿良久、今日依同抑御読経結願也、申剋許退出、後之、依殿日所之事書不慶也、及午後参入、又参入、傾之間、懺法如常、子剋許、坤方有焼亡、是外記家并寺之屋、以火門南栃川西一町云々、焼了、件焼亡出家相源中納言家、

伊勢例幣廃務

十一日戊午火收　〔朱〕不視病　不斉又　滅門　大歳前天恩　祀門謝土吉　〔朱〕卯辰巳未申戌　昼有

晴、今明堅物忌也、閉門不入外宿之人、東燭之前、春宮大進有宗為院御使来、雖物忌以門外逢云々、

十二日己未火收　〔朱〕神吉　三吉　忌夜行　不問疾　塞露九月節　鳴鴈来　復陽妹外大歳前後　裁衣経　〔朱〕寅卯巳午未申戌子　日遊在内

晴、未剋大将破物忌参南殿、依上日日来不闕御敬也、入夜帰、

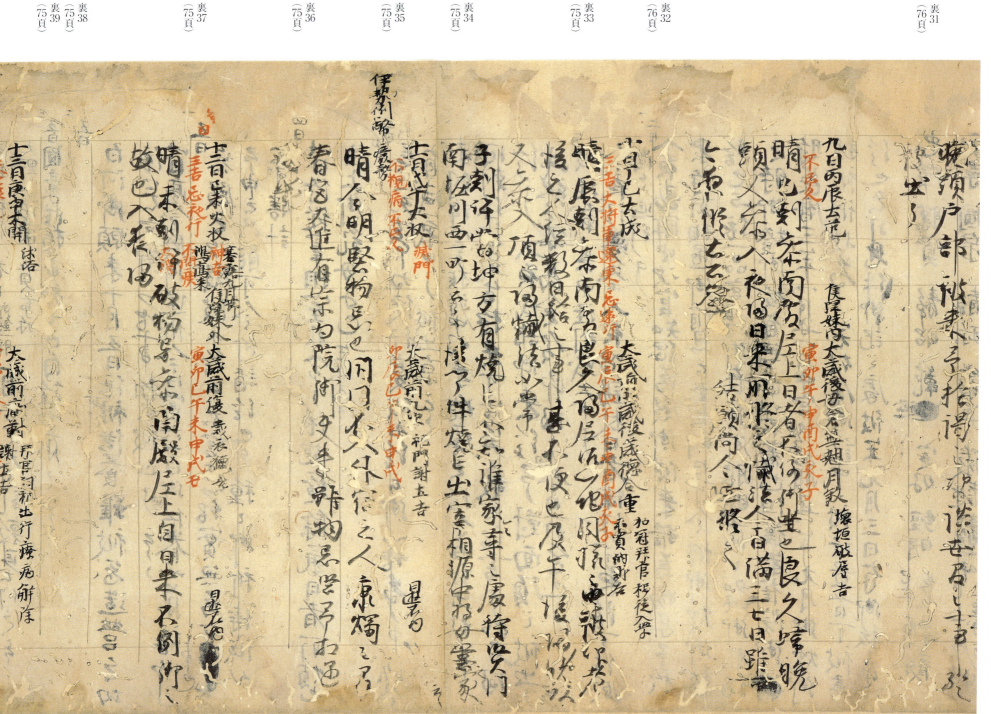

十三日庚申木開　〔朱〕天一辰巳　沐浴　大歳前天恩対　謝土吉　拝官冠衣出行療病解除　〔朱〕寅卯辰申酉戌亥子

裏40（75頁）　裏41（75頁）　裏42（75頁）　裏43（74頁）

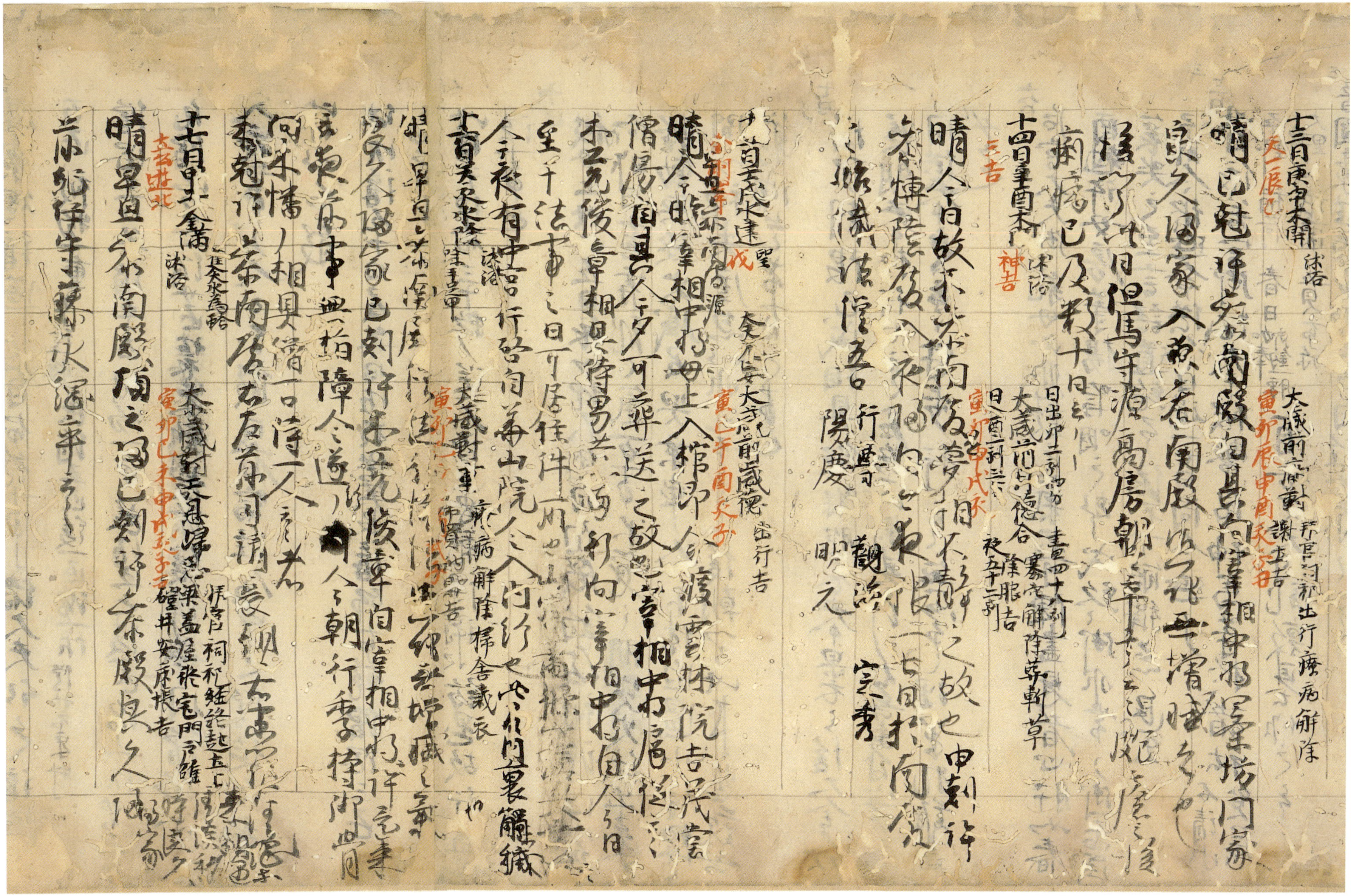

十三日庚寅 木開 沐浴 天一辰巳 大歳前 歳對 拝官 祠祀 出行 療病 解除 謝土吉

晴、巳魁許参南殿、自昨日宰相中将寄坊門家、
良久、因家人煩、若南殿出令逃無増減也、
接[illegible]昨日但馬守源高房朝臣卒、[illegible]
病悩已及数十日云々、

十四日辛卯 木閉 沐浴 三吉 神吉 日出卯二刻四分 昼四十八刻 日入酉一刻三分 夜五十二刻 大歳前 月徳合 塞穴 解除 葬斬草 除服吉

晴、今日故女御参南殿、夢想不静之故也、申刻許
参博陸殿、入夜帰[illegible]、依[illegible]限一七日於南殿
[illegible]修読経五口　行尊　陽慶　観[illegible]　明之　定秀

十五日壬辰 水建 望 大歳前 歳徳 出行吉

晴、今日故宰相中将母上入棺、即令渡雲林院[illegible]
僧房、自其夕可葬送之故也、宰相中将相従之、
未二刻、後章相具侍男共[illegible]向、宰相中将自今日
至于法事之日可居住件所也、
今夜有中宮行啓、自花山院令入内給也、[illegible]

十六日癸巳 水除 沐浴 大歳對 療病 解除 掃舎 壊衣

[illegible]早旦参[illegible]
[illegible]巳刻許来元後章自宰相中将許[illegible]
[illegible]事無指障、今遂[illegible]人々朝行季持御[illegible]
同[illegible]相具侍一口侍一人[illegible]
来冠許参南殿[illegible]

十七日甲午 金満 沐浴 大将軍遊北 大歳後 天恩 帰忌 拝官 祠祀 結婚 起土 上梁 蓋屋 移徙 壊垣 井 安床帳吉

晴、早旦参南殿、須之因巳刻許参殿、良久人[illegible]
[illegible]藤[illegible]氷深云々、

裏44（74頁）　裏45（74頁）

前紀伊守藤永深卒云々、

十七日乙丑金平 除手申 神吉 忌遠行 天間 藏門
大小歳對 天恩 月殺 寅卯辰午申酉亥子丑 裁衣 市買 納財吉

晴、早旦参内、依(?)陰(?)良久之間、出(?)也、次(?)因(?)催(?)退出、
午剋許参博陸、侍(?)晩頭帰(?)家(?)、
今夜陽明門院自閑院令渡三條第、理(?)給(?)、
散位相(?)章(?)信(?)宗(?)等云々、

十九日丙寅火定 蚕井 大小 滅辰九坎厭 寅卯午申酉戌亥

陰雨、早旦参南殿、御心地無増減、良久之参高倉殿、
頃之帰家、午剋許播磨守為家朝臣来、相遇、謁(?)
向御願既被行了、相次備後守信明・尾張守、
清長朝臣来、同相遇、謝遣、申初参殿、依晩帰家、洛雨、

廿日丁卯火執 羅剎 神吉 狼藉
大小歳對 歳徳合 天恩 無翹 寅辰巳午未申酉戌亥子 結婚 納徴 起土 安門戸 碓磑 祀竈 剃頭 動土(?) 草(?)吉

晴、午剋許参南殿、良久帰家、午剋許参博陸、夜帰家、
入夜向侍従宰相朱雀第、訪其室産長也、坐之帰家、
今日向後御誠法、満七日結願、
伺之家、

廿日戊辰木破 不視病 不受人
大歳對 小歳後 天恩 復 五墓 卯辰巳午未申酉戌亥 療病 壞垣吉 歸忌

今明固物忌也、但依服物忌、辰剋許参南殿、依
今日不帰家、
日来所崇前於近江(?)修法、満三七日結願、布施(?)

廿一日己巳木戸 下弦 神吉 下食将来 不問疾 菊有黄花
日出卯三刻 昼四十七刻 日入酉一刻下 夜五十三刻
大歳對 母倉 血忌 重復 寅卯巳午未申戌亥 拝官 裁衣 市買 納財 壞垣吉 日遊在内

廿二日己未木危 下弦 神吉 菊有黄花
下食時未 不問疾
日出卯三刻 昼四十七刻
大歳對 母倉 血忌 重復 拝官 裁衣 市買 納財
日入酉一刻下 夜五十三刻 壊垣吉
寅卯巳午未申戌日
日遊在内
晴、未剋許参内、南殿、入夜退出、

廿三日庚申木成 神吉 [illegible]
三吉 大將入 天恩 [illegible]
大歳 [illegible] 母倉 [illegible]
拝官 祠祀 [illegible] 婚 納徴 [illegible] 嫁娶 [illegible]
寅卯巳午未申戌日
陰雨、早旦参内、南殿、従也参博陸、良久退出、
此間大外記師平来、陳所望之事、入[illegible]可有[illegible]時[illegible]
因之申云、[illegible]之云々、暁乃前陰陽頭[illegible]守[illegible]
為[illegible]来、相次前左大[illegible]相遇謝遣了、
乗燭前[illegible]長[illegible]、又相逢、已[illegible]

廿四日辛酉木収 大禍 三吉 [illegible] 帰忌
大歳對 [illegible] 嫁娶 納婦 [illegible]
寅卯午申戌亥子
晴、巳剋許参博陸殿、良久退出、帰家、[illegible]
行家[illegible]仲[illegible]来、相遇謝遣、
入夜有小雨気、

廿五日壬戌水開 沐浴 [illegible]
大歳對 [illegible] 祠祀 [illegible] 療病
寅巳午未酉亥子
晴、参内、南殿、[illegible]参関白殿、晩頭帰家、今日
[illegible]時[illegible]云々、[illegible]御[illegible]
[illegible]

廿六日癸亥水閉 沐浴 神吉
三吉
大歳對 [illegible]
寅卯巳午申酉子
晴、辰剋許参南殿、良久[illegible]
今日為[illegible]殿上[illegible]曼荼羅供[illegible]西對[illegible]
此事以廣[illegible]法師為阿闍梨、讃衆十口、[illegible]

裏49（72頁）

裏48（72頁）

[illegible]事以廣算法印為阿闍梨讃衆十口[illegible]

之着勝次事始申終了[illegible]百布[illegible]

[illegible]絹百[illegible]

廿七日甲戌　大達　[illegible]

晴、辰剋許参南殿、良久[illegible]

相遇[illegible]申剋許[illegible]

天氣[illegible]無[illegible]明[illegible]

[illegible]也[illegible]晩[illegible]

廿八日乙亥　火　陰　沐浴

晴、早旦[illegible]橘院[illegible]相遇[illegible]相次[illegible]

[illegible]相遇[illegible]相次[illegible]

未剋許向[illegible]相中[illegible]

廿九日丙子　水　満　沐浴

大小歳位　月徳　帰忌　拝官　除　往亡　上梁　動土　安床帳　吉

晴、早旦[illegible]陰陽[illegible]道[illegible]

[illegible]

卅日丁丑　水　平

[illegible]

十月大　建

月徳在申　合在巳

月空在庚

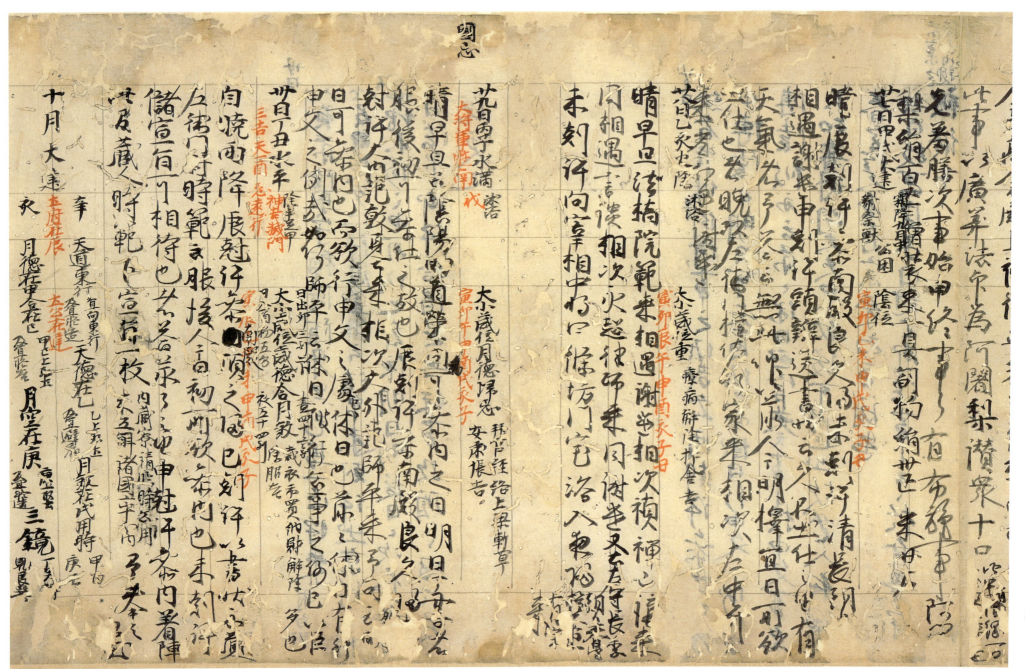

三鏡

（70頁）裏53　（71頁）裏52　（71頁）裏51　（71頁）裏50

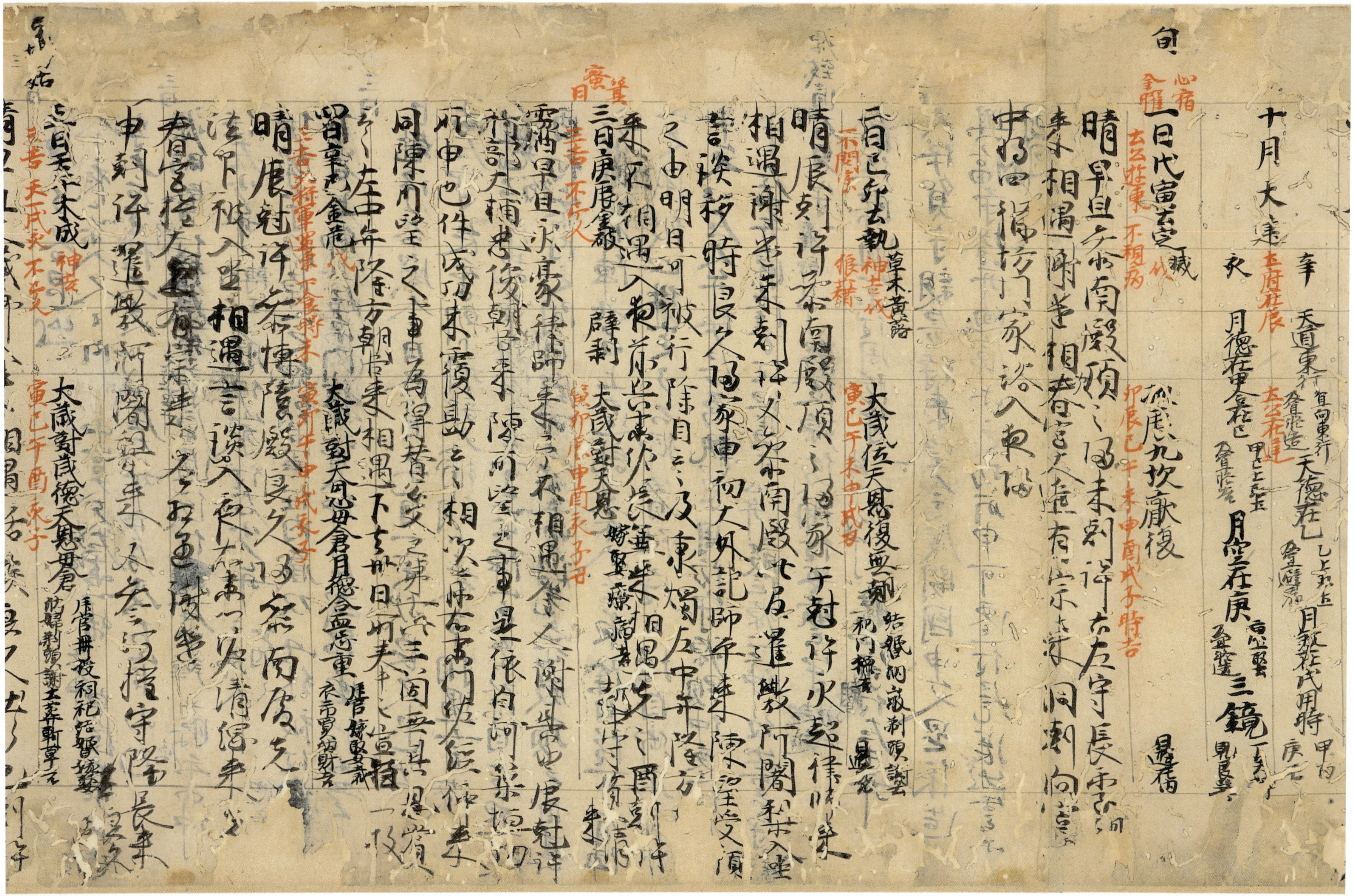

(15)

裏53（70頁）

裏54（70頁）

裏55（70頁）

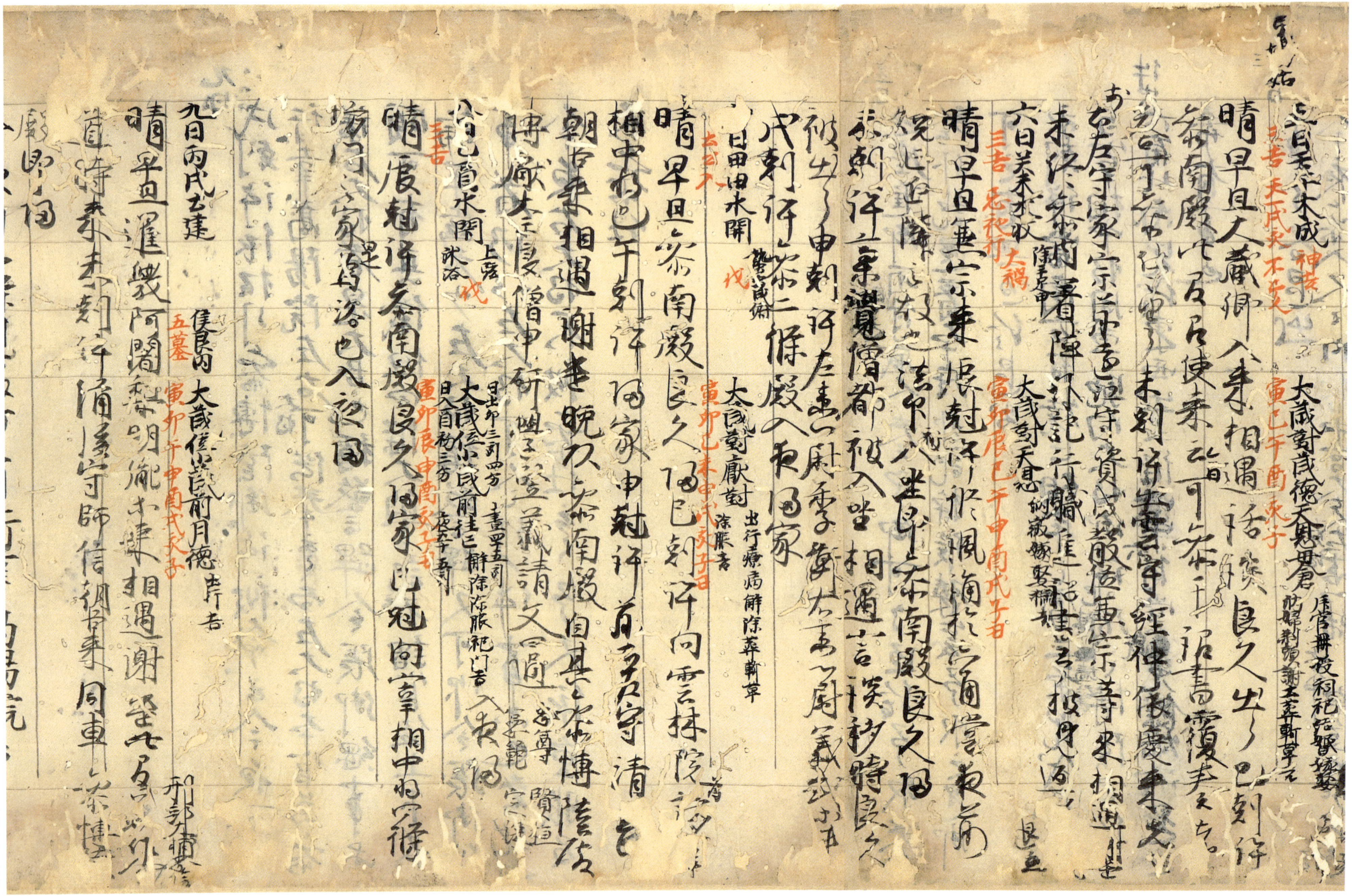

殿、即帰、
今夜自六條内裏■有行幸高陽院云々、

維摩會始
十日　丁亥　土　除　沐浴　奎　蜜日　伐　大歳位歳前歳徳合重　療病　解除　掃舎　市買　納財吉　寅辰巳午未申酉戌亥子
晴、辰剋許法印被入坐、頃之参南殿、良久入御之後、
未時許右左守長季朝臣来、相逢、謝事、来剋
陰、入夜月明、

十一日　戊子　火　満　沐浴　大将軍遊北　戊子　不視病　大歳位帰忌復　祠祀　謝土　経絡　安床　帳吉　卯辰巳午未申酉戌亥　還花
晴、辰剋許参南殿、良久同、巳剋許法印入坐、
入夜参南殿、即帰之、及夜月光明、々々天氣朗々、

十二日　己丑　火　満　立冬十月節　水始氷　復　良外　孤辰　帰忌　厭　不問疾　寅卯巳午未申戌丑　還花
晴、六日堅物忌也、巳剋前右左守清長朝臣来、
於西廊相逢一謁事、依外人物忌也、相次雅信朝臣
守示後来、有今日院之事所嚶也、来由侍所
皇太后宮入道具参、請来、相逢、謝事、

十三日　庚寅　木　平　浄足　申　金剛峯　三吉　大禍　大歳後　無翹　加冠　移徙吉　寅卯巳午申酉亥子丑
晴、辰剋許参南殿、良久同勘解由次官知綱来、依
殿御消息云々、今日欲上表、而内御物忌也、前々相當
御物忌之時上表之儀、何様哉者、予答云、件
入殿御覧日記之處無例、而見良久知綱又来云々、
□□□了、依□内御物忌、昨日上表事

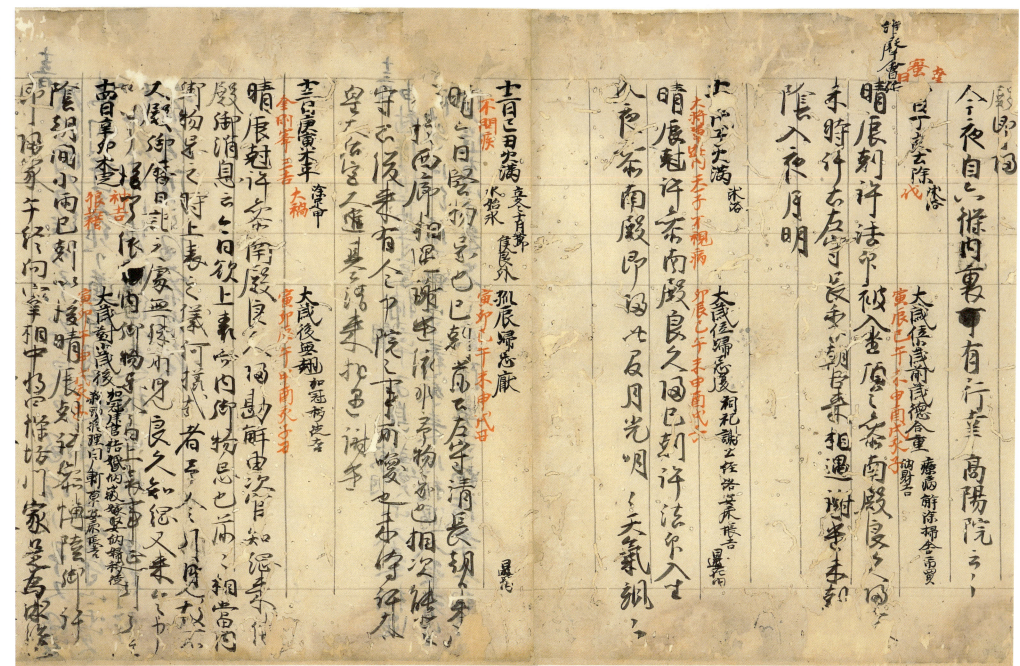

十四日　辛卯　木　定　神吉　狼藉　大歳對歳後　加冠　拝官　結婚　納徴　嫁娶　納婦　移徙　剃頭　振理　目人　斬草　安床　帳吉　寅卯午申戌亥丑
陰、朝間小雨、巳剋以後晴、辰剋許参院、御陰陽御
即陽家午終向、筆相中将、…家…

裏57（69頁）

裏58（68頁）

裏59（68頁）

裏60（68頁）

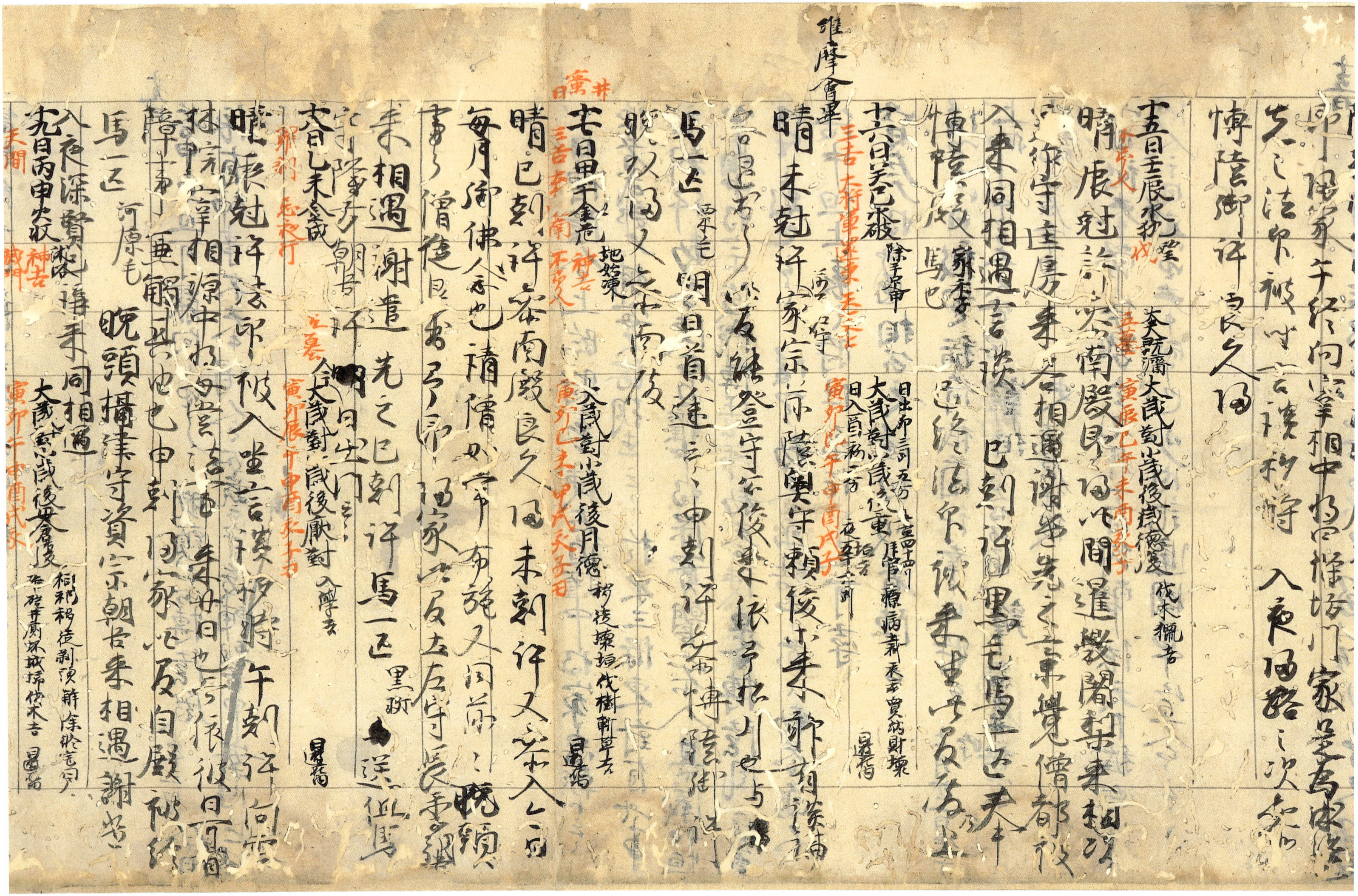

馬一疋 河原毛　晩頭攝津守資宗朝臣来相遇、謝恐

入夜深覺法橋来、同相遇

十九日丙申 大祓 天間 神吉 大歳對小歳後母倉復 寅卯午申酉戌亥

晴、早旦道時入道来、示祐俊去夕入京、可参之由、頃之祐俊来、

予問云、東寺之額宜可上哉否、祐俊云、上宜也、

予又云、今日之次、宜明日可書之、

聞此由退出了、未剋許行慶来、傳長多仁法印消息、

廿日丁酉 大閉 神吉 寅辰巳午未申酉戌子

自夜雨降、辰時剋前駈人々来、卯剋向三井寺、今日小

童可出家之故也、午剋許着眞如院、相次法印 長多仁

被入坐、入夜自京 被入也　此間膳、法印向事之間

房迎小童相具東證僧都向頼息房、阿闍梨房

廿一日戊戌 木閉 不視病 辰巳午未申戌

晴、辰剋許参南殿、頃之間送書於三井寺、實相房

是昨日小童出家間事也、感歎不盡之由也、未剋許

公範僧都入坐、相遇言談、

申剋許向四條坊門家、入夜

廿二日己亥

有悦歓、入夜

晴、昨今

厳、良久

廿三日庚子 沐浴 大歳對 神吉

晴、早旦法印被入坐、相遇言談、此後刑部大輔忠俊朝臣

来、辰剋許相具法印、参博陸殿、頃之法印被退

日[illegible]
辰魁許相具法印参博陸殿、頃之法印被退出、
先是今日可被登山之故也、家人博陸顧東三條給、予供
御車、御帰之後、予同四條宮給、予又退従中納言許
家

廿四日辛亥 満　五墓　角
日出卯四刻下　昼四十三刻
日入酉初刻下　夜五十七刻
行復帰忌厭　寅卯申戌亥子
日遊在内
晴、早旦参南殿、頃之帰来、未剋許参博陸殿、僕以
於二条相中納言坊門亭、依入夜帰家、

廿五日壬子 金 平　除帝　三吉　大禍
大歳対　歳徳　無翹　復
寅巳午未酉亥子
祭祀　結婚　納徴　移徙　破屋　壊垣　解除　剃頭　療病　沐浴　掃舎
日遊在内
晴、辰剋許参南殿、良久帰、晩又勧修寺僧正
被来、予依他行之間不相謁、

廿六日癸丑 金 定　神吉　三吉　狼藉
大歳対　加冠　拝官　結婚　納徴　嫁娶　納婦　剃頭
謝罪　斬草　安床　帳吉
寅卯巳午申酉子
日遊在内
晴、辰魁許向勧修寺法印許、是昨日所被入寺
給也、仍[illegible]之間[illegible]被[illegible]、[illegible]向也、云々、[illegible]
[illegible]之[illegible]家、[illegible]右左近衛[illegible]朝臣来、相遇謝[illegible]相次
法印[illegible]来、相遇謝[illegible]已時許参殿、頃之帰家、
晩頭[illegible]到殿、人夜大将[illegible]部卿、

廿七日甲寅 水 執　三吉　下弦
大歳対　月徳　伐樹　[illegible]
寅卯[illegible]申戌亥子丑
日遊在内
晴、辰魁許参博陸殿、頃之博陸渡給東三條院、
今日依法華八講[illegible]也、予同参東三條、良久帰、[illegible]八幡
別当戒信来、相遇謝遣、[illegible]長兼朝臣来、
[illegible]剋許[illegible]殿[illegible]

廿八日乙卯 水 破　神吉
[illegible]
大歳対　重　療病　壊垣　裁衣吉
寅卯辰午申酉戌亥子丑
日遊在内
酉剋左大将卯通被就韓嫁女、使蔵人右中弁通俊、[illegible]被就[illegible]、[illegible]

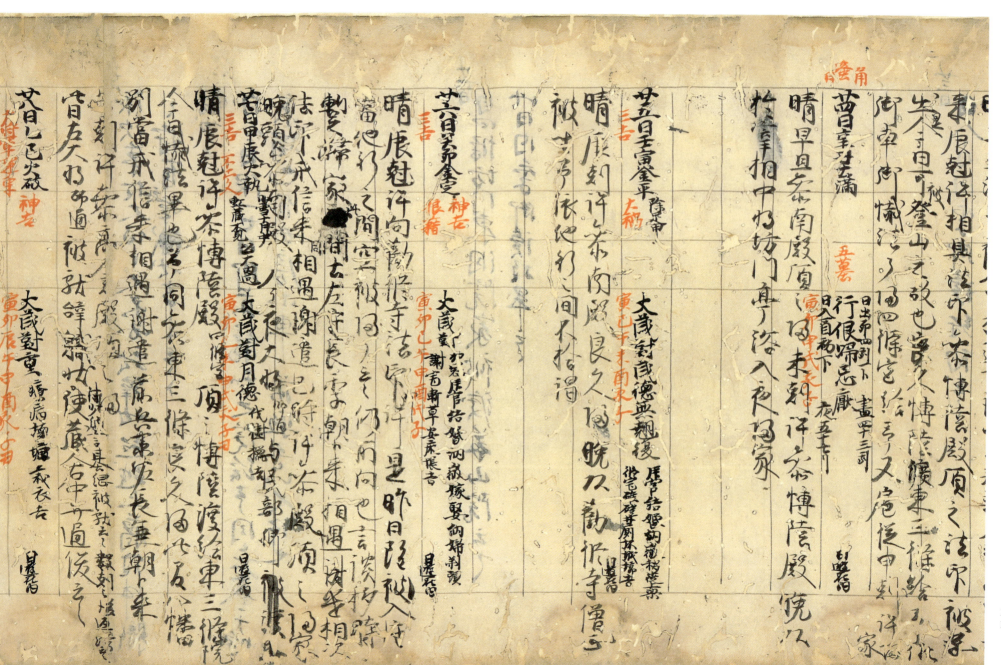

廿八日乙巳火破　神吉　大将軍遊東　大歳對重　帰忌　血忌　厭　衣吉　日遊在内

晴

廿九日丙午水危　神吉　三合　歳位　厭食　大歳位小歳前復　築垣伐木吉　日遊在内

晴、巳剋許向家、此剋許民部大輔忠俊朝臣、自皇后宮亮定重朝臣来、各相謁、晩景相共大納言

師平来、午剋許参南殿、即帰、臨夜陰雨

卅日丁未水成　三合　厭對　大歳位小歳前歳徳合厭對　解除除服吉　日遊在内

卅日内府於陣被定不堪田事、又小除目云々

博陸今朝参給、有被仰除宮渡御、此後上皇御東院云々

今日丁未

諸使三

巳剋以後晴、辰剋許向知足院、先之宰相源中納言来相遇、晩頭出知足院、向家、即参南殿、頃之

帰、今日春日祭使左近中将俊家卿参、云々、中宮使少進

藤為房、春宮使少進藤惟輔、馬寮使右権頭源経季云々、

内蔵寮使助源為清

十一月小建　天道東南行　天徳在巽　月徳在壬　合在丁　月空在丙　三鏡　甲丙庚　壬坤乾

一日庚申木収　大歳位小歳前母倉　日遊在内

暁小雨灑、巳後晴、今日平野祭也、依服間不

行啓、巳剋許刑部大輔忠俊朝臣来、及酉剋帰

以後参南殿、良久帰

春宮権大進有宗来、良久退出了

二日辛酉木開　大歳位天恩母倉月徳合　冠帯祠祀出行療病　解除上梁移徙　日遊在内

晴、今日天台座主覚円日蔵山僧登山、是為受戒也

[illegible]川祭[illegible]
當宗祭
晴、人々向天台山受戒也、日野小僧（證覺）登山、是爲受戒也　金剛峯寺[illegible]行　寅卯巳午未申戌日
子丑定覺僧都随身件小僧被入堂、自是向坂
本也、予有故障不登山、宗重朝臣・左馬助保[illegible]
式部丞[illegible]・式部丞明宗・兵庫助有房・木工允後章[illegible]
僧綱之人同登山、但僧都於坂下可談云々
三日庚戌金開　天氣上騰地氣下降　日出辰初二刻　晝四十二刻　大歳位天恩月煞　[illegible]　日入申四刻　夜五十八刻
晴、午剋許洛中剋許備前守資宗朝臣来相逢、謝　寅卯辰午申酉亥子日
人々日御前両人出給也、僧[illegible]有布施各二疋、明日爲示
日之故也、東燭出歟、[illegible]
四日辛亥金建　沐浴　辟坤　大歳后天恩九坎血忌重　土墓城塚吉　下食時申　寅卯午申戌亥子
晴、早旦参南殿、須臾帰、巳剋許戒信法師入来相
逢謝遣、相次刑部大輔忠俊朝臣、備後守師信朝臣・前右兵
守清長朝臣等来、勸盃酌、此間右京大夫清綱来、
申剋許、美作守匡房朝臣来、言談移晩、[illegible]
資清来相逢、入夜春宮権大進有宗相具宰来、亦令
五日壬子木除　將軍遊北　六蛇　歳博後　寅巳午未酉亥　依衙物忌也、仍不出
晴、辰剋陰、小雨、此間参博陸殿、入夜帰家
六日癸丑木満　戌　陰錯了戻帰忌厭　寅卯辰巳午申酉戌子日
晴、巳剋許戒信法師来、相逢謝遣、相次侍從宰相
来同相遇言談、未剋許参内、次参博陸殿、戌剋許帰
家、入夜近江守爲房来、[illegible]
午剋許参南殿

午剋許参南殿

七日甲寅水平 上弦 大禍 三吾 大小歳入 除足申 大歳対月徳厭対 厭官拝授納蔵出行起土葬 乗車門入雅碓井厠坏城壊垣吉 寅卯巳未申戌亥子丑
自夜陰雨今朝如泣々明賢物忌也外宿人不参
晩頭東覚尋僧都相具小僧入坐 雑為物忌不合僧侶
仍相過言談移時良久被退出了
依聞被改定稲荷祇園行幸日時云々改来廿三日被
定同廿九日丙子云々 件廿三日依当内御物忌所被改也

妻
奁
日

八日乙卯水定 閉塞重沐浴 三吾 天一所 狼藉 大歳対 安床帳吉 結婚納徴移徙剃頭裁衣 寅卯辰午申酉戌子日
晴寒々風烈々 未剋許皇后宮高宮之亜相朝臣来門外
依物忌堅固之由 東福寺頼尋僧都来相過謝退

山
科
参

九日丙辰土執 不安入 大歳後 伐樹吉 寅卯午申酉戌亥子
晴巳剋許参南殿頃之後巳終沐浴坊守師信
朝臣来相過之間頃禅巳講来各謝之相次
出雲守宗賓朝臣来也午左衛門権佐行家朝臣
次少納言清輔来未剋許右馬頭有綱朝臣後又
以大人相尋謝清来阿闍梨来入夜出家
申刻乎雲時分許帰
吉平乙太破 侯漏刻陰陽交破重 大将軍還東 寅辰巳午未申酉戌亥子
十日辰早旦参南殿頃之日午初相具小児并女房一両向
伏見有修験五六人許

十一日戊午火危 神吉 不視病 不弓入 大歳位 壊垣伐樹吉 辰巳未申酉戌子
朝陰巳剋以後晴
伝聞廿日有軒廊御卜占宝蔵盗入梅宮事云々 神祇官卜

伝聞、廿日有軒廊御占、竊盗入梅宮事云々、神祇官下申
当所神事違例之所致歟、陰陽寮申云、雖所神事
不浄之所致也、又東北方申兵革事歟云々、

十一日己未火成　天吉　忌夜行　不開庫　寅巳午未申戌丑　大歳位月徳合厭対　入学吉　昴宿

晴、辰剋参衛、黒出伏見、入夜帰着家、今夜月光皓々、
後聞、廿日有奉幣伊勢宮・京中云々、使中宮大夫
廿日守火清云々、上卿云々、

吉田祭

十二日庚申木成　天一辰巳　大歳位母倉九坎　祠祀移徙入学剃頭解除伐木吉

晴、辰剋参南殿、
謁相逢謝遣、晩頭前左近中将家宗来、
燕息、人師供、請三口、延眞・永観、入夜事了、各給禄、

十三日辛酉木収　天一巳　大歳位母倉　移徙謝竈上梁　脱造門修破剃頭沐浴吉

朝陰、未剋以後晴、巳剋参左衛門尉、
日来所領柿御薗事、
為申相論事、
博陸殿、

十四日壬戌水開　鬼宿　大歳位歳徳月徳　出行入学療病種蒔吉

晴、辰剋参南殿、
既頼参二條殿、入夜帰、
廿日自長多仁法印許、被贈

十六日癸亥水開　沐浴　除手足甲　大歳前　大小歳前　重復　裁衣市買納財　塞穴
（red: 六蛇　寅卯辰巳午申酉子丑）

晴、巳剋許参南殿、於□参高倉殿、頃良久退、右衛門佐清綱来、入夜向民部卿御許、上東門院、向坊被勤五節也、言談移時、良久帰

十七日甲子金建　沐浴　八卦絶命　不可東行　大将軍□
（red: 五墓　□）
大歳前　天恩　天赦　厭　嫁娶　庄官　冊授　移徙　謝土　修宅　問名　祭祀　嫁娶　□□
（red: 寅卯巳未申戌亥子丑）

晴、今明物忌也、閉門不入外宿、午剋許美作守任隆、此間右兵衛守清綱、六波羅朝臣来、招入東門相遇言談、數輩由次官知綱亦来、各謝申、未剋許春宮権大進有宗来、相次刑部少輔忠俊朝臣来、申剋許参南殿、今日毎月御念仏也、仍破物忌所参入也、講僧六口

國忌　寿神祭
十八日乙丑金除　武始□　除手甲
（red: 下弦　神吉）
大小歳前　天恩　無翹　吉　療病　解除　壊垣　破屋
（red: 寅卯辰午申戌子丑）

陰、早旦宰相源中将来、相遇、於法成寺被入堂、昨日所被下也、良久談退出、未剋許自阿波守重□持来黒牛一頭、其体甚吉体也、今夜五節参入云々、殿上人上達部□民部卿　受領　實綱　經季

鎮魂祭
十九日丙寅火満　除手甲
（red: 三合　天一午）
大小歳前　天恩　帰忌　加冠　庄官　冊授　修宅　嫁娶　開倉庫　□□
（red: 寅卯午申酉戌亥子）

晴、未剋以後小雨、寅風烈々、辰剋許参南殿、帰以後石清水俗別当頼任朝臣来、未剋許出雲守経仲来、相遇謝遣、相次武衛信□卿来、同謝遣、申剋許参河原、為今除服也、陰陽助道□、依故一品宮服也

新嘗祭
廿日丁卯火平
（red: 三合　大暦　神吉　滅門）
大小歳前　歳徳合　天恩　月徳合　復　加冠　庄官　冊授　移徙　嫁娶　納婦　謝土　療病　□□
（red: 寅辰巳午未申酉戌亥子）

陰晴不定、巳剋以後晴、辰剋許参南殿、頃之帰、未剋宰相源中将来、先之民部権少輔国俊来、各相遇謝遣、入夜有行幸、神祇官云々、又有御

裏74（62頁）
裏75（62頁）
裏76（62頁）

相過謝遣八日夜有行幸神祇官云々又有御
神事云々

廿日戊辰木定　大歳前小歳對天獄
晴初雪紛々屋上皓然今夜五節退出云々
於康燭侍従[illegible]相来
後了之事被定可有行幸之條内裏否云々
是依御方違事也

廿一日己巳木執　下弦　大歳前重
晴夜間雪降曙後起白屋冠参殿
許帰宰相中将来相次法印被せ相遇
後東相[illegible]宰相中将小向冷泉坊門之家
沐浴不向家

廿二日庚午土破　大歳前厭對五墓
晴早旦参陽院殿[illegible]
[illegible]

相次院範法橋来各相遇謝遣之兵部大輔資
宗朝臣来不相遇之夜依御方違[illegible]行幸
東方有行幸[illegible]

廿三日辛未土危　大歳前月殺
晴早旦参南殿自其参高倉殿未剋許帰今日
於南殿有大師供[illegible]申剋許[illegible]
[illegible]僧五口　陽慶　観海
[illegible]南殿人師[illegible]僧五口　陽慶　観海

廿四日壬申金成　沐浴　大歳前歳徳　月徳九坎
晴早旦禎禅已講来相遇謝遣相次院範法橋来

臨時祭

晴、早旦禎禅已講来相遇、謝遣、相次院範法橋来

未剋許出行、参和泉家

廿六日壬子、大歳前　母倉　復　[illegible]

晴、辰剋許参関殿、頃之帰、未剋許刑部大輔忠俊朝臣

相次家覚僧都被入坐、相遇之後、数時推移、及秉燭退出

廿七日癸丑、前右大将[illegible]清長朝臣来問、以謝遣

戌剋許、下野守義綱自国送鵝毛馬一疋

今日賀茂臨時祭也、使丹波守[illegible]朝臣云々

廿八日甲寅、大歳後　出行　入学　[illegible]

晴、入朝物忌也、寅剋許地震、巳剋許甚雨降、晩

頭弁[illegible]来、次問知雷破物、以相遇之

此日改元之後初行政云々

或人消息語云、申剋許召陰陽師有行道言、道言於蔵

前右少弁[illegible]卿下云、稲荷并祇園行[illegible]日時以前尼有

廿九日乙卯、天恩　沐浴　大歳後　[illegible]

晴、辰剋許院範法橋来、相遇謝遣、昨今物忌之所

不出行、午剋許兵部丞人々記師平許云、今明之間可催

行政也、是為今日[illegible]禅師[illegible]補任東寺定額僧官

符也、先之以消息示左右中弁、今明可被行政也

有可請印文之故也、若可返報云、来月二日可行政也、但着

卅日丙子、水　満　大将軍遊行　沐浴　[illegible]　大歳後　献　解除　[illegible]

晴、辰剋許参関殿、頃之帰、剋許参法成寺、今日衛八

講始也、午剋人々参入、[illegible]

裏80（60頁）　裏79（60頁）

十二月大　建癸丑　天道西行 宜向西行　天徳在庚 庚上吉　月殺在辰 厭在丑
日　月徳在庚 合在乙　月空在甲 三鏡 甲乙丁 庚辛癸

一日丁巳　水除　大歳後　歳徳合　月徳合
晴、早旦参南殿、今日稲荷行幸、祇園行幸也、先稲荷、次祇園、
相待陣下、并宰相源中納言参会、是物忌刻許也、次
第如常、件陣儀公卿人々被用車、又左大将[illegible]
無物了帰家、今日舞人少将頭弁[illegible]中納言家也
少納言見参、侍従之舞人[illegible]

二日戊午　火満　大小歳後
晴、早旦参博陸殿、未刻許帰、今日有政、是依[illegible]
陰陽師[illegible]中少弁有障[illegible]
今日不向南云々、未終参御堂、今日御八講五巻也、
参詣諸卿[illegible]
為重服之人有[illegible]

三日己未　火平　大歳後　天恩
晴、早旦参南殿、[illegible]辰刻許[illegible]
已補来、各相遇[illegible]
如名字返給了、申剋許参御堂、博陸[illegible]
多矣、[illegible]

国忌　崇福寺

四日庚申　木定　大歳前　大恩
陰、巳時許向[illegible]道時家、[illegible]中納言被甘相[illegible]
言[illegible]之退帰、参博陸殿、未終[illegible]
宰相源中納言被甘相勧盃酌、入夜各退出
入夜[illegible]

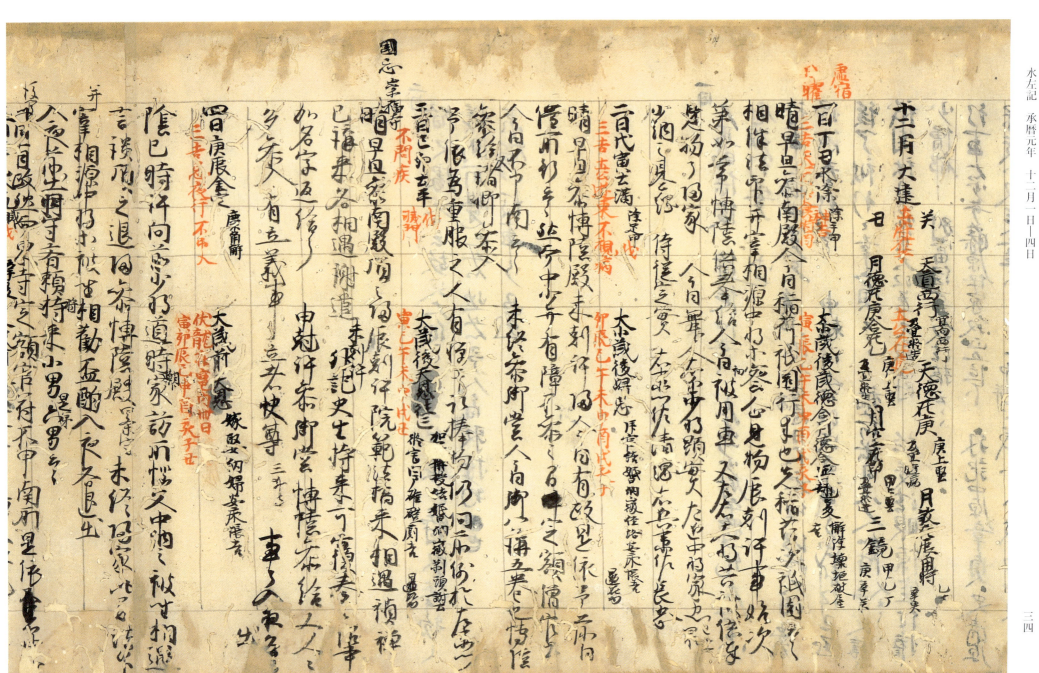

（27）

裏81（59頁）
裏82（59頁）

[illegible]

[illegible]同日政始[illegible]寺宣之領官符不申南所星供[illegible]

五日辛巳金執　羅刹大将軍還東小忌遠行　代　辟家　大歳前天恩重　有障不着也云々

陰雨不降、辰剋詣茶南殿、良久帰、巳剋以後晴、未剋斗

攝津守以宗朝臣来相遇、謝遣、同家法橋入坐、同以相遇

先之前伯耆守高階資朝臣、大外記師平等来、各謝遣、申剋斗

向長昌仁法師御許、御房　僧房　良久退帰

六日壬午木破　三吉　天一戊天　大歳前天徳月徳厭對血忌　祠祀　壊垣破屋　[illegible]

晴、辰剋詣茶南殿、向其宿、[illegible]

後話、時移了剋、詣同家、未剋詣禅已講許

晩以春宮權大進有宗来、相次[illegible]

上洛了、今夜有宮咩事、先例服薬云々

七日癸未木危　代　大歳前天恩復日斂　壊垣破屋吉

晴、辰剋[illegible]来相遇、謝遣、参南殿頃向

巳剋詣戒信法師来相混、未剋詣法師[illegible]

大進有宗[illegible]

醍醐座主[illegible]相遇謝遣[illegible]

八日甲申水成　上弦　代　大歳前母倉九坎

晴、良宗候門参殿、良久退出[illegible]

[illegible]

[illegible]

九日乙酉水収　沐浴　天赦　代　大歳後小歳位母倉　移徙謝土上梁[illegible]

朝晴、巳剋[illegible]

[illegible]

晩頭[illegible]

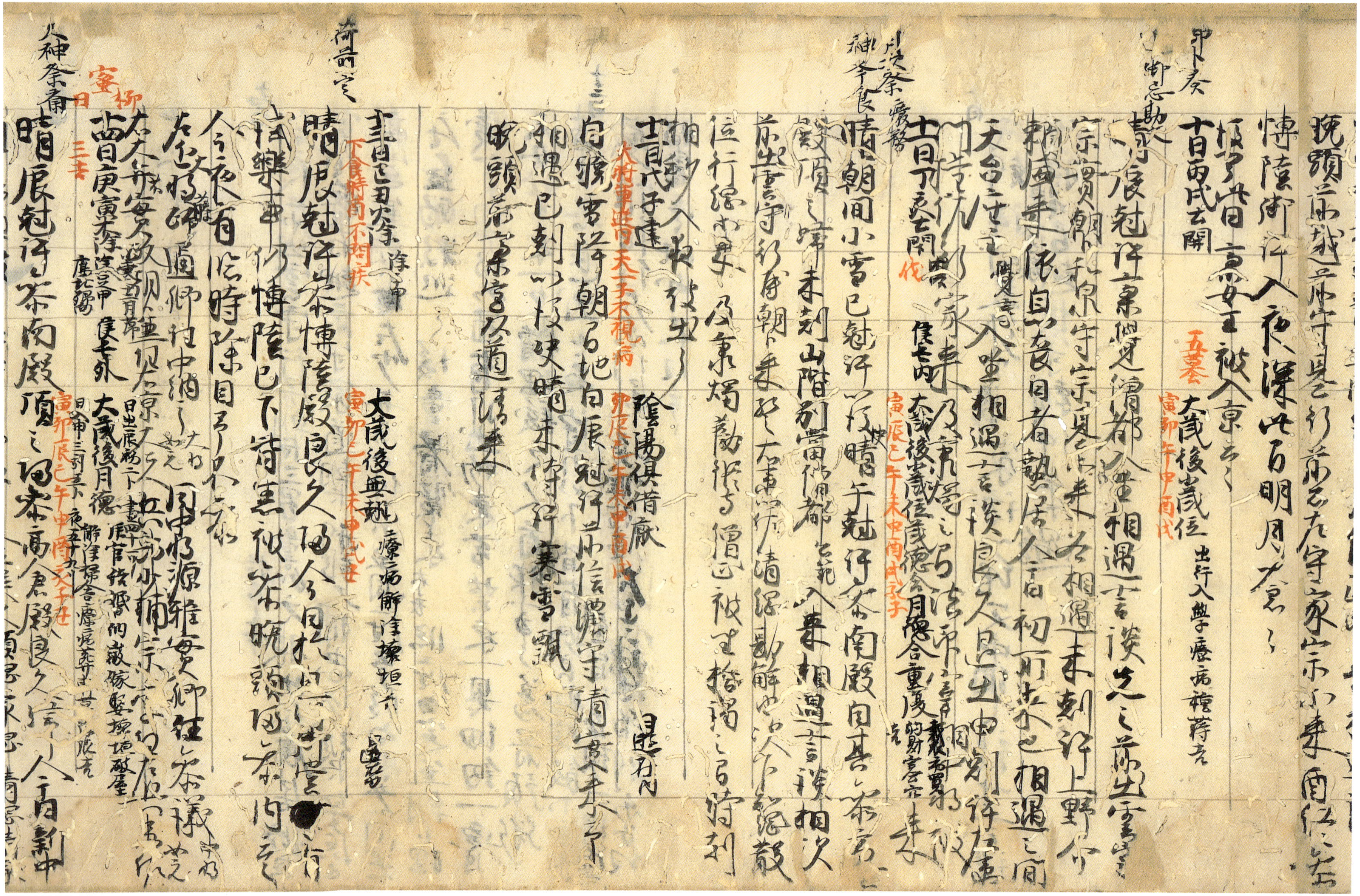

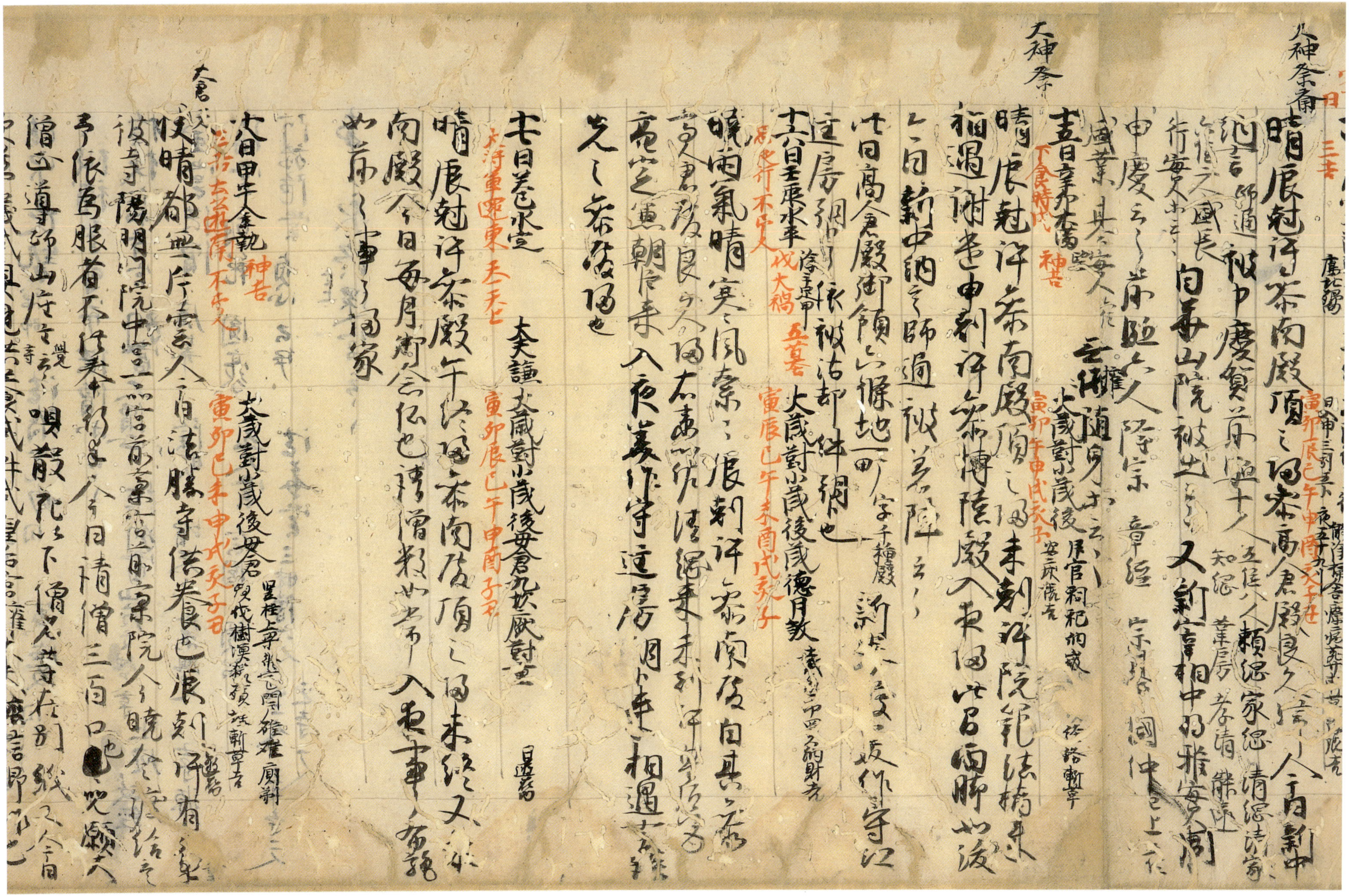

僧正導師山座主覚寺唄散花以下僧名等在別紙、又今日
次第儀式、供養式件式皇后宮権大夫親信卿作也

御仏名

廿日己未金破　五墓　大歳對小歳後月徳合　壊垣破屋　凶会
晴、辰剋許参南殿、頃之帰、申剋許参新東北院、　寅卯辰午申酉亥子日
日者、御仏名之仏也、戌終帰家、即御戸部尚書御許
入夜帰

廿一日庚申木危　沐浴　神吉　金剛峯　大歳對小歳後　祠祀　嫁娶　解除　沐浴　裁衣　移徙　斬草　帰忌　寅卯巳午申酉戌亥子
朝間雪白、積地二寸、早旦深覚已講来相遇、謝半巳剋
許長多仁法師被嘆相謂之、後被退出了、未剋許
宰相中将来坐、相次法師被去、良久談之、酉剋許
参陣陰殿、保宮、入夜帰家

廿二日辛酉木成　神吉　狼藉　三吉　歳□　月□　大歳對小歳後歳徳合　種蒔　解除　移徙　斬草　沐浴　治病　寅辰巳午未申酉戌子　帰忌
晴、早旦院範法橋来相遇、謝遣、巳剋許遠江守為房
来、此間自大将御許被送鴨毛馬、又大将軍門
為使舎人二人賜禄、午剋許播磨守為家朝臣来
相遇之後須之退出了、又大将殿令飼厩鴨毛馬一疋送
左衛門大夫尉季衡之許、未剋許参殿

廿三日壬戌水収　不視病　戒門　大歳對小歳位厭　漢擂穫時　辰巳午未申酉戌子　帰忌
陰、早旦参南殿、頃之帰、未剋許右中弁公家朝臣来
盃酌、此間和泉守宗基参来、戌剋以後向済
経了、此日少納言源基綱補五位蔵人
戌終之当南方有焼亡、不知誰家、後聞七条堀川辺云々

血忌

廿四日癸亥水開　不問疾　重喪　大歳對重復厭　卯巳午未申戌丑　帰忌
晴、早旦参南殿、良久帰、巳剋許播磨守宗綱
大和守…相遇、午剋許戒信法師来相逢

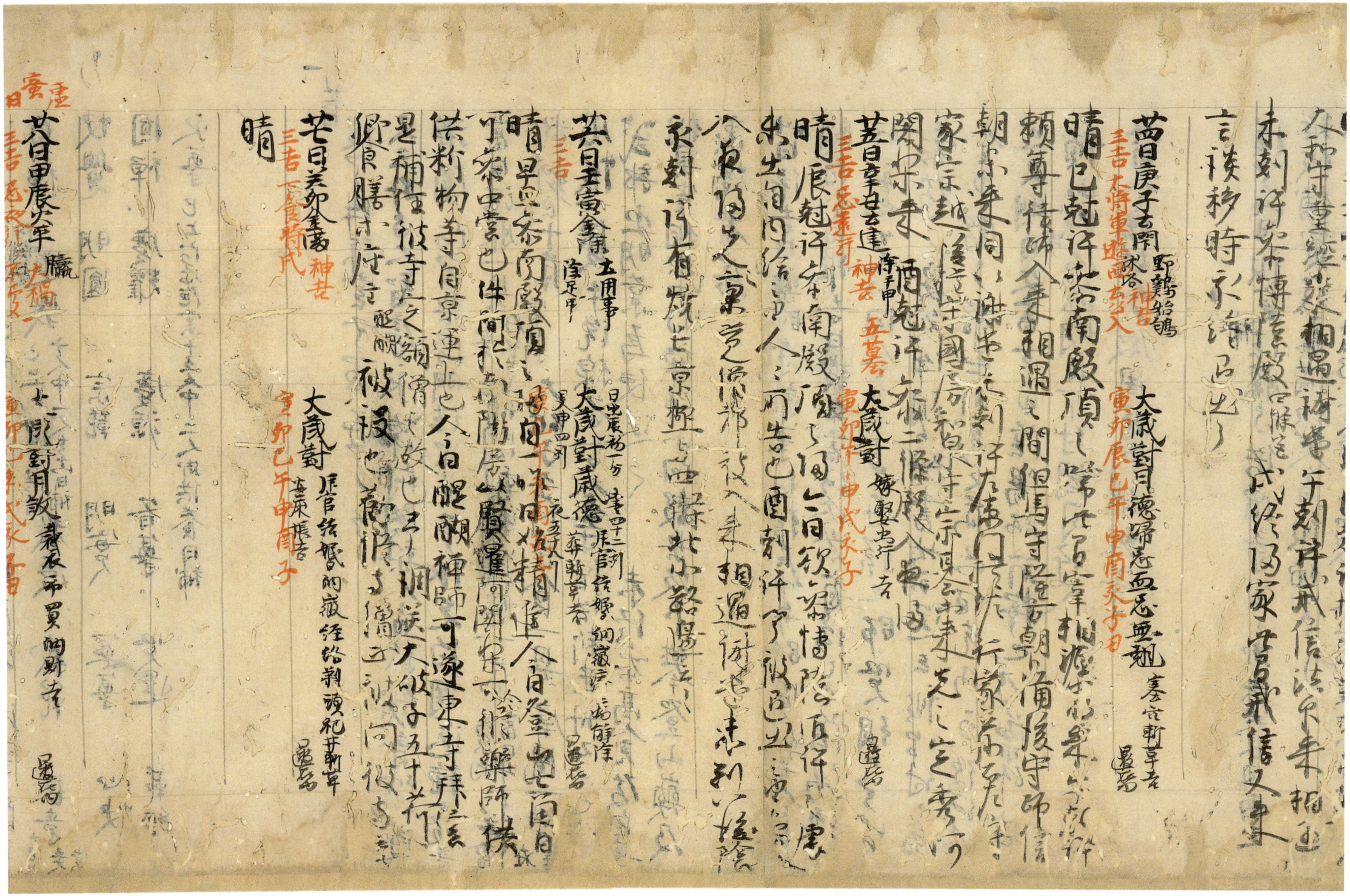
廿四日庚子 土開
晴
廿五日辛丑 土建
晴
廿六日壬寅 金除
晴
廿七日癸卯 金満
晴
廿八日甲辰 火平

廿八日甲辰火平　臓　七鬼　對　月殺　乗衣　帝買　納財吉　還宮吉

晴

此日今上第二皇女初着袴云々、博陸以下被参云々、

廿九日乙巳火定　大歳　鷄始乳　大歳對　母倉　月徳合　九坎　厭對　重　還宮

晴

修了今夜有読経、大中臣家朝臣保望可宮

卅日丙午水執　除手足甲　大歳位　蔵前　母倉　剃頭　沐浴　除手足甲

晴

閏十二月小　随暦用之

一日丁未水破　陰破　陰衝　還宮

陰雪飄々、前越律師従山房已入京、洛須迎今明日帰坐、兼又從去廿七日、右頬腫、心神赤例、仍為加療治、不消十日所也、即令見雅忠朝臣之処、雖無殊畏、可歴日者也、可恐也、

又云、前大丞柳葉等可被可付薬牛糞、又摩黄等、

未剋許、美作守往房朝臣、相逢式部丞明業謝遣之、

二日戊申土危　神吉　沐浴　大歳位　小歳前　復　解除　伐樹吉　還宮

陰晴、辰剋許宗覚僧都入座、即對面、言談移時、

裏95（54頁）

裏94（54頁）

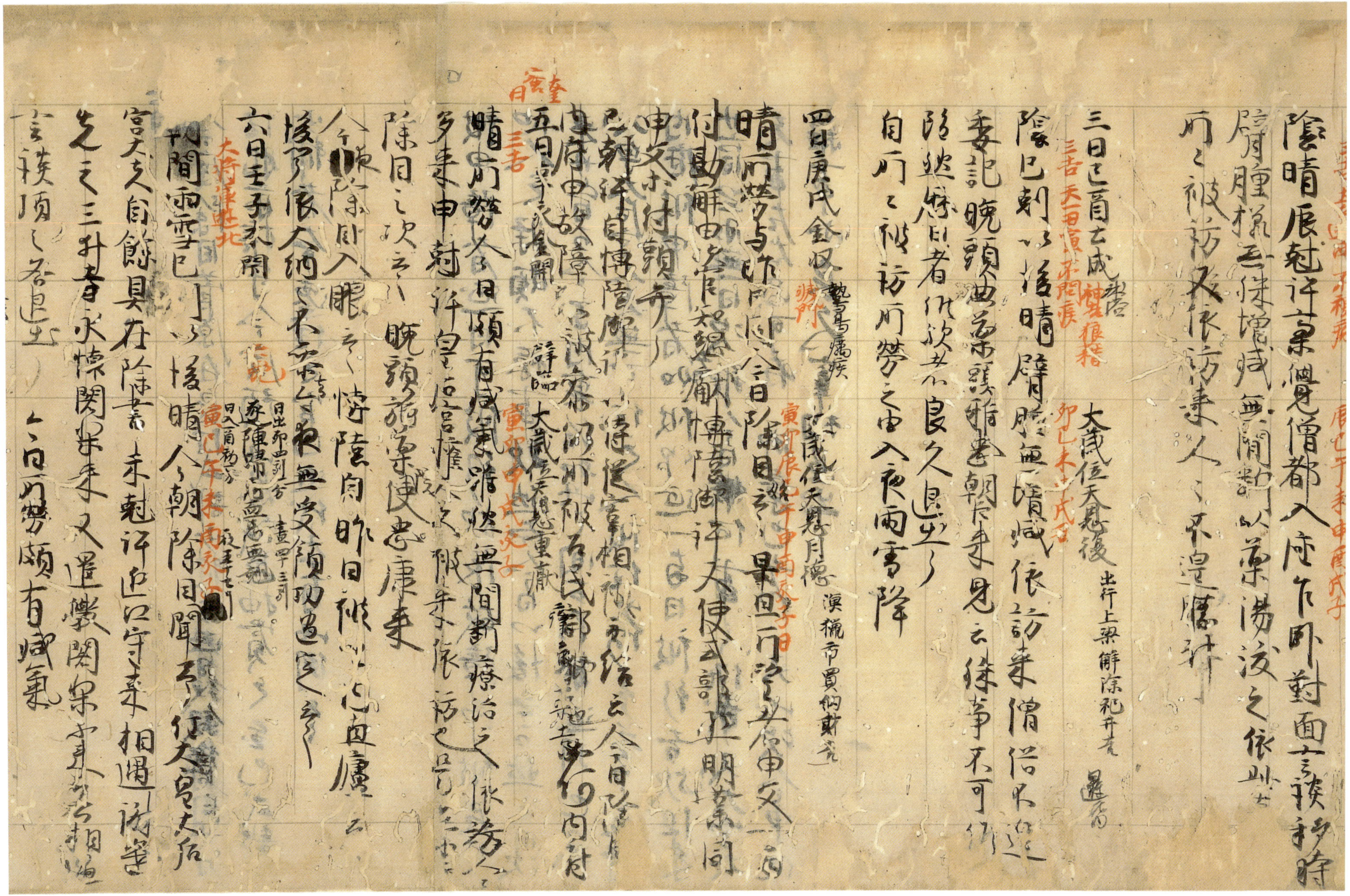

言候頃之各退出　六日所労頗有減氣

七日癸丑木建　忌遠行　陽錯　寅卯辰巳午申酉戌子

晴　辰剋許雨雪紛々寒風烈々　臂腫以一旬日医

得減氣者也　未剋許皇太后宮権大夫師成来　令人謝

之　晩頭有宗朝臣来　相次右衛門佐清邦来　之々入来

人々之進謄言

晩頭法印被来対面之後　酉剋許藤原資〔 〕不相謁

八日甲寅水除　大歳對　帰忌　厚〔 〕　金剛峯　寅卯巳未戌亥子丑

晴　所労頗降平　有宗朝臣来　得亨朝臣　小々療治　巳剋許

御修法　結願　申剋許清〔 〕

歌手〔 〕

家信〔 〕

中納言入夜〔 〕　依少来重來　之章謝之

九日乙卯水満　大歳對月徳合　寅辰午申亥子丑　三合天恩下食時戌　謝土祀井竈

晴　早旦臂〔 〕　午剋許大宮大夫侍従〔 〕章　大将師忠

来　以下官人聽官等来　今日雖宜日依物忌〔 〕

秉日不見官人〔 〕　晩頭皇后〔 〕

〔 〕大殿〔 〕　入夜参内殿　大歳對月殺　寅卯午申酉戌亥　帰忌　天間　不受人

十日丙辰土平　晴　辰剋許参南殿　巳剋許出雲守行房朝臣来

相逢之後参陽陰御許　宗忠被参日省左右〔 〕

日参入　又参宮御方　晩頭退出　入夜参高倉殿

帰家

晴　〔 〕剋許当〔 〕有焼亡　不知誰家　〔 〕帰　大将軍還東　寅辰巳午未申酉

十一日丁巳土定　一説　大歳位小歳對　歳徳合　母倉　九坎　厭對

晴　早旦参南殿良久帰　巳剋許参閑白御許　未剋

許陽明門〔 〕守師信朝臣来相逢之後移時退出　入夜

参御所、丹後守師信朝臣来相逢、言談移時退出、入夜
前和泉守有宗朝臣、散位宣基等来、相遇謝遣

十二日戊午火執　神吉　往亡　帰忌日　不視病　不吉人
大歳位母倉復　剃頭伐樹沐浴吉
辰巳午未申酉戌子
晴、辰剋法橋被下、言談移時、午剋参行殿、次参院、
来相遇謝遣、前越前守具参行、右少弁清経来遇、
未剋行侍従宰相［blot］来相遇、談話良久退去、
及東獨参闕、御所入夜帰

十三日己未火破　神吉
羅刹　不問疾
大歳位復
寅卯巳午未申戌亥
晴、辰剋行参南殿、頃之帰来、剋許丹後守義綱
朝臣来

十四日庚申木危　天一辰巳
大歳位月徳往亡
寅卯辰巳午申酉亥子丑
自夜雪降、朝間　月蝕皆既　加時寅三刻七分　虧初丑二刻十分　復末卯初刻十分
地白、未剋許但馬守隆方朝臣来相遇謝遣之、法眼祓
来、数剋言談、未剋参帰陰陽寮
今夜月蝕、臨期限如陰雲不見、但未復末之、月後雨
方々云々

十五日辛酉木危　三吉　忌遠行
沐浴　神吉
東西厭
大歳後月徳合
日出卯三刻五分　晝四十四刻
日入酉初二分　夜五十六刻
解除剃頭壊垣破屋除服吉
寅卯巳午未申戌亥子　秋龍在門庭去雲六尺六寸
晴、早旦参南殿、頃之帰、午剋被来相遇謝
向前和泉守有宗朝臣来、之之院祇法橋来相遇謝
相次右中弁清経来

十六日壬戌水成　戊
大歳後天獻　入學吉
寅辰巳午酉戌亥子

十六日壬戌水成　大歳後小歳　入學吉　寅辰乙午酉戌亥子

晴、早旦参南殿、良久帰、未剋許義範阿闍梨来、
相遇謝遣、此次越中守賢清来、今明博陸御物忌云々、
仍不参、戌剋許向長多仁法印御許、西院、良久語、
唄候承蒙圓仁宗与明法義云々、立義
三井寺宗範律師

十七日癸亥水收　大禍　大歳位歳合母倉　納財吉　寅卯辰巳午申子

晴、辰剋許参南殿、頃之帰、
今日故殿毎月御念仏也、未剋許参入、法華経
一部以御手所書也、講僧如常布施又同前、
事了入夜帰、

十八日甲子金開　三吉　遊北　忌夜行　狼藉　龍　大歳位天恩母倉復　加冠拜官出行療病入學吉　寅卯巳未戌亥丑

晴、辰剋許参博陸御許、指謁之次申雑事、
臨深更帰、
今日醍醐座主覚阿闍梨解文献博陸、是勧修寺
僧正被放東寺解文也、

十九日乙丑金閉　歳前日　神吉　大歳位天恩帰忌血忌月殺　塞穴吉　寅卯辰午申亥子丑

晴、早旦刑部卿侍従朝臣来、相次還致闍梨来、
各相遇謝、未剋許出雲守行房朝臣来、
朝臣来、相次大外記師平来、此外人々多来、
博陸自明日為被始六字法、召遣権三井寺
給之中、延崇師謁之次被示給、
雨寅火違

二十日丙寅火建　三吉　天一午　大歳位天恩月徳　加冠拜官移徙嫁娶納婦吉　寅卯午申酉戌亥

晴、辰剋許参南殿、巳剋許右使来云、可参陣定者、
参云、件定山階寺御塔供養日時定也、
服者有憚、十一刻入、不可有憚者、童

[illegible]

服着有憚十家入宮不可有憚者重可奏聞之由
可示外記者、未剋行勸修寺僧正被坐堀川間、時
剋相移、及亥剋参東宮、申剋以後雨降、亥剋許

廿日丁卯火除　三吉　大歳天恩往亡　納徴癈疾壊垣補穴
寅辰巳午未申酉戌亥子
陰雨降、早旦参陣、陰陽殿、晩頭帰宅、今夜御仏名畢也
戌初参内、先有陣定、諸国申請雑事、季御読経
事、有御仏名事、又被下阿闍梨宣旨、十二人云々
及暁更退出、此間雨脚如流

廿一日戊辰木滿　五墓　不視病不受人　大歳後歳前歳徳天恩九坎厭對　歸忌
卯辰巳午未申酉戌亥子
陰、自夜雨降、終夜不止、辰剋許参南殿、良久入帰
雨終日不止、申剋以後寒風烈、酉剋許参東宮
御仏名入夜帰

廿二日己巳木平　神吉　不問疾　戴冠
日遊外　三剋　晝四十五剋
大歳位重　行吉　夜五十五剋
日入酉二剋三
加冠拝官冊授祠祀裁衣移徙出行　星宿
巳午未申戌子
陰、終日雪降寒、風寒、未剋許越中守資清来云
今下勘出宣旨式部丞[illegible]
主上[illegible]入内裏[illegible]
[illegible]

廿三日庚午土定　神吉　三吉　去年入不受人　大歳位後　歸忌
寅卯辰巳午申酉亥子
晴、早旦越中守資清来、[illegible]勘出宣旨之由[illegible]
未終近江守[illegible]朝臣来相逢[illegible]家
有[illegible]
許之、處注[illegible]申剋許参陣下、件宣旨勘出前司
[illegible]

廿四日辛未土執　三吉　天一未申　下食時亥
大歳位月徳合　復吉　寅卯申戌亥子
[illegible]

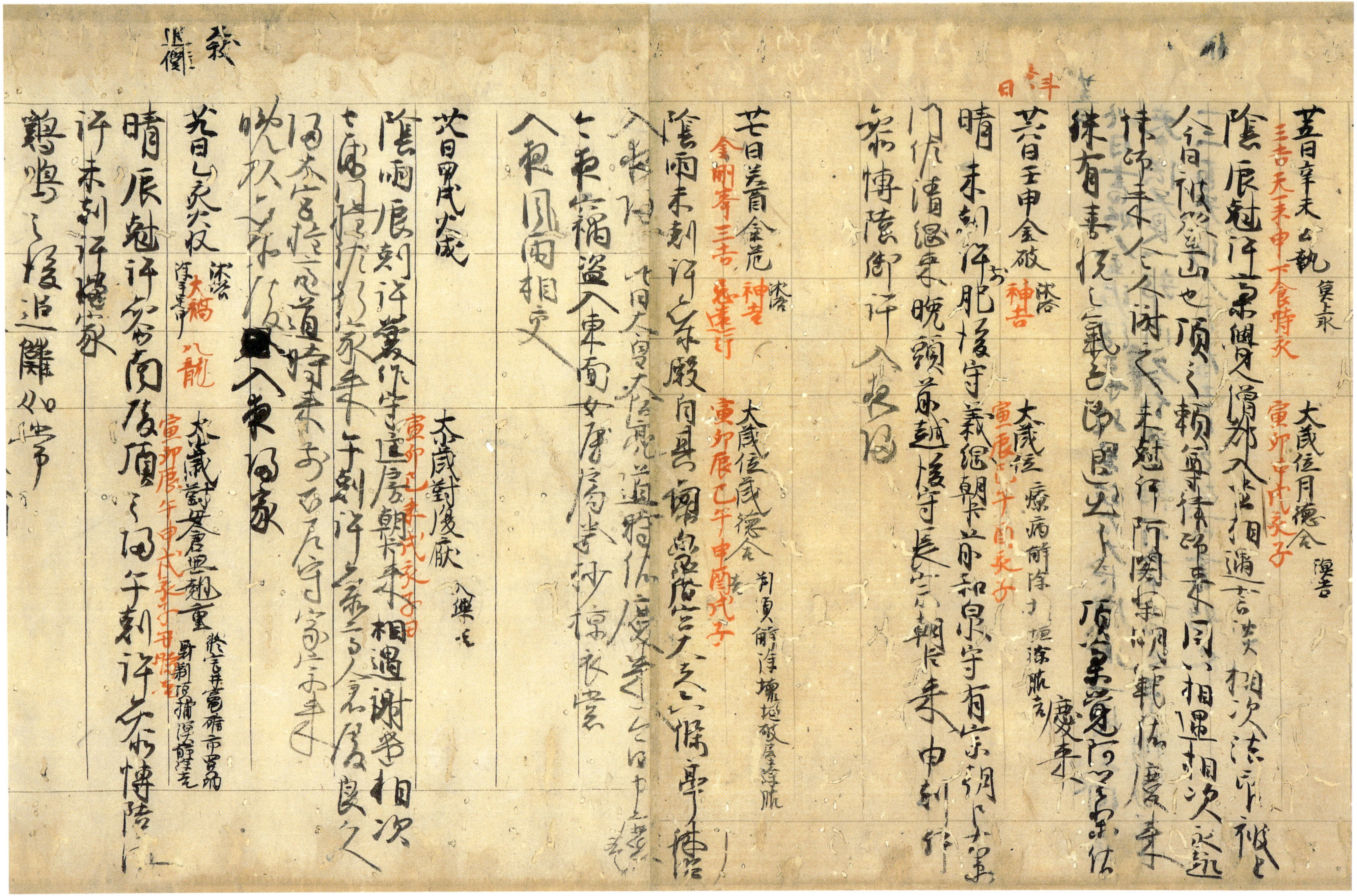

廿五日辛未土執　[illegible]　三吉　天恩　下食時戌　大歳位　月徳合　復吉　寅卯午申戌亥子

陰、辰魁許、[illegible]朝臣入道相過、言談、相次法印被過、合後登山也、須臾頼尊律師来、同相過、相次入道、律師来、今日[illegible]、未魁許、阿闍梨明範依[illegible]来、殊有書状、[illegible]氣色返事、臨暮退出了、須臾宗覚阿闍梨依[illegible]

斗日

廿六日壬申金破　沐浴　神吉　大歳位　療病　解除　壞垣　破屋　寅辰巳午酉亥子

晴、未剋許、肥後守義綱朝臣、前和泉守有宗朝臣、[illegible]門依請退来、晩頭、前越後守長[illegible]朝臣来、申剋許、参博陸御許、入夜帰

廿七日癸酉金危　沐浴　神吉　金剛峯　三吉　[illegible]　大歳位　歳徳合　[illegible]　判須　解除　壞垣　破屋　[illegible]　寅卯辰巳午申酉戌子

陰雨、未剋許、参殿、向具[illegible]、[illegible]大夫[illegible]保[illegible]博陸[illegible]、入夜帰、[illegible]道[illegible]依[illegible]

亡東宮福盗入東面女房局、少々抄掠衣裳

入夜風雨相交

廿八日甲戌火成　大歳對　復厭　入学　吉　寅卯巳未戌亥子丑

陰雨、辰剋許、[illegible]宰相[illegible]道房朝臣来、相遇、謝[illegible]、相次[illegible]家来、午剋許[illegible]、[illegible]道[illegible]来、[illegible]、晩[illegible][illegible]入東[illegible]家

廿九日乙亥火収　沐浴　大禍　八龍　大歳對　母倉　重　[illegible]　寅卯辰午申戌亥子丑

晴、辰魁許、参南殿、[illegible]、午剋許、参博陸[illegible]

未剋許帰家

鶏鳴之後、追儺如恒

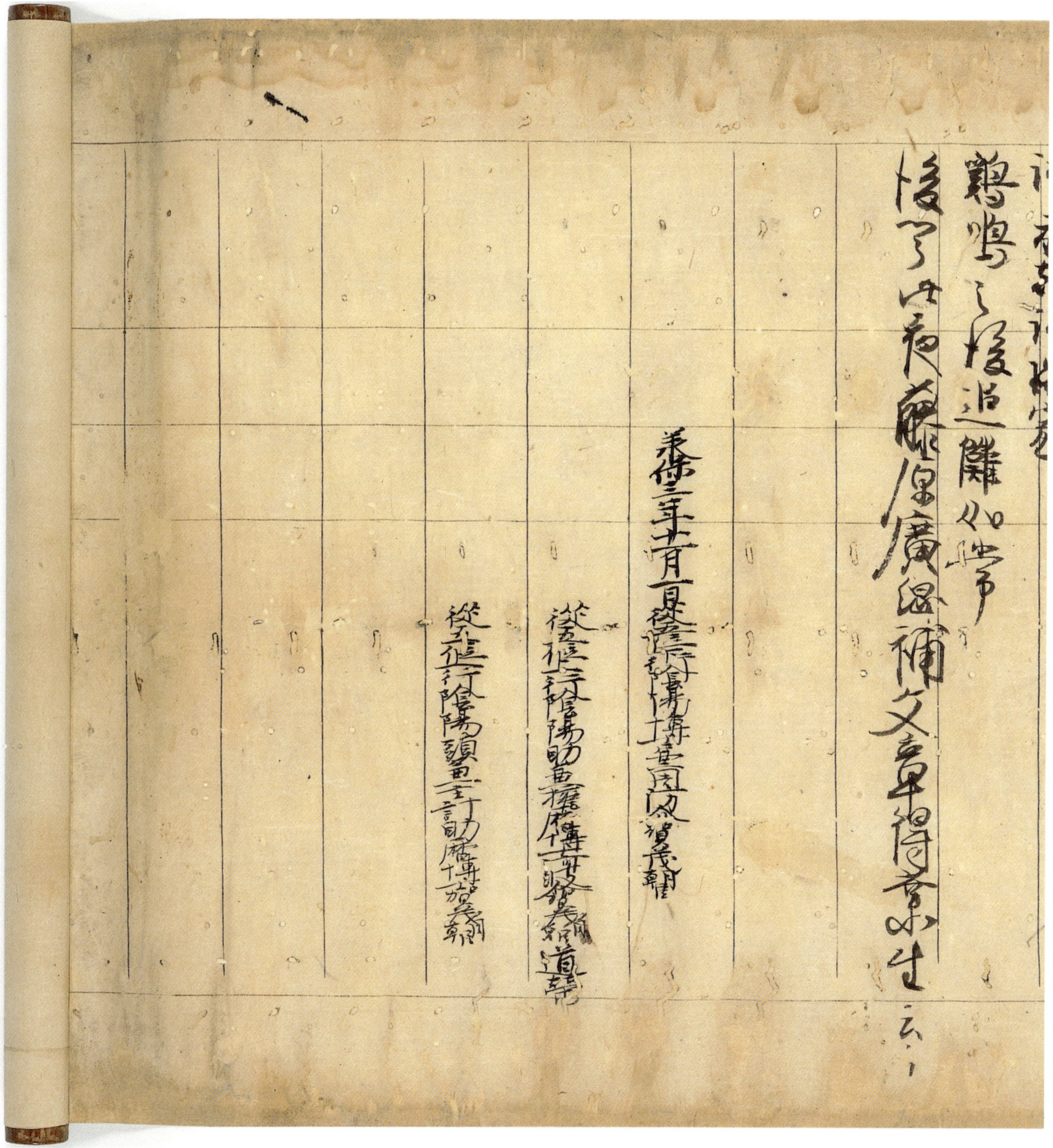

水左記　承暦元年　閏十二月二十九日／巻尾

水左記

承暦元年　裏書

裏104（46頁）　裏103（45頁）　裏102（45頁）

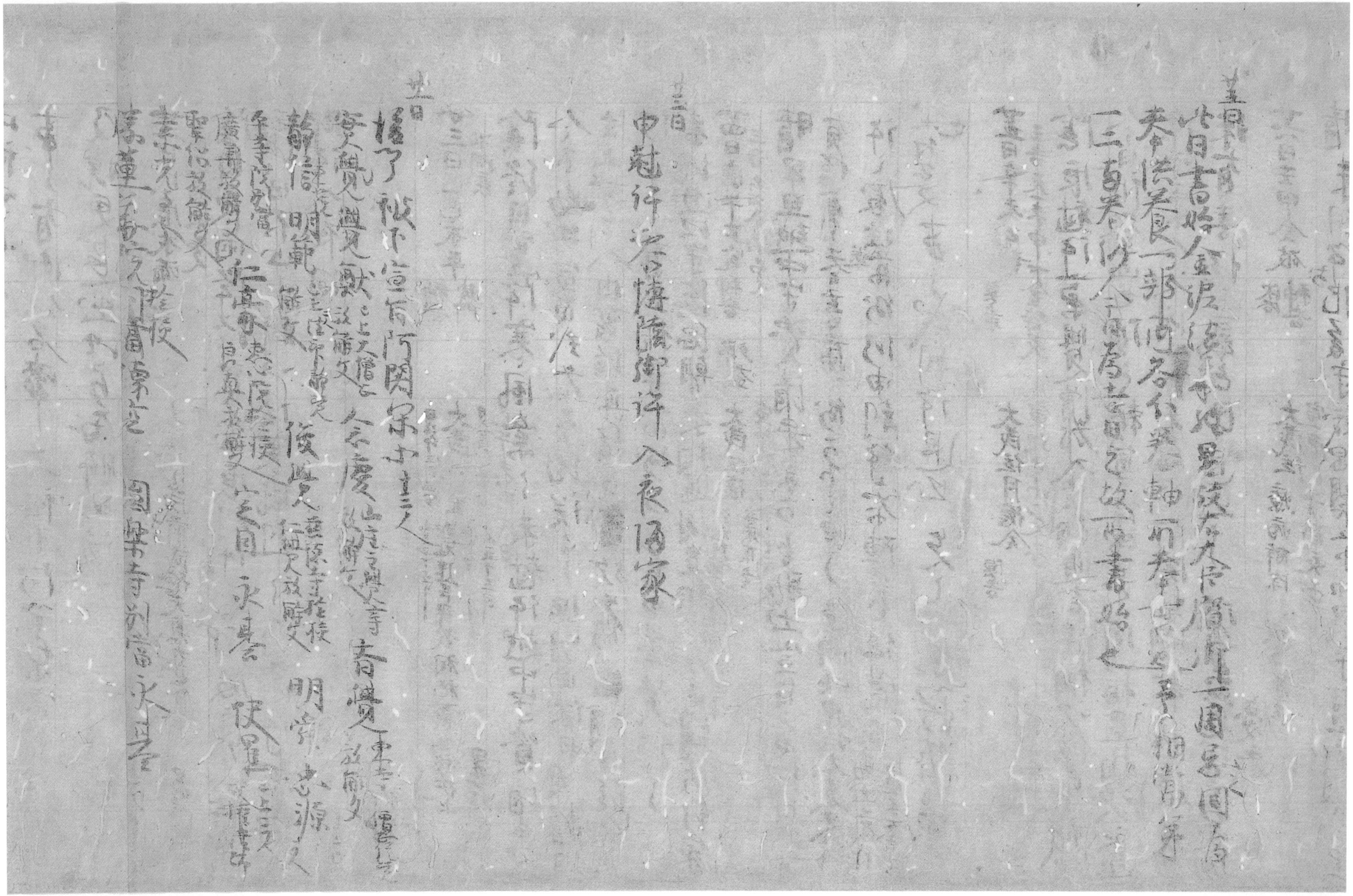

裏101（44頁）

裏100（44頁）

裏99（42頁）　裏98（42頁）　裏97（42頁）　裏96（42頁）

（34）

裏95（41頁）

裏94（41頁）

裏93（40頁）

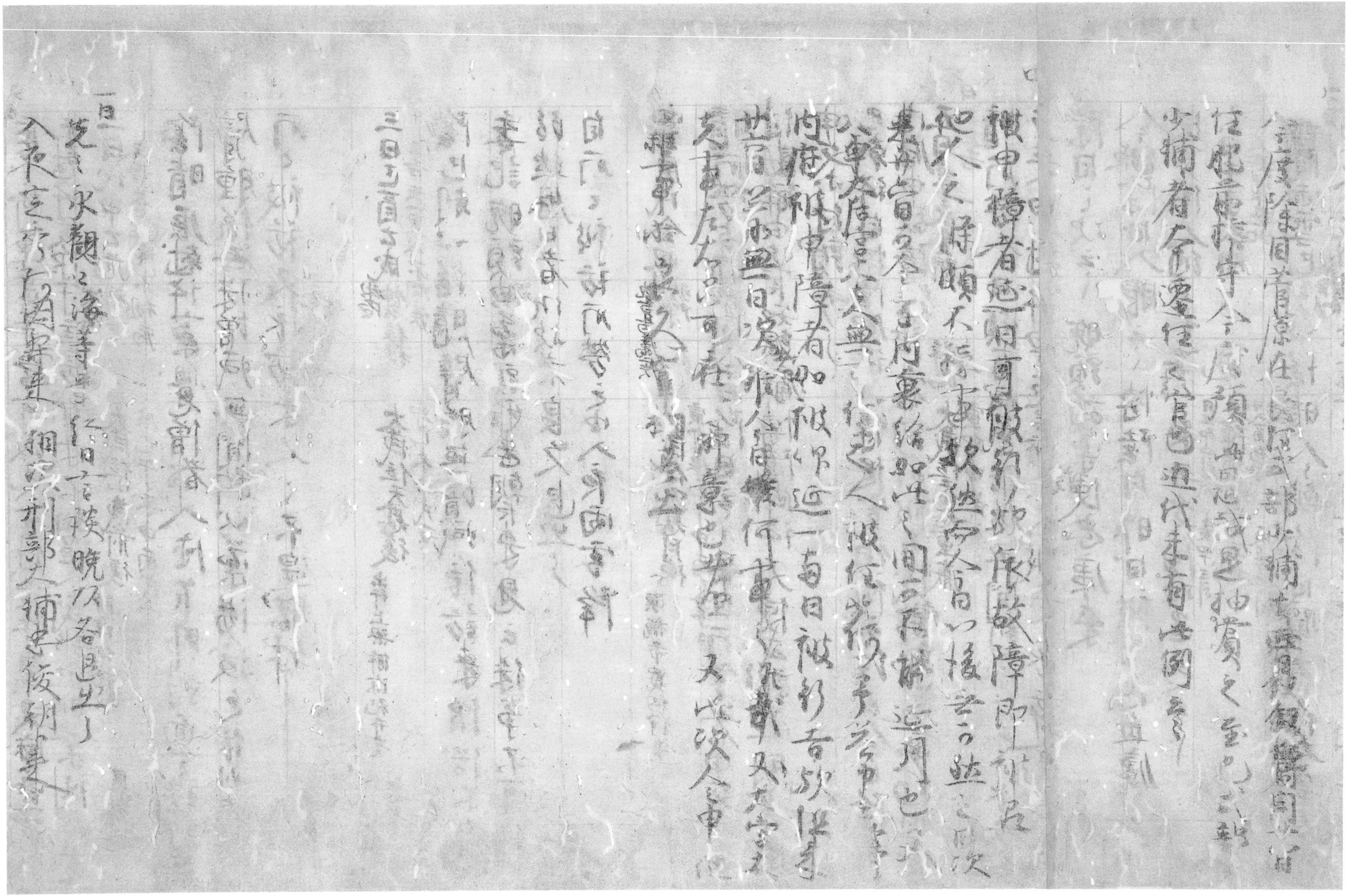

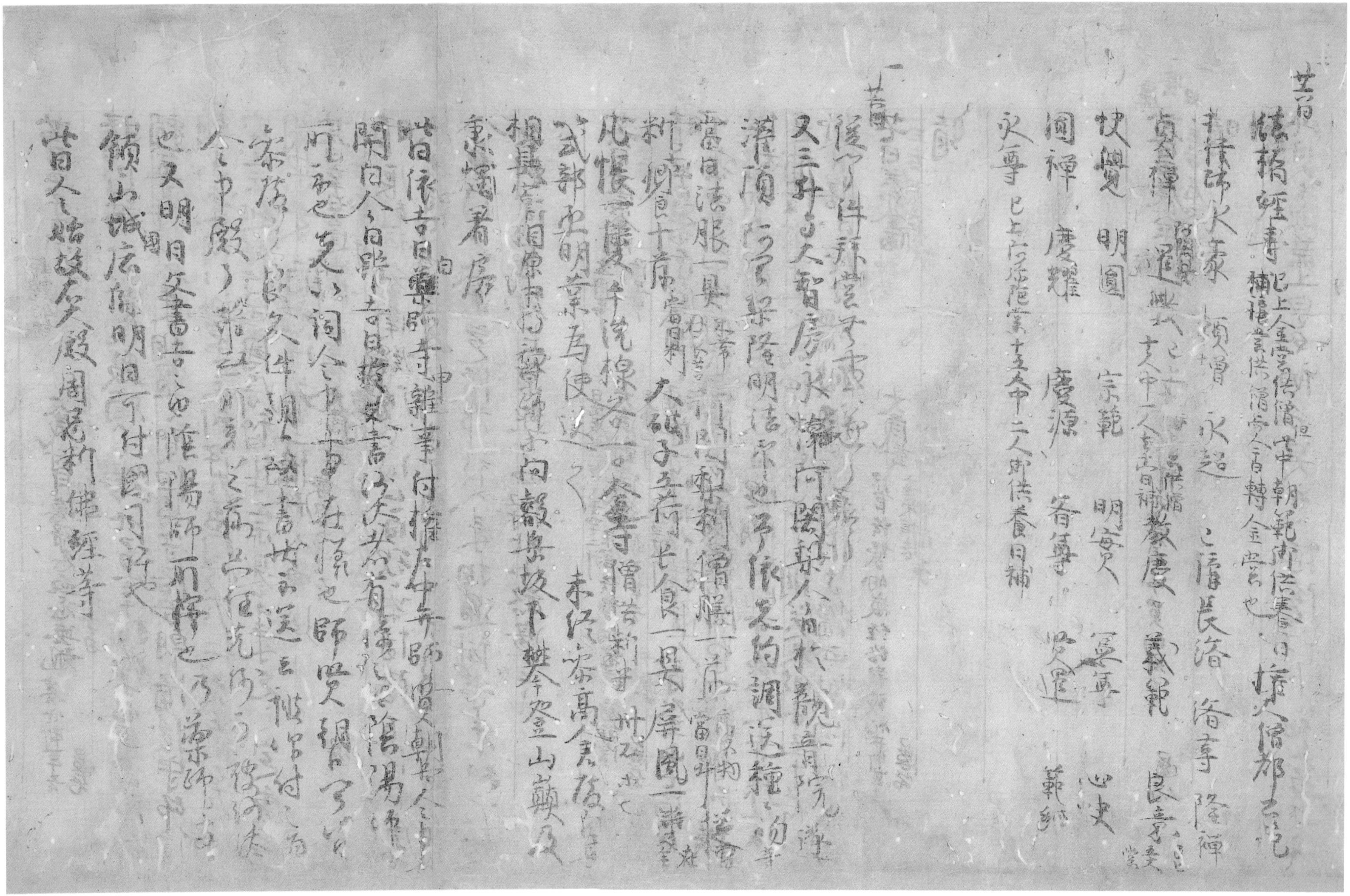

裏90（39—38頁）

裏89（38頁）

裏88（38頁）

裏87（38—37頁）

従五位上行道義
法印長勢　佛師　法橋院助　同
又被補寺司并法僧綱云々
検校仁和寺宮　別当大僧正
金堂法眼　廣算
権律師　朝範
阿闍梨　貞心
事畢還宮云々

裏86（36頁）　裏85（36頁）　裏84（36頁）　裏83（36頁）

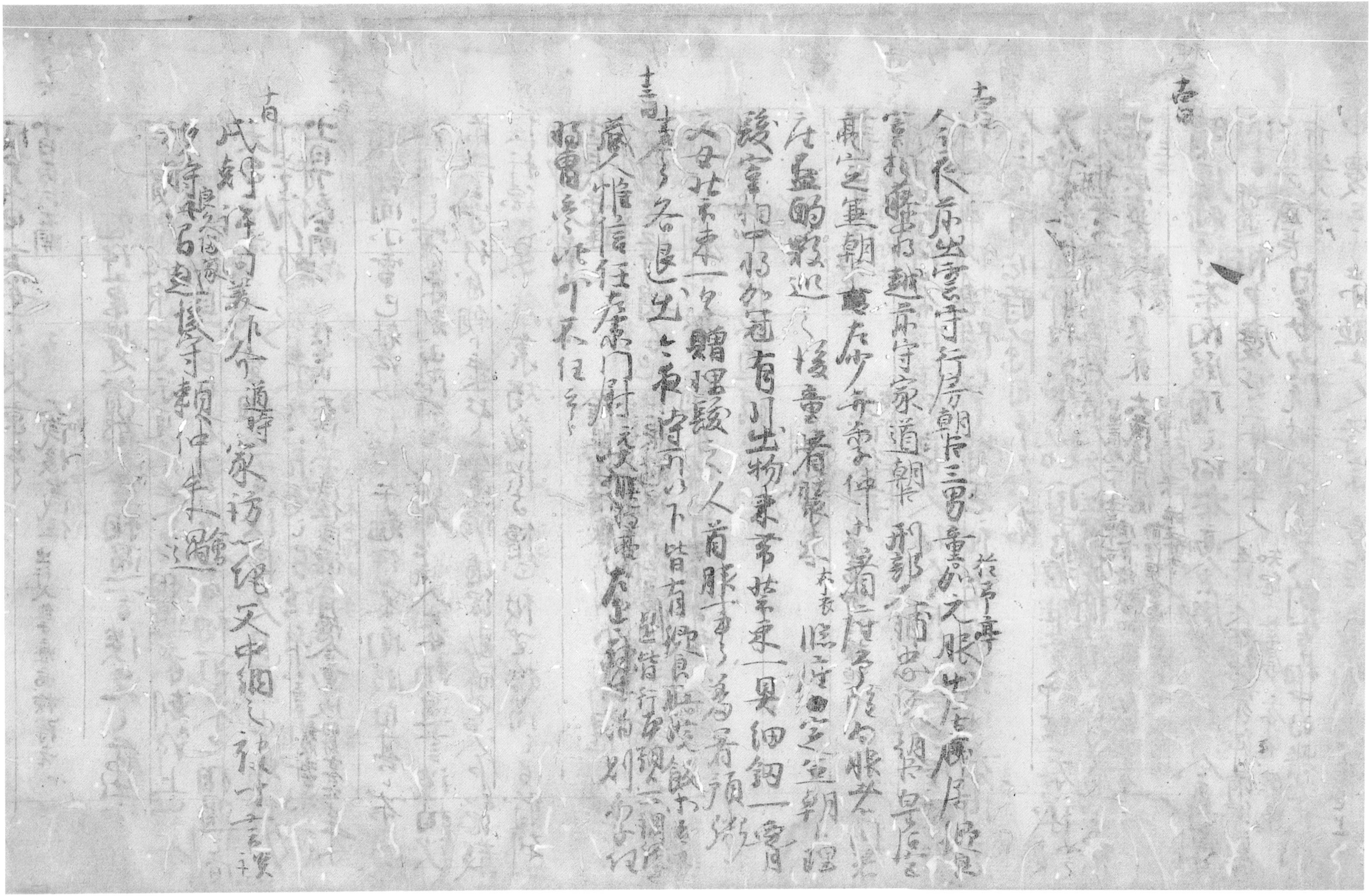

裏82（35頁）

裏81（35頁）

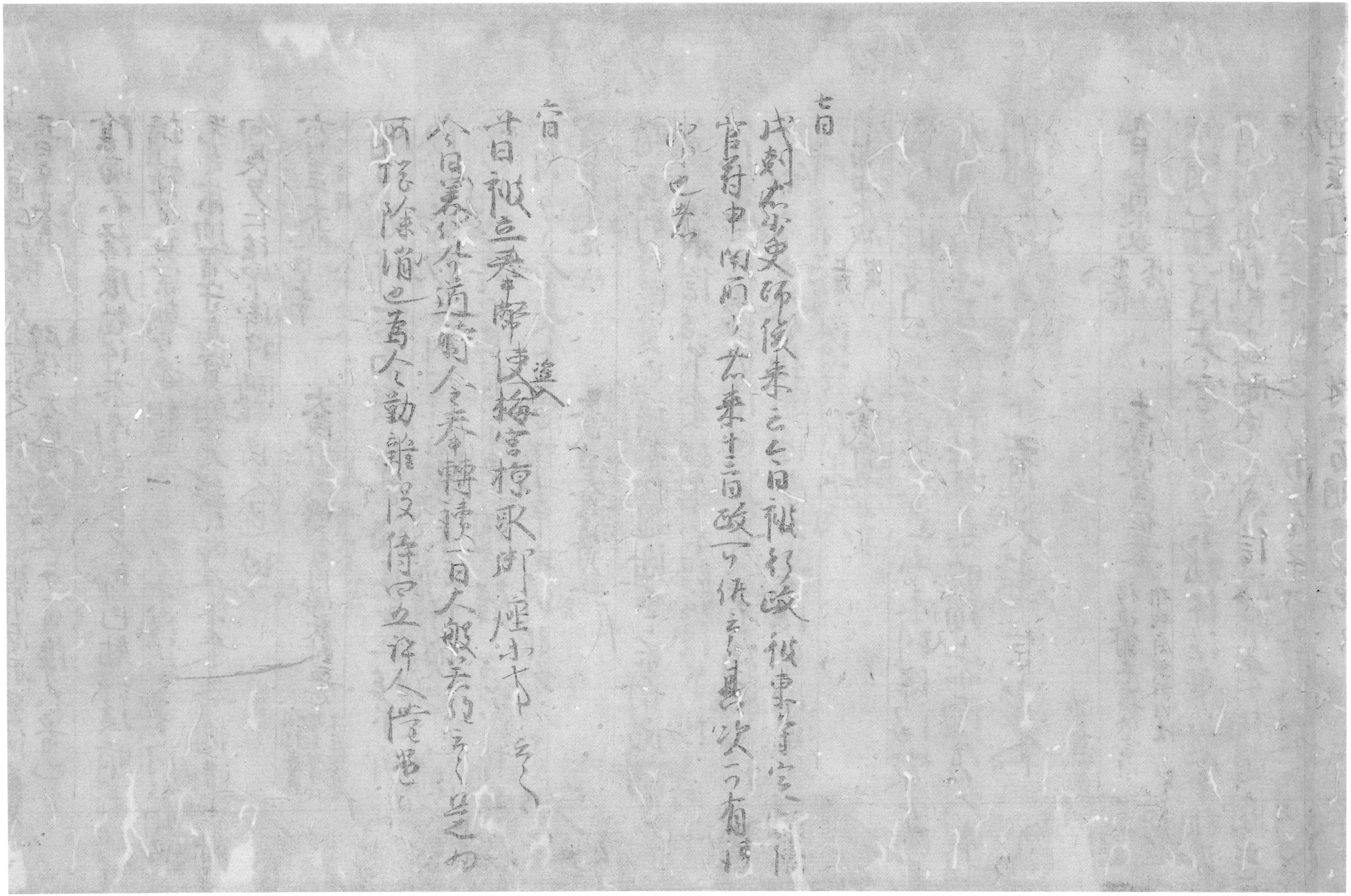

裏80（34頁）

裏79（34－33頁）

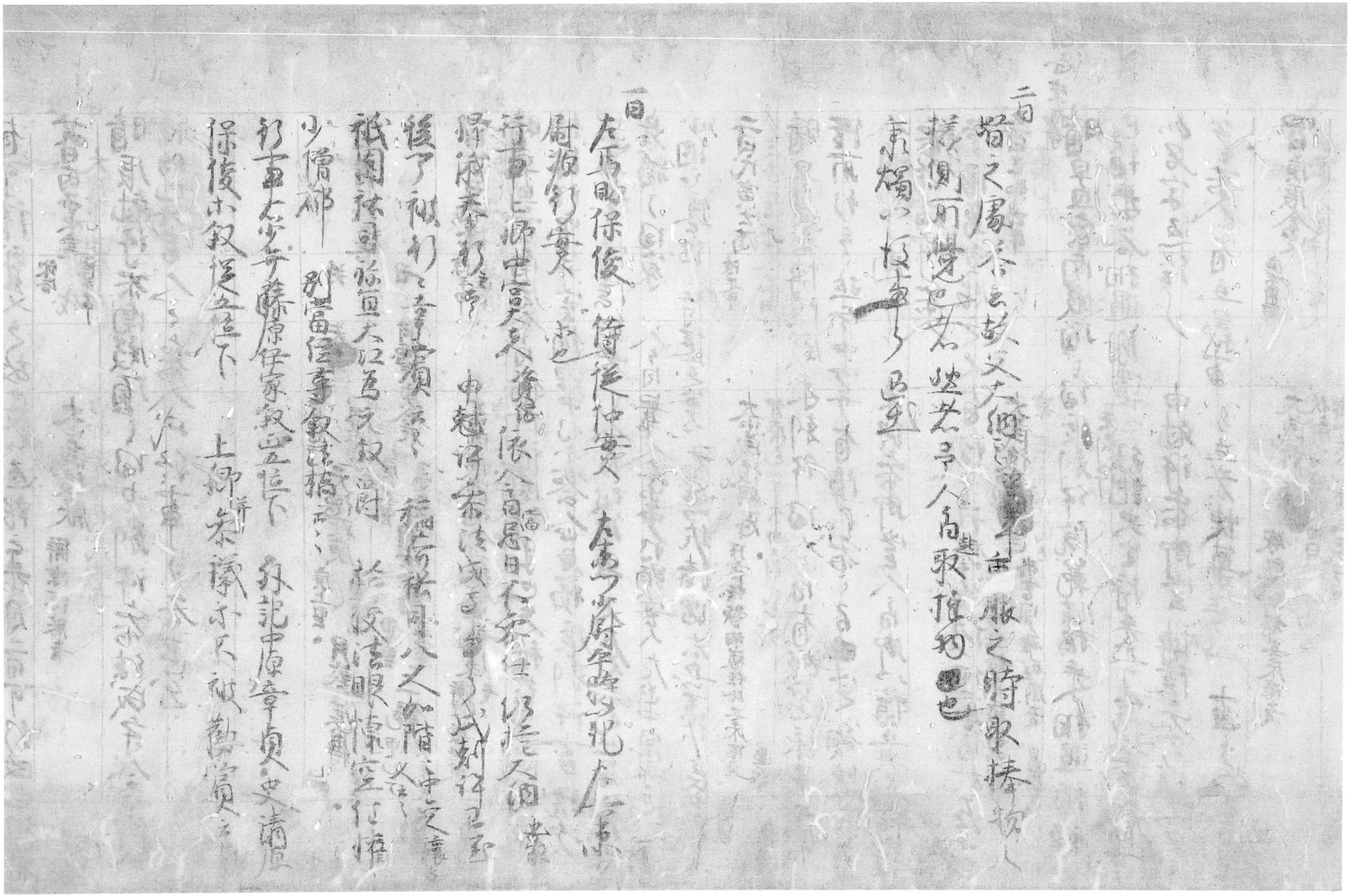

裏78（33頁）

裏77（33–32頁）

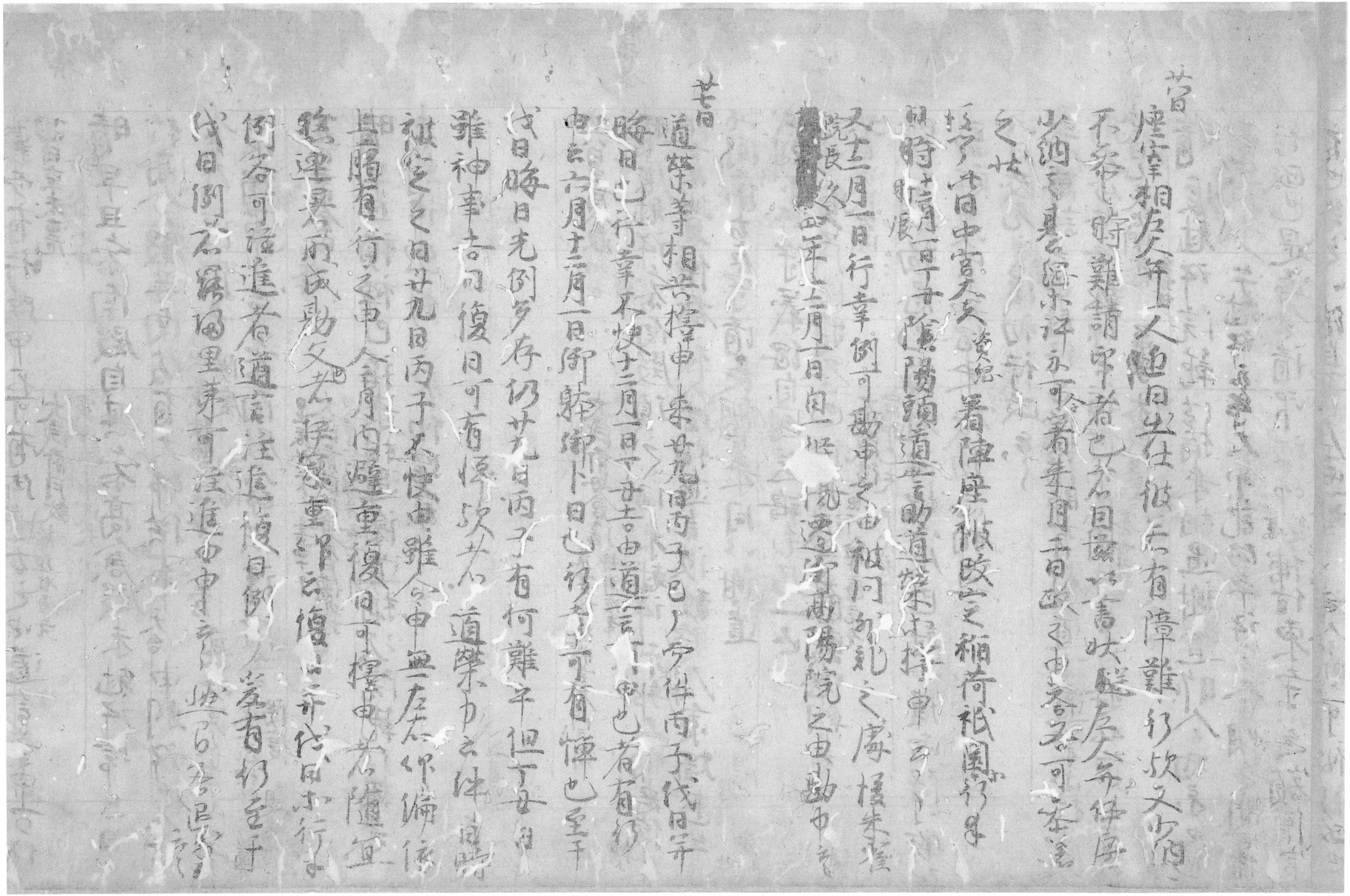

裏76（32頁）
裏75（32頁）
裏74（32―31頁）
裏73（31頁）

十九日
入道左少弁範季仲・左京[illegible]尉平季衡等不可[illegible]
[illegible]是依[illegible]事也云々

廿一日
吾軍論之間已及深更、因[illegible]議定卿人数[illegible]議[illegible]許遅々
所被行事也、[illegible]明日可有[illegible]御[illegible]、與博陸[illegible]々、執郎
直廬[illegible]、[illegible]問陰陽頭道言[illegible]中[illegible]日時、參[illegible]
御及同[illegible]季[illegible]日是十二月廿一日記

廿三日
祇園臨[illegible]人[illegible]節會之後式部[illegible]陰陽頭道言[illegible]
[illegible]政朝臣仰云、前日権陰陽博士有行申云、雖御導[illegible]高陽院被行
白河御堂造作御修養事、不可有憚、是大将軍遊行御忌留六
條御所、仍為年忌之上、此院非御本所、為振所之故也、又右[illegible]
陰陽頭道言申云、御所在此院、被行御願事、犯土[illegible]所不吹
此院更[illegible]代之御所、就諸国之造営也、然而依時議敢用振所者
尚不満卅五日、今一度行事六條[illegible]、營作被御営事尤吉歟、但
御[illegible]五日御居之條、見天徳四年御記、彼時自式部卿曹司
遷御冷泉院之時、間不満卅五日、不可有御営之由先祖[illegible]
所[illegible]也、之謂之、設雖卅五日以前可有[illegible]御[illegible]、於被[illegible]
兩説[illegible]行申云、不得其意、道言申旨頗有
其謂、被[illegible]六條吉歟、但自来廿八日良[illegible]相方也、從六條指
河御堂當良方、仍其日可遷御此院也、[illegible]
日次者、行道言申云、廿三日庚午被行幸、同廿三日廿七日[illegible]可[illegible]也
若[illegible]被[illegible]廿三日可有[illegible]
去年十二月廿日[illegible]高陽院還御[illegible]六條[illegible]內裏是入[illegible]可立[illegible]
[illegible]依被營作白河御願[illegible]御方違可還[illegible]也[illegible]
[illegible]日[illegible]高陽院也

廿九日
御[illegible]是[illegible]人師[illegible]相遇[illegible]
賀男師[illegible]久[illegible]也[illegible]
以[illegible]博陸殿[illegible]

裏72（31頁）

裏71（31－30頁）

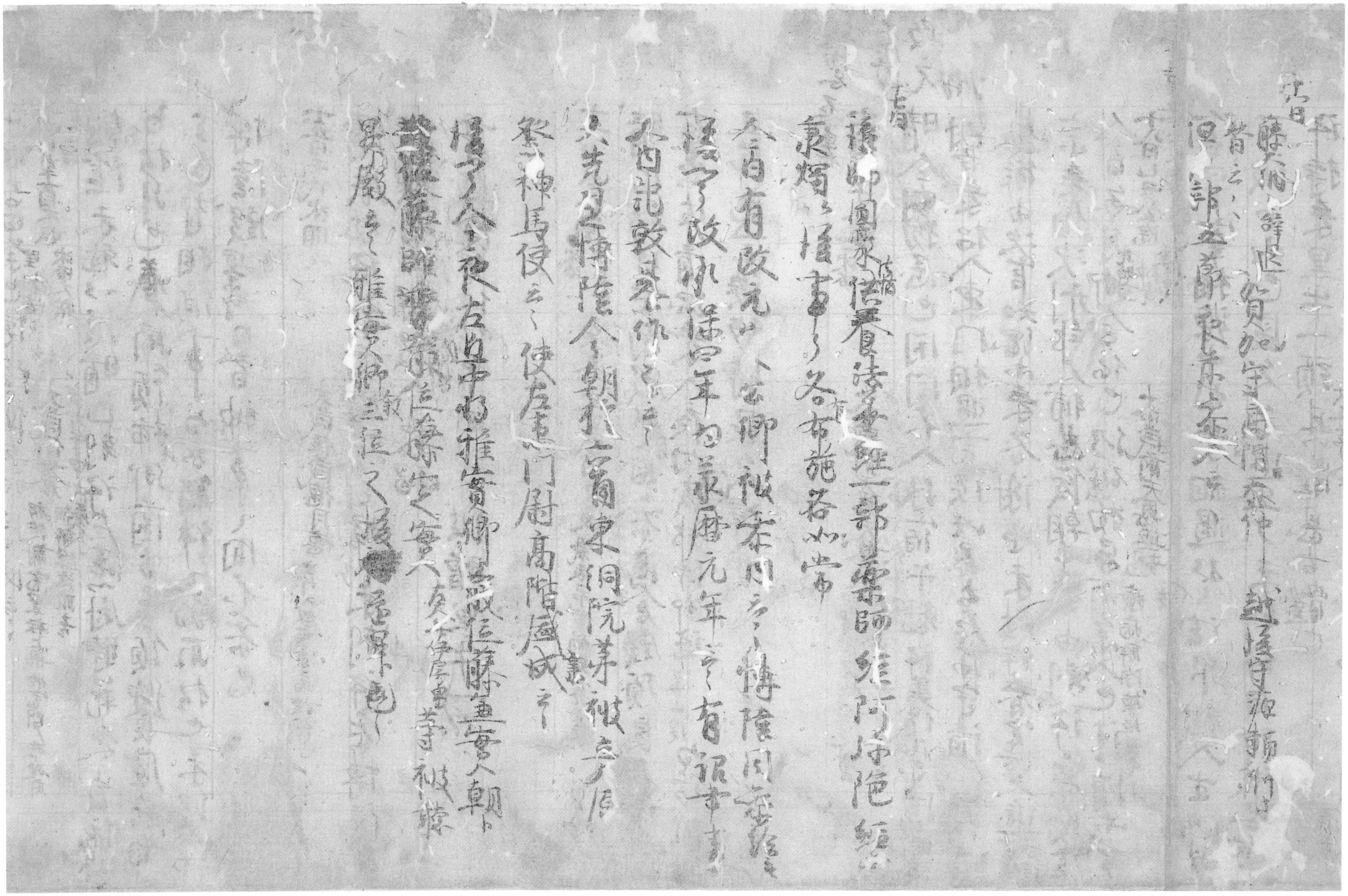

水左記　承暦元年　裏書　十一月十七日・十八日（裏71・72）

裏69（28－27頁）　裏68（27頁）　裏67（27頁）

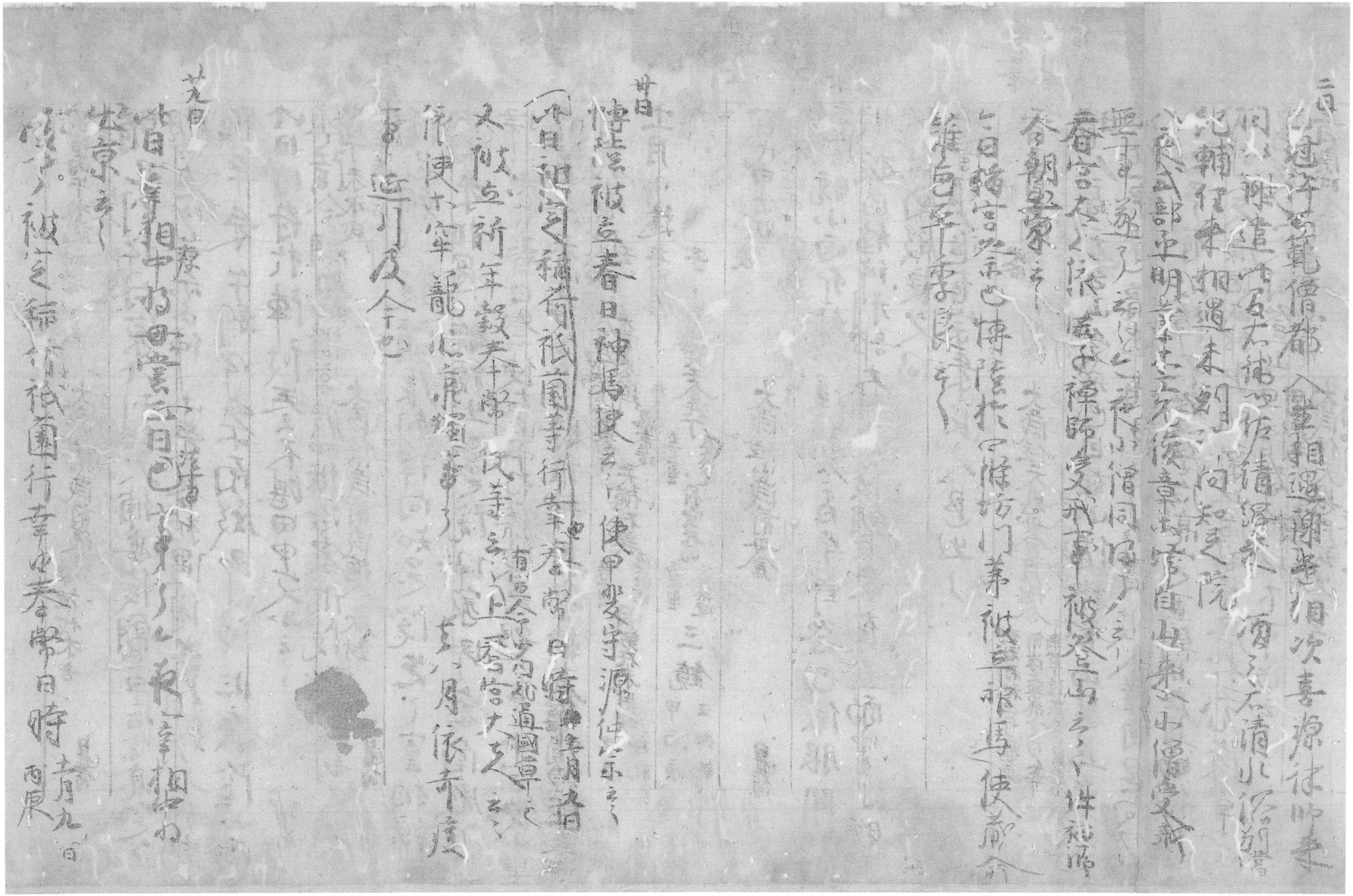

裏64（25頁）　裏65（26頁）　裏66（26頁）

裏64（25頁）

裏63（25頁）

裏62（25頁）

裏61（25頁）

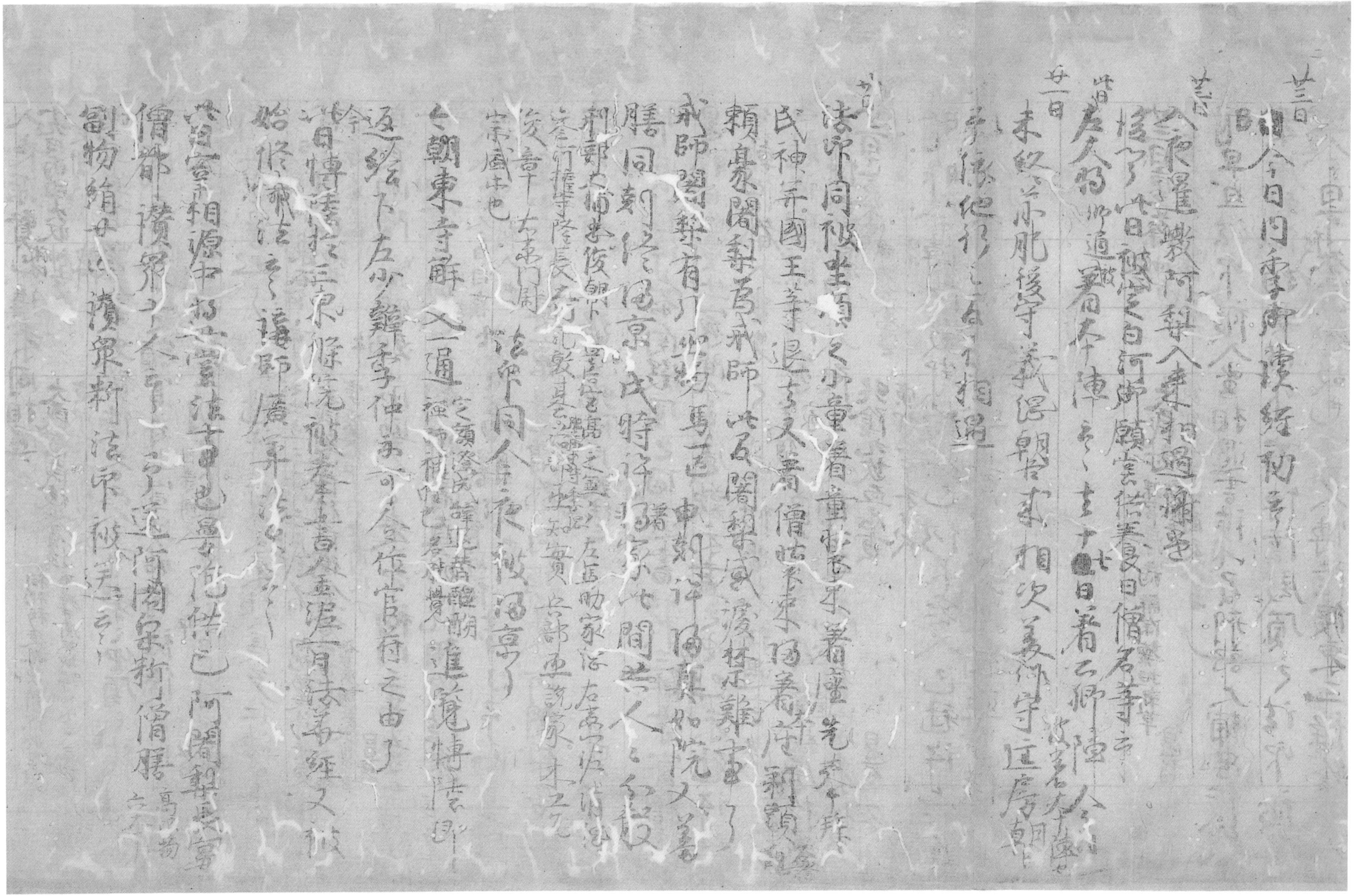

（19）

裏60（24頁）

十九日
辛巳、[illegible]向[illegible]殿、晩頭向博陸殿 東三條 今日
依有神事不奉謁、今日安[illegible]復輔朝臣中宮亮[illegible]
[illegible]

裏59（24頁）

十七日
十七日、[illegible]人令上臈奉表、使左近権中将家忠朝臣云々
[illegible]者式部少輔[illegible]朝臣云々、於東三條東對有此事
[illegible]行勤[illegible]使、左近権中将保實朝臣參入、其儀如恒
宰相中将宗[illegible]博陸[illegible]拝、勅答使是博陸[illegible]
[illegible]也云々、[illegible]勅答[illegible]結中[illegible]勅答[illegible]
[illegible]結中但上表[illegible]時[illegible]中之可[illegible]
[illegible]相[illegible]著陣[illegible]
[illegible]日[illegible]稲荷祇園行[illegible]日時[illegible]　十一月廿三日[illegible]
上卿[illegible]中宮大夫[illegible]　宰相[illegible]　辨[illegible]
[illegible]中原章[illegible]　史[illegible]清原[illegible]

裏58（23頁）

[illegible]日[illegible]大[illegible]常[illegible]
[illegible]人[illegible]少内記[illegible]國[illegible]

裏57（23頁）

十五日
[illegible]

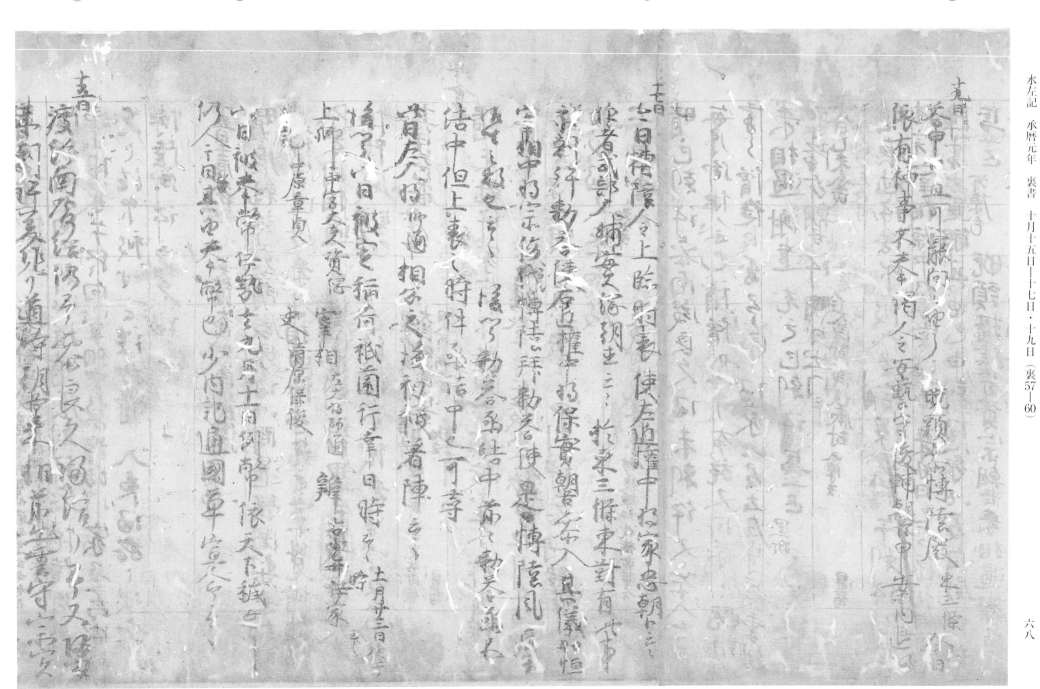

裏57（23頁）

裏56（23頁）

裏55（22頁）

裏54（22頁）

裏53（21頁）

裏52（21頁）

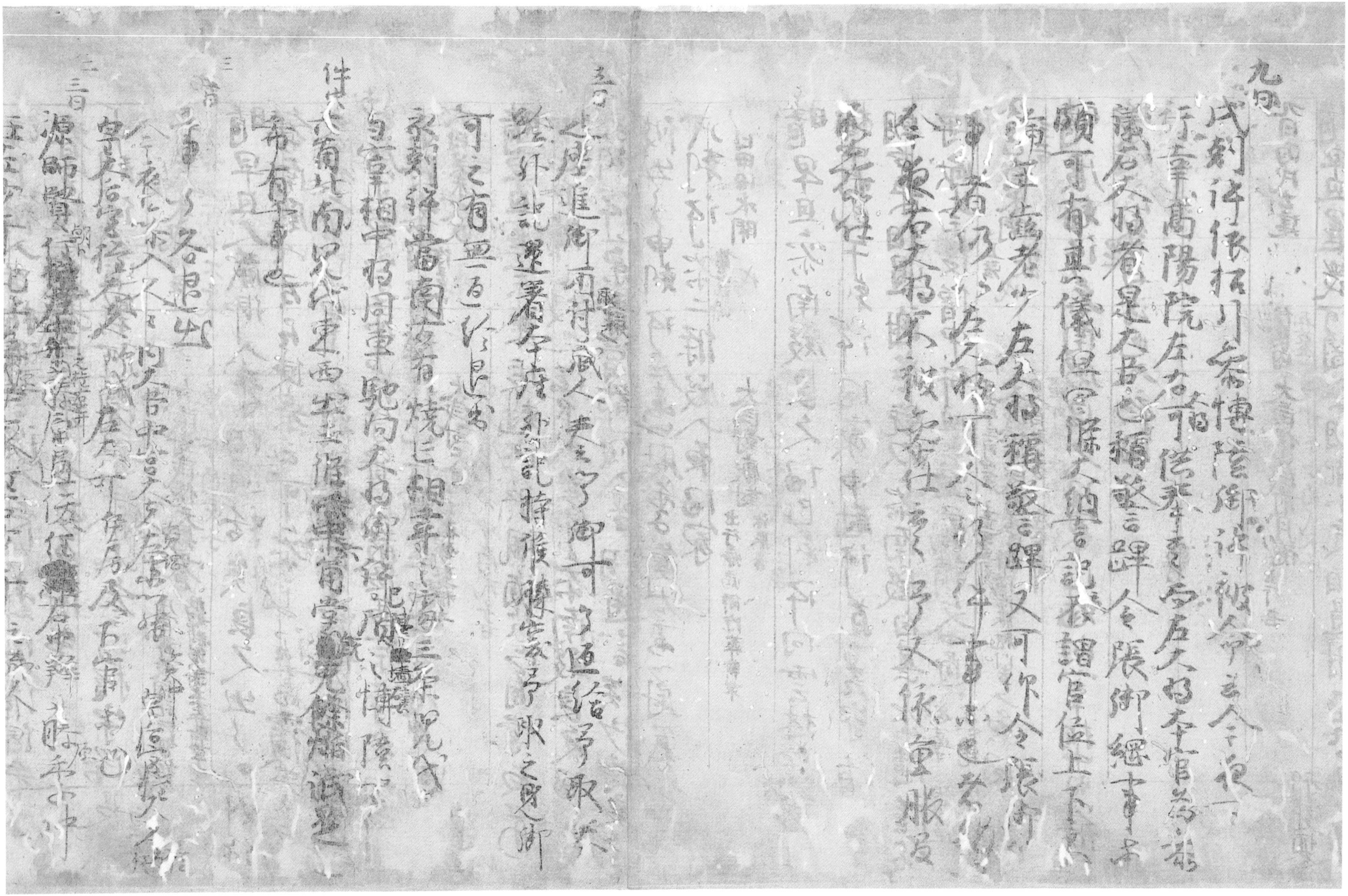

裏50（21頁）

裏51（21頁）

裏52（21頁）

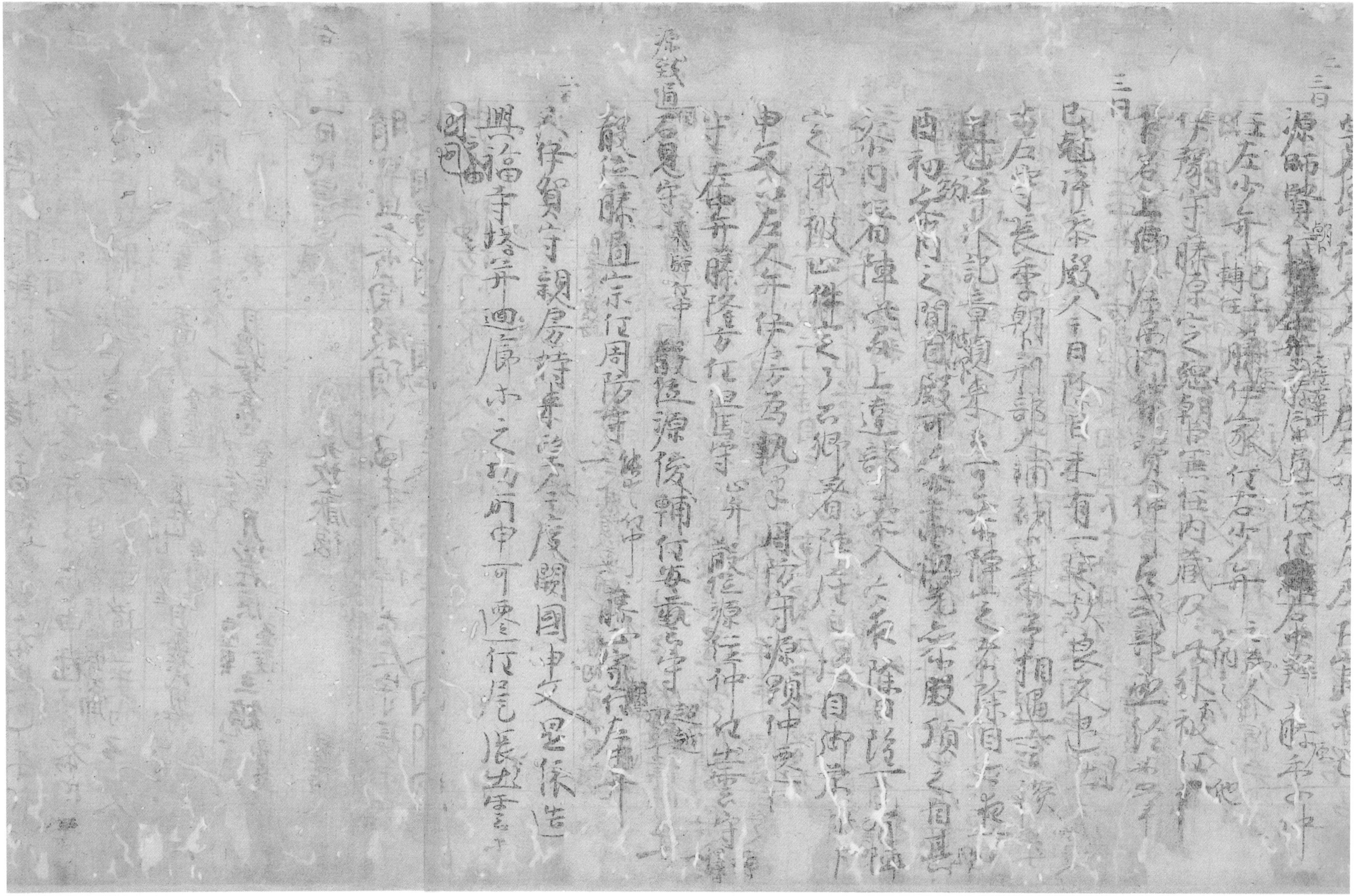

（15）

裏49（20頁）

裏48（20頁）

裏47（19頁）

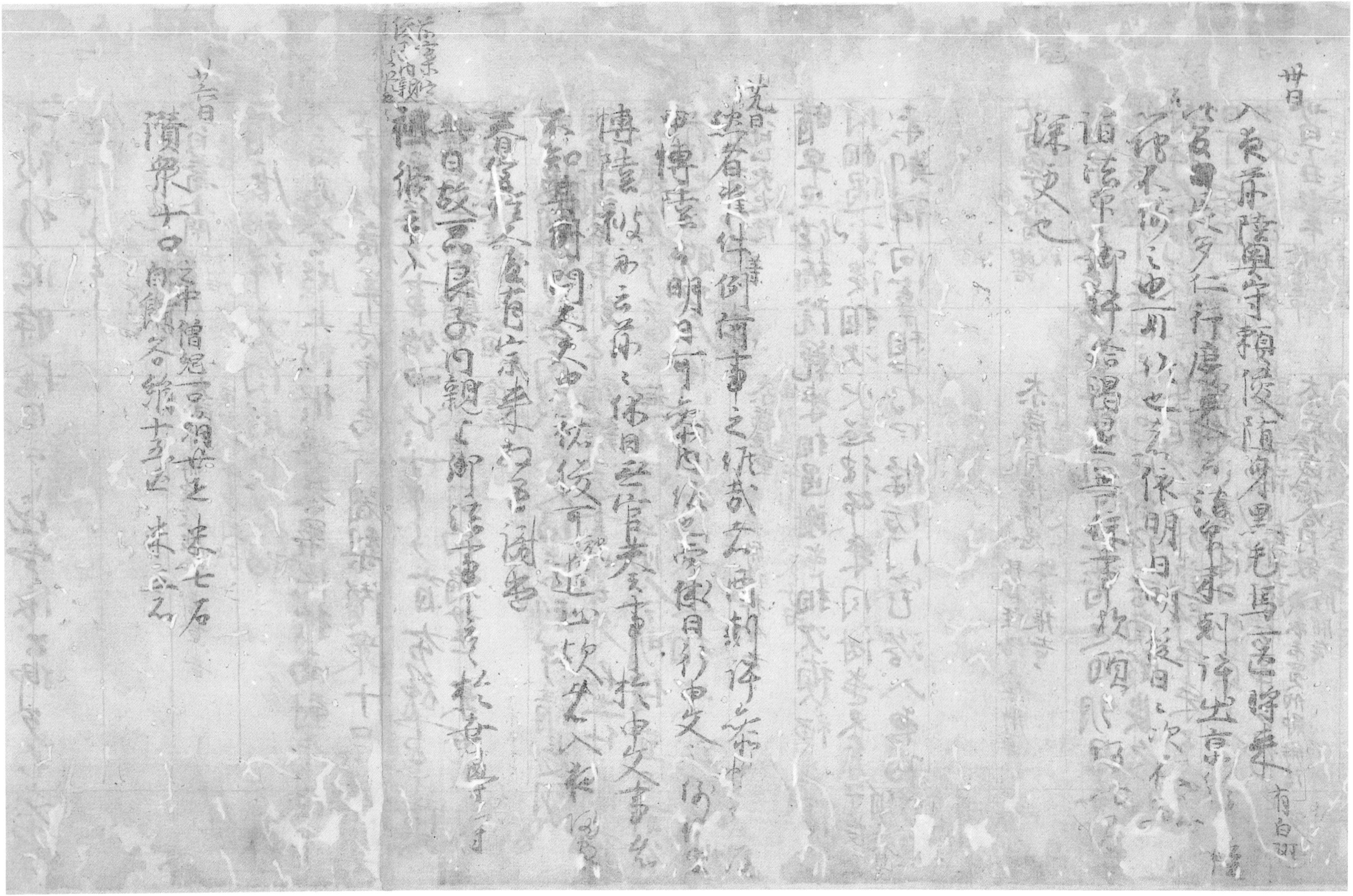

(14)

裏46
（19頁）

（13）

裏42（17頁）
裏43（17頁）
裏44（18―17頁）
裏45（18頁）

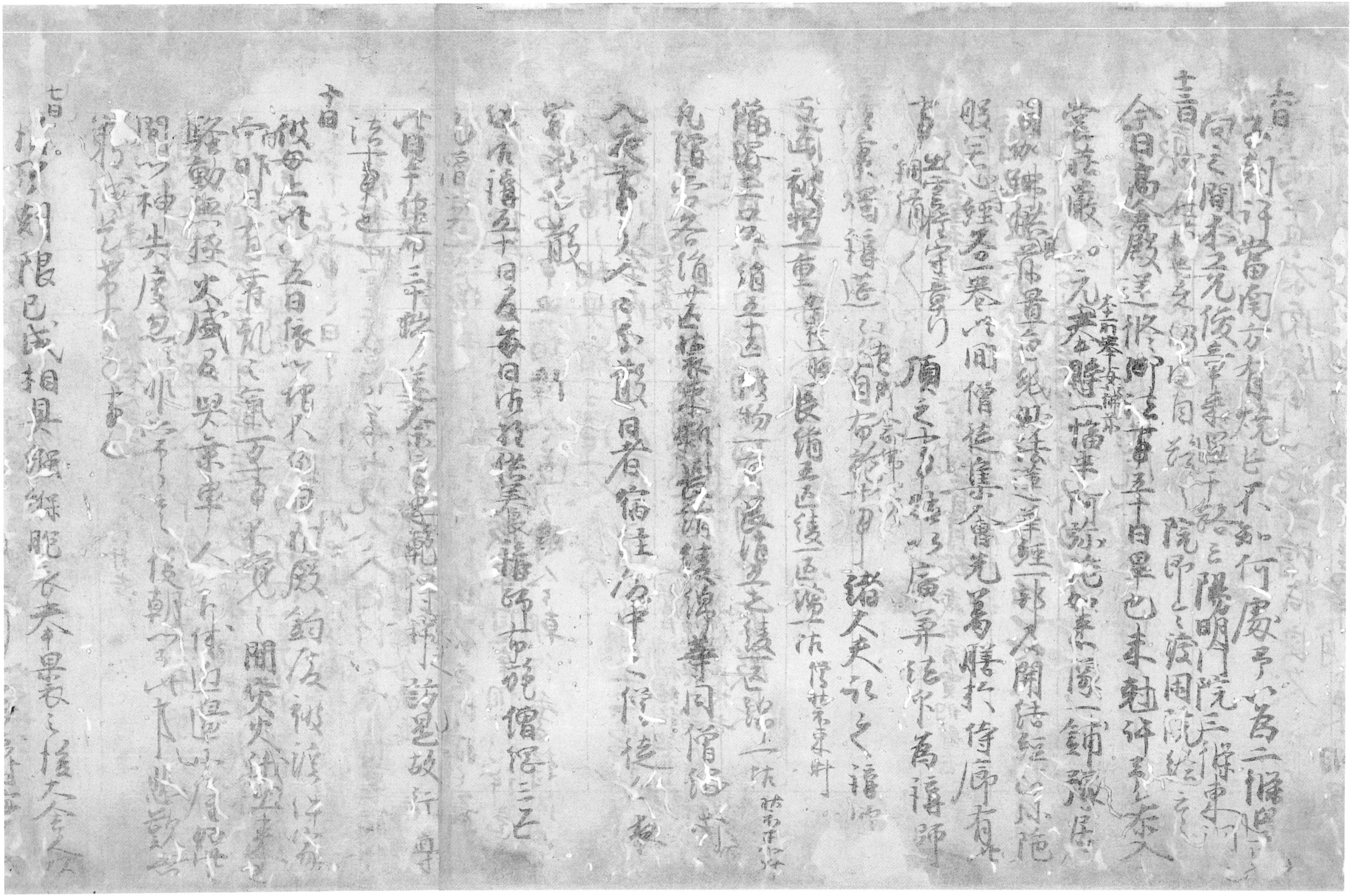

裏33（16頁）　裏34（16頁）　裏35（16頁）　裏36（16頁）　裏37（16頁）　裏38（16頁）　裏39（16頁）　裏40（17頁）　裏41（17頁）　裏42（17頁）

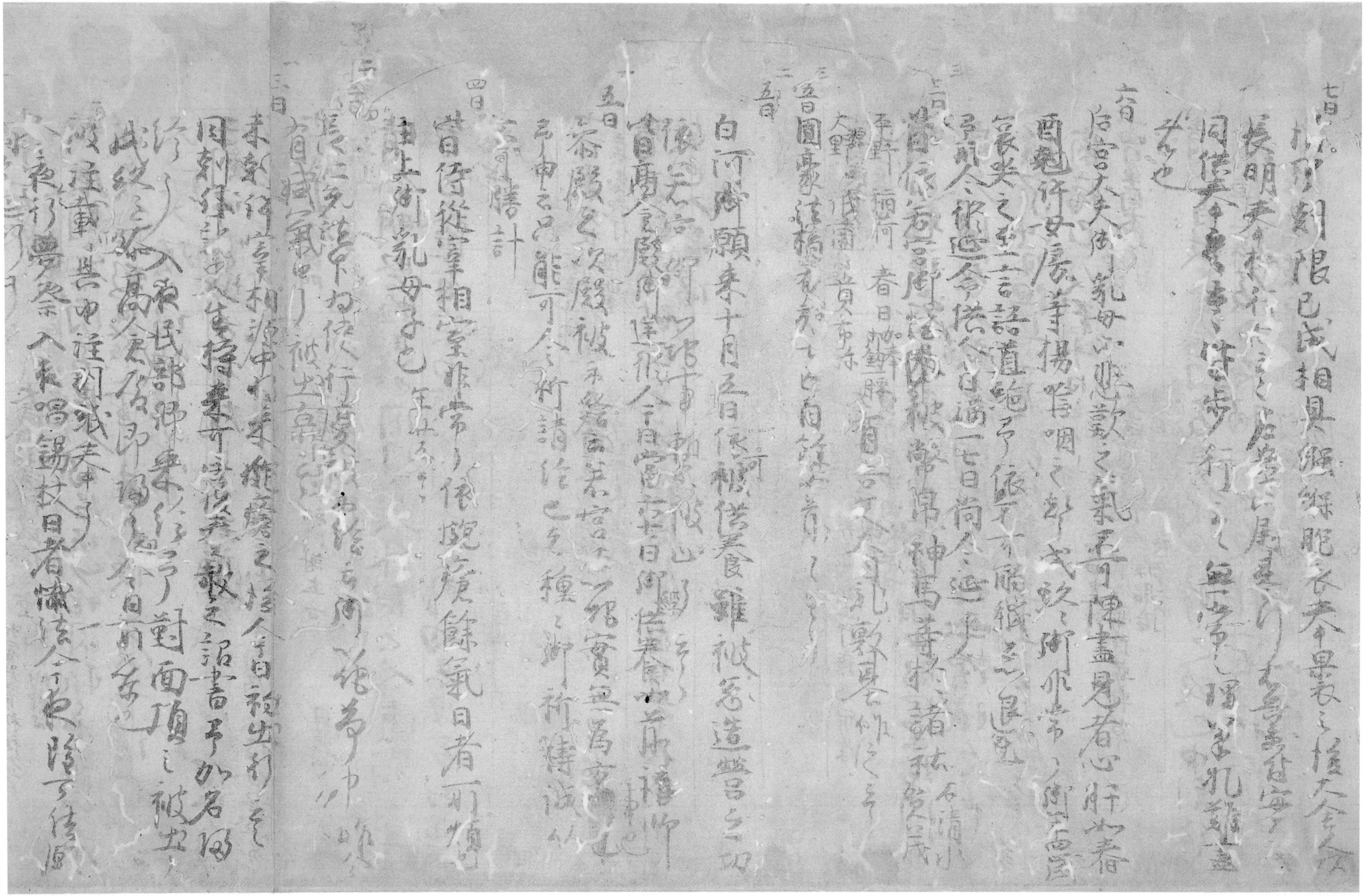

（11）

裏32（16頁）

裏31（16—15頁）

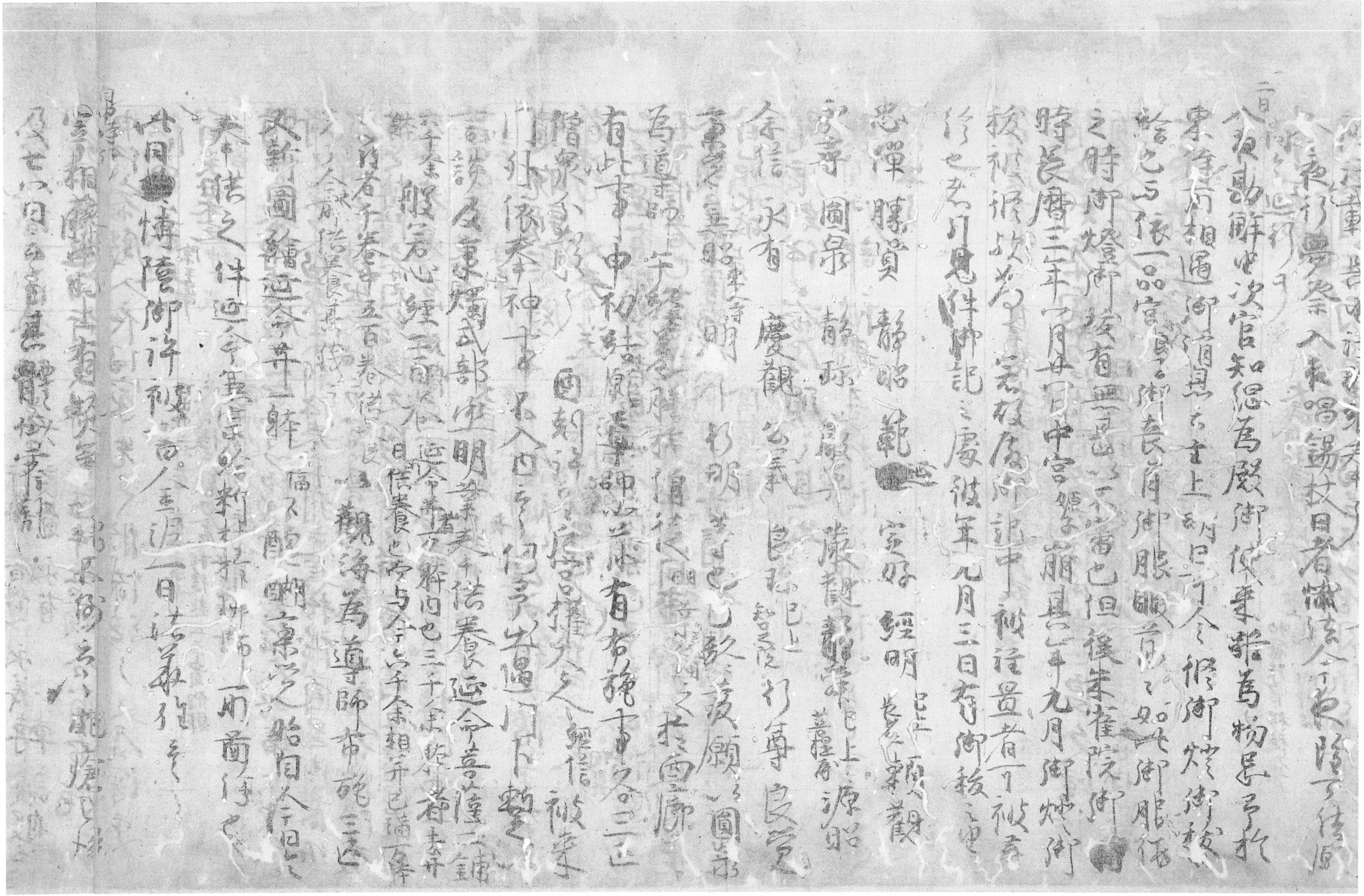

裏26（14-13頁）　裏27（14頁）　裏28（14頁）　裏29（14頁）　裏30（15頁）

(9)

裏26（14―13頁）

裏25（13頁）

裏24（13頁）

裏24（13頁）　裏23（13―12頁）　裏22（12頁）　裏21（12頁）　裏20（12―11頁）

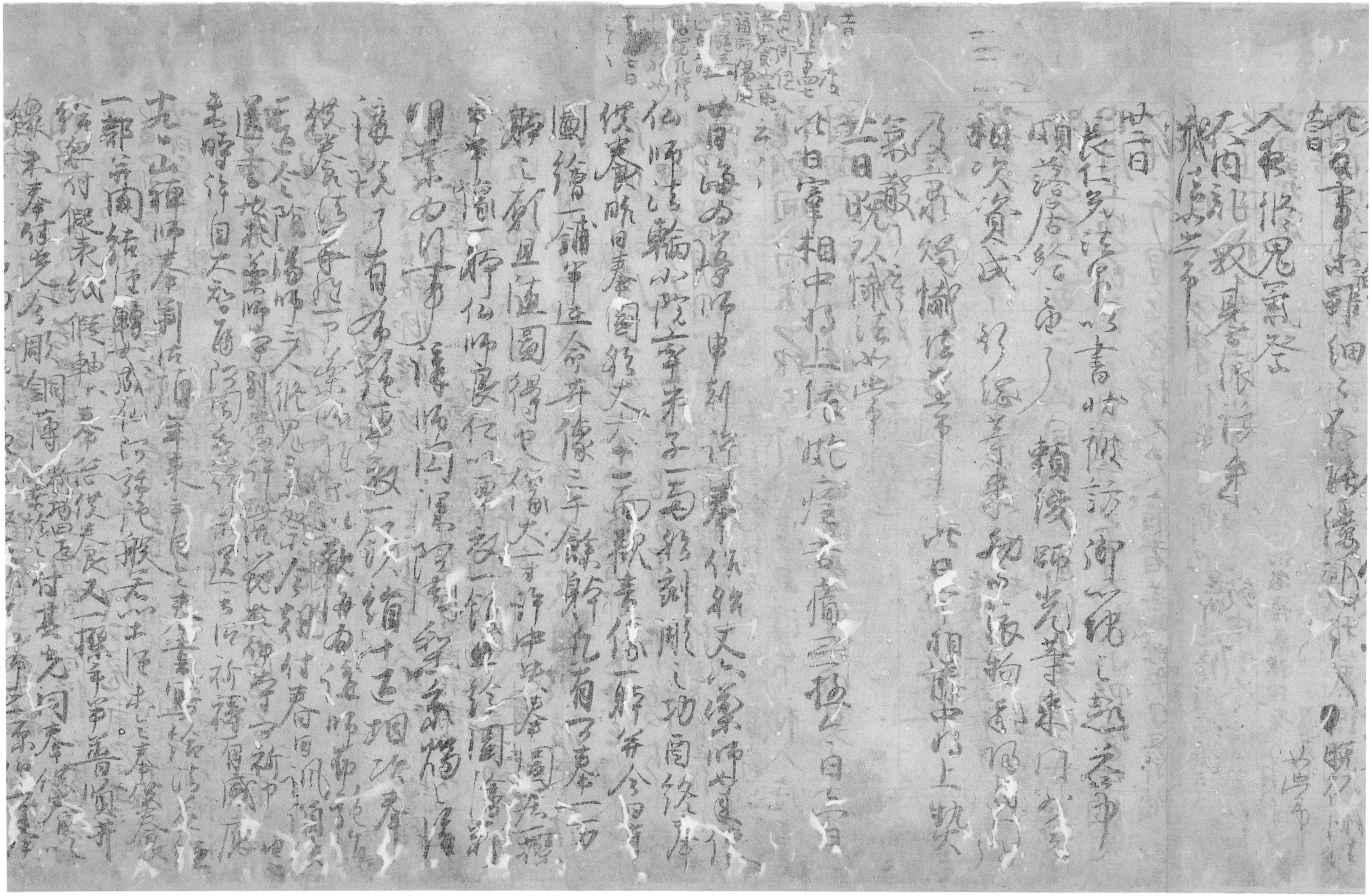

（8）

裏17（11頁）

裏18（11頁）

裏19（11頁）

裏16（11―10頁）　裏15（10頁）　裏14（10頁）　裏13（10頁）　裏12（10頁）

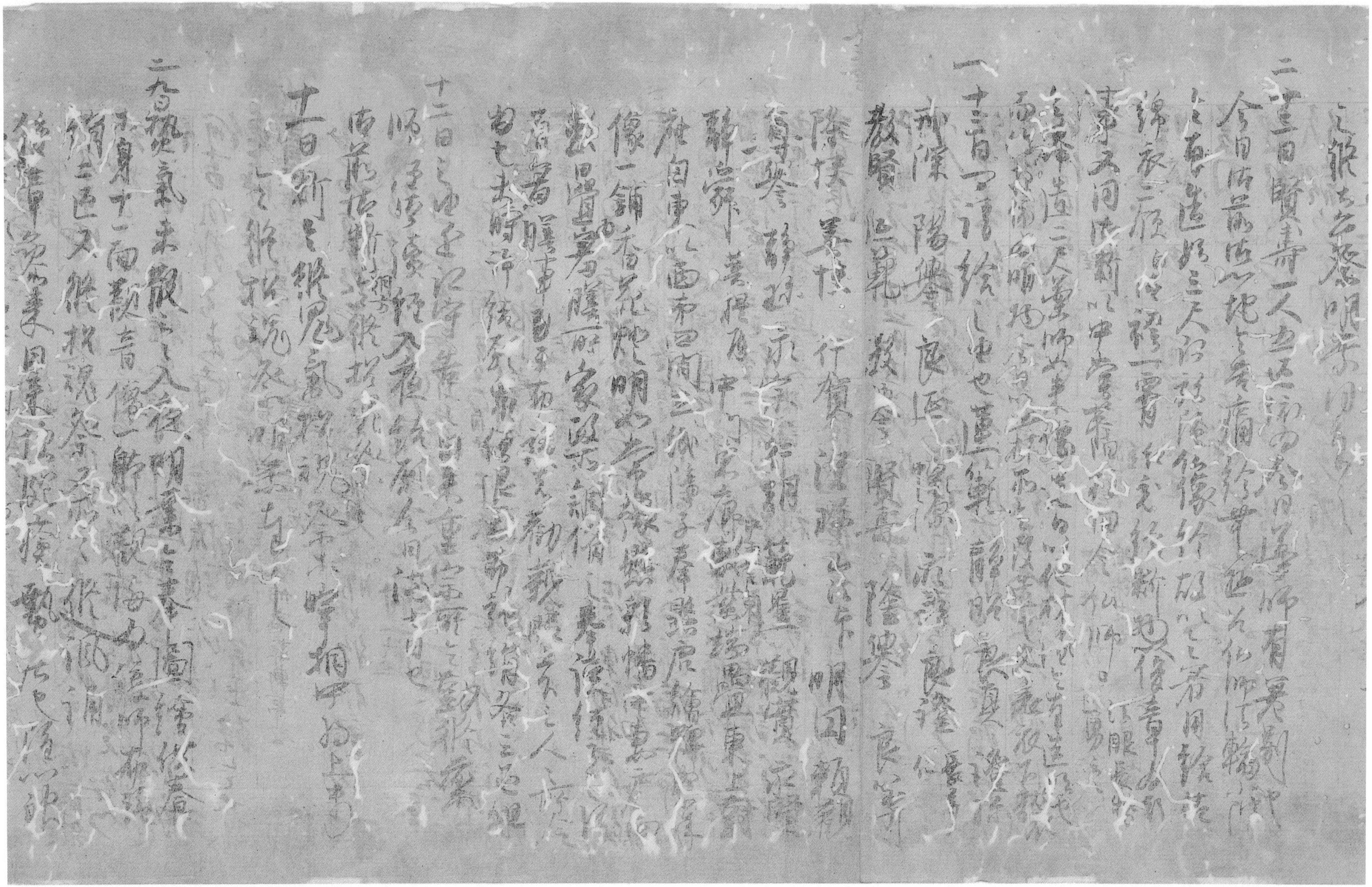

(6)

裏11（10―9頁）

裏10（9頁）

裏9（9頁）

裏8（9頁）

裏7（9—8頁）
裏6（8頁）
裏5（8頁）
裏4（8頁）

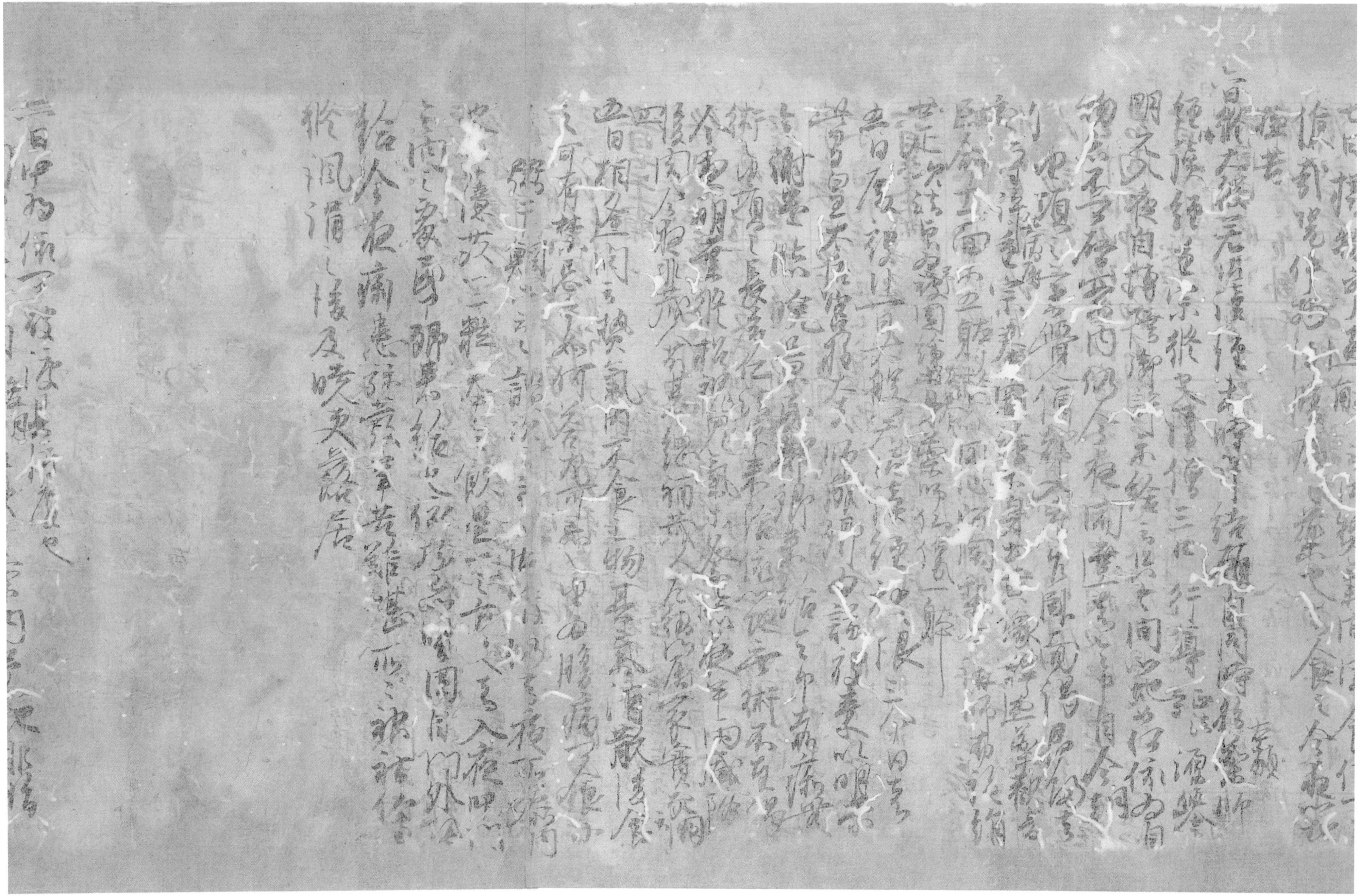

(4)

裏4（8頁）

裏3（7頁）

（3）

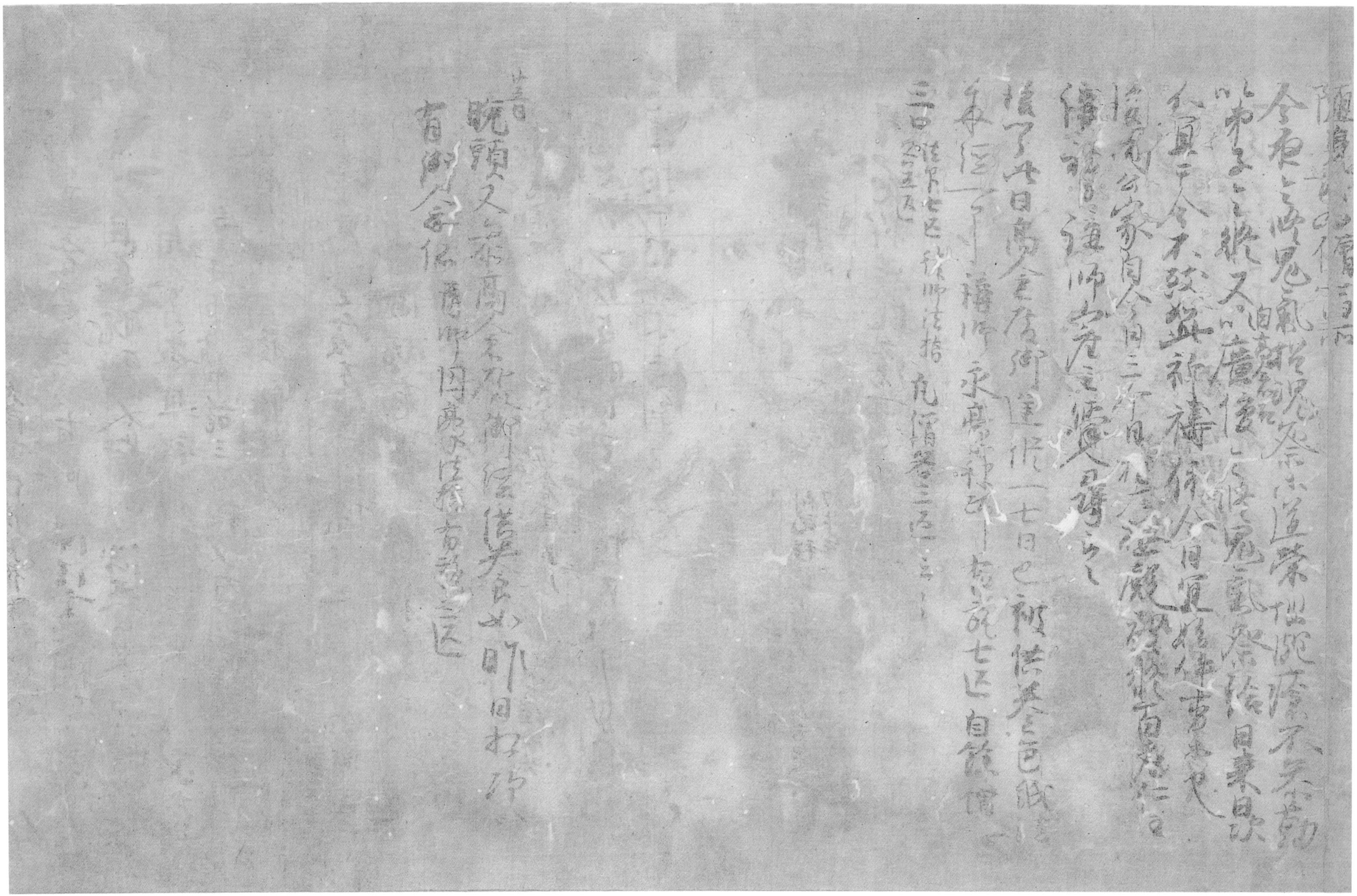

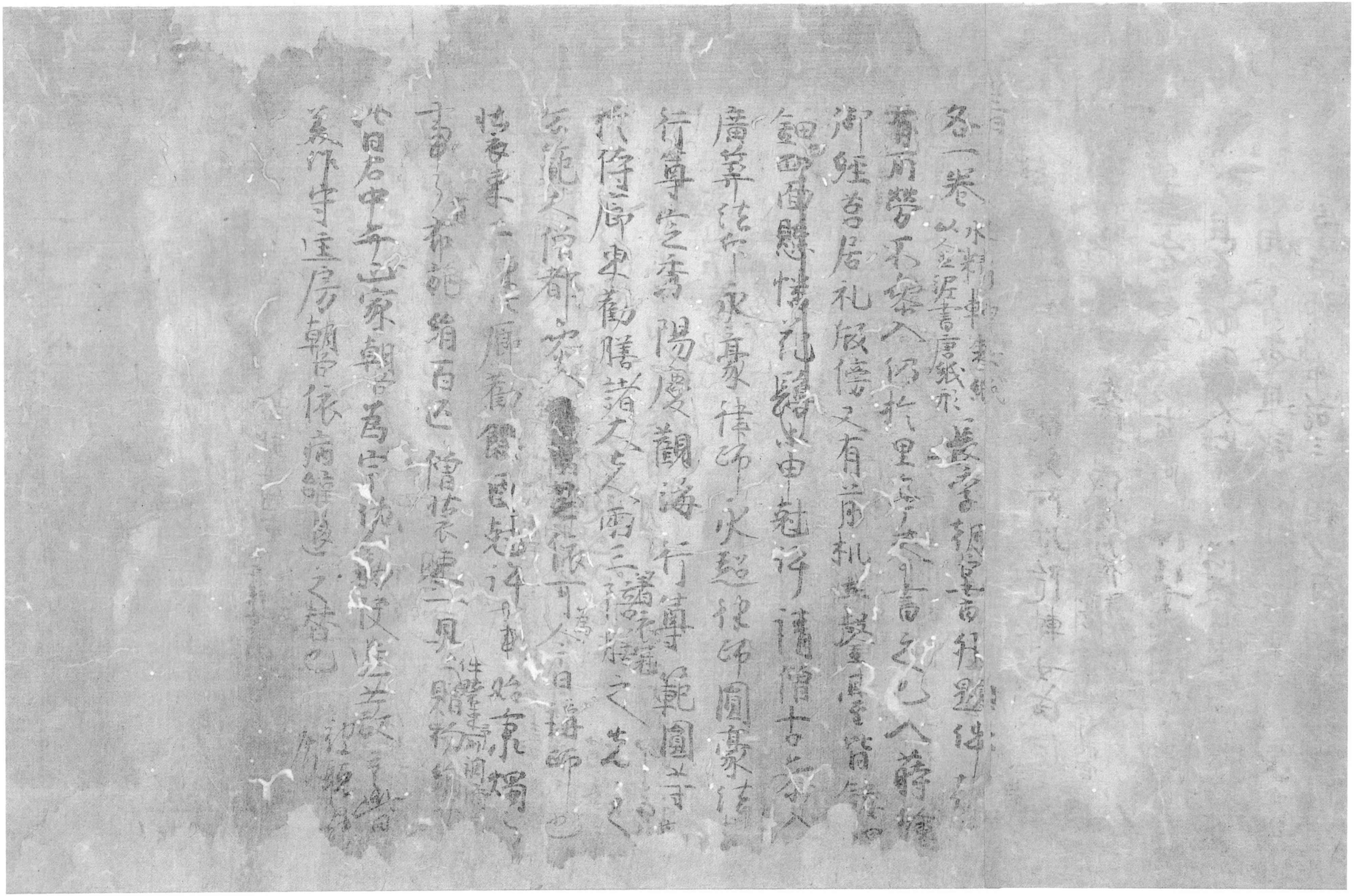

水左記

永保元年

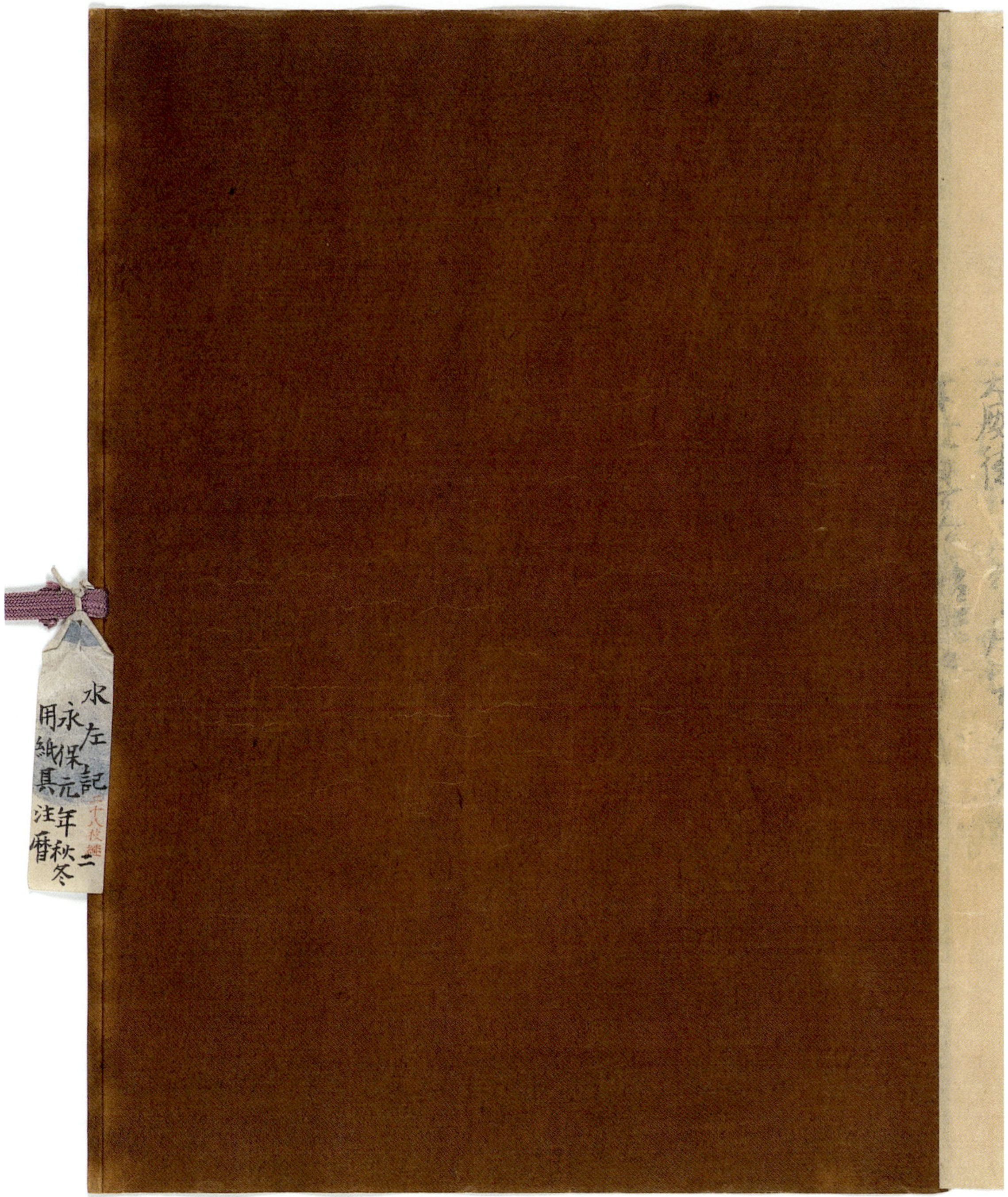
水左記
永保元年秋冬
用紙具注暦

水左記
永保元年秋冬
用紙具注暦

裏1（154頁）

裏2（154頁）

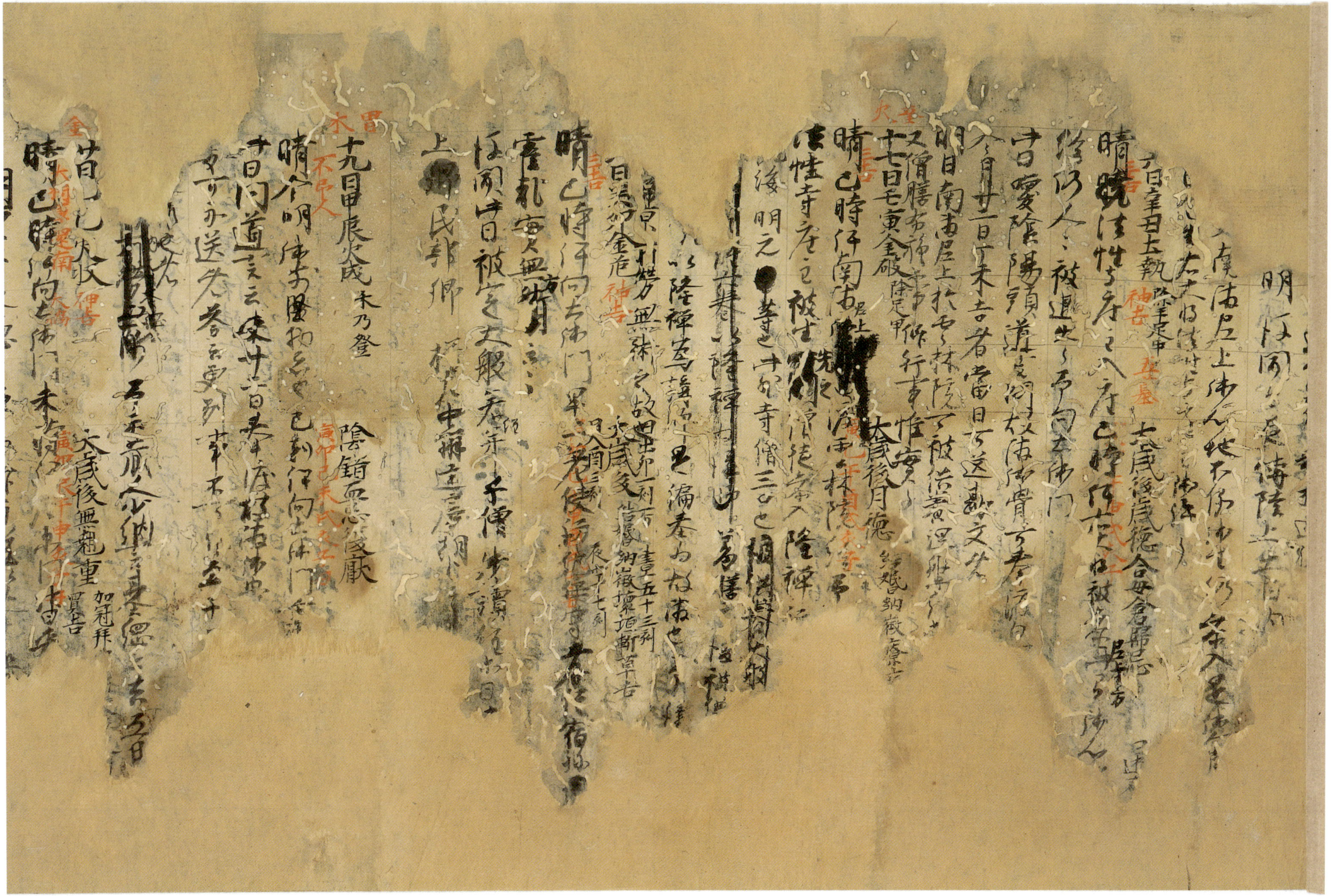

(1)

裏3（152―153頁）　裏4（152頁）　裏5（152頁）　裏6（152頁）　裏7（152頁）　裏8（152頁）

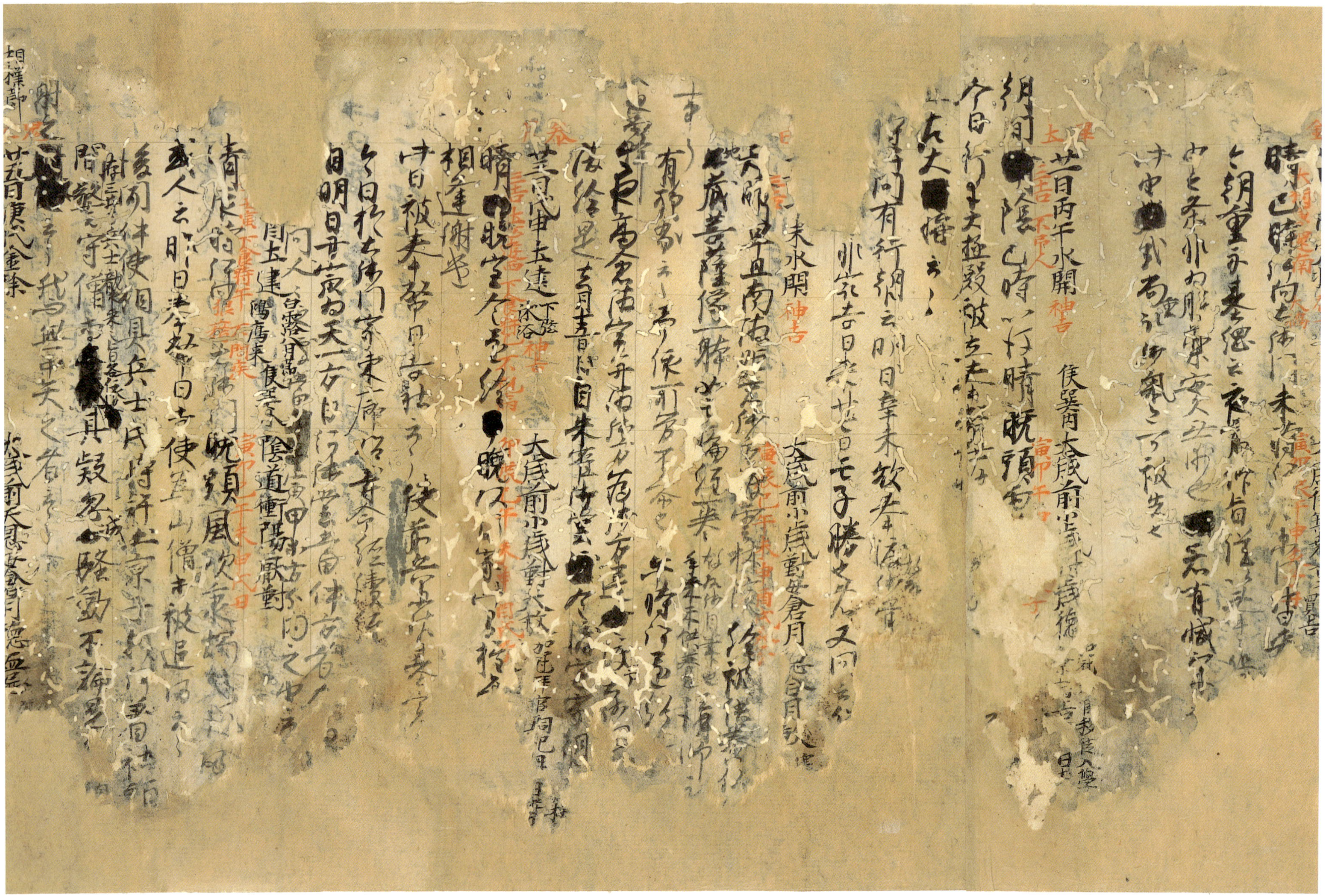

（2）

裏11（151頁）　裏10（151頁）　裏9（152頁）

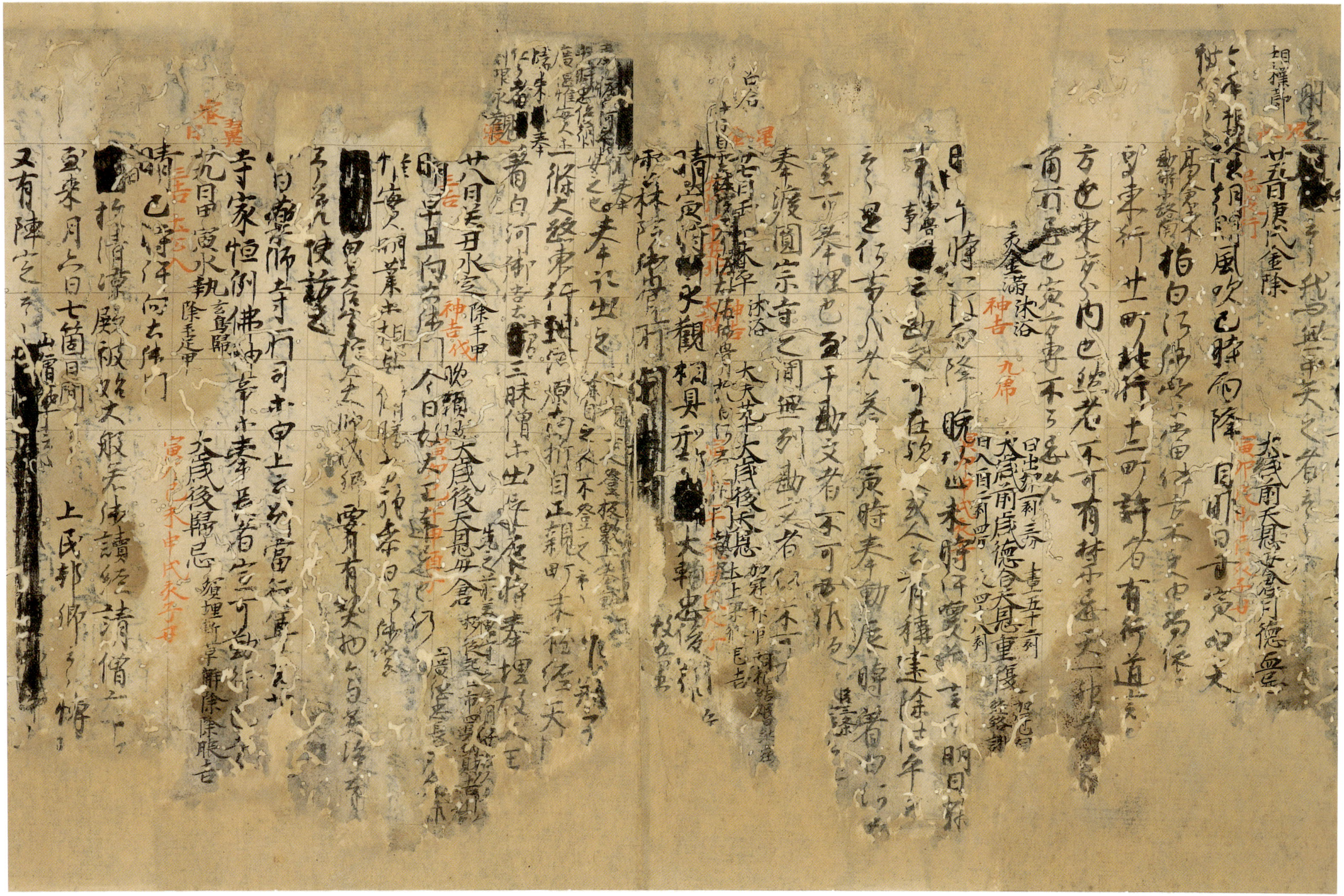

(3)

裏12
（150—151頁）

裏13
（150頁）

裏14
（150頁）

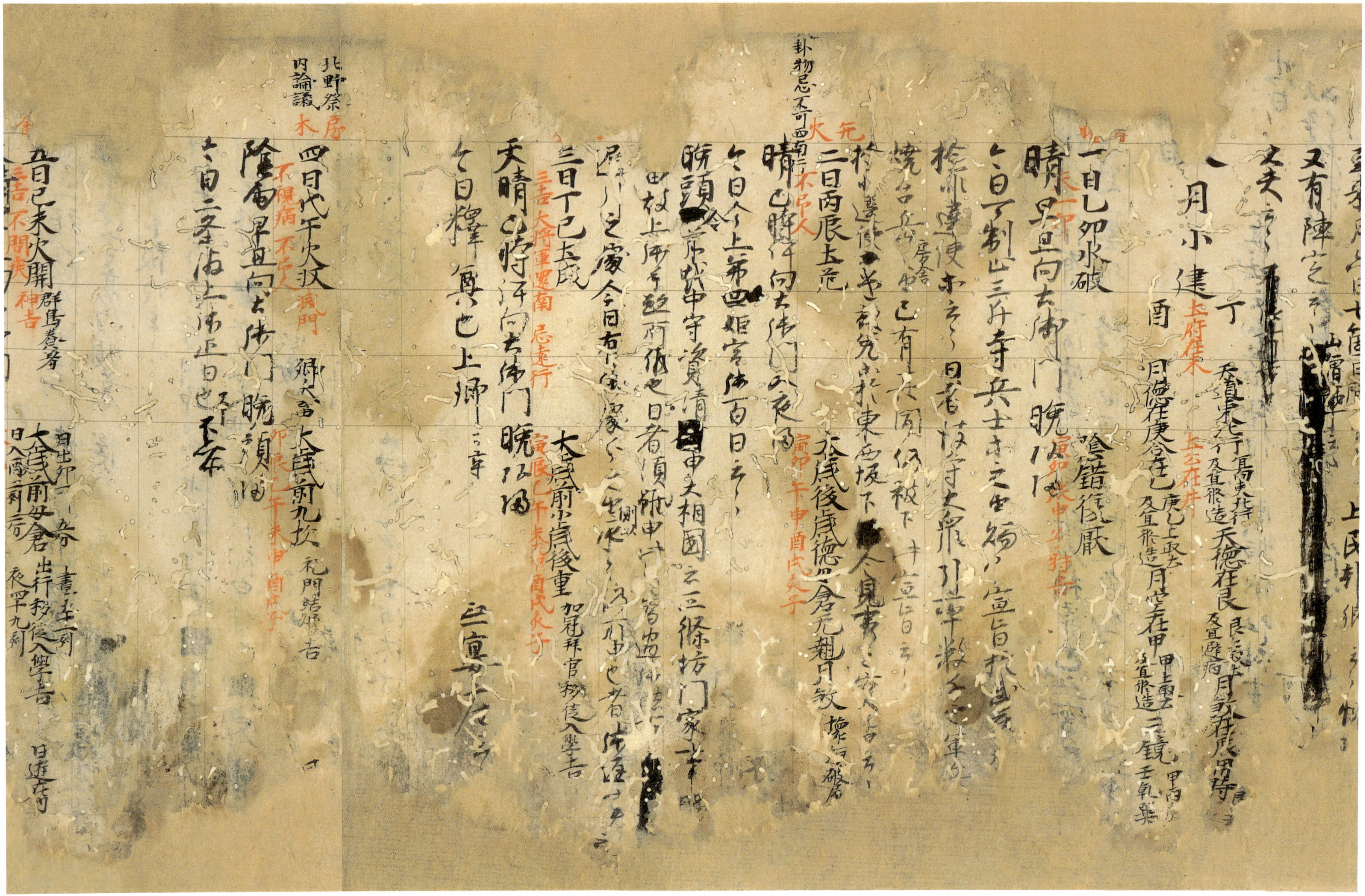

（4）

裏14（150頁）　裏15（149頁）　裏16（149頁）　裏17（149頁）

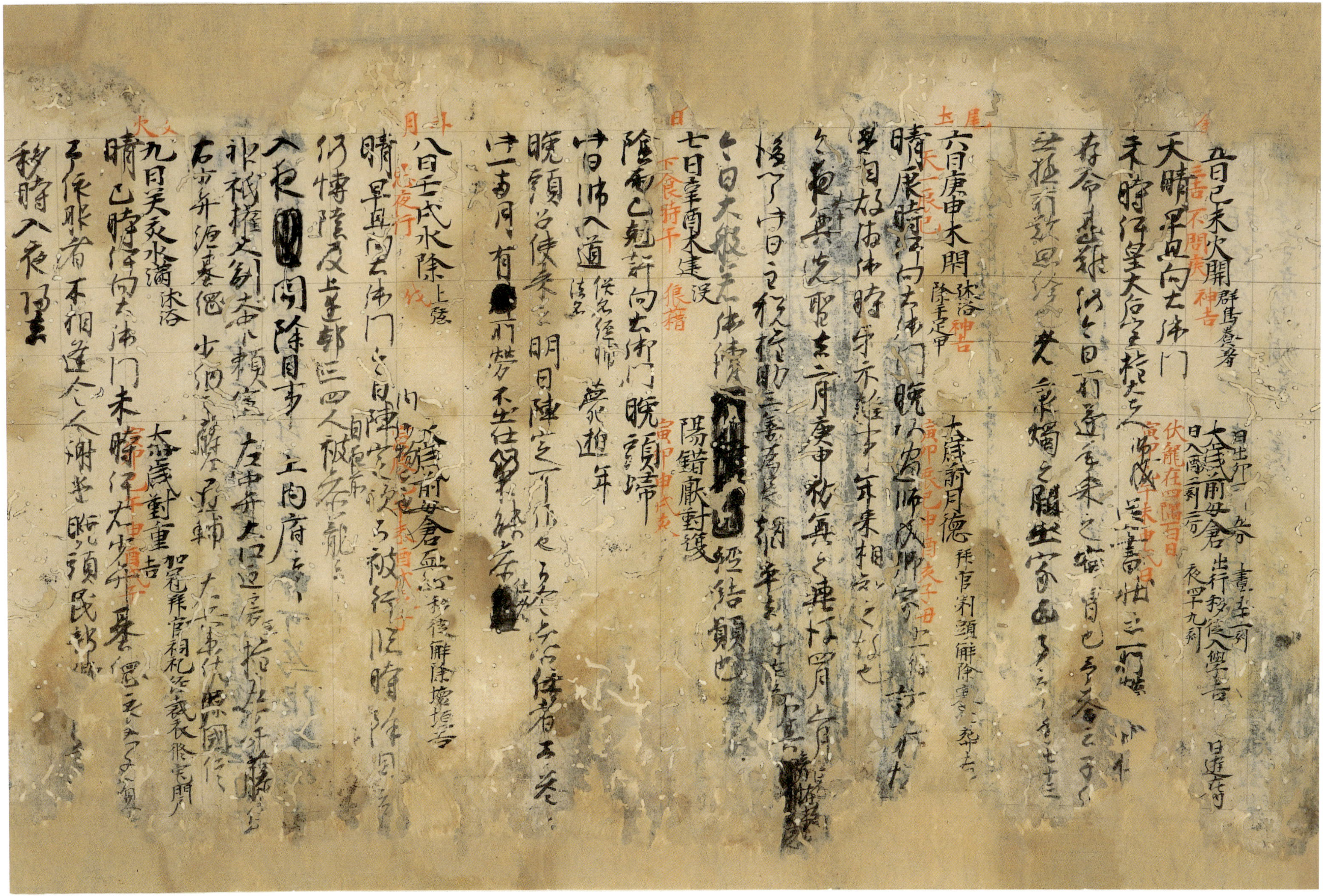

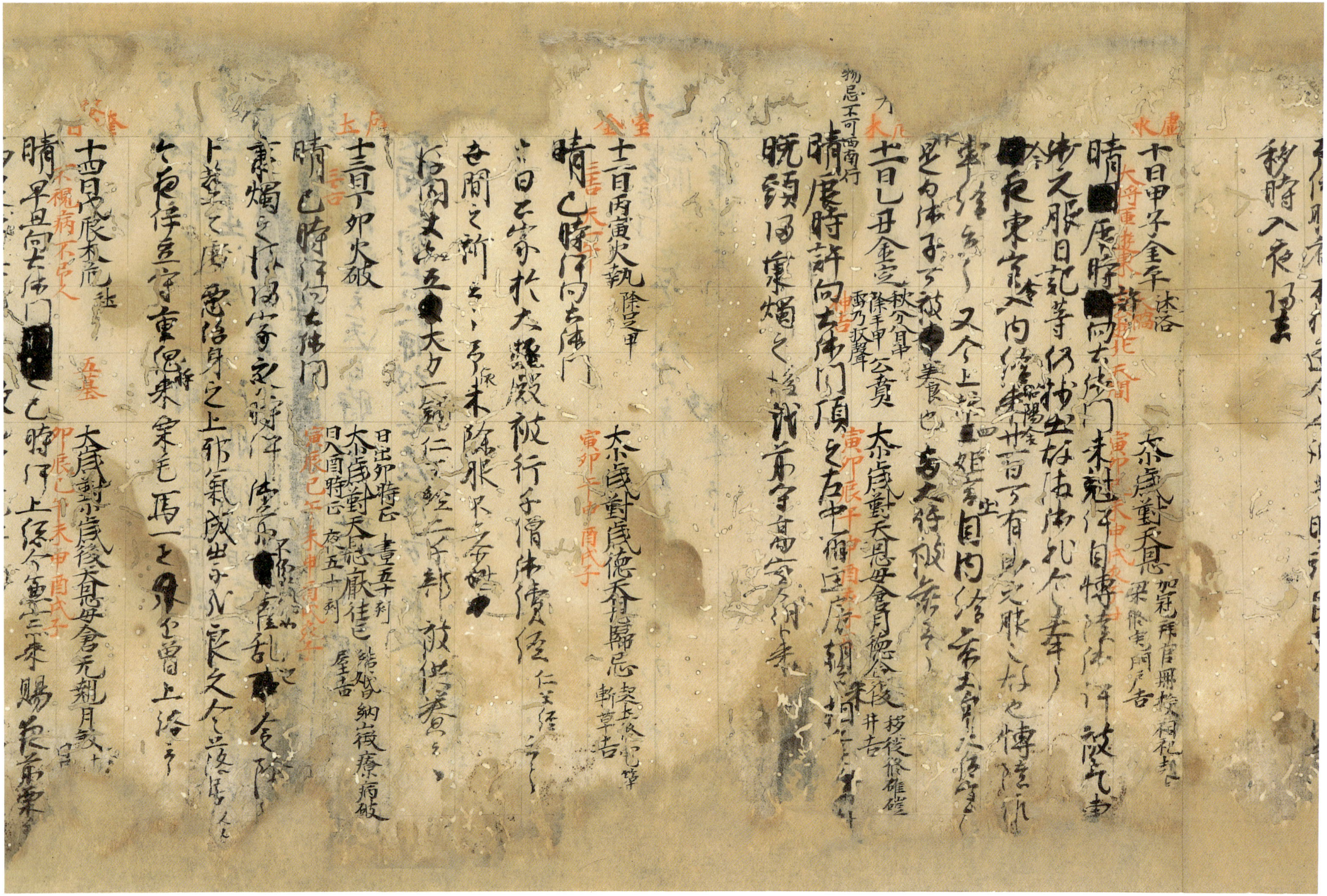

移時入夜帰了

十日甲子金平　沐浴　大歳對　天恩　加冠拝官冊授祠祀吉
晴、[redacted]辰時許[redacted]向左府門、未剋従自博陸御許被仰云、
依之眼日記等、依被出御、
[redacted]良東宮、入内、給陽命、廿日可有此之眼也、
事、又今上
是自仰可被[redacted]美食也、右大将被参

十一日乙丑金定　秋分八月節　除手甲公貢　大歳對天恩母倉月徳合　移徙修井吉
晴、辰時許向左府門、頃之右中将
晩頭帰、秉燭之後、

十二日丙寅火執　除足甲　大歳對歳徳天倉帰忌　嫁娶　斬草吉
晴、已時許向左府門
今日左府於大炊殿被行千僧仏像経
其間之所、未降
於同文殿五[redacted]大刀一
仁王経二千部被供養

十三日丁卯火破　日出卯時正　晝五十刻　日入酉時正　夜五十刻　大歳對天恩厭　結婚納徴療病破屋吉
晴、已時許向左府門
秉燭之後、
下薬、悪性身之上
今夜僅五宇

十四日戊辰木危　不視病不問人　五墓　大歳對歳後天倉母倉元翔月殺
晴、早旦向左府門、[redacted]已時許上達令

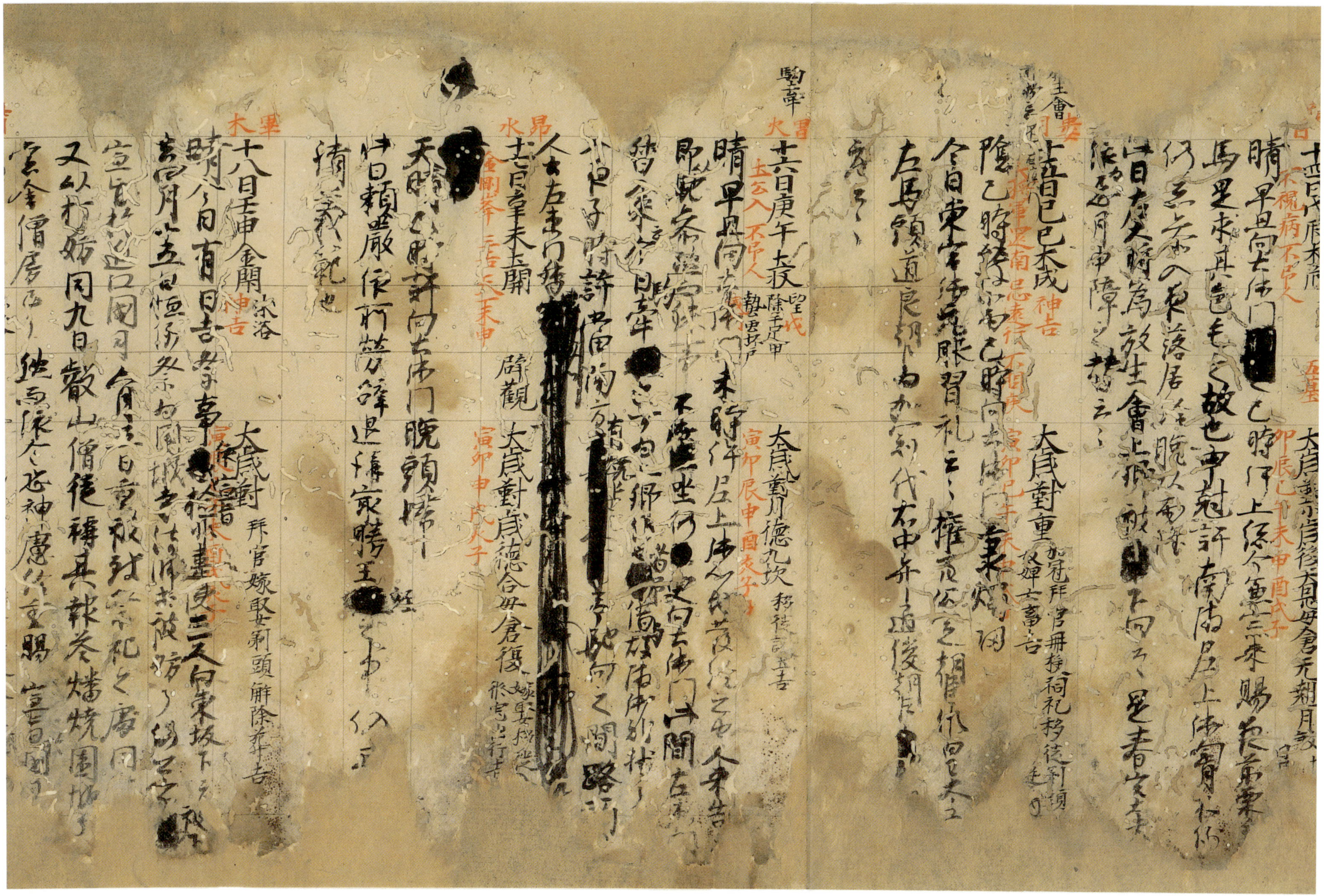

(6)

裏20（147頁）

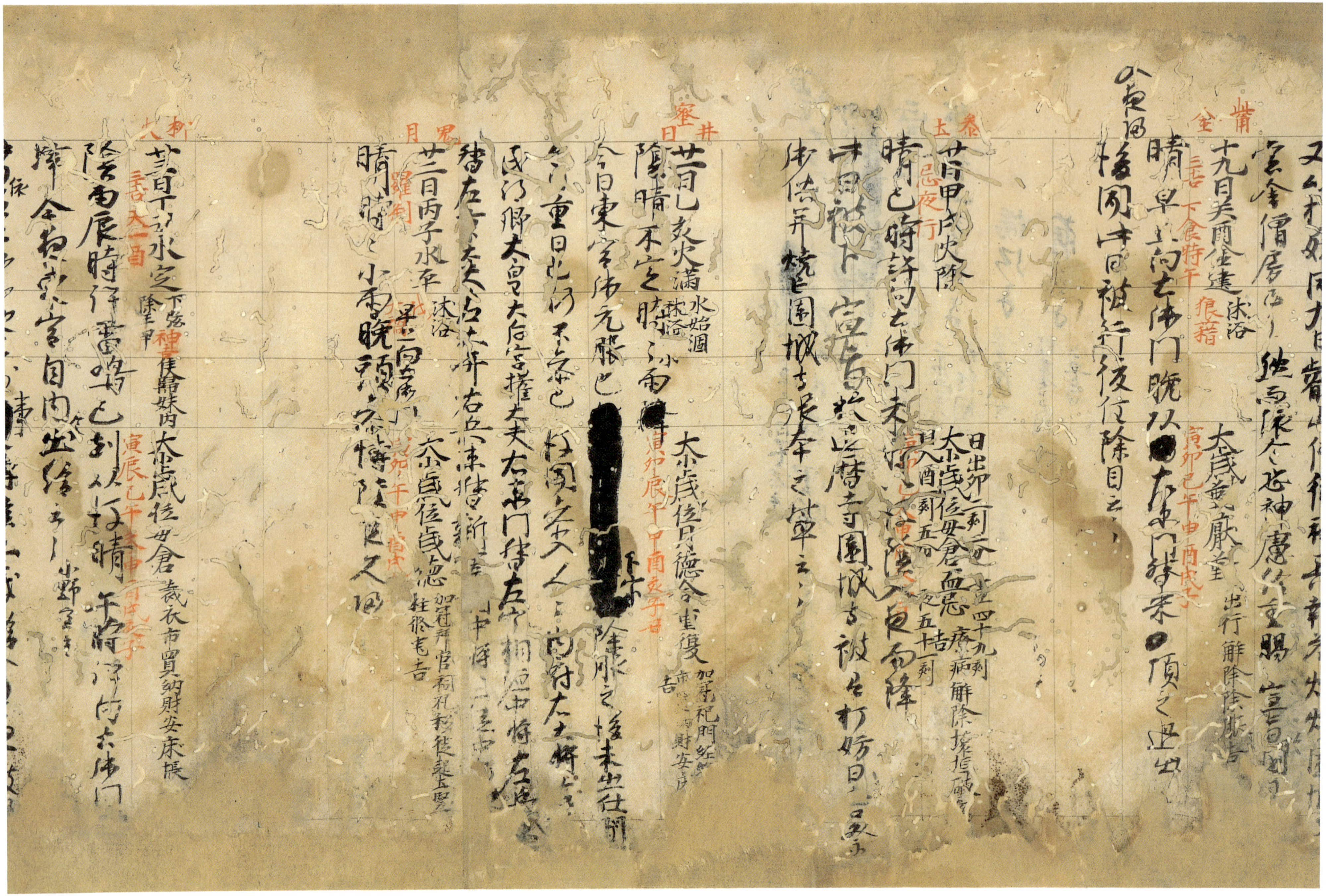

(7)

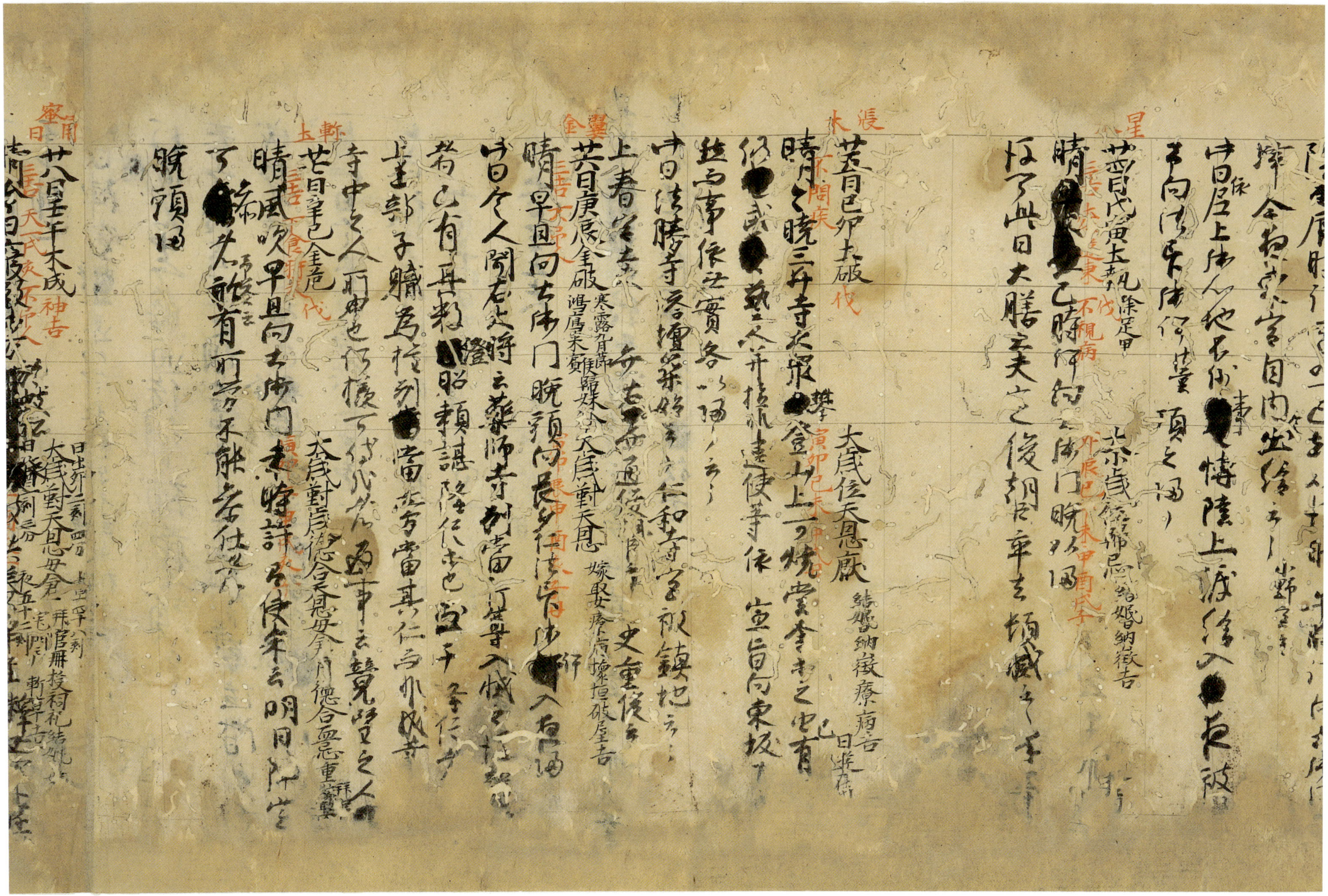
廿三日戊寅土執　九坎　除足甲
大歳位　天恩　厭
廿四日己卯土破　伐
大歳位　天恩　厭　結婚　納徴　療病吉　日遊在
廿五日庚辰金破　寒露九月節　鴻雁来賓　大歳對　天恩　嫁娶　療病　壊垣破屋吉
廿六日辛巳金危
大歳對　月徳合　天恩　母倉
廿八日壬午木成　神吉
大歳對　天恩　母倉　拝官　冊授　祠祀　結婚

裏22（146頁）

裏23（146頁）

廿八日壬午木成　神吉　日出卯二刻四分　大歳對天恩母倉　拜官冊授祠祀結婚

晴、今日宿曜[redacted]

巳時許[redacted]仏事、有僧正、

遷戒律師、随名僧、令行事、陽慶之秀、深覚

近真、明之未也事、有装飾

束帯之後、各帰、

廿九日癸未木収　除手足甲　大歳對天恩　解除除服吉

晴、早旦向右衛門[redacted]、未時許参右府、

薬師寺別[redacted]當、[redacted]未補其[redacted]者

別當之間、任例可勤、

有発表綱、當職之位、

死闕之事、

九月大建

一日甲申水開　沐浴　大歳對厭對　解除沐浴剃頭除服吉

晴、早旦向右衛門、今日

巳時許、民部卿、右大臣、

[redacted]

廿日南、[redacted]

二日乙酉水閉　蔵　大歳位、歳前

陰雨、早旦向右衛門

廿日小一條入道、

三日丙戌土建　大歳位、歳前、歳徳月徳　出行吉

晴、早旦向右衛門、申時許、

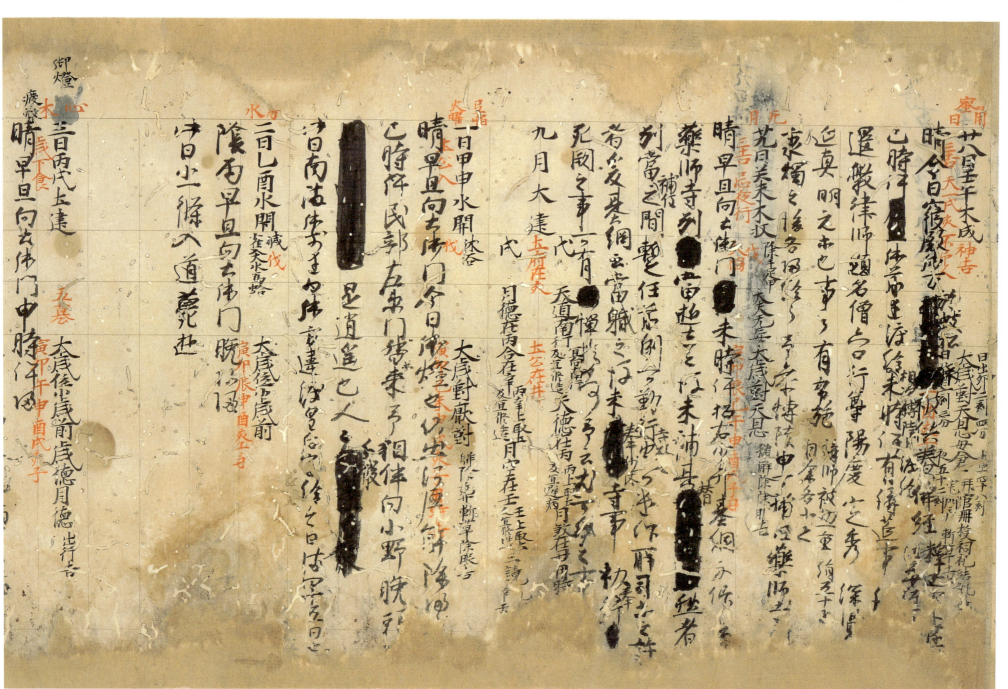

御燈

晴、早旦向左府門、申時件同

後頭弁來、内除目之後初参也、須之退出

廿日兼師可行事、可申補任

一付兼師可勤、仍任上卿、先日…

依神事…

四日丁亥、土、除、沐浴

晴、辰時許向左府門、晩頭参内、…

太歳位、小歳前、重

今日以弁通俊從事

五日戊子、火、滿、沐浴

大将軍遊西、天一子、不視病

晴、早旦向左府門、未時…

太歳位、歸忌、復

…大将軍卅五日忌之…

[redacted]

而祗作之

六日己丑、火、平

太歳位、復、月殺

陰、…

未時許有行幸…

今晩頭…東燭…

入夜小雨

七日庚寅、木、定、菊有黄花

晴、…

東燭之後向家

八日辛卯、木、執、上弦

狼藉

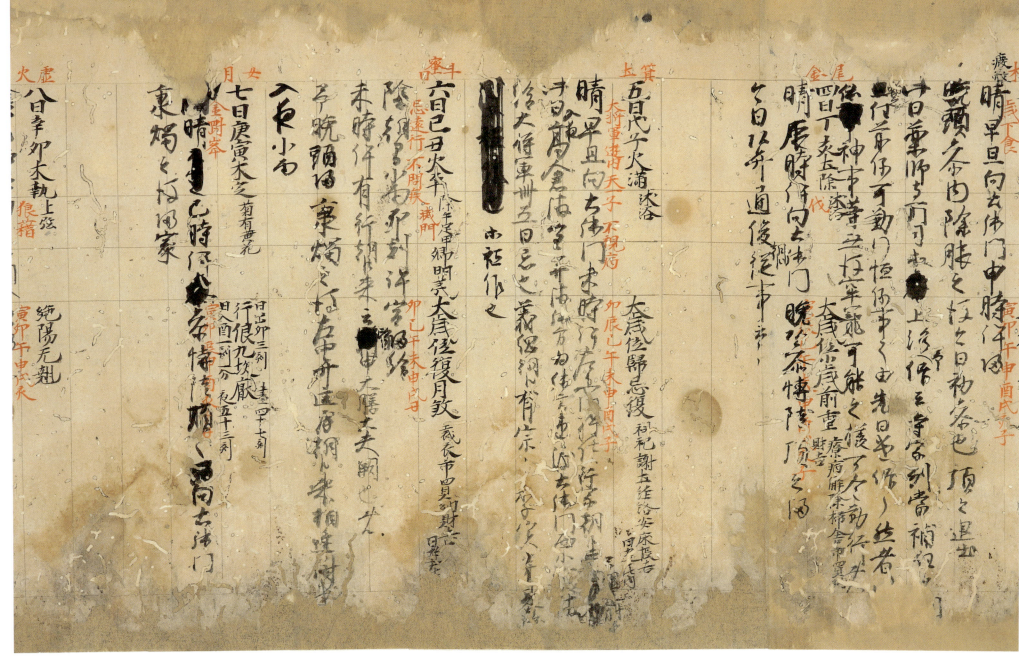

純陽无魁

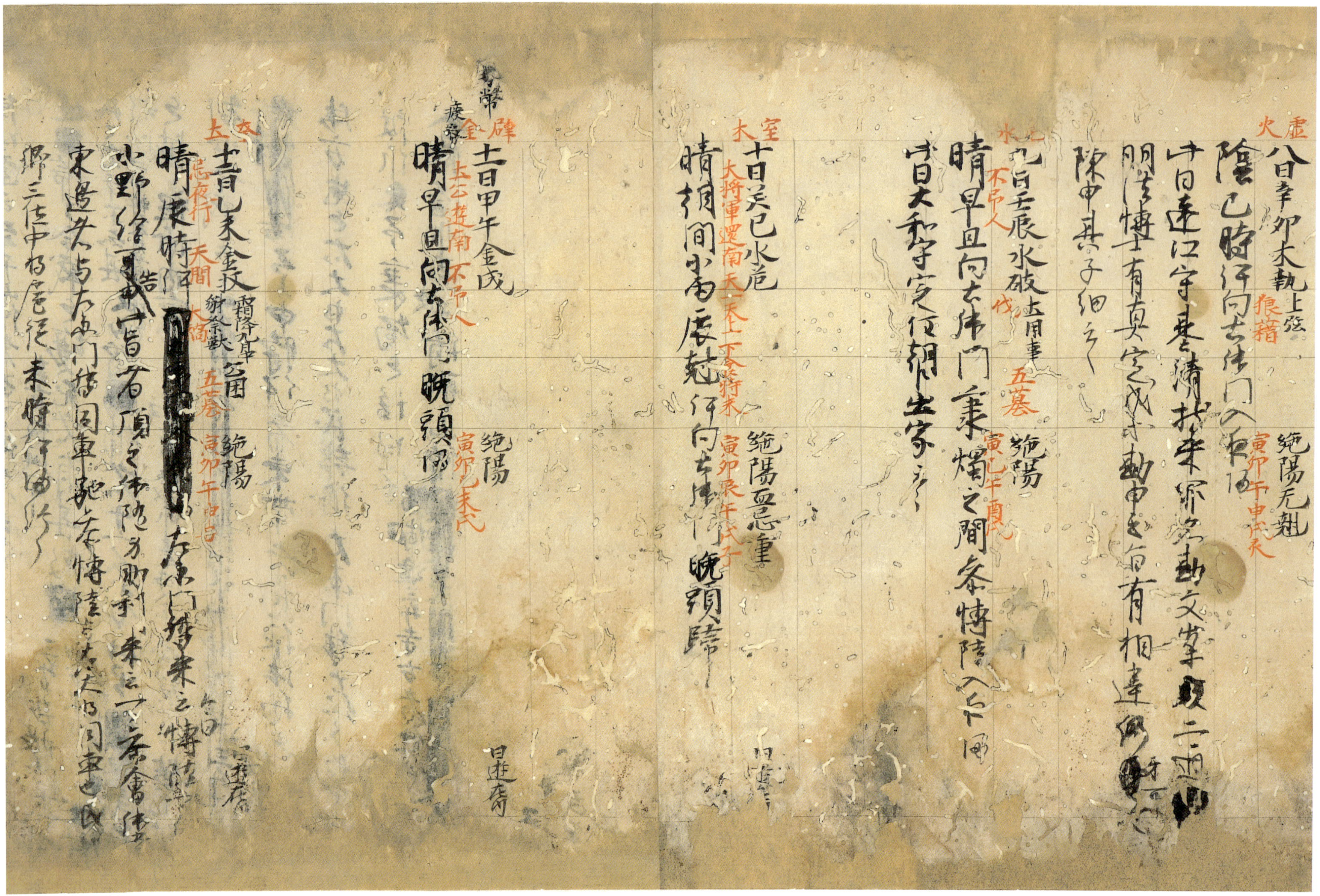

八日辛卯木執上弦　火　虚　狼藉　絶陽无魁　寅卯午申戌亥
陰、巳時許向右府、入夜帰、
廿日遠江守基清於朱雀門勘文案奏聞二通
明法博士有真定成勘申旨有相違所
除申其子細云々

九日壬辰水破土用事　水　不弔人　伐　五墓　絶陽　寅巳午酉戌
晴、早旦向右府、門秉燭之間参博陸、入夜帰、
廿日大和守定信朝臣出家云々

十日癸巳水危　太　室　大将軍還南　天一天上　下食時未　絶陽　血忌　重　寅卯辰午戌子
晴、朝間小雨、辰剋許向右府、晩頭帰、

十一日甲午金成　金　壁　太公遊南　不弔人　絶陽　寅卯巳未戌　日遊在内
晴、早旦向右府、晩頭帰、

十二日乙未金収　太　奎　忌夜行　天間　大禍　霜降九月中　豺祭獣　五墓　絶陽　寅卯午申亥
晴、辰時許[redacted]右府、東門博陸来之、
小野従可参告者、須令随身剣来云々、参会
東遊人与右府同車、参博陸、大夫同車也、
卿三位中将信長、未時許帰了、

裏27（144頁）　裏26（144―145頁）　裏25（145頁）　裏24（145頁）

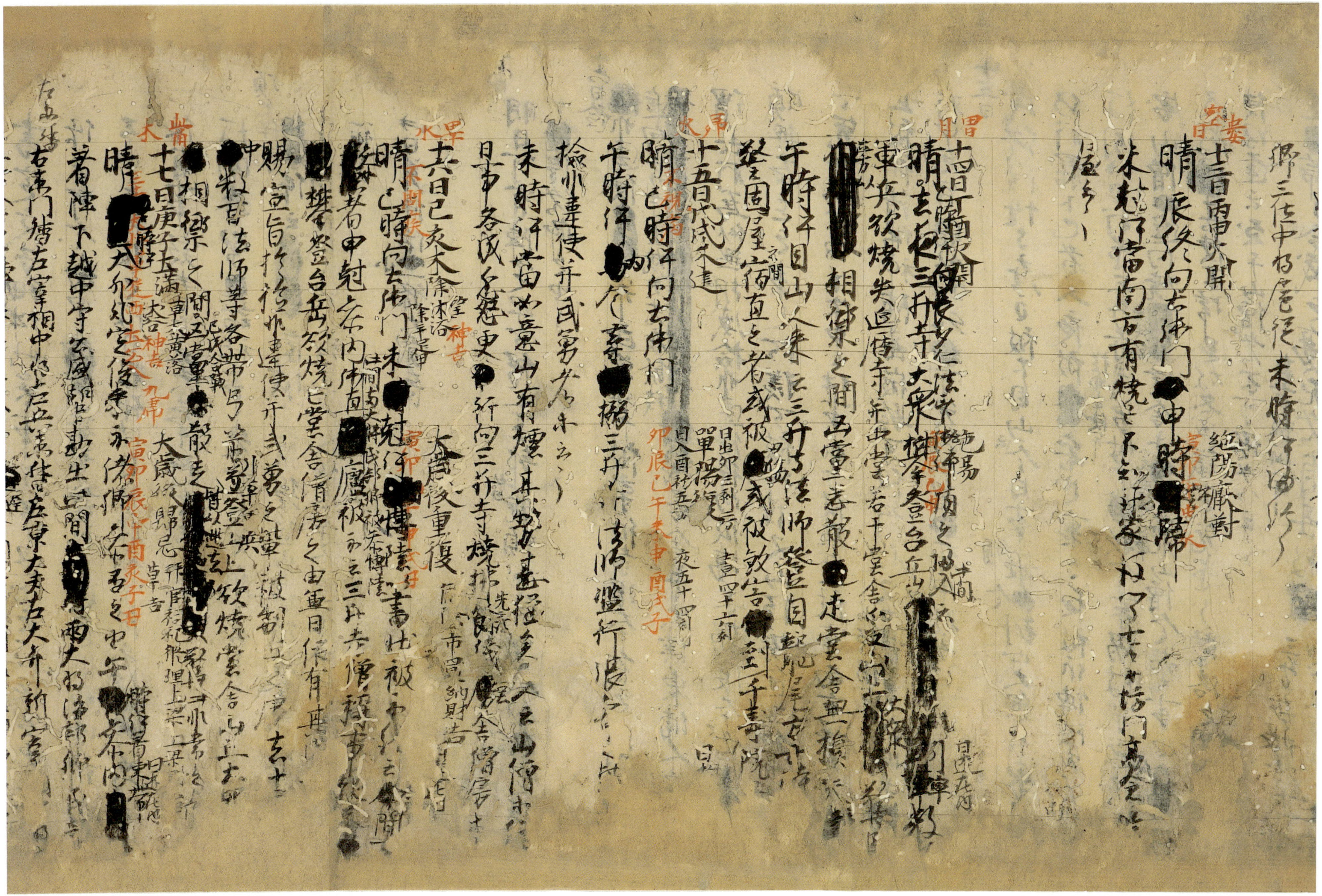

（11）

裏28（144頁）
裏29（144頁）

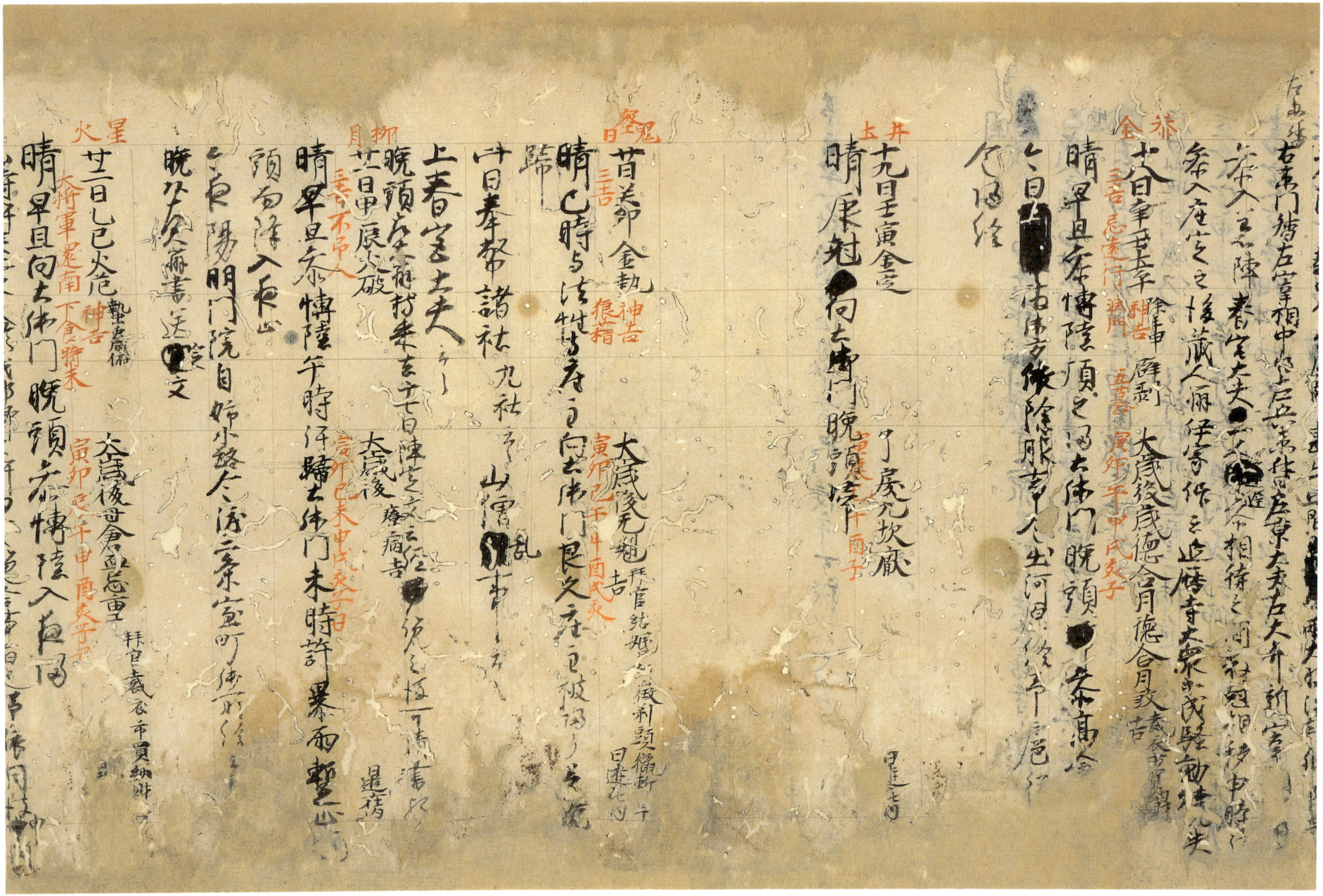

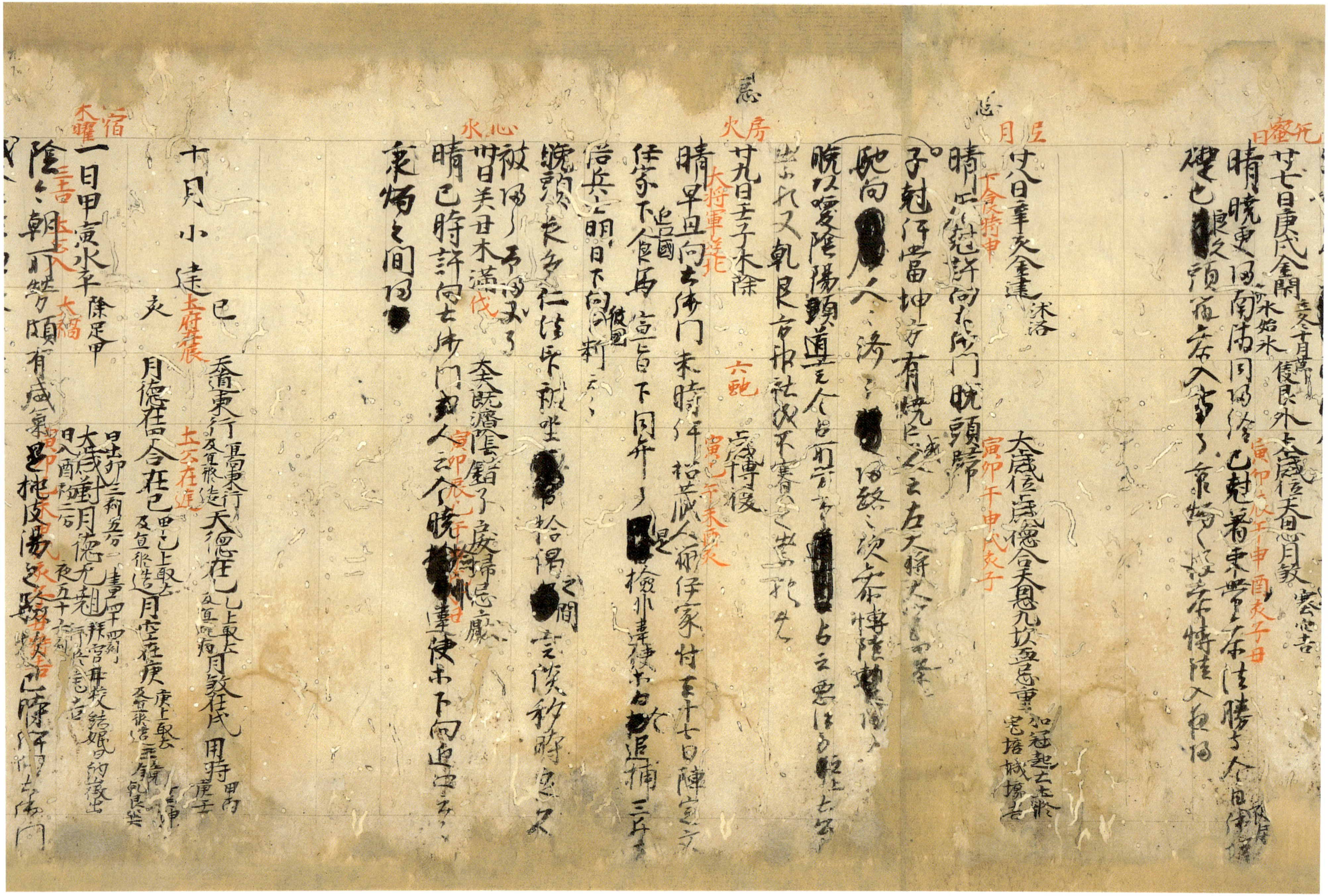

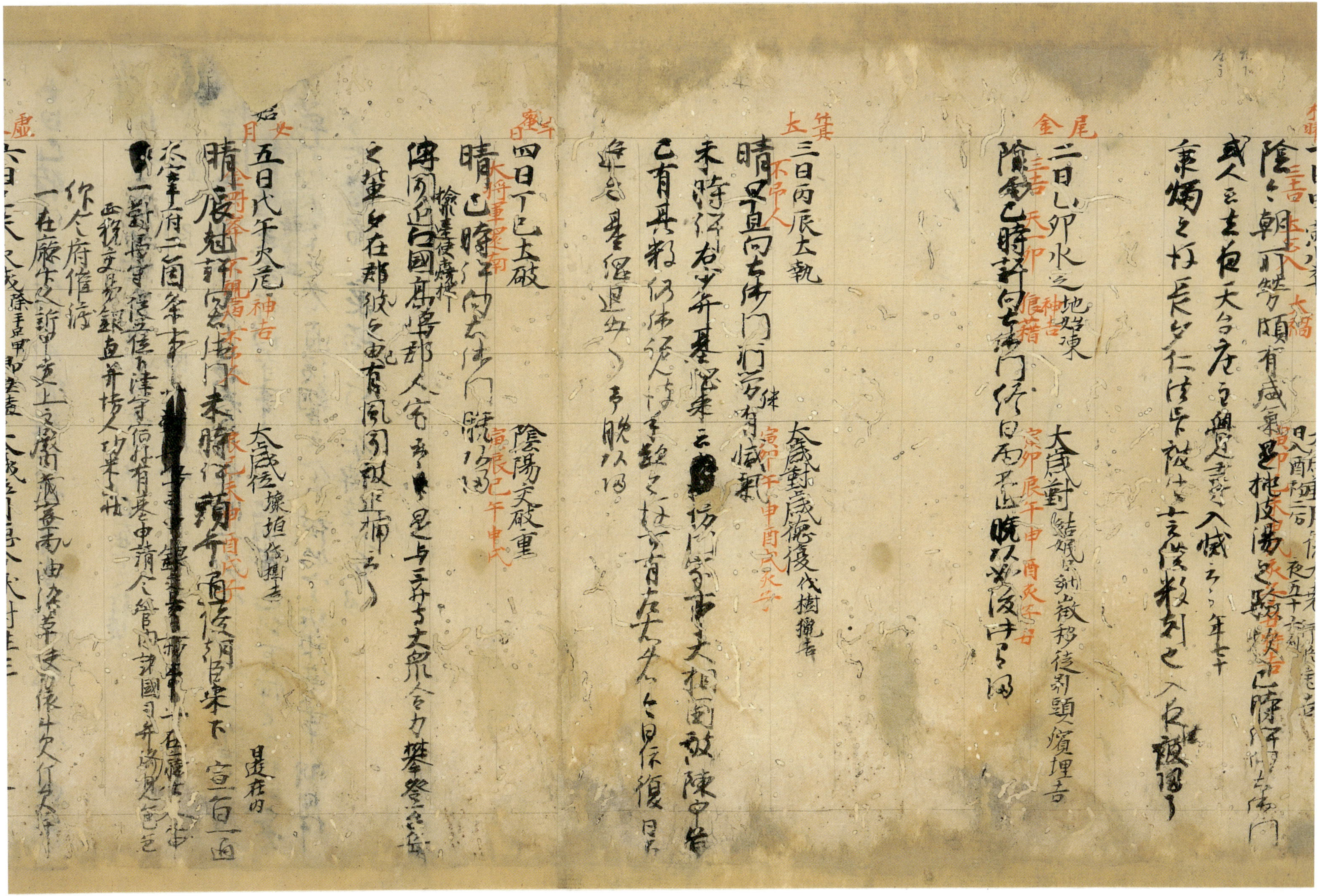

二日乙卯水之 地始凍

大歳對 結婚 納徵 移徙 剃頭 療病 埋吉

三日丙辰土執

大歳對 歳德後 伐樹 獵吉

四日丁巳土破

陰陽交破重

五日戊午火危

大歳位 壊垣 伐樹吉

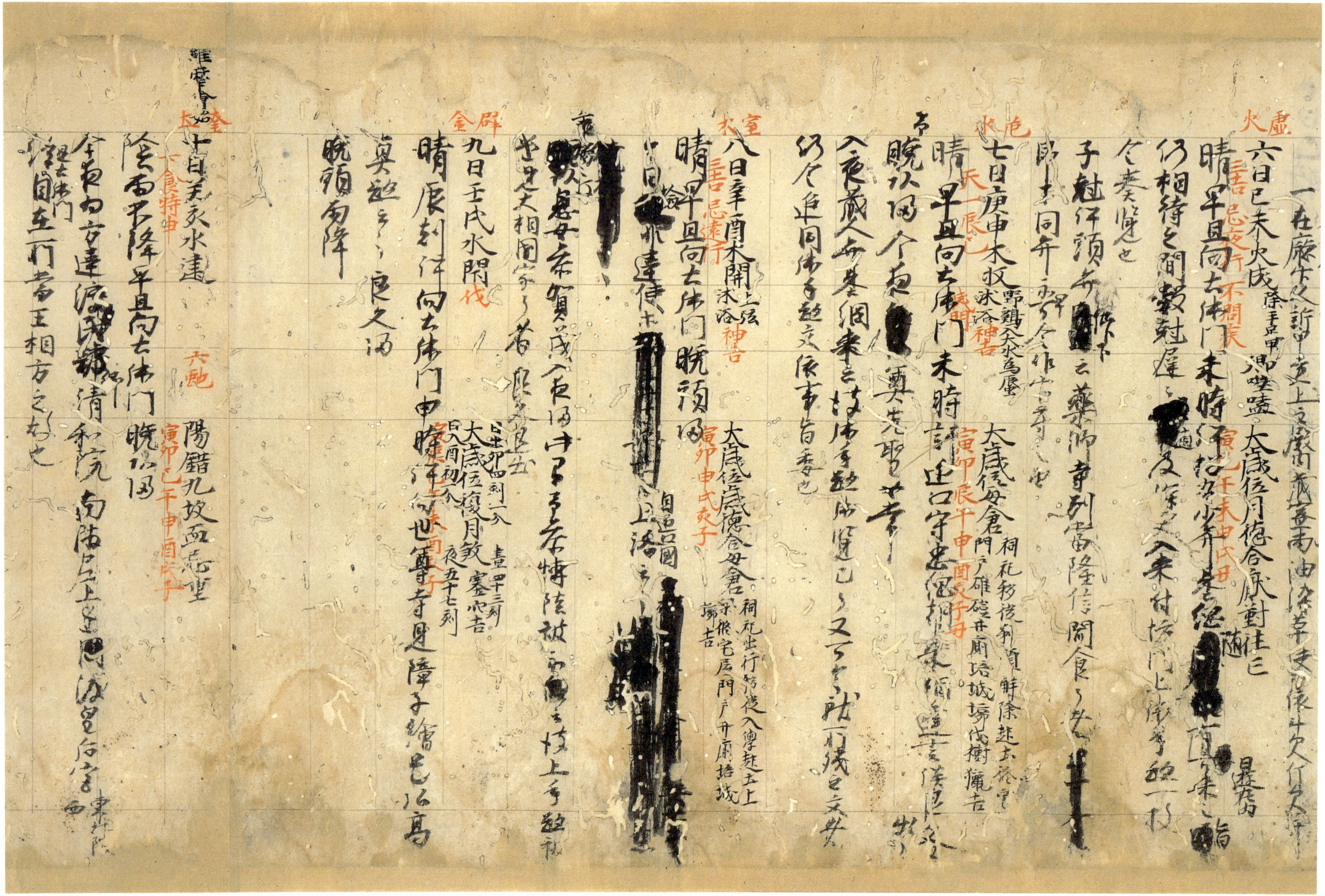

今朝右方違渡清和院

（經大炊御門）理由左行當王相方之故也

婁　日　十一日甲子金除　沐浴　大將軍遊東　土公遊北

太歳前天恩天赦月徳　加冠拜官冊授療病解除謝土起土上梁修宅門戸吉　寅卯巳未申戌亥子丑

晴、時々雨、子家南法門陰從早上向右法門、巳時行啓使來云々

今日[redacted]陣定也、[redacted]者受領也、冬從……

宣旨[redacted]播……戌佐相位大和守……茂時……

守史……去春不被[redacted]受領……其撰……

胃　月　十二日乙丑金滿　小雪十月中　虹藏不見　公大遊　孤辰歸忌厭

太歳前　寅卯辰午申亥

晴、早旦向左府門、晩頭……

昴　火　十三日丙寅火平　除足甲　三吉　天一午　大禍　天間

太歳前歳徳天恩……　……納婦移徙吉　寅卯午申酉戌亥子

晴、辰時許向左府門、入夜歸

畢　水　十四日丁卯火定　神吉　狼藉

太歳前天恩　加冠拜官冠帶結婚納徴移徙起土上梁修宅壞城斬草吉　寅辰巳午未申酉戌亥子

朝間陰、未刻、辰時以後晴、今日石清水行幸也……

奉……合見物……人十人　道良……

……上達部　大夫……　別當　左宰相中將　左兵衛督　左京大夫　右大弁……

……新宰相中將三位　中將也

[redacted]

觜　木　十五日戊辰木執　不視病　五墓

太歳前小歳對天恩　伐樹……　還舊　辰巳午未申酉戌子

晴、早旦向左府門、秉燭之間歸

晴、早旦向左衛門陣、秉燭之間歸、

維摩會畢　十六日己巳木破　望　金　危
自夜雨降、巳時許止、未時許更降、晩以晴、　陰陽衝破重　大將軍還南　不問疾
今日有月蝕、皆既、虧初戌刻十二[illegible]刻加、暁末三刻、復末子四刻、　月在胃
仍蝕依為盡、魁不候參仗座、為先例、照須末之後帶蝕、[illegible]
正見者也、仍左〻日奏聞、子細見魁記云〻、
晩頭歸、

井　太
十七日庚午土危　沒　太公八　不宜人代
晴、辰剋許向左衛門陣、未時[illegible]許出、相中將共、晩頭歸、　大歲前　寅卯辰午
時陰不定、

鬼　宿
十八日辛未土成　天氣上騰、地氣下降　三吉　天一未申　忌夜行
日出辰初一分、晝四十三刻　日入申四刻、夜五十七刻　大歲前、歲德合、厭對、八專吉
晴、寅時許參小泉殿、[illegible]參内、[illegible]、歸、即向左衛門陣、　寅卯午申戌亥子
晩頭、同藏人弁伴家、[illegible]來、大宰府解四通、大[illegible]
副大宋牒一封、入錦袋、
依[illegible]申、調度文書等、
仍今日申參、奏聞之由、又[illegible]
以右[illegible]之、下出仕之頭、得感氣、明日相枝效奏[illegible]

柳　月
十九日壬申金收　沐浴　神吉　滅門
辟坤、大歲前、母倉、復、拜官、移徙、剃頭、除服、逃走、修井竈、加冠、裁衣、堺、伐樹、[illegible]吉　寅辰巳午未酉戌子
晴、巳時許着束帶參内、今日賀茂行幸也、辰剋許
着束帶[illegible]内、間人〻多參、行幸儀如常、[illegible]
舞人同左、十四日[illegible]右、清水行幸、
供奉人〻、下官、藤大納言、右大將、春宮大夫、[illegible]民部卿、
新中納言、左衛門督、太皇大后宮權大夫、右兵衛督、右宰相中將、左宰相

星　氐
廿日癸酉金開　沐浴　神吉　三吉　忌夜行
大歲前、母倉、拜官、出行、療病、入學、謝土、解除、吉
[illegible]

裏42（139頁）

裏41（139頁）

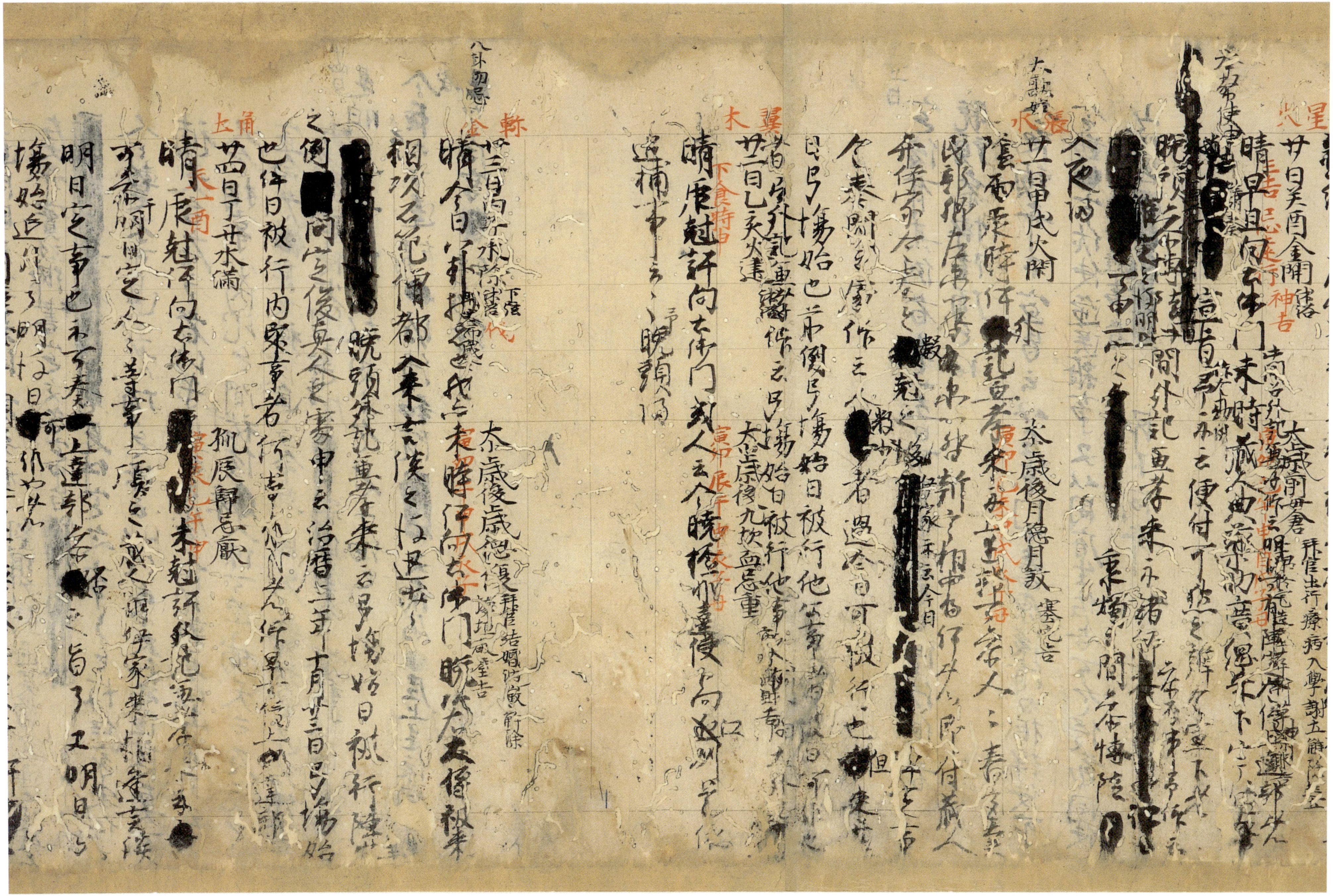

(17)

場始退出 [illegible] 明日 [illegible]

午時許著束帯参内 [illegible] 場始 [illegible] 蔵人

晴 巳刻許内府亭来 [illegible] 明日 [illegible]

廿五日 [illegible] 大宋国牒状并調度文書等 [illegible]

伊家奉事由 [illegible]

大宰府解 [illegible]

廿六日己卯 土曜 不聞庚 神吉 狼藉

晴 早旦向右府門 未時許帰 申終著束帯参内 今日

場始也 其儀如常 事了退出

廿七日 藤大納言 [illegible] 中将 [illegible] 相中将

依召之由 被下 宣旨 [illegible] 上 春宮大夫 [illegible]

廿八日庚辰 金勘

晴 [illegible] 後 [illegible] 陰陽 [illegible]

今日 [illegible] 園 [illegible]

廿九日辛巳 金勘

陰 [illegible] 晴 [illegible]

卅日壬午 木破

晴 早旦向右府門 未時許 大蔵卿 [illegible]

来 相逢 言談良久退去 [illegible] 東燭 [illegible] 蔵人 [illegible]

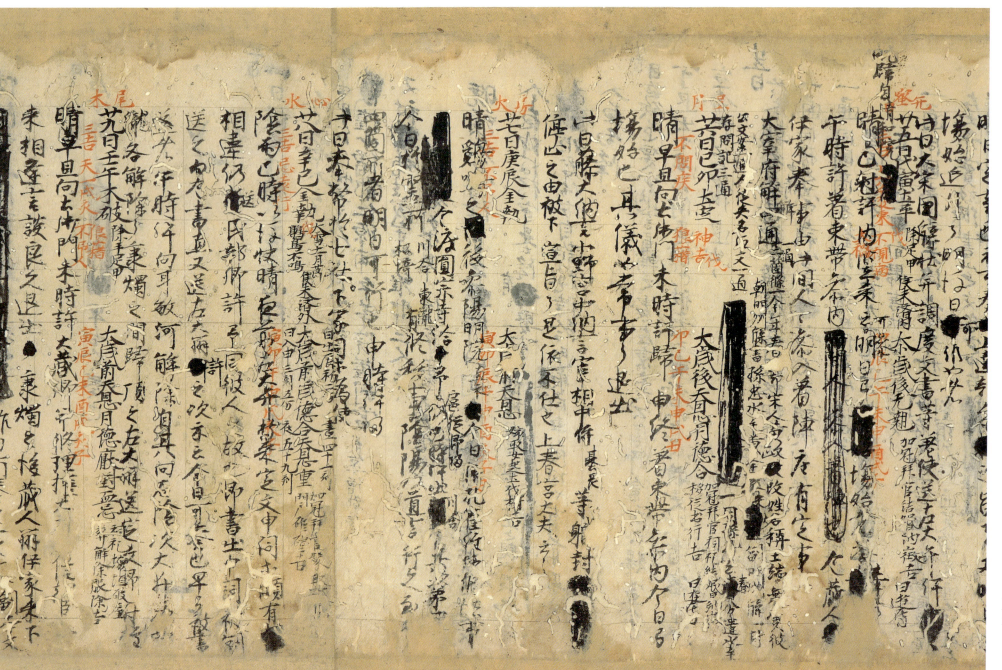

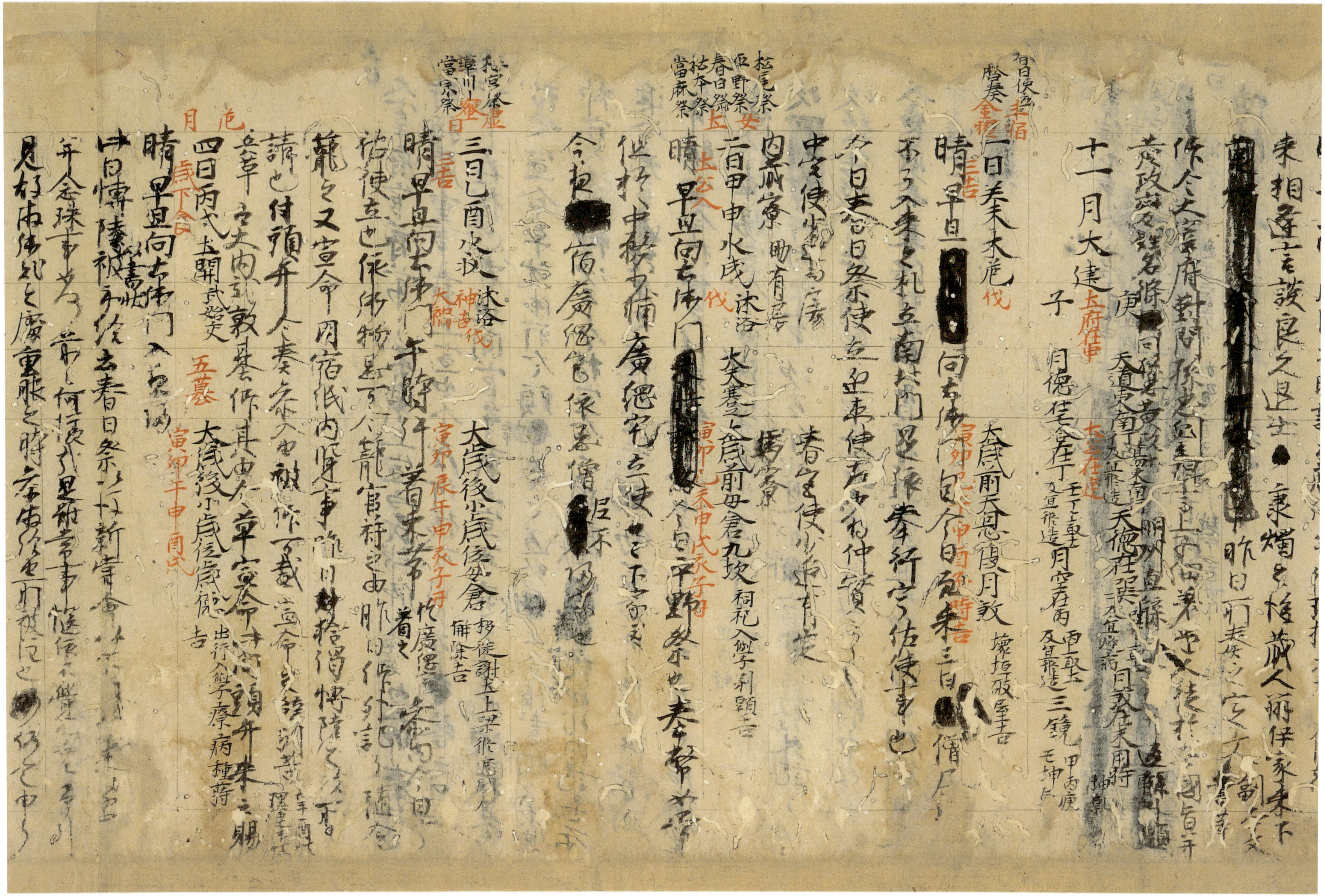

見物車依礼之廣重服之時京雑色可被召也[redacted]仍召申了

未時許大和守成経朝臣来栖逐朝臣了

火　室

五日丁亥土開（沐浴）（代）

晴、早旦向右衛門、申時許[redacted]（太歳後小歳後月徳合重宝天赦天恩市買納財）

出仕也、予處從也、入夜帰、蕃国宗持

今日陽明門院

今日時行有御齋（男子）[redacted]済定進京極錦小路宅有此事也

水　壁

六日戊子火建（滅）（ト物忌　不可出行）（大将軍遊南　天一子　不視病）

晴、早旦向右衛門、晩頭[redacted]帰（陰陽倶錯厭）（卯辰巳午未）（日遊在内）

入

木　奎

七日己丑火除（除手甲）（大将軍遊南　不問疾）

朝間雨[redacted]白、巳時[redacted]晴、未剋以後陰（太歳後天翹　療病解除壊垣吉）（寅卯巳午未申戌亥）（日遊在内）

早旦向右衛門、東燭帰

今日被物一重送山座主良真之許、是依先日請也、明日[redacted]堂

云々

金　婁

八日庚寅木満（除足甲　帰頭）（三吉）

晴、早旦向右衛門、晩頭帰（太歳後帰忌　加冠拝官結婚嫁娶移徙安床吉）（寅卯辰巳午申酉亥　沐浴）

土　胃

九日辛卯木平（上庭　落槌出）（神吉）

晴、康時許向右衛門（同時）、亥燭之後帰（太歳対小歳後歳徳合　拝官納徴移徙修理斬草吉）（寅巳申戌亥子）

今夜右方違（王相方）向清和院、[redacted]南殿以下同[redacted]

[redacted]方違渡[redacted]中務少輔廣綱宅給

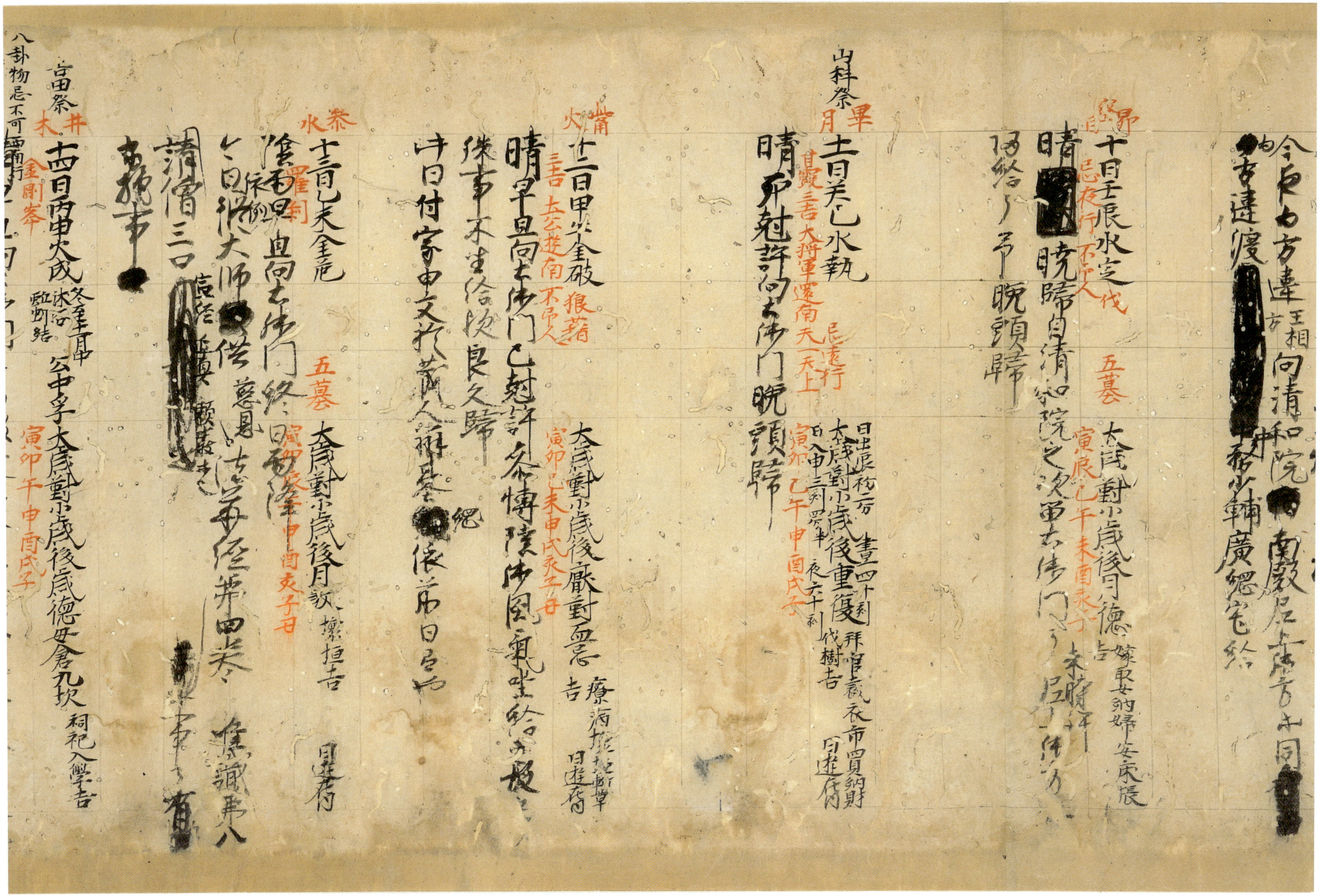
今夜七方違〈王相方〉向清和院[redacted]南殿[illegible]同
[redacted]方違渡[redacted]中務少輔廣綱宅給

癸畢
十日壬辰水定　伐　忌夜行　不弔人　五墓
大歳對小歳後月德　吉　嫁娶　納婦　安床帳
寅辰　乙午　未酉　亥丁
晴[redacted]暁歸自清和院之後由太仏門[illegible]
乃給了　予[illegible]晩頭歸

山科祭
畢　月
十一日癸巳水執　甘露　三吉　大将軍遷南　天一天上　忌遠行
大歳對小歳後重復　日出辰初二分　日入申三刻　晝四十刻　夜六十刻　拜官　裁衣　市買　納財　伐樹　吉　日遊在内
寅卯　乙午　申酉　戌子
晴　卯剋許向太仏門　晩頭歸

觜　火
十二日甲午金破　狼藉　三吉　太公遊南　不弔人
大歳對小歳後厭對　吉　療病　壊垣　破屋　日遊在内
寅卯　巳未　申戌　亥子　丑
晴　早旦向太仏門　巳剋許[illegible]
[illegible]良久歸
[illegible]

参　水
十三日乙未金危　羅刹　五墓
大歳對小歳後月殺　壊垣　吉　日遊在内
寅卯　辰午　申酉　亥子　丑
陰　早旦向太仏門　終日[illegible]
依例[illegible]
[illegible]
清僧三口

吉田祭
井　木　金剛峯
十四日丙申火成　冬至十一月中　沐浴　斬草　結[illegible]
公事　大歳對小歳後歳德　母倉　九坎　祠祀　入學　吉
寅卯　午申　酉戌　子
物忌事[redacted]
八卦物忌不可[illegible]

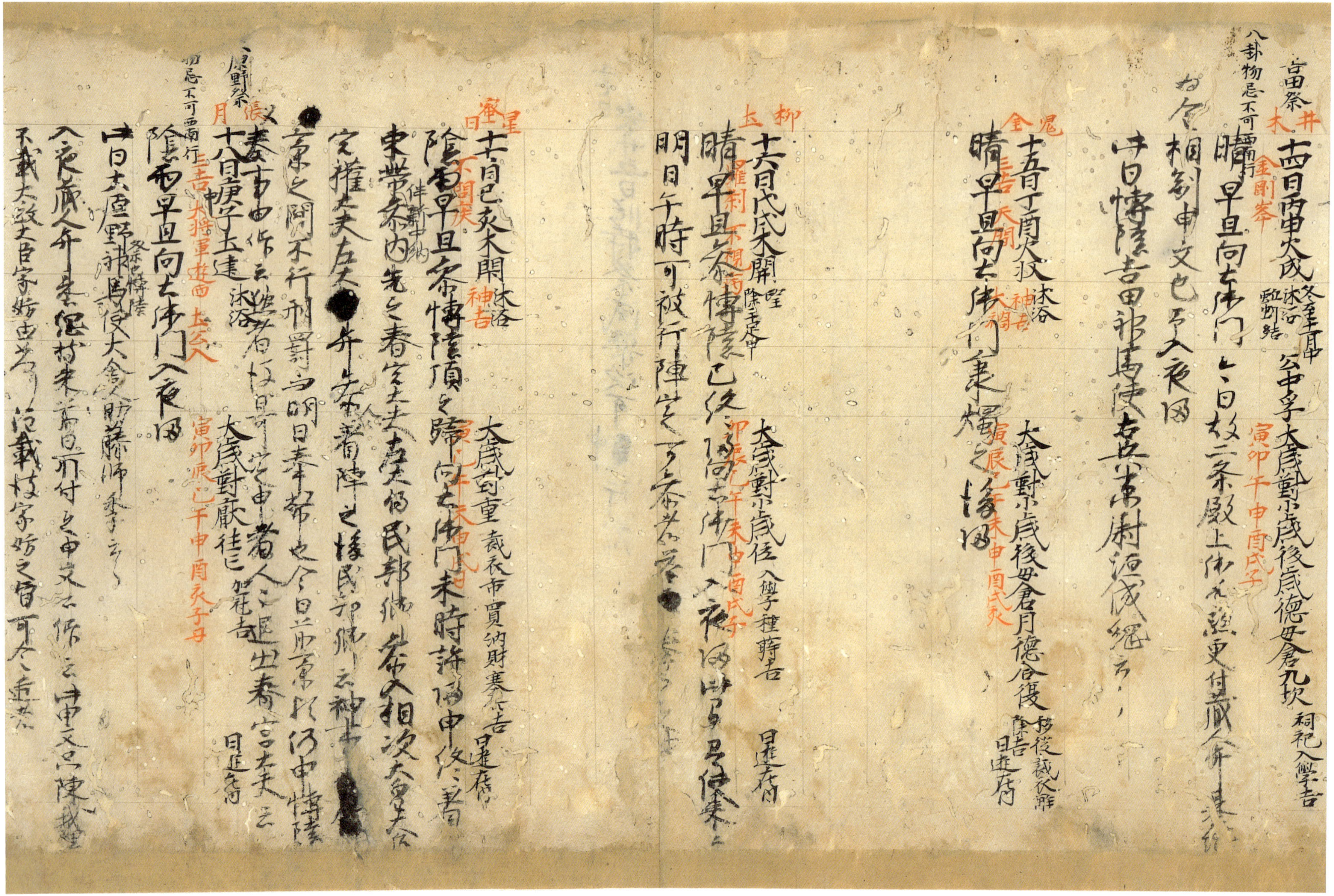

富田祭　井　木
十四日丙申火成　冬至十一月中　沐浴　剪爪甲　公卒手大歳對小歳後歳徳母倉九坎　祠祀入學吉
八卦物忌不可西南行
晴、早旦向左府門、金剛峯　寅卯午申酉戌子　今日故二条殿上御第改更付藏人弁　奏、
而今相剝申文也、予入夜帰、
廿日晴陰、吉田祭馬使右兵衛尉行成缺云々、
鬼　金
十五日丁酉火收　沐浴　神吉　天閑　大禍　晴、早旦向左府門、秉燭之後帰、　寅辰午未申酉戌亥　大歳對小歳後母倉月徳合復　移徙裁衣解除吉　日遊在内
柳　土
十六日戊戌木開　堅　除手足甲　羅刹　不視病　晴、早旦参內、晴陰已後、向左府門、入夜帰、卯辰午未申酉戌子　大歳對小歳位　入學種蒔吉　日遊在内
明日午時可被行陣定之由、参入者、依召来也、
星　參　日
十七日己亥木閉　沐浴　神吉　不問疾　陰雨、早旦参内、晴陰、頃之帰、向左府門、未時許帰、中後之、著　寅午未申戌日　大歳對童　裁衣市買納財塞穴吉　日遊在内
東帯、参内、伴新中納言先之、春宮大夫左大将民部卿、此卿参入相次、大皇太后
宮権大夫左大弁、左兵衛督、弁等著陣之後、民部卿云、神今
食之間不行刑罰、而明日奉幣也、今日以前其事於何申、晴陰
又奏、由作云、造営之由、著人之退出、春宮大夫云
張　月
十八日庚子土建　沐浴　三吉　大将軍遊西　天一東　入　寅卯辰巳午申酉亥子丑　大歳對獻徒巳　加冠吉　日遊在内
大原野祭
物忌不可西南行
陰雨、早旦向左府門、入夜帰、
廿日大原野祭馬使大舍人助藤原季、云々、
入夜、藏人弁来、以村来、前日所付之申文云、依之申文只陳、然而
不載大政大臣家坊之由、可改載之旨、可令遣云々、

裏51（136頁）

裏53
（134頁）

裏52
（134－135頁）

晴早旦向左衛門督許
退出入夜帰
陰雨暁更向左衛門督許
十二月大建
天道西行
月徳在庚
陽錯
二日甲寅水除

三日乙卯水満　神吉

大歳對月徳合　拝官結婚納徴出行剃頭

四日丙辰土平　鵲始巣

大歳對歳徳月殺　嫁娶納婦吉

五日丁巳土定

大歳位小歳對母倉九坎厭對重吉　拝官裁衣

六日戊午火執　除手足甲

大歳位母倉復　剃頭伐樹漢吉　日遊在内

七日己未火破　神吉

大歳位復　療病吉　日遊在内

室　昴
八日庚申木危　沐浴　御燈　大歳位月徳　祠祀壊垣破屋葬吉
天一辰巳　神吉上　寅卯辰巳午申酉戌亥子丑
晴、自午未
今夜依御燈無先雨之矣、

畢　月
九日辛酉木成　沐浴上弦　野鶏始鳴　大歳位歳徳合　謝土　九坎　厭　除服吉
甘露　三吉下　復　狼藉　寅卯午申戌亥子
晴、早旦参高倉殿、頃之帰、[redacted]申時許参大殿、被答　居法
[redacted]退被参高倉殿之次也、頃之被帰、

觜　火
御卜奏　進御贖物
十日壬戌水收　伐　大歳位　復　擁　栽蒔吉
滅門　寅巳午酉戌亥子
晴、廿日五安時向行、木二人参、名簿木工頭滿宗朝臣之
令補[redacted]辰上也、件男共朝夕之任之上、堪能之者也、仍所示也、
而参云、早可令補任也、
今日初参殿、亦擇事、日御上假棟、敢左右之、及数月、依又擇也、

參　心
月次祭　神今食　廢務
十一日癸亥水開　土用事　六蛇　羅刹　陰錯重厭　日出辰初一分　晝四十二刻　日入申四刻　夜五十八刻　初始也
寅卯午申酉戌
晴、未時許、勘解由判官師國来、語中宮之盛朝臣
先日進去之由、只今師方可来告也、是[redacted]宿所、可安否、
更云、故殊所、々亥五十去、[redacted]
とき

井　木
十二日甲子金閉　沐浴　大歳前　天恩　天赦　帰忌　血忌　无翹　和祁上吉
金剛峯　大将軍遊東　土公　寅卯巳未申戌亥子丑
[redacted]時許、参大殿、被右上方、頃之被帰、
晴、未時許、紀伊守師信朝臣来、相逢謝之、相次
[来]相言安院[redacted]

金剛峯　大將軍東　土公在門　寅卯巳未申戌亥子丑

晴、未時許以經信朝臣師信・[illegible]朝臣來、相逢謝[illegible]相次[illegible]大弁
來相逢言談、晚頭參博陸、[redacted]於陽之[illegible]
退出、或人云、明日[illegible]懷[illegible]師入滅云々、
[redacted]入、白風吹、天陰、

（二十九日之）鬼
十二日乙丑金建　除手甲
忌遠行　神吉　[illegible]
陰、自曉雪降、積地五寸、巳時許晴、未剋以後陰晴不定、
太歲前天恩月德合　出行吉
寅卯辰午酉亥子丑
今日嚴上人赴參大和向伊勢[illegible]
入夜月明、

大神祭齋　柳
土
十四日丙寅火除　大寒十二月中　除足甲　雞始乳
羅刹　天一午
晴、早旦參博陸、良久之間
今日新中納言[redacted]男女吹木着袴之[redacted]東廊有此事、
太歲前歲德天恩　拜官結婚嫁娶[illegible]　解除吉
寅卯午申酉戌亥子
鋪高麗端[illegible]上達部座、[illegible]民部卿左衛門督右衛門督左兵衛督
及殿上人等三人參、着座、酉剋許兒各着袴、[illegible]結要[illegible]
[illegible]一[illegible]退出、新中納言懷[illegible]向右衛門督[illegible]今日自[illegible]

神祭　星
日
十五日丁卯火滿　神吉
（上吉）下　（食）時式
太歲前天恩吉　拜官冊授[illegible]
寅辰巳午申酉戌亥子
晴、巳剋許參博陸、被[illegible]明日[redacted]可被行除目、[illegible]
依物忌、今夕可參籠也、着衣冠申剋參籠之由[illegible]
良久退出、兼[illegible]着束帶、參太皇太后宮、今日[illegible]之事了入、深更
過[illegible]參內、直衣、宿[illegible]直廬、[illegible]

宿

張　月
十六日戊辰木平　室　闢　冬至十一月中　五墓
忌夜行　不視病　[illegible]不[illegible]人
大歲前小歲對天恩復月殺　吉　裁衣市買[illegible]
辰巳午未申酉戌亥
晴、巳時許參[illegible]殿、依直廬有食事、[illegible]之間宿所[illegible]
帶向陣、左中上[illegible]如常、執筆內大臣、可定受領功課[illegible]
[illegible]文并[illegible]一[illegible]文[illegible]付頭弁、左大臣[illegible]事[redacted]人々退下、
明日依物忌也、[illegible]々不退出、

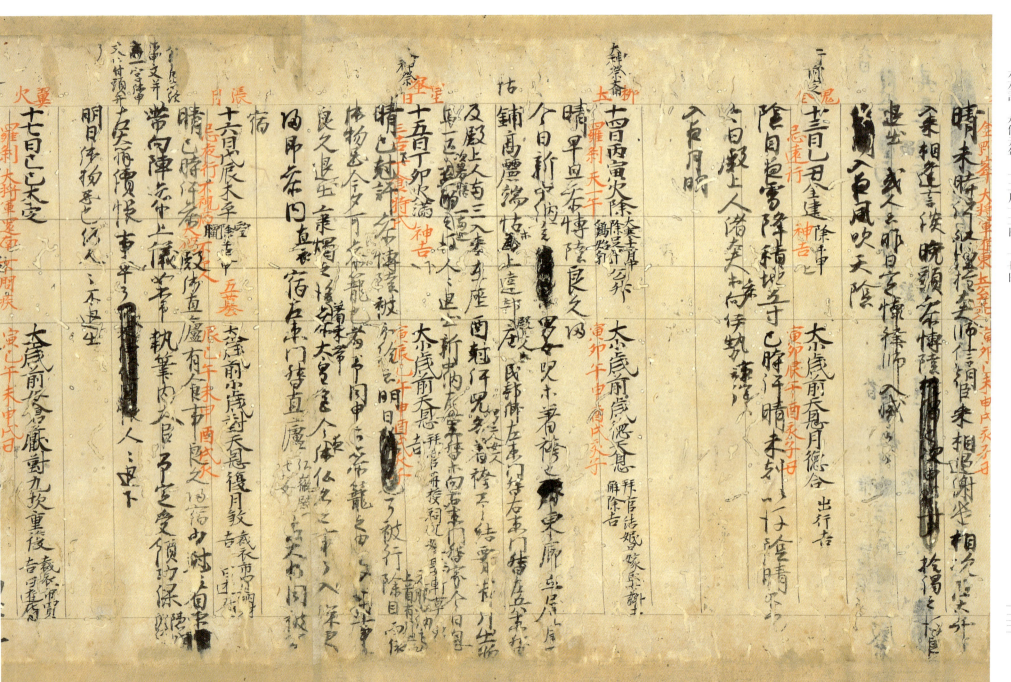

翼　火
十七日己巳木定
羅刹　大將軍還南　家間疾
大歲前[illegible]歲對九坎重復　裁衣市買　吉日[illegible]
寅巳午未申戌日

十七日乙巳火定　翼
羅刹　大将軍還宮　閉疾
寅巳午未申戌日
大歳前　伏龍　厭対　九坎　重復　義長　帰忌　吉日吉事

陰雨、巳時許参内、陰陽頭道言、申剋着束帯向陣、人々
同着之、参議所外、昨日□□受領功過文、出行房　左弁依帳
[redacted]子剋許事了、退出、除目在別
瀧口源茂任左馬允、前春除目任之、而始自今年　被給
春秋除目[redacted]被任之也、[redacted]瀧口員十人

十八日庚午土執　軫　水
吉　下　五墓　入大　不宜　神吉　伐
寅卯辰巳午申酉亥子日
大歳前　母倉　月徳　剃頭　伐樹　漢　斬草吉

晴、[redacted]不出仕

十九日辛未土破　角　木　往亡　仏名
吉　中　天一未申
寅卯申戌亥子
大歳前　歳徳合　執鳥　瘍疾

晴、[redacted]未剋[redacted]降雪、寒風、積地五寸、東燭　修博陸
今夜、[redacted]龍法性寺修是也、而依修之始也、居従[redacted]　仏条[redacted]
歸依氣色也

廿日壬申金危　亢　金
神吉　下　沐浴
寅辰巳午酉戌亥子
大歳前　辟臨　祠祀　伐樹　解除　葬　除服吉

晴、巳時許参法性寺、良之未時帰

廿一日癸酉金成　氐　土
吉　中　神吉　下　狼籍　沐浴
寅卯辰巳午申酉子
日出卯一刻二分　大歳前　出行　謝土　解除　祀井吉
日入酉初一分　昼四十三刻　夜五十七刻

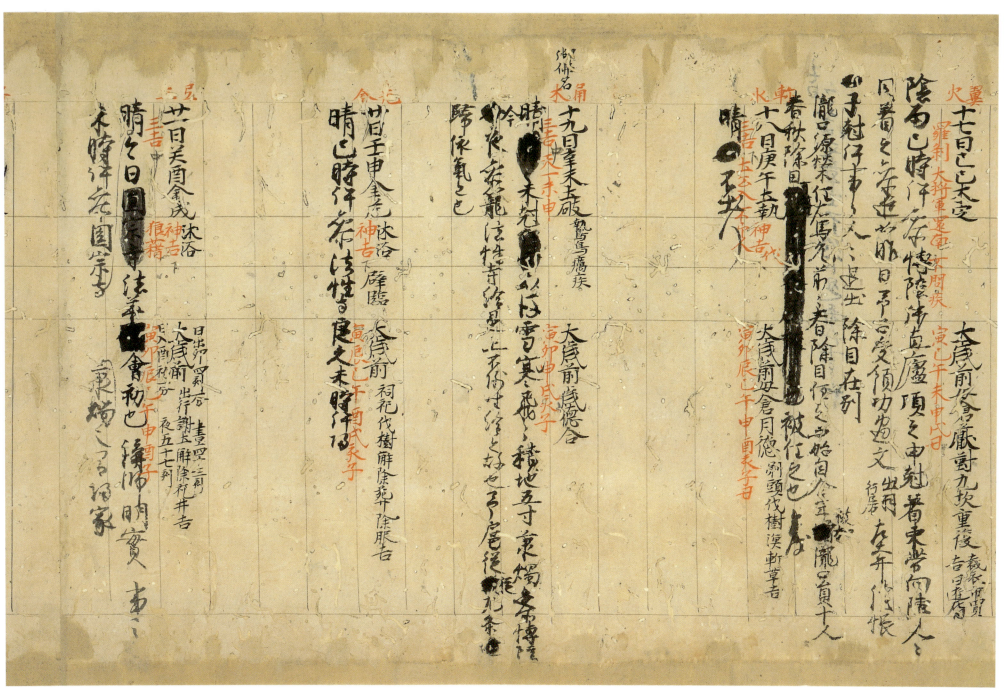

晴、今日[redacted]法華[redacted]會初也、講師明賢、事了
未時許参法性寺
東燭之後帰家

廿二日甲戌火収　滅門
[illegible]

廿三日乙亥火閉　下弦　沐浴　大歳後　月徳合　厭重　裁衣　市買　納財吉
[illegible]

廿四日丙子水閉　沐浴　大歳後　歳徳　帰忌　血忌　无翹　結婚　納徴　斬草吉
[illegible]

廿五日丁丑水建　除手甲　大歳後　嫁娶　納婦　出行吉
[illegible]

廿六日戊寅土除　除足甲　大歳後　復　拝官　結婚　納徴　療病吉　日遊在内
[illegible]

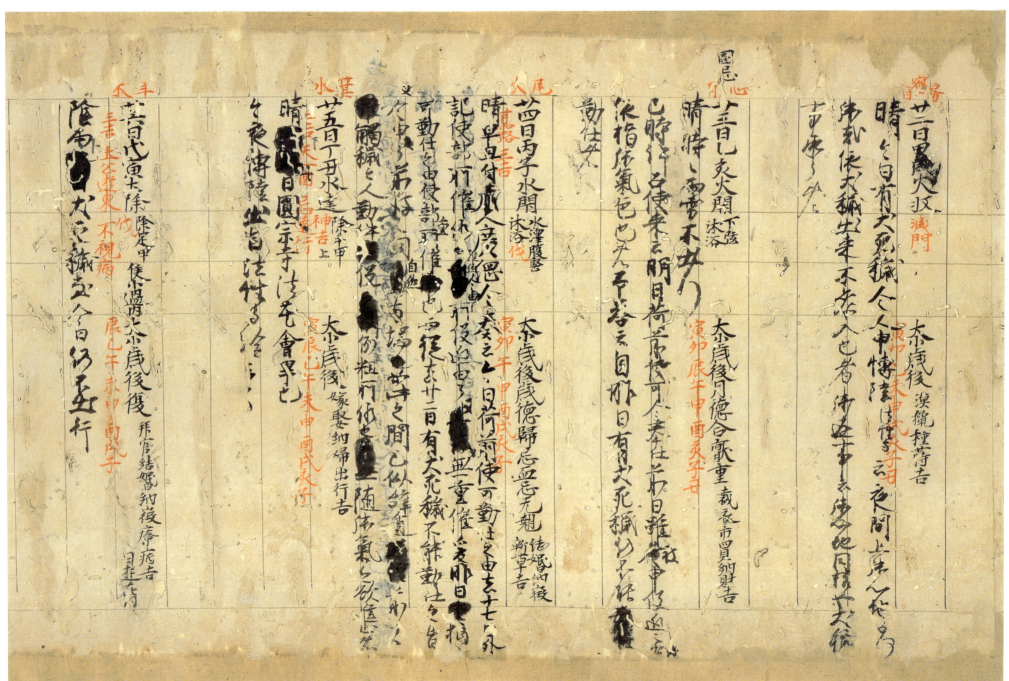

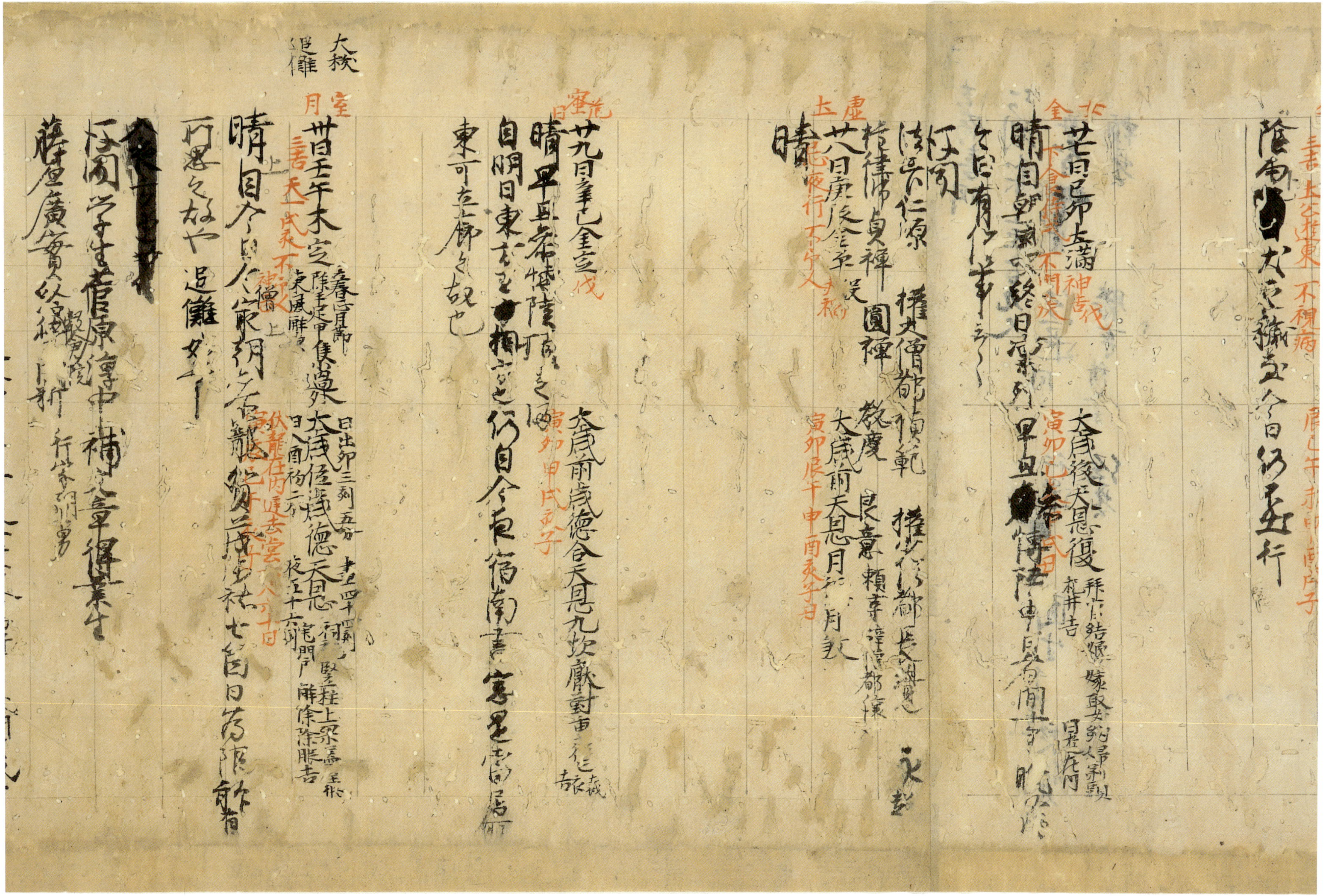

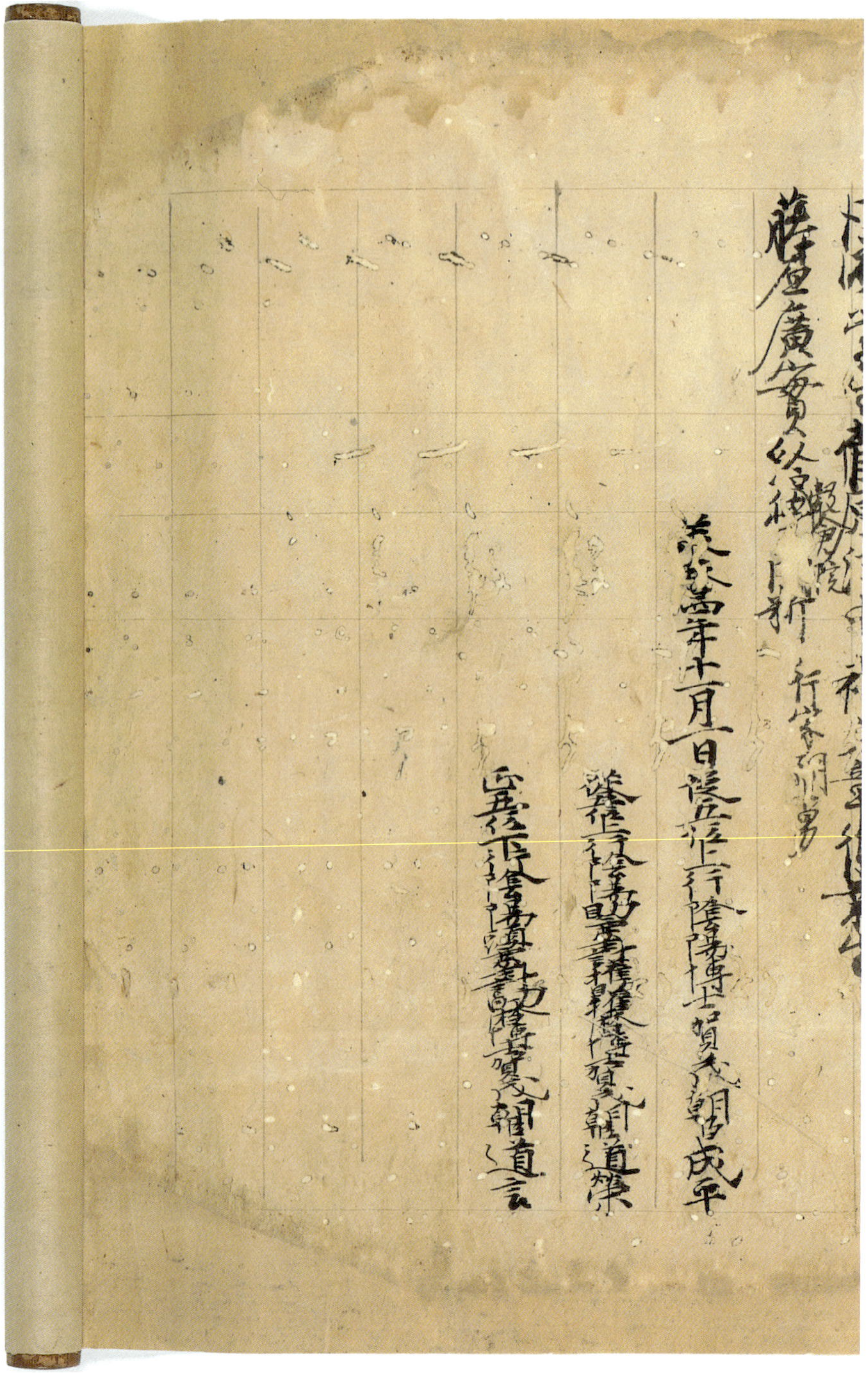

水左記

永保元年　裏書

裏63（124頁）

裏64（125頁）

(28)

裏60（121頁）

裏59（121―120頁）

裏58（120頁）

裏58（120頁）

裏57（119頁）

裏56（119頁）

裏55（119頁）

(24)

裏54（119―118頁）

裏53（118頁）

裏52（118―117頁）

[illegible]

(22)

十九日
廿日 宣 [redacted]八幡臨時祭當輔仁朝臣舞人料紙給々令申
新也是有前恩之故也又馬一疋給輔仁了

七日
東廿三日臨時祭試樂依有[redacted]中止 行之

裏49（113頁）　裏48（113頁）　裏47（113頁）　裏46（112頁）　裏45（112頁）

裏45（112頁）

裏44（112頁）

裏43（112—111頁）

裏42（111頁）

裏42（111頁）

裏41（111頁）

裏40（110頁）

裏36（109頁）

（15）

裏35（107頁）

裏34（107頁）

（14）

裏33（105頁）　裏32（105頁）　裏31（105頁）　裏30（105頁）

裏29（104頁）

裏28（104―103頁）

裏27（103頁）

裏26（103頁）

裏25（103頁）

裏24（102頁）

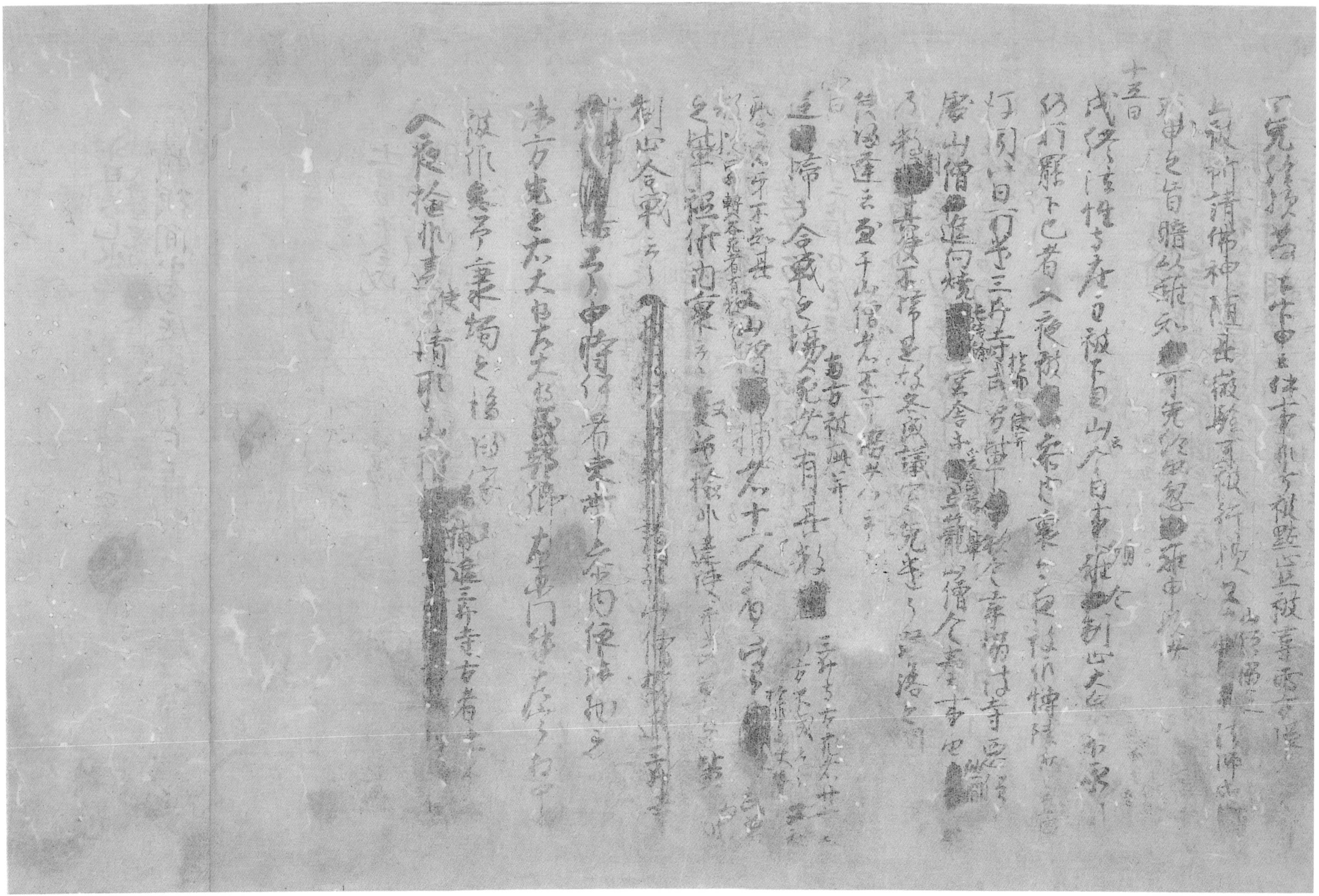

(10)

裏23（100頁）

裏22（100―99頁）

裏21（99頁）

裏20（98頁）

（7）

裏19（96頁）

裏18（96頁）

裏14（94頁）　裏15（95頁）　裏16（95頁）　裏17（95頁）

裏14（94頁）

裏13（94頁）

裏12（94頁）

(4)

裏12（94頁）　裏11（93頁）　裏10（93頁）　裏9（93頁）

(3)

裏9（93頁）　裏8（92頁）　裏7（92頁）　裏6（92頁）　裏5（92頁）　裏4（92頁）　裏3（92―91頁）

（2）

裏３（92－91頁）

裏２（91頁）

裏2（91頁）

裏1（91頁）

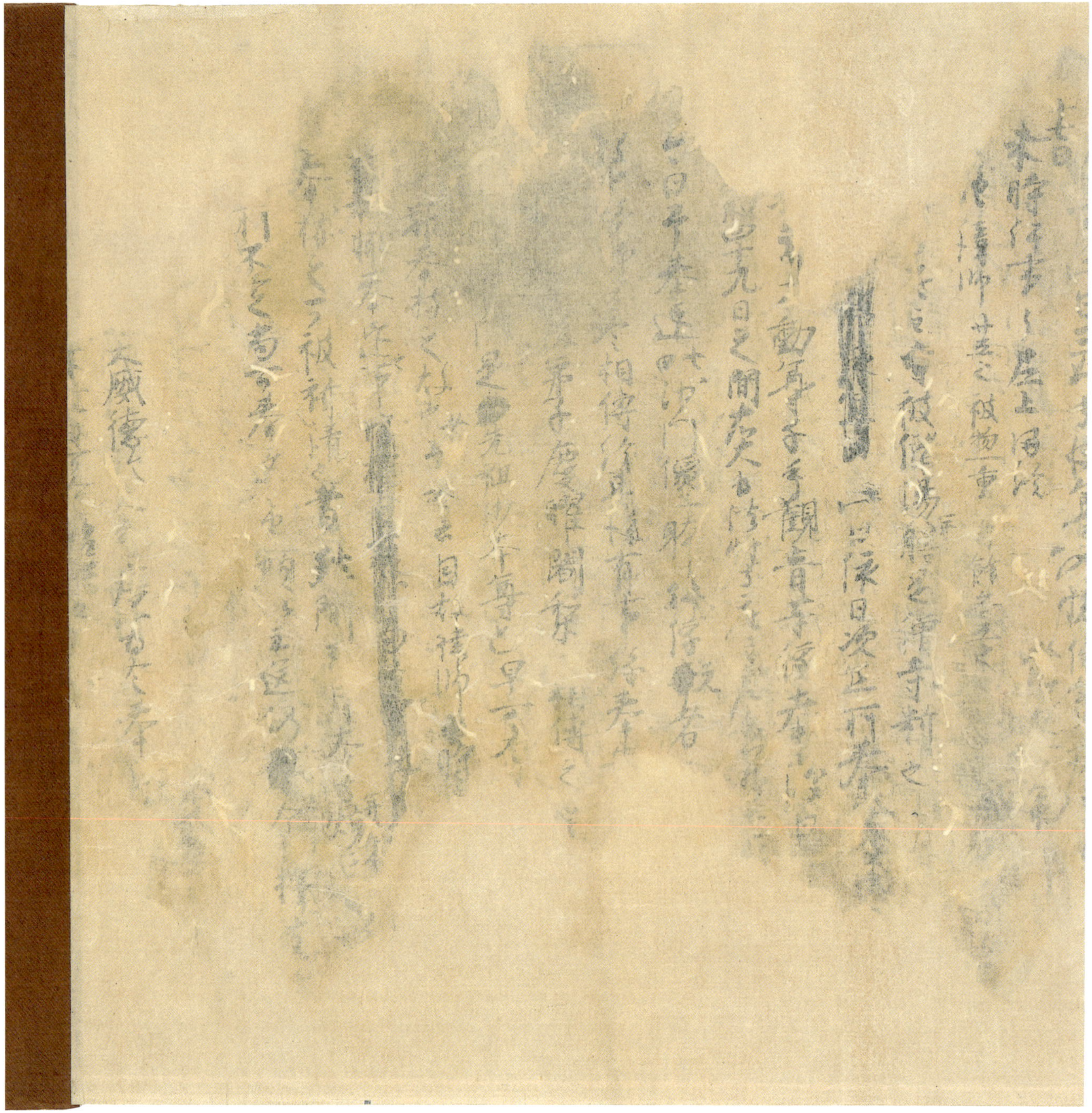

（1）

水左記

抄出本　康平五年―応徳三年

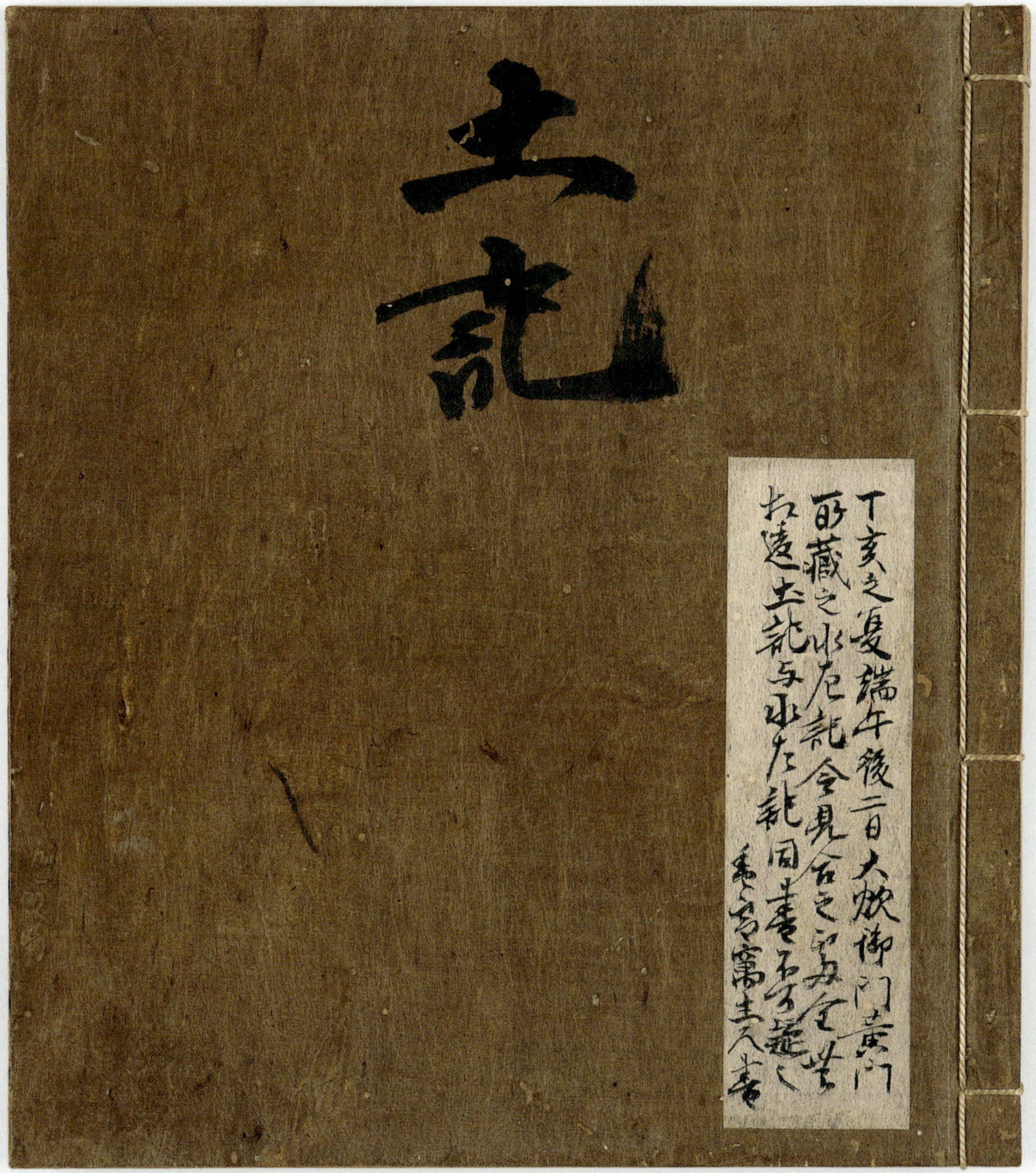
土記
丁亥之夏端午後二日大炊御門黄門

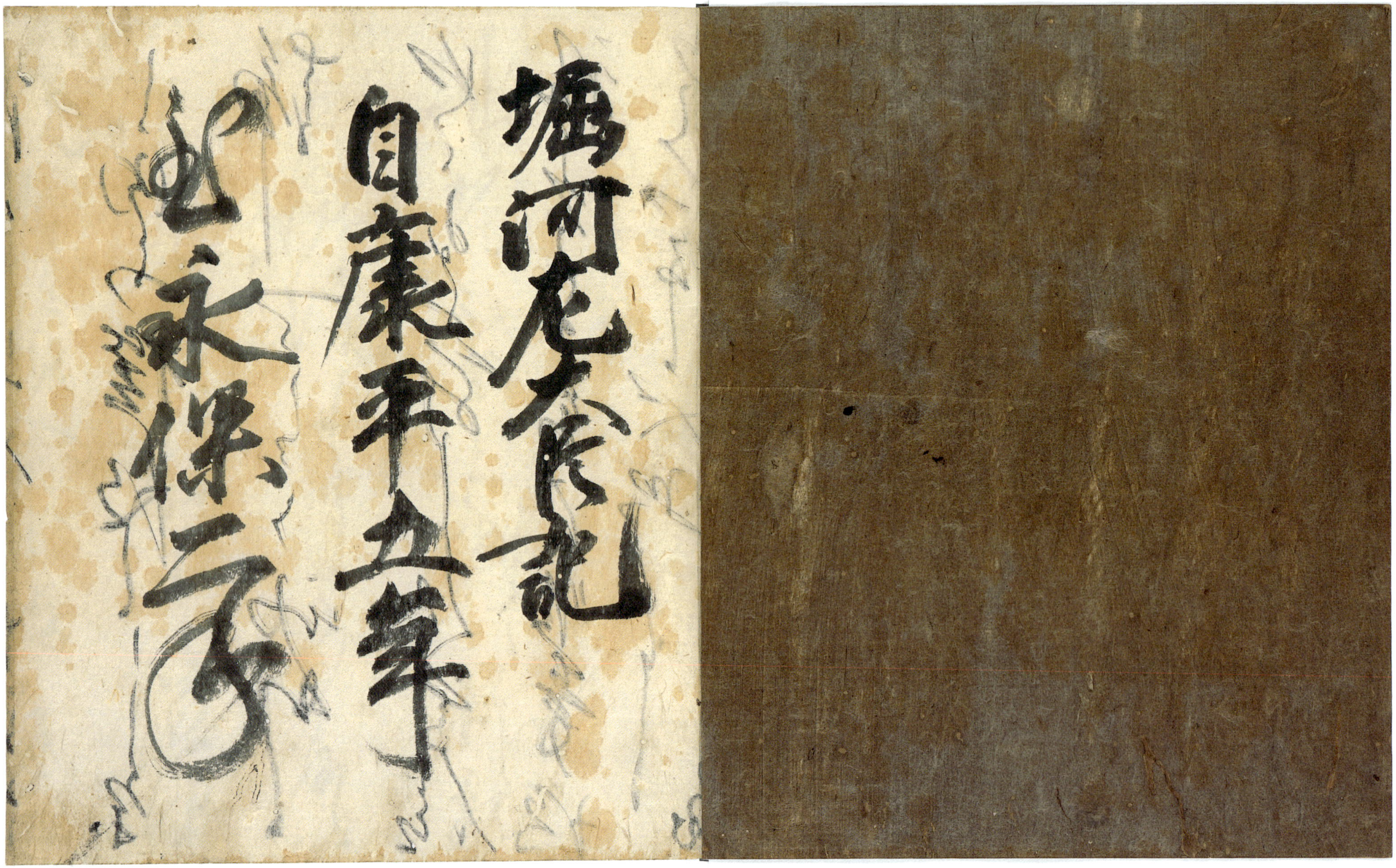
堀河左大臣記
自康平五年
至永保二年

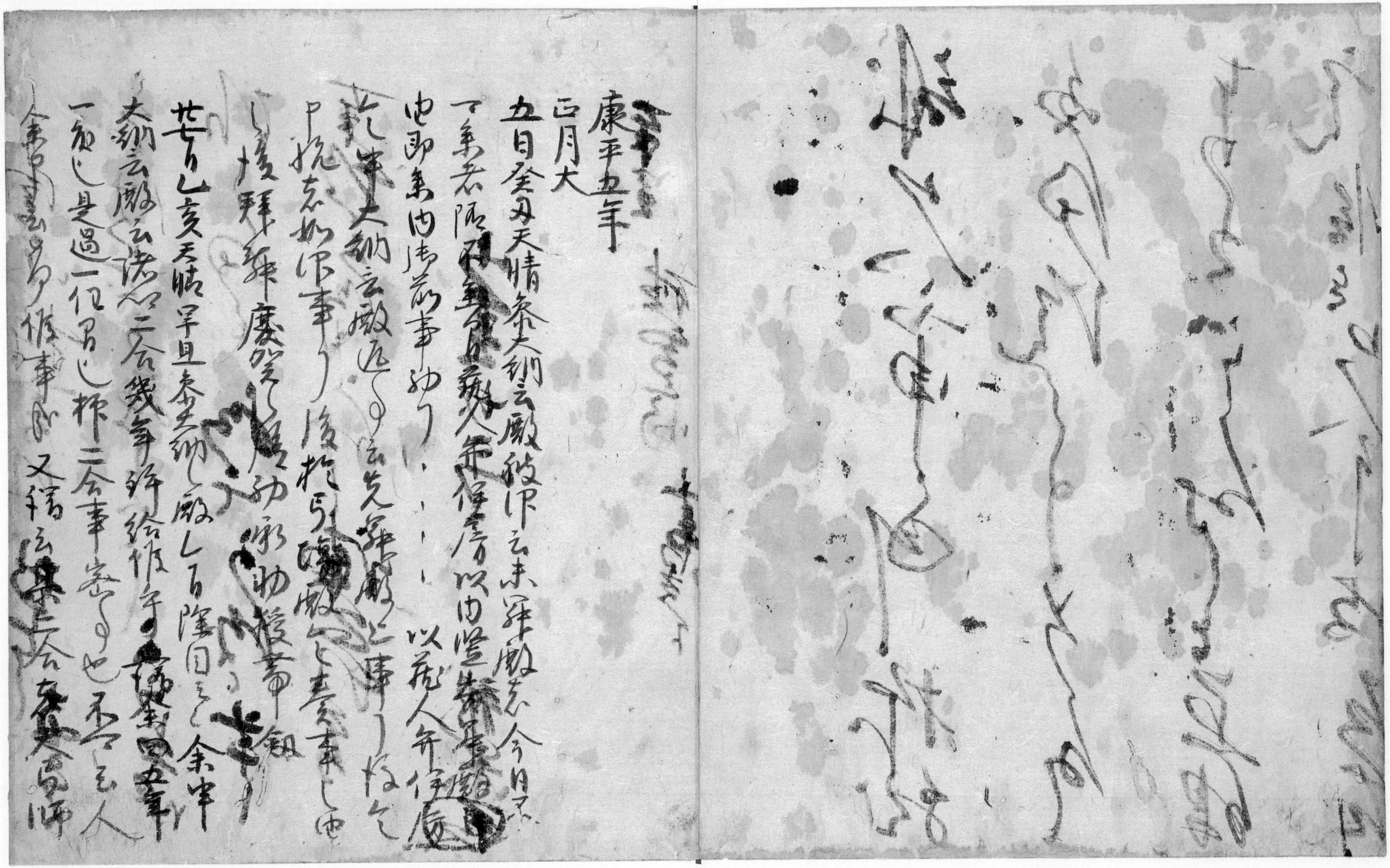

（1オ）

藥師木二躰南京給之諸人君也志ム年動修帰ム
參幕下君事參了參殿下次參内裏之
觸穢由府明日依佛物忌所罷也
廿八日陣申第二欤山本左辺國文室

二月
十九日天晴道風借智家書混春收藏云々

五月小
六日壬子天晴右兵衛志所被借史記三巻也
遣又所被借三四巻也

康平六年
正月大
七日己酉雨降内弁大納言云々

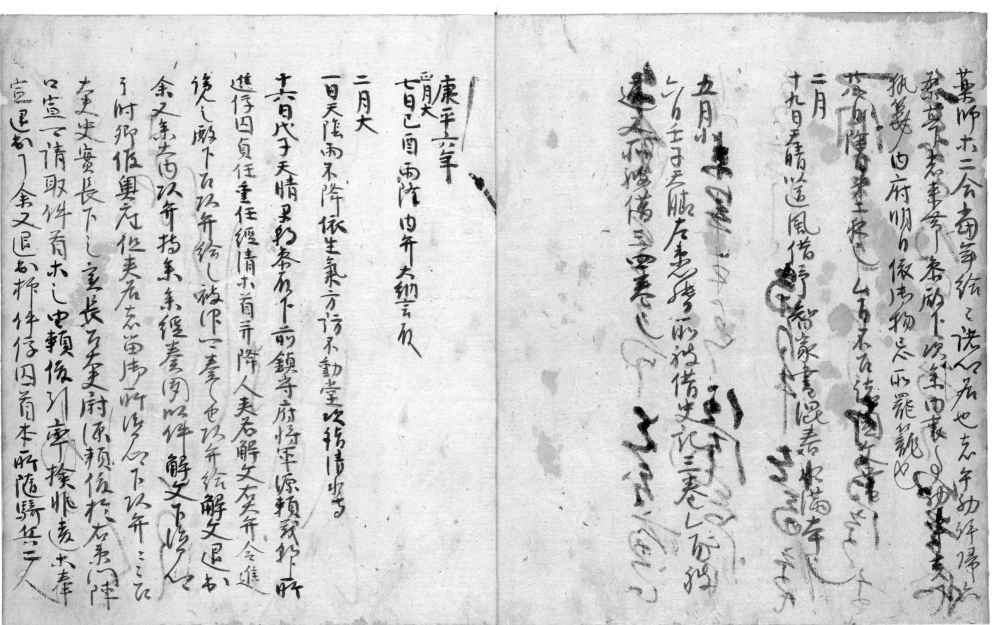

二月大
一日天陰雨不降依生氣方詣不動堂次指清水寺
十六日戊子天晴早朝参殿下前鎮守府将軍源頼義朝臣所
進俘囚貞任重任經清等首并降人夷首解文右大弁令進
後入之殿下右大弁給之被仰下云々右大弁給解文退出
余又参右大臣以右大弁持参参經奏聞以件解文下給之
了時卿依召在陣從夷首奏留佛所給人下以弁云々
左大史實長下之宣長左大史尉源頼信於右衛門陣
口宣下請取件首大之史轉信引率撿非違使奉
宣退出了余又退出右件俘囚首本所随騎兵二人

廿五日天晴自今日有障日
廿七日天陰今日障日入服之
三月小
十二日甲寅雨降季御読経結願也余依南殿下行香
人不足以六位史加之甚希有之事也随事他人之所
加之何為後之例乎所加之
六月小
二日辛丑天晴有右京大内紙陣座以弁泰賢朝臣被云
下名初毎事部其日時可令勘申之余承仰下
仰左弁之由左弁同陰陽寮泰長之由弁申

一人僅伏手依之入筆書
歩兵二十余人許也各被介冑殊耀武威先之
於粟田山大谷北丘上踟蹰徘徊三首各掛鋒植之衛儀
行見之慚及晡刻指洛持入検非違使於四条京極
河請之其儀抜本鋒以（代鉾立之歟）検非違使鉾挿之即以着鈦持
之先負仮次重仮経清也仮鉾銘其姓名又各傍着
督長二人・免十余人相従三絶相別漸行観者或車
或馬亦緇亦素如自粟田之下迄于華洛之中騎
駅雑錯人不能顧奔車之声晴空聞雷飛塵之
色春天掛霧希代之観何此之有乎於戯皇威之
在今更不恥於古者歟仍提梟首而生獲太路之
于西獄標木梟之云々

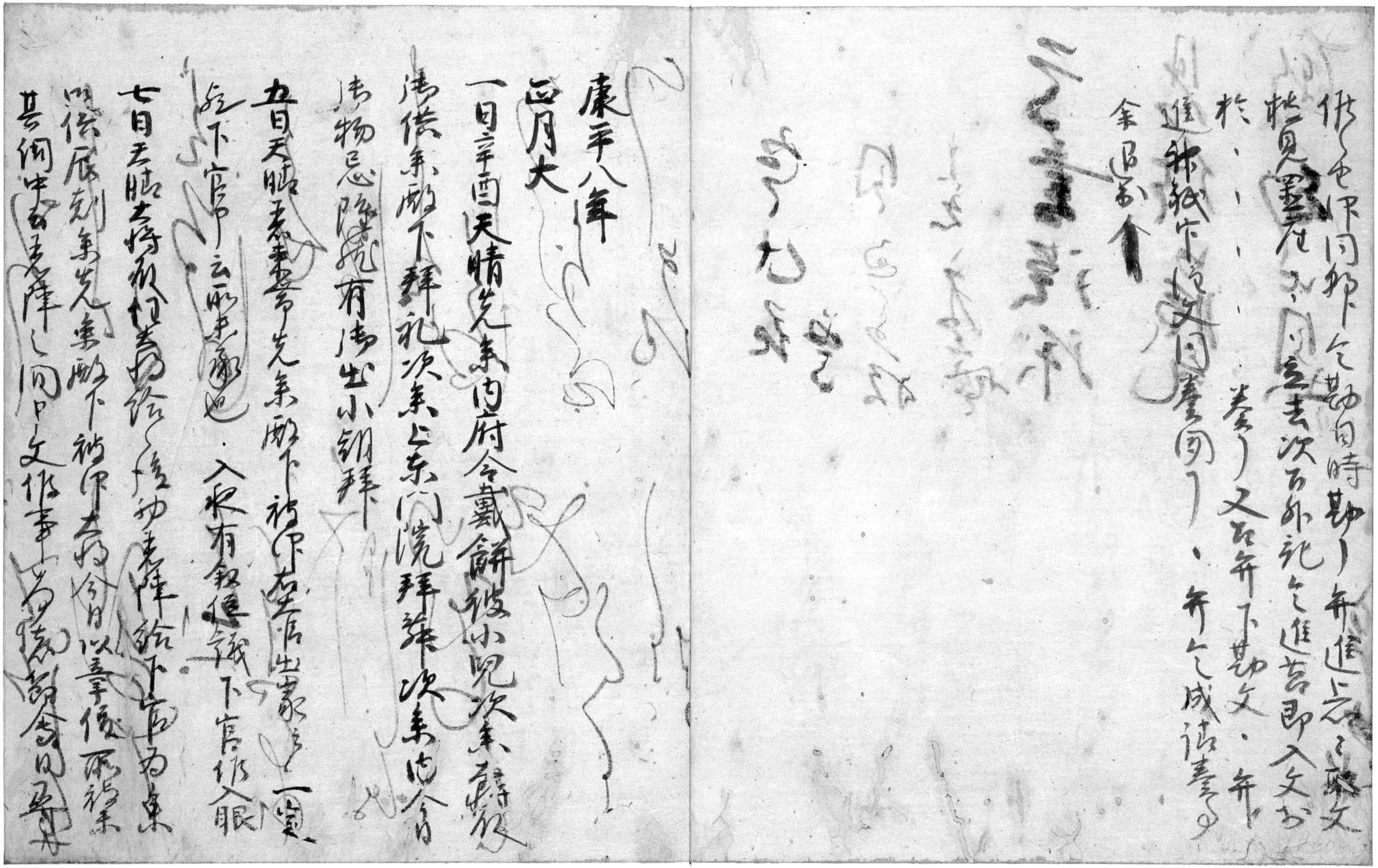

（4オ）　（3ウ）

有申文例下被行之從々之例何申之有哉以下云々
令仰下云余承之集已下大納言令奏由仰
先有申文如例儀如弁下宣旨次還着内座
件後奏陣請下其儀小将按明卿下着余議座
将置莒文退莒文字在弁手大納言渡左解由之同加大納言取件
文退置大納言前同莒氏又献硯同覧取之莒識
以前文取大納言加解由署件少納言撤解由授莒氏之々
取之開下檮請下同文文大粘納了移了件移
封紙入莒付大納言敷上納畢移取入了令書封給
下給下納了以封付下檮之後少将撤硯持来氏
撤硯了撤下大納言立座大納言立座給休息所座
宿所還文次着陣給五位蔵人御覧外御大納言云道平

有行漏叙位儀之加階者大納言着外座給金文
被下内弁之処以同人申下之者令廿集書入
莒奏進節会儀如常
廿三日天晴女叙位大納言被令参事行之被次
補任蔵人頭持左中弁経信蔵人大輔原有信
實・木雜色経方藤原範國等

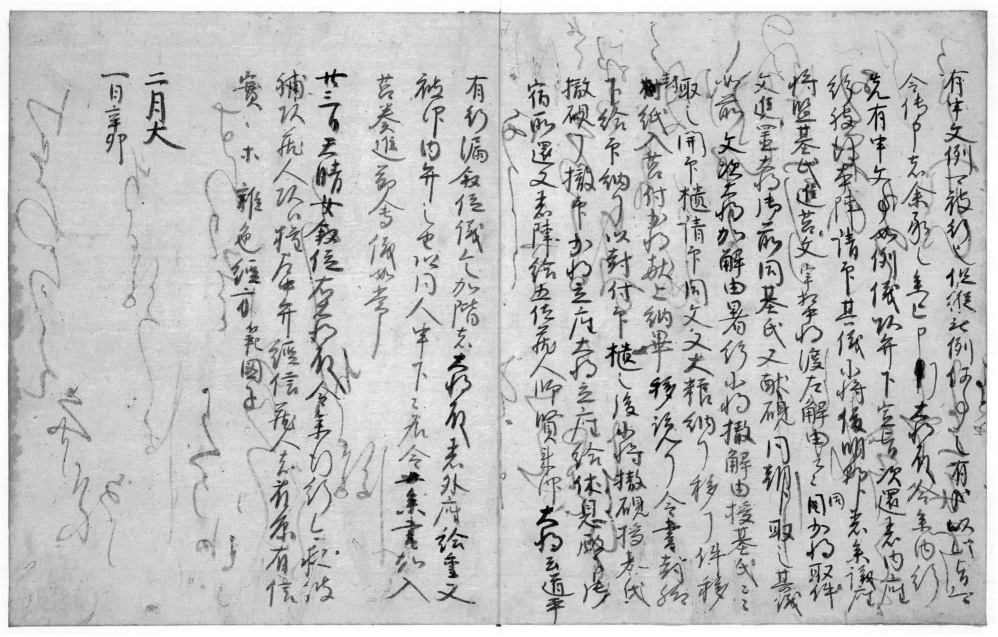

二月大
一日辛卯

三月小
一日辛酉
廿二日（臨時祭）天晴、今日殿下出物忌之年初集、内中宮権大夫候殿上、頃
之庭於弓場殿令奏宣命、来也、延引、于時殿下出御殿居
殿上返給宣命、召使於小板敷給宣命了、後内記撤之

廿五日天晴、降雨也
廿六日天晴、（今朝）降雨延引
廿七日天晴、降雨也
廿八日天晴、今日降雨、延引
廿九日天晴、今日降雨也
今夜除目所不被行、武者（?）延也

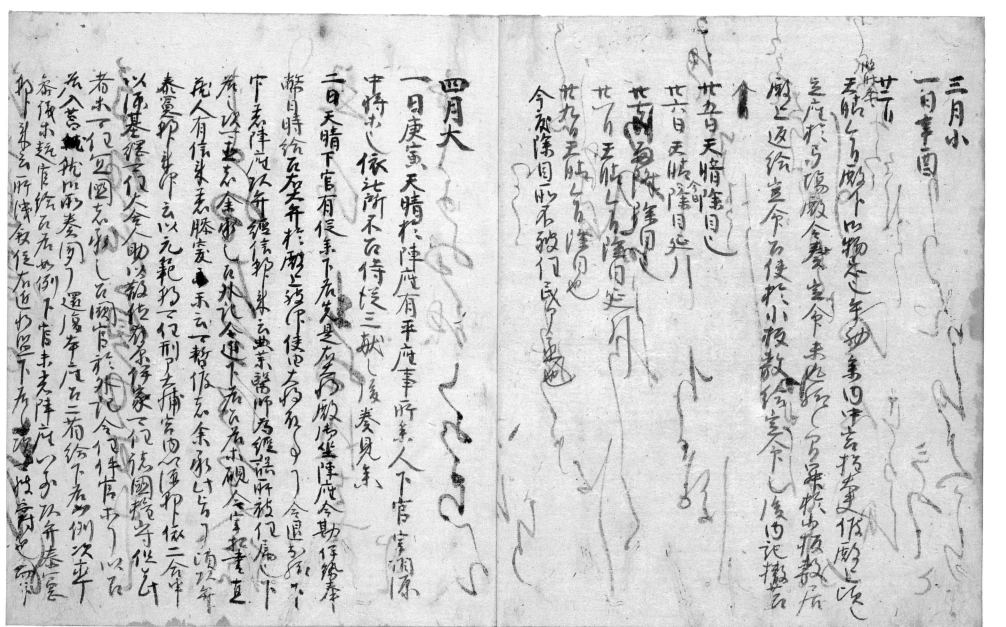

四月大
一日庚寅、天晴、於陣座有平座事、所参人、下官・宰相源
中将等也、依此所不召侍従、三献了後、奏見参
二日天晴、下官有従参下宿、先是右大弁参殿、御坐陣座、令勘擬奉
擬日時給右大弁、於殿上被下使内大将召了、令退出、次下
下官着陣座、以弁経信朝臣云、典薬醫師為經、臨時祓、但願下
右大臣以下外記令進下名、右大臣硯令官人書直
〃人有信、兼重・藤実云、下暫作之、余取此召、須召弁
奉覚朝臣云、以元範朝臣任刑部少輔、宮内少輔朝臣依二合申
以源基経任大舎人助、以藤原佐為任隼人佑、但依国擬等依右
者、未任国司、因之取之、以国官於外記令任件官、以右
右大弁入、参閣、還座、奉行右二箇給下名、如例、次宰下
参議未退出、右大臣如例、下官来着陣座、以左弁奏宣
朝臣来云、所謂叙位右近少将下名、被奏聞也

右次有叙位之例下令尋志、仍右外記令注件旨申云、下
若之次有叙位例不見、仍志以旨以同卿所令奏之、
仍此叙位事了、退出、参殿下、
五日、天晴、下官候殿下、於宿所着束帯、参内、先是中宮大夫
着陣座、奇王被日定前駈、事了退出、下官於陣腹右外
記問號司具否、外記對云、中務輔允有障不参、志下官付
蔵人弁伊房令奏、下給女位記也、次奏中務輔不参
之由、仰云、以少納言可為代者、以左近中将隆綱朝臣可令為
右輔代、志下官取之、主上出也、志外記右外記令進位記
次召内記令進位記、次召内記外記令以位記官符給、帰陣所令就、
奏返給、請印、次以女位記男位記入二笞、復奏女位記、置陣所、
男位記返給、復本座、内記取位記笞、退出、下官亦退出、

（6ウ）

六月大
三日、辛卯、天晴、早旦参大将殿、営上卿事等、先居弁
少納言上官以物、未刻大将殿令参内給、下官候御供、
宰相中将同候御前、下官犀也進酒、不参以供、未刻渡御陣座
弁渡志外府所参入、人々皆参、内下官候内弁座
大外記同上達部参集、居中云、参議一人可被参云々
内弁以左大弁経信卿令奏件由、仰云、左大弁経信卿
参議藤卿下重、右近志仰以同卿下被仰宣命
趣、其詞以内大臣下為右大将、以大将為内大臣下以中納言藤原
俊家下為大納言云々、内府被叙一位件旨載同宣命
云々、少将宰相中将同不被仰中納言也、参入次左大弁被
左参入、内弁以経信卿被献宣命草於殿下、時刻
推移、還参殿下、不御使人々、内弁付清所奏草

（7オ）

還着陣座、又奏清書、還着陣座、大内記取筥退出、右兵外
弁ゝゝ上官内侍ゝ使下式筥、次右外記同大舎人有
参議外記中務也、次開門、有召、少納言参入、召参入立
列、内弁召左大弁ゝゝ、就召別列、参上堂上、給宣命文
立軒廊東二間南面、内弁經納言列、後加列、次宣命使者
微位宣制一段、召再拝一段、又有舞、不拝、群卿
退出、次内相府依痛、下御所、下ゝ掌相中納
左大弁、参議、次御所、先参議、鳴敷、中務給禄拝
退以下、以左弁經信、奏之、参内、給禄、右衛門
ゝゝ次参官居宮再拝、中宮亮、退、還經南敷、郎同
月業代有陣、与出相章、退向軍、給之人、東門
参議下相西門、庭中拝、如常、弁少納史、机同
本居之

廿二日庚戌
参議内府殿令拝殿給、下卞依病供之、退出給
令敷下行、此時右府初被着陣、給、保身之依神事
ゝゝ有草文、經信卿下、下官候事之、被奏聞之、宣之解
下行内事了、經信卿下、下候依宣之
文由天神地祇陵、今月八日振動、同十二三日城務
天王神地官、石清水、山陵、振動、令神祇官、陰陽寮
下給同仰弁、令職、下陰陽寮、下
書之上、付内弁奏了、返給下弁可
依之、両國宣旨之、遣所司奏聞、拝下
下外記、令行、依國宣旨下弁、ゝゝ弁中御下
弁ゝゝ

(8オ)　(7ウ)

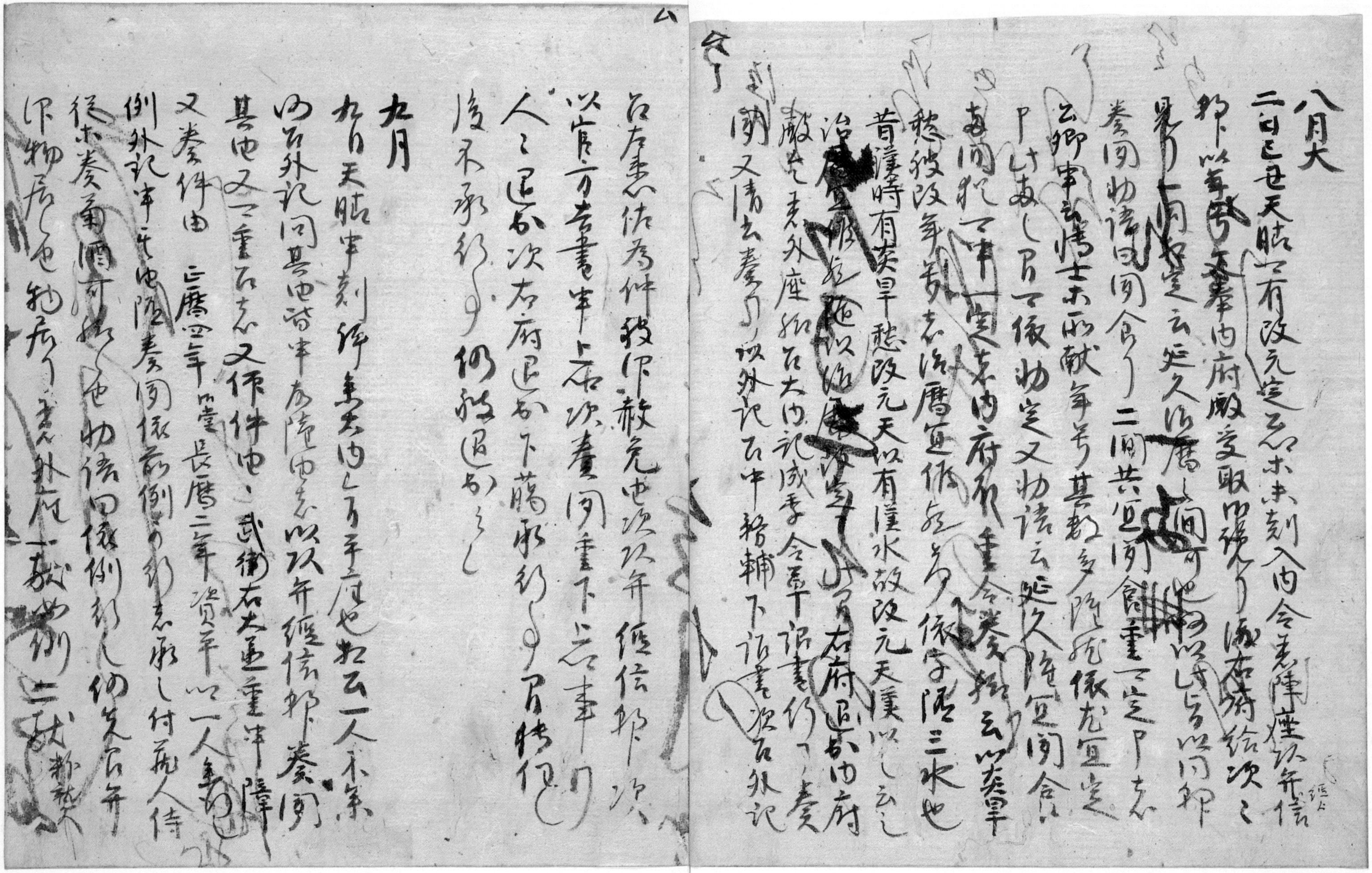

(8ウ)

(9オ)

治暦二年

正月小

廿二日丁丑天陰雨下雪霏々

（10オ）

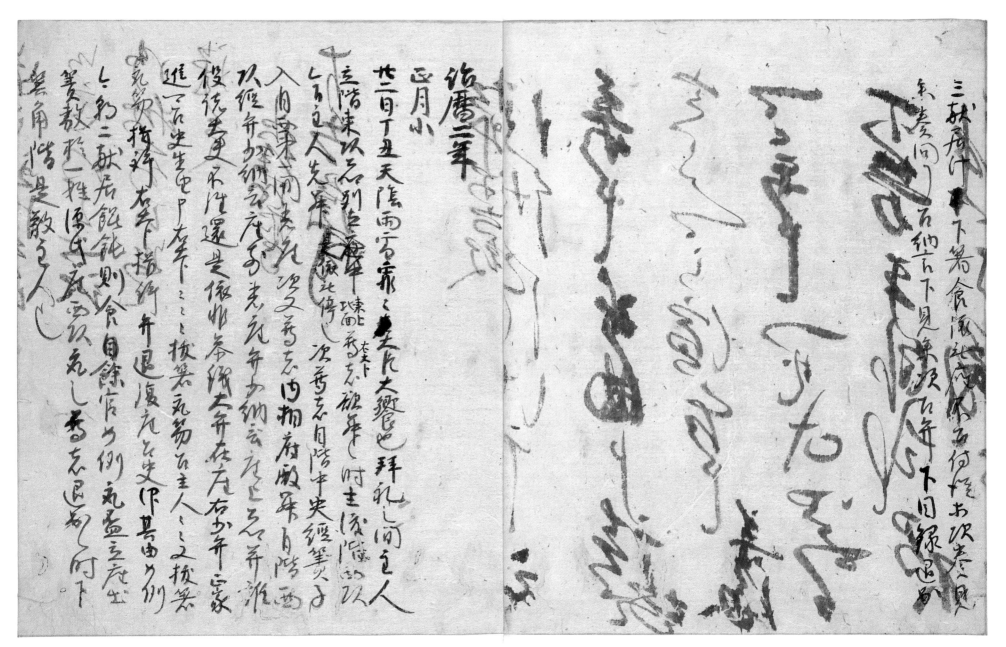

（9ウ）

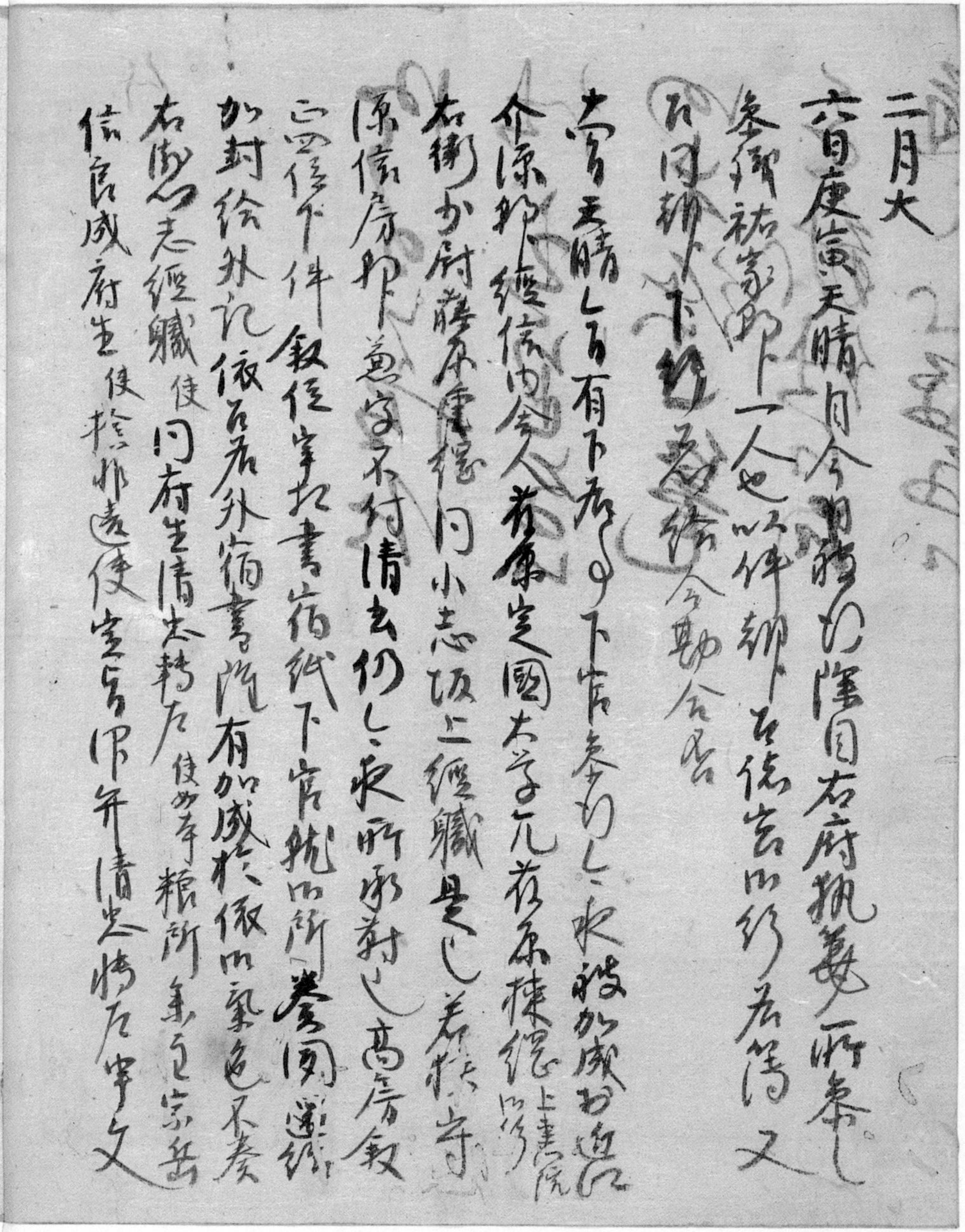

（10ウ）

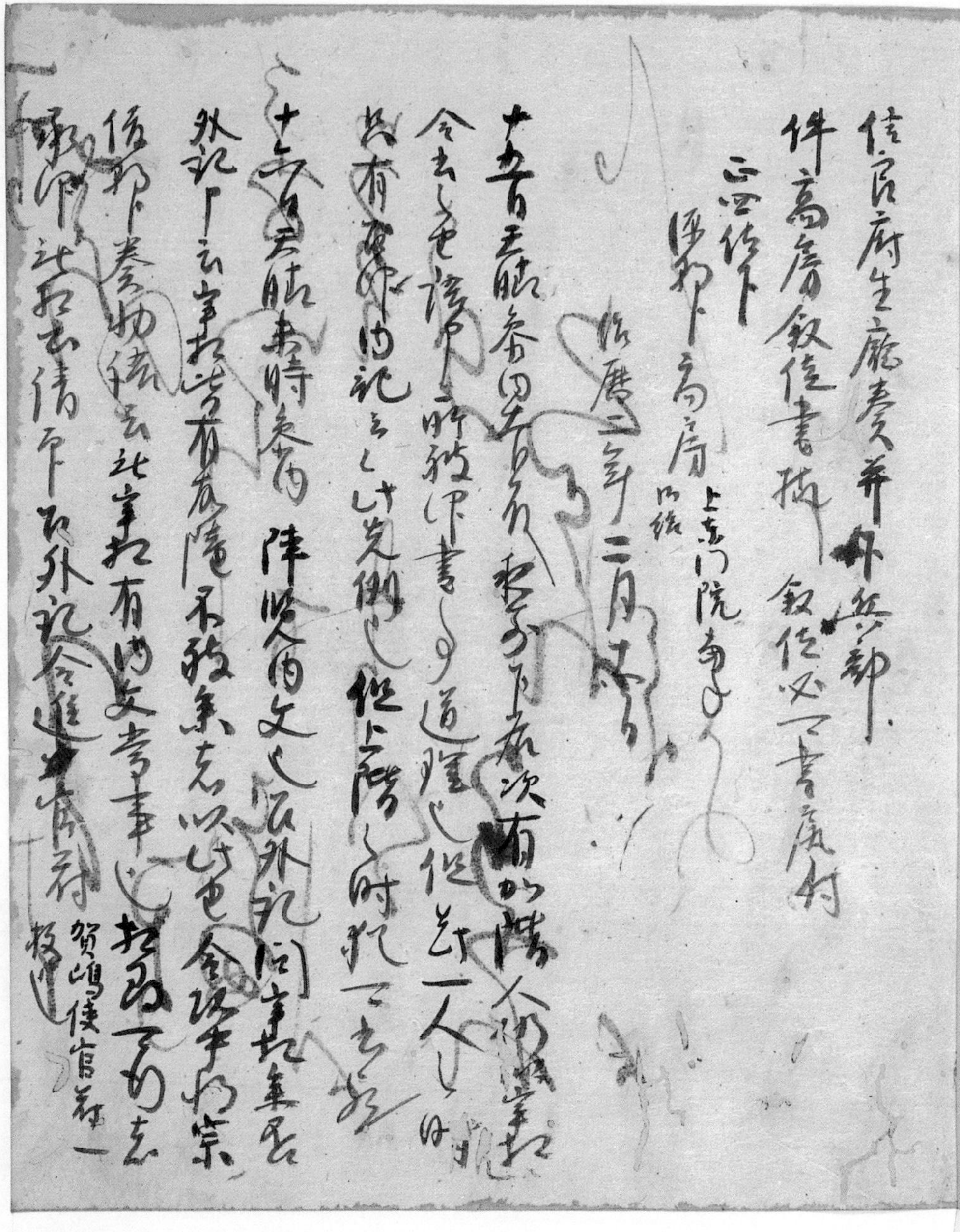

（11オ）

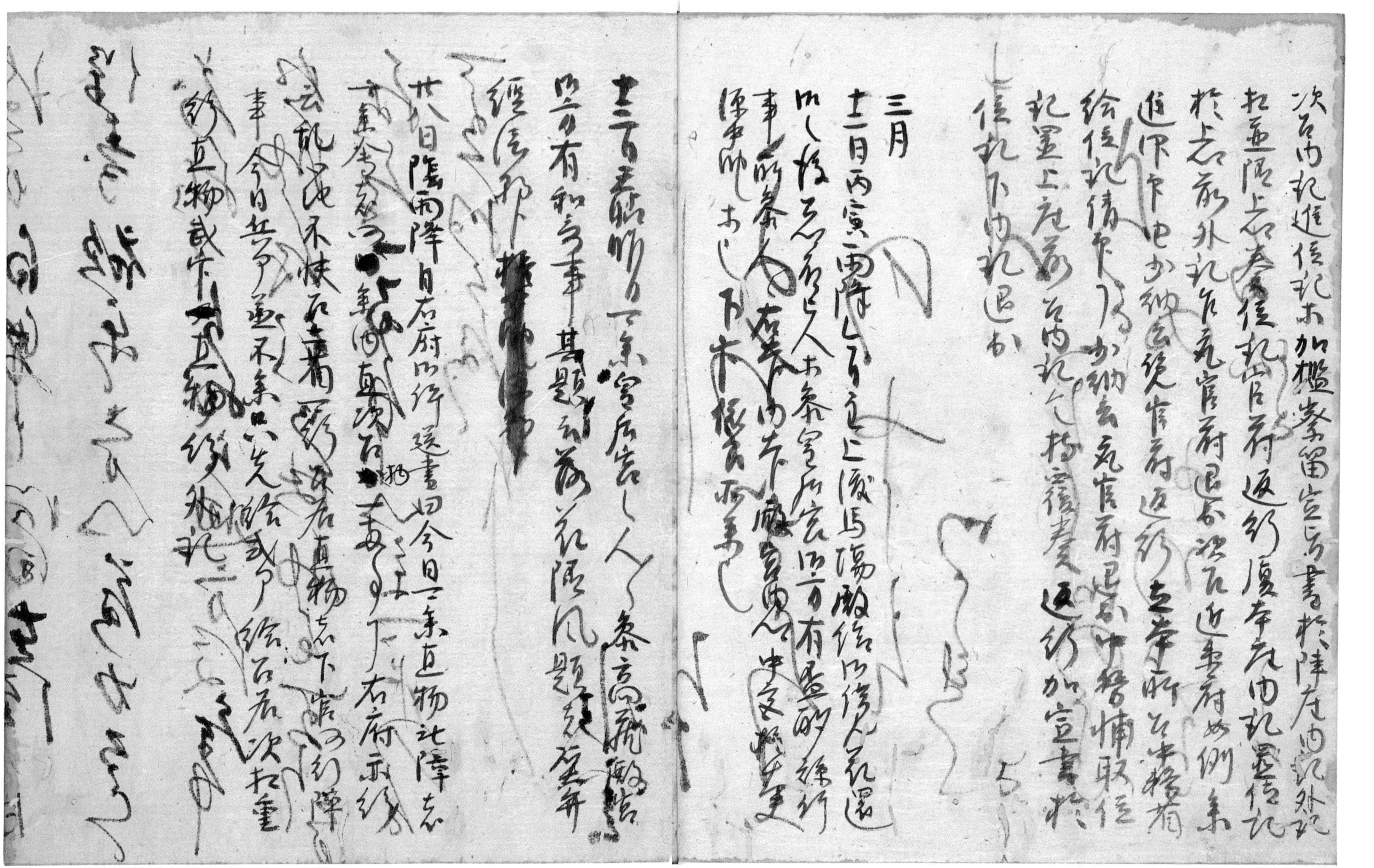

（12オ）　（11ウ）

六月
十一日甲午、天晴、今日坊奉讀經於東北院、
七月
十日、天晴、要日參内、以弁於藏人所奏之、又□□□
仰云、伊勢太神宮假殿造營、同時給□□
料事經成了、所謂宣旨、只今中務省□由所被
宣旨文被下、外記文書等日記失件文書等
本朝之□合書寫於新紙、可被國解者、

下宣旨也、退出、左金吾明日奉幣宣命草今夕
所被奏也、
十一日、右兵衞督奏、
八月
廿三日、上卿右府、来廿五日為奉幣諸社八幡宮、自今日始
精進、
廿八日、天晴、午時許參定考、所參之人、皆參内、左大臣
下官・大夫已下参儀不参、事畢了、上卿已出、時刻推移、
申文遅々、以官使令催之處、申云、右中弁隆方朝臣與右中
弁伊房朝臣相論、不出立、申文仍遅々、仍伊房朝臣
上卿隆方朝臣候階上、上卿召、仍所致論也、件□隆方

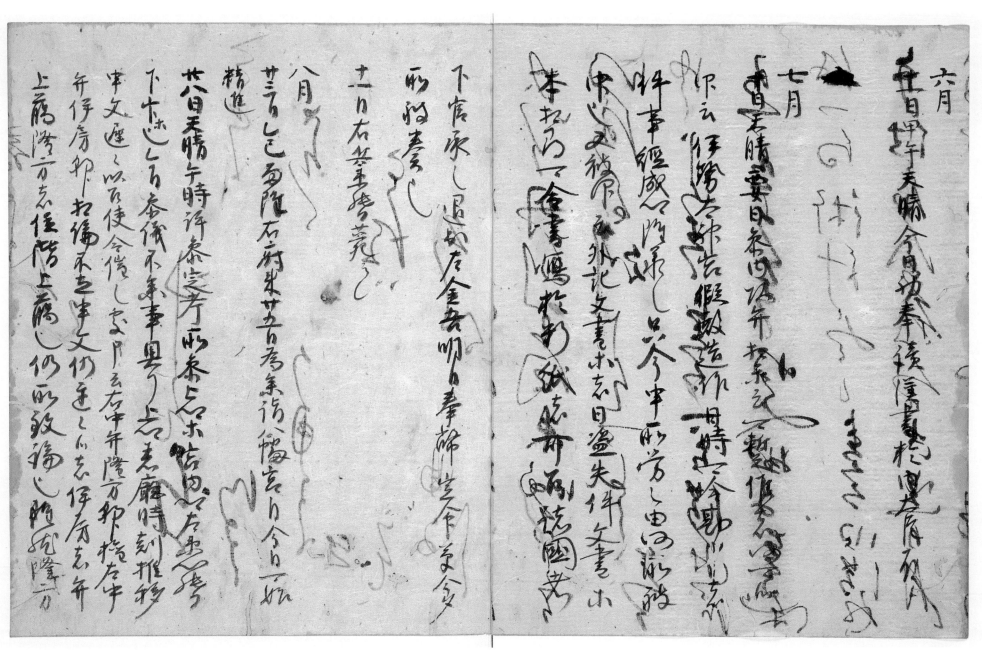

（13オ）　　（12ウ）

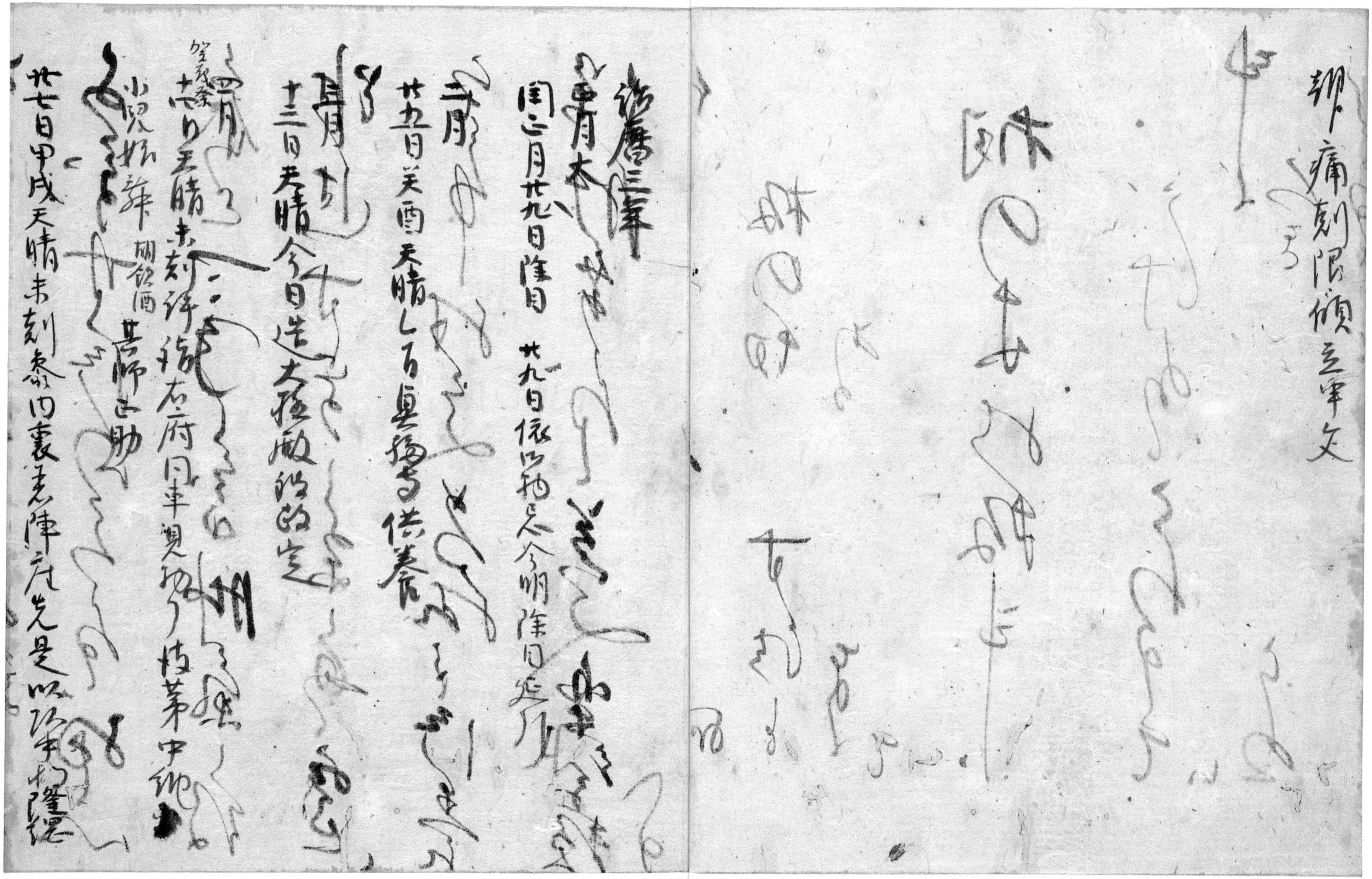

（14オ）　（13ウ）

（15オ）　（14ウ）

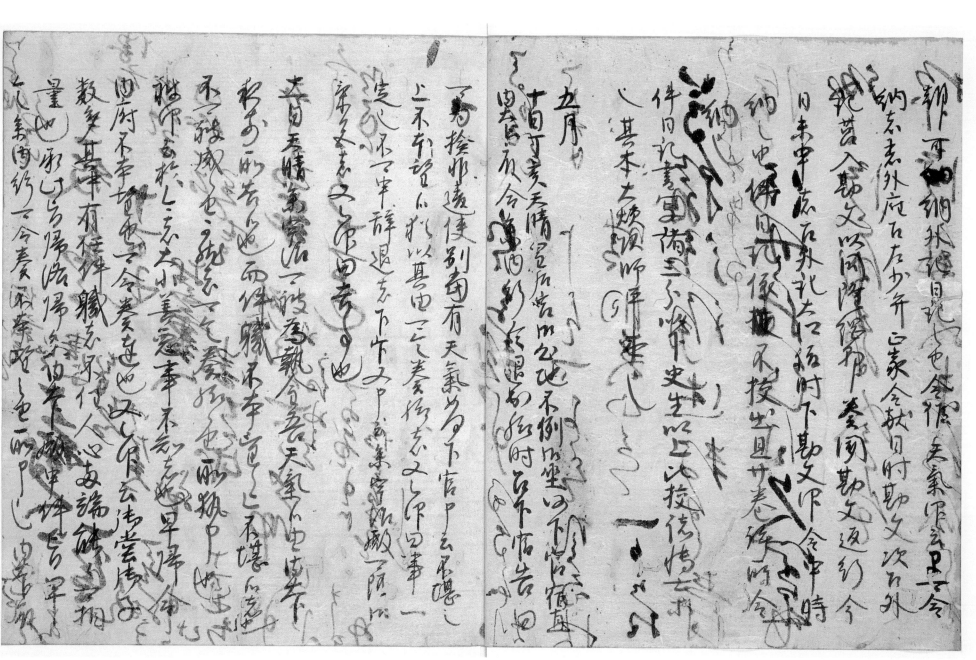

霍乱御氣以坐不能令参内之由也以件趣申右府了令
参進右衛門督由戸付右府了云々此後重遣了
明朝依天氣之沙汰之下木退出
十二日内裏下部依不例以目録参内之後右府以舒
遣書状事尚可依天氣御不堪切々奉
面右府間戸天氣左右答云件事一定思食了也重
仰左右府律師下以退出御家使到以来
遣書云了為捨非遂使到来宣旨下了左衛門
許修使者以宣旨来由奉仰旨所承也件旨
云付右衛門志経職下之敕到来志以経所経職
雖不遠来新令仍為照明所持来事宣
云猶為経職下付経志官事使部並経職家仍
入夜経職持来件宣旨見了返給了
今日未明参内宣旨下成判官是也以下新申云
後云有勤仕遊行事了為悦

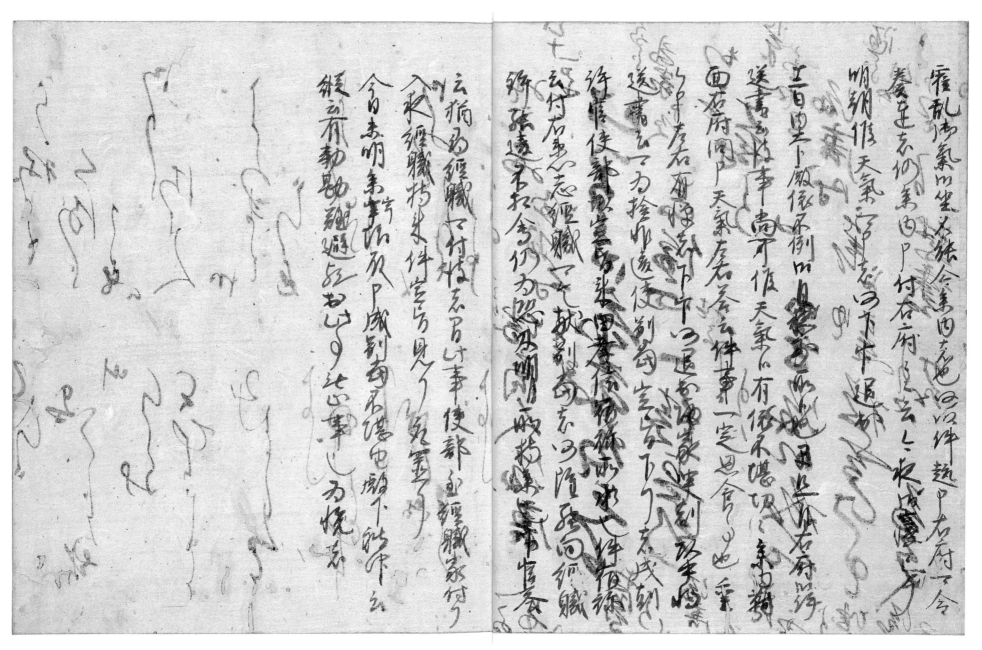

（16オ）　（15ウ）

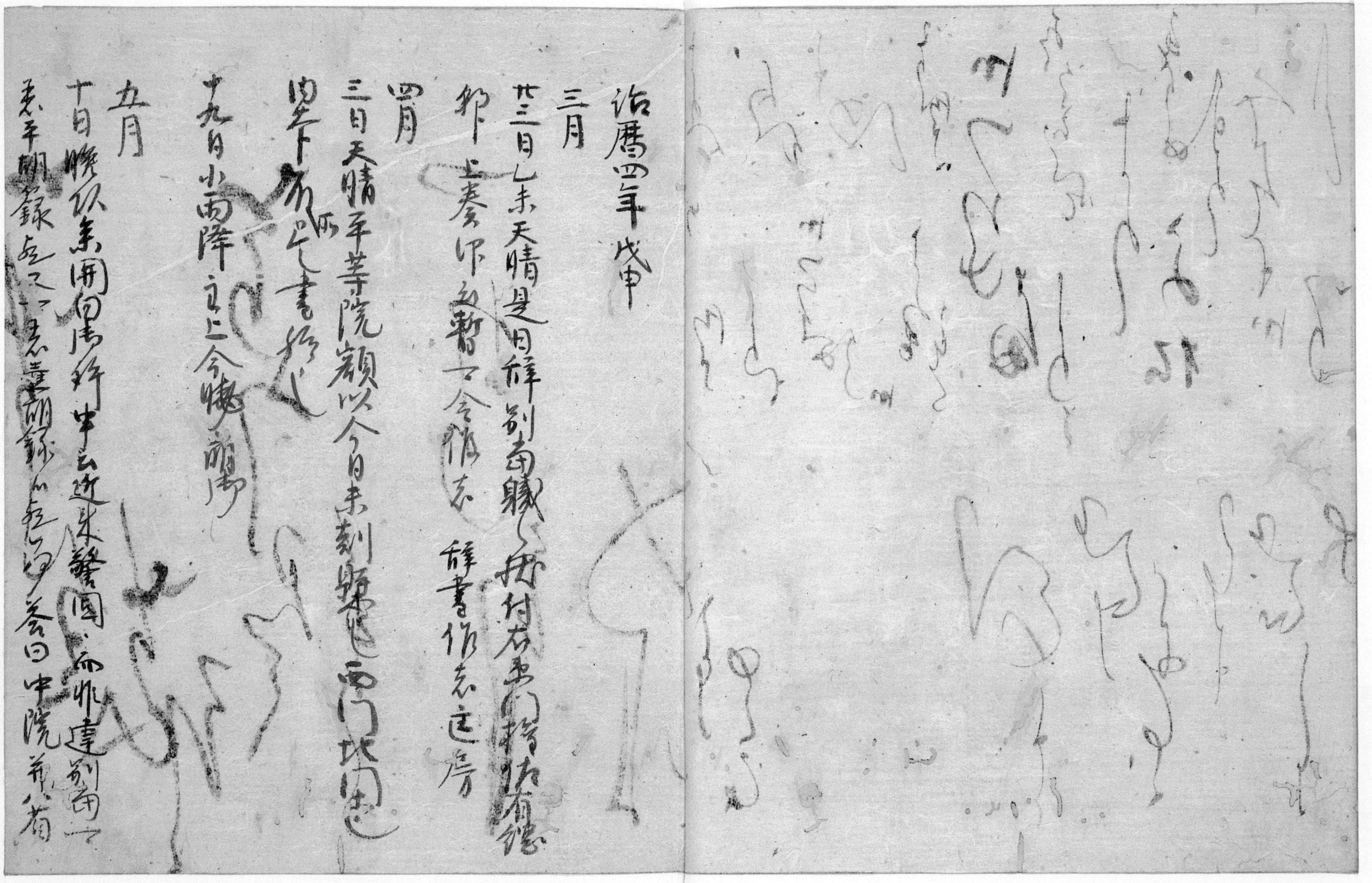

（17オ）

（16ウ）

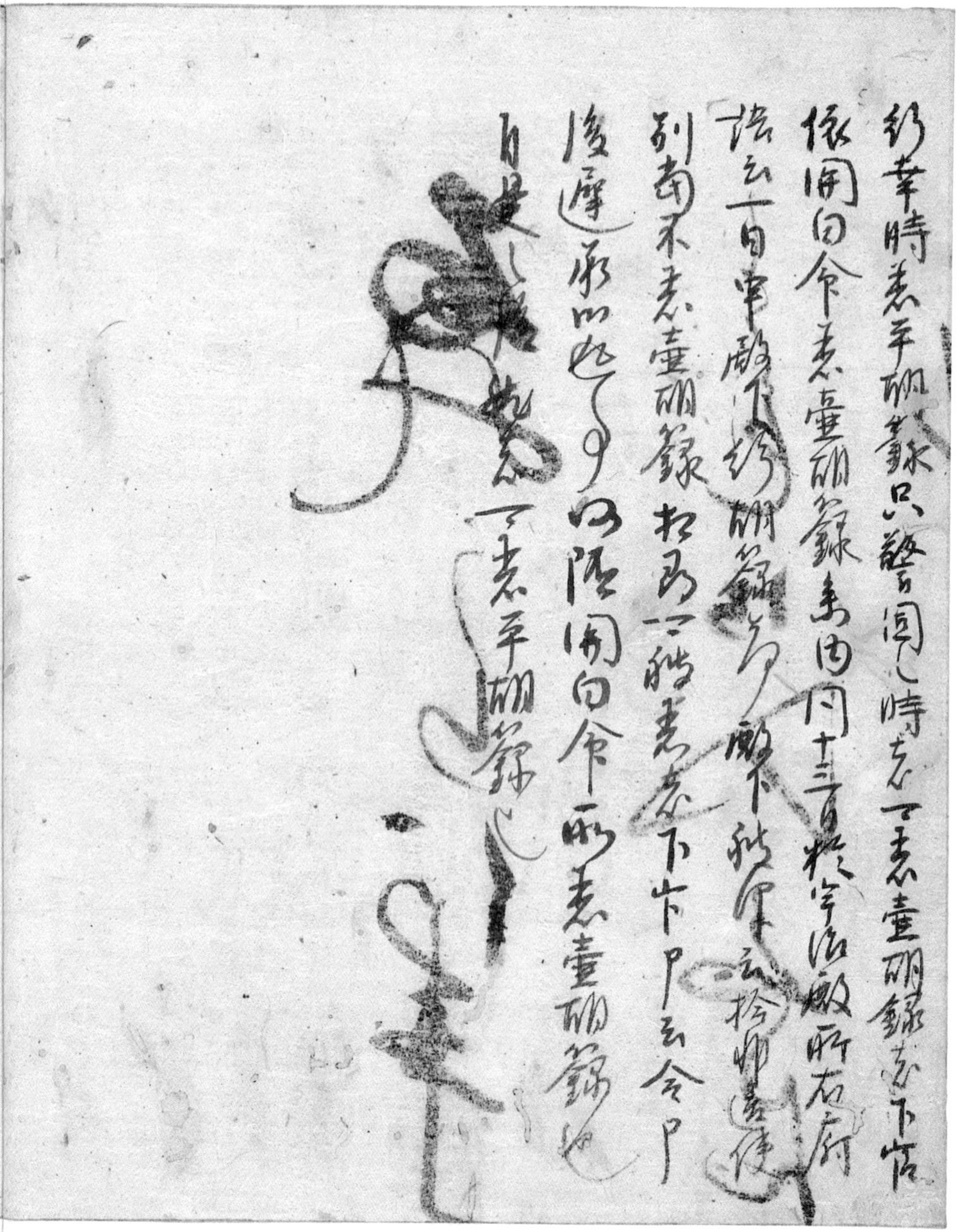

(17ウ)

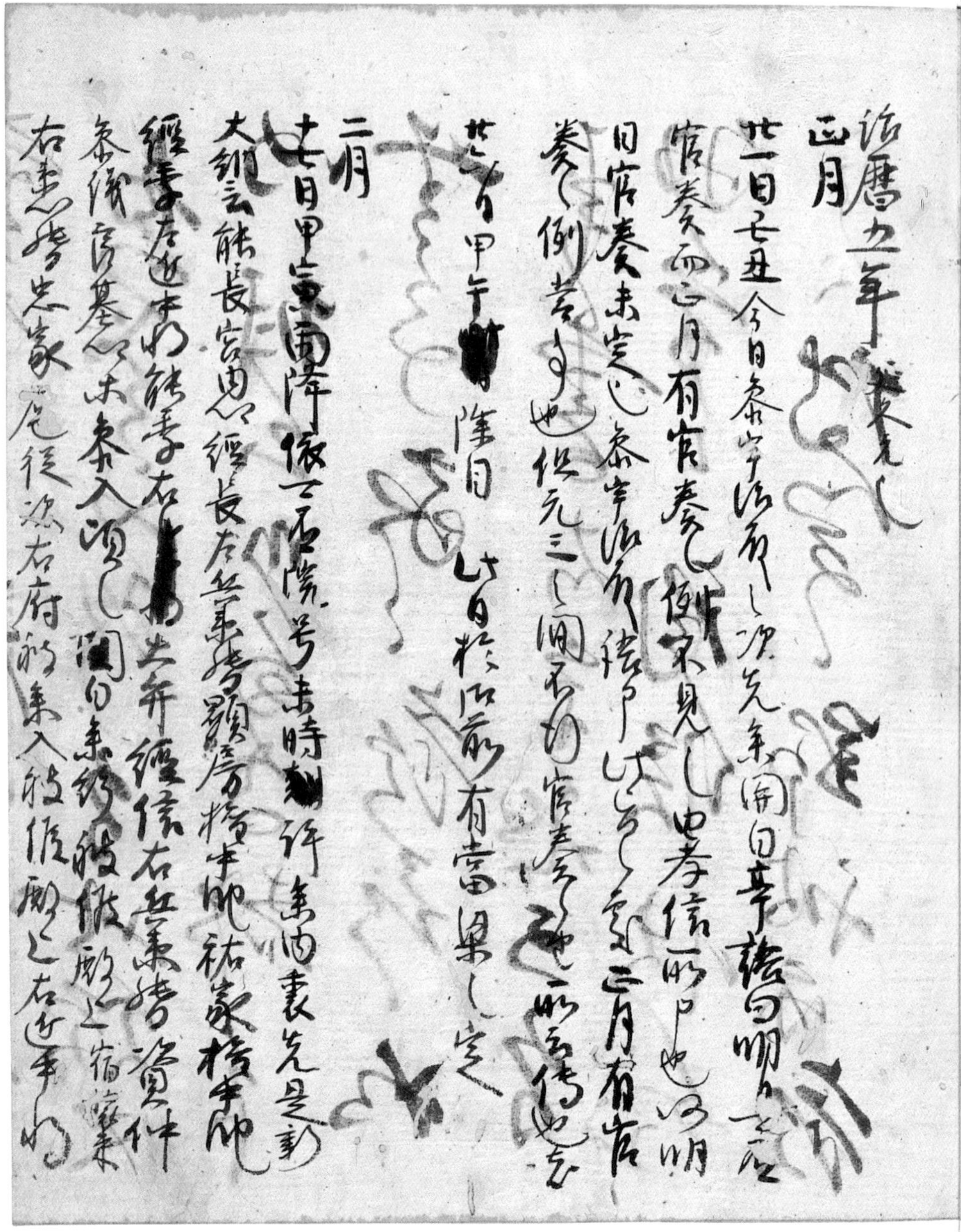

治暦五年

正月

二月

(18オ)

宗俊起座、付官人納之、俊長成之、俊家参入右府下
殿上、雖志陣、于時雨脚漸晴、雨同隠山、以筆申基長
朝臣、下官、右府云、太皇太后宮可書院号之事
前々以御在所之名、一所兼事雨洲宮、只今無
指御在所、以何所為名哉、定宣定申云、官基資
仲・顕房・忠家・信長・宗俊官申云、元御領所枇杷殿之只今
院御坐、以彼可為院号、経信・宗俊[illegible]・能季・祐家
余・経長未定申云、只今院所定、以在所定、有可御坐
之所、先以其所之名可奉号、能長定申云
枇杷殿、元御領所也、可申枇杷院、又伴所陽明門大路
可申陽明門院、俊家又定申云、大路同、経信朝臣申、抄

（18ウ）

可依此定、然右府召付、以中将奏聞、基長朝臣下
書仰下云、陽明・枇杷院之間、以何可奉号哉、重可定
申、忠良基・資仲・顕房・忠家・余・俊家・信長・右大臣申
上云、可申枇杷院、経信・宗俊・能季・経季・祐家・経長
能長等申上云、可申陽明門院、付此可申陽明門院之
由被仰下、右府召大外記仰下云、停太皇太后宮可申陽
明門院、停進属并可為判官代主典代佗并官等
爵如元、次召弁正家仰云、停太皇太后宮可申陽明
門院、令停内膳供御等之由如例云々、未起座参（彼院御坐）
入彼院、於下官不参、仍不見、彼院之被（能長卿）
二条院

（19オ）

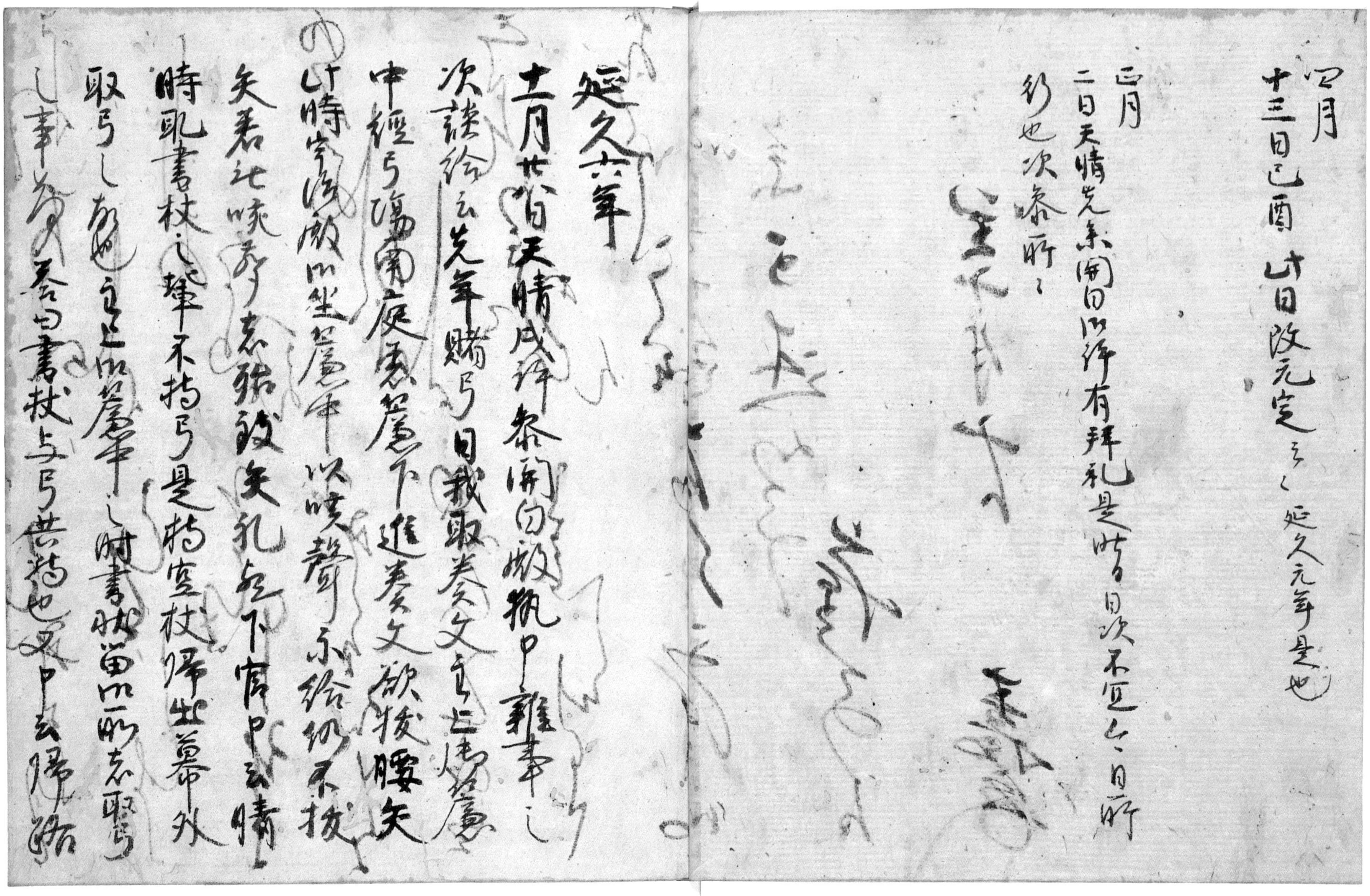

（20オ）　（19ウ）

為参日經参陽殿東宮亭遷之人々所也

十二月大

二日参右大殿、被仰云、今朝十二堂云朝堂各司廳云
書司廳也、件事近世人所不知也、
下官問云、女叙位以何為叙宜乎、被仰云、東宮
童与氷主女官相違叙爵、而不知由也、筆不
弱件旨志也、然者以弁一同外記也、東宮氷女爵
者外記付藏人所令進例、自公家下給也云々、

十日天陰、雪一寸許、殿上人数輩来、曲宴之後乗
輿出南殿、陪膳次左府、降乗入云、馬引出、陪
従人殿上人乗之、下官右大殿諸卿件由宣
云於南殿前庭、留以馬陪従人所来聞也、
南殿時律清涼殿仁寿殿之間例事也、
事何為口弁手斎拂

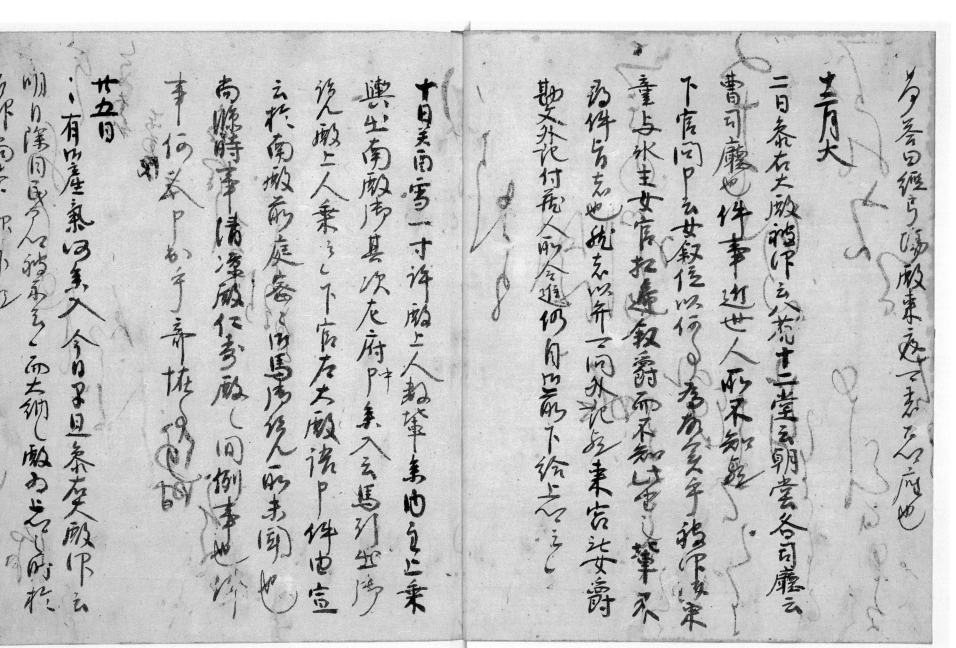

廿五日
、有御産気、同未入、今日卯且参右大殿、仰云
明日…
云下…

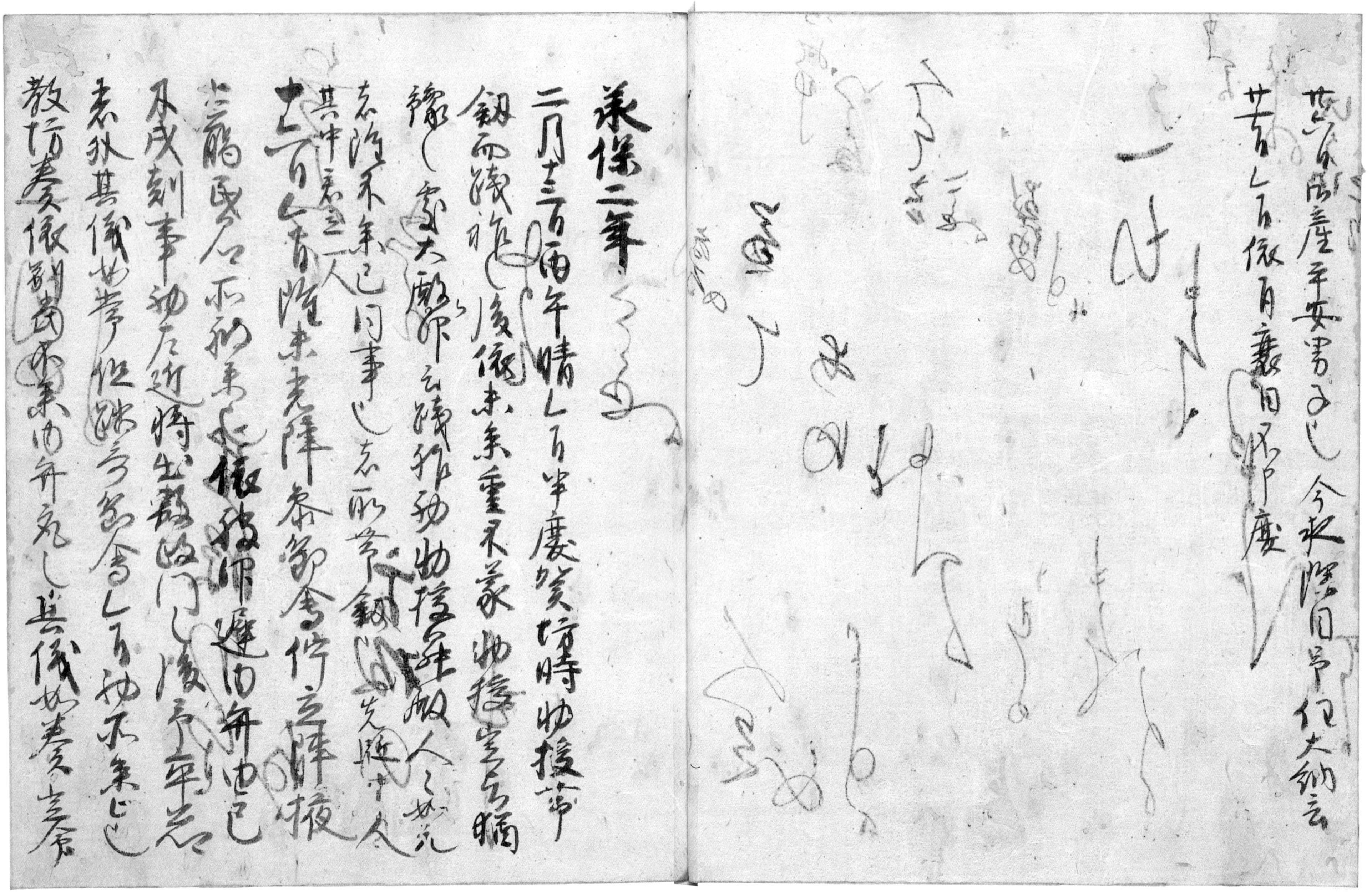

(22オ)　(21ウ)

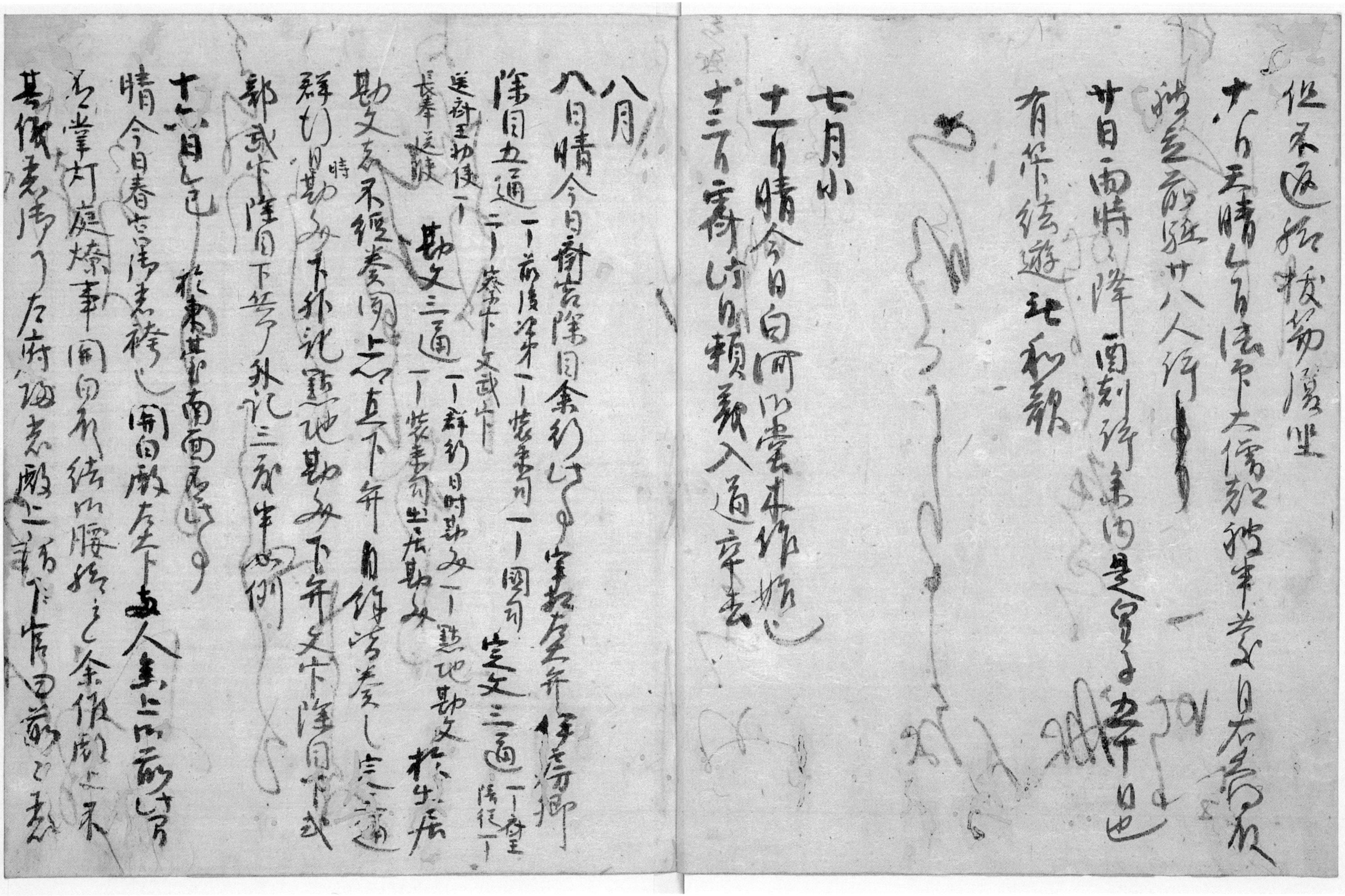

従本返給、授第歴坐

十八日、天晴、今日法印大僧都頼孝自右府被
送前駈廿八人許

廿日、雨時々降、酉刻行幸、余同参、是皇子五十日也

有管絃遊、并和歌

七月小

十一日、晴、今日白河御堂木作始也

十三日、寿律師頼観入道卒去

(22ウ)

八月

八日、晴、今日斎宮除目、余行之、宰相左大弁伊房卿
除目五通〈一通前坊官并 一通装束司 一通国司 二通祭主下文武以下〉定文三通〈一通祭主 陪従一通〉
〈送斎王勅使一通 長奉送使〉勘文三通〈一通斎行日時勘文 一通装束司出居勘文 一通点地勘文〉於出居
勘文者、不経奏聞、上之、直下弁、自余皆奏之、定文之通
斎行日時勘文下外記、点地勘文下弁、定文下除目下式
部式下除目下笠了、外記三通半例

十六日、己巳、於東対南面有此事
晴、今日春日祭使志禄也、開目敝左大下五人、集上前行
為掌灯庭燎事、開目所結以腰紙之、余依病不
甚儀志席了、右府被志敝上、諸下官田前之去

(23オ)

猶し人不云上下詠者指貴而今被取稱陪御指貴人
也是不知前例何乎甚也若是過言歟然下官
答云今日猶如於南殿不知大臣傳宣乎廿日
相尋云先是來召之間先已前先召府庭寮重一
獻 能季 次進御[illegible]膳陰膳後大夫資仲二獻公一取之
云〻給祿次引出物馬二疋 秦御馬 云〻 一御厩 一右府
料左府下南庭揖笏取馬繩拜拜 自中門退
出事了罷退 先方八人或取馬口或奉人
今夜此殿留御遊

九月十日天晴廿日左府詩遊大井河有管絃和歌事
於奈井出題桂第而講之有序代作者有經卿下
十三日晴及暮蠟燭於左府有和歌事題云 月照菊花 題者講
師式部大輔實綱卿也 序上達部上人 次書所
役令今也 子刻講事了各退出
十七日天晴之日於中宮有和歌事題云菊契遐年 序題
者宮學士匡房也左右府以下上達部殿上人其數參會入
夜事了各退出
廿日壽 廿日爲主辨 有行幸大極殿開白藏而令奏
仕給之

廿五日甲申、霽、卯時行向開田、親盛逝給、々々年八十
廿六日霽、卯剋許参左兵衛督、令参右府給、予同参、須臾退出、午
剋又参入、亥剋須臾下簾開白之詞也、而自本府未被奏之
間、先召仰中雜事上下文書未納下可内覧左右之
之上卿權中納言經信、召仰之由於弁林記之云々

十月大
一日己丑、天霽、
二日天晴、拂曉左府令渡東三條第給、今日始由御行
書、被度朱器大盤云々、其足事依右大臣以消息
東三條第云々、今日被度朱器大盤云々、而本所七日物忌
也、定有憚于被度歟、以此事云遣之、明日被度歟、
又以消息令申給云、明日故上東門院一周忌法事也、
可有憚哉云々、　午剋許参左兵衛督、令参東三條給

予同共参入、在衣、召主税頭通平朝臣、被問可内覧
吉書之時剋、擇申云、申時吉也者、及件剋、以左府令
参来、着束帯給以上、来對庇西一間、召大蔵卿、進
条申左中弁隆方朝臣、下内覧文書、々々由隆方朝臣下取、文
刺進覧返給、結退、次作法如常、次大外記師平入文於筥
筥令進覧返給、退、次以中将雅實朝臣令内覧文二通
一通美濃國廣緒解文　不結　先令覧廣緒解文返給、令奏事
一通可[illegible]
申し後被[illegible]下所し也、今一通又以進覧、即返給
結申退、被参内、須し隆方朝臣、雅實朝臣、自内被参
奉下府奏聞文書、於右府、件文書等下給隆方
朝臣、令結退、但毎内覧之、前實經朝臣先申無也
奉了各分散、及秉燭此共退出、予左兵衛督以消
息示曾太后宮権大夫云、明日一周忌、渡朱器大盤

示下、被相副家司一人、給返事云、明日内府可参者也
隆卿、酉刻之外可被奉渡給事、為令宣也中、又兼大府被下
云、明日以後廿日之、日次縦雖被表日、何有障
三日、天晴、酉刻自東三條皇后宮大夫被送書云、今日被
慶朱器之後、勧学院別當左中弁可下申、維摩會之書也
而件弁依為上達部、遣下可令申也者、但有官別當有
申許事之先例云々、令申付也、於左少弁敢之處、如本云
有官別當申許之事、无例也、只初与安宰相中將
東三條、須臾之被奉渡、長者印并朱器大盤・小櫃・後前
司長宗朝臣為使、件朝臣依為觸穢、人自門外渡、或
大備資綱卿以下先令申付由、次排送文、於文刺、令進遣人
之、右府令着衣冠給、此坐東對南面、被懷中、右藏之後
清綱・敦輔、親經卿、昇長者印并朱器・櫃置中門北廊、長

押上、次大舎人以長明更進其清昇房坐着事横置同所
隨件件人之昇同朱横等置對庇、資綱卿以下有綱卿
以前朱横蓋丸上等小令進覧之之後、如本入置之、又下家
司等昇朱器長横、以合大盤其脚小横一合、蔵
人持參中門東有綱卿、奉仰家司下家司丸生朱器
令置長横盖上、下家司二人昇之置資子上、資綱卿
丸大小朱器各一枚、令渡之之、後置本蓋上、次
下家司丸葛竹進置資子下、令取之之後、朱器
入納本横安置之、令日請丸件物之家司職、小
省其來等下家司成本等衣冠也、須之、參左少弁伊
房令進使、勧学院入院、學生之居廊之、給返給
弁是被下物、院使次又同弁進、使人維摩會氏人衆
参衆之著、之退、給令賞綱卿以下官大外記師平下給

別紙善文了、又今日依右者日被催始維摩会之布施並
了着退出
散位行経輔御厩別当請預萬行、是奉別当之下総守
頼綱従下向使間之間、為請預件萬行所被成副行
綱也、事了着退出、及秉燭也
五日、天晴、巳刻許右中弁正家朝臣持来造営使宣旨（奇）也
之文、左中弁云、依有煩服不辞申之、宣旨事早
令下左大弁、敵下令他人奉件宣旨
六日、天晴、今日関白殿御葬送也、左大弁夜令下左大弁
給云、蒙奏也、令副上之、仍依之於贈位志今日不宜
人之定有其憚歟、今日有蒙奏事云々、上卿中納言
経季行之、蒙奏之後下国開之由下国司

次被此音奏、又下作国事須之、有贈位事、従一位藤
原朝臣教—　内記不参之間、令右中弁正家朝臣書件位記、位記宣
下為正一位
命云々、但内宮・中務随身位記宣命、被向二条殿之間
御葬送之後、有敷宴、此人尚相殺之、家備右兵衛輔
朝臣上達部頭弁宣命、亦於件朝臣下給了云々
十五日
天晴、早旦参東三条左大殿、今日中右大臣殿行云々、今日及下
可仮姓名、又内覧吉書之事、於内直廬可仮姓者、今日可申行
云、今度御慶已大事也、及内裏之可仮姓者
度御慶已大事也、至于内覧之吉書之事、吉志今日参東三
条行之後可仮也、予為令下此也、又帰参東三条、即向家
中納言云、経信卿書云、大内記不参之由、重家之施志以草詔之弁

可、令内侍人所伝将以勘記下内侍所若清書之、度々勘記者
内侍人所伝、又其日云事者可書載草所伝、又中務輔通太
皆有被停不参云々、抑者件所令封可預外記所伝
答云、於内侍人所草之事者以少内記可被渡也、弁請為仰
者尋不可令弁内侍人、又其日云事等令書載草也、至于清
書者有御画日者、又中務輔通太有被停者可付外記所伝
之、又同納言送書状云、随身無仗事可書載所伝、答云
令申不可然伝云
未刻終宰相中将大夫参東三條、先之皇后宮大夫新宰相被参、下官
参入、有御語、抑少内記内侍人所書草、実綱卿見之読申、讃
了之後返給、被仰下内記云、於清書者不可内侍人所伝者、頃之召主
税頭平卿於東対東庇御簾中、及同卿令出給、下官
及皇后宮大夫宰相中将新宰相中将三位中将新宰相大臣従、令
参内給、以中将雅実卿中御厩由有拝舞事、次下官
皇后宮大夫宰相中将等参入殿、殿上人拝舞、居廊前拝踏之間、下官
皇后宮大夫宰相共居北、是依存先例也、自小板敷令昇殿上給
参御前給、暫之令参中宮御方給、此拝舞事、御送物被参
一張入袋、以中将充之、授御前、有随身之禄、青剣及事、燭令退
出給之後、於東三條門吉書之、人々参、以中将雅実卿下、次蔵人
弁通俊、次大外記師平、次権右中弁師賢等也、申之、燈
実経卿申家中吉書、入夜各退出之後、婚姻被定蔵人所
文殿侍所等々

十六日
天晴、今日依関白殿可令参給之由、而依聞可令参高倉殿給之由参
予於榻殿為令参給、不参東三條、抑同酉刻許令参給
此間献御送物、螺鈿剣一腰入袋、新宰相中将充之、授前駈
有随身之腰剣、令退出給之間、已及秉燭、皇后宮大夫
新宰相中将新宰相中将三位中将共参並庇従

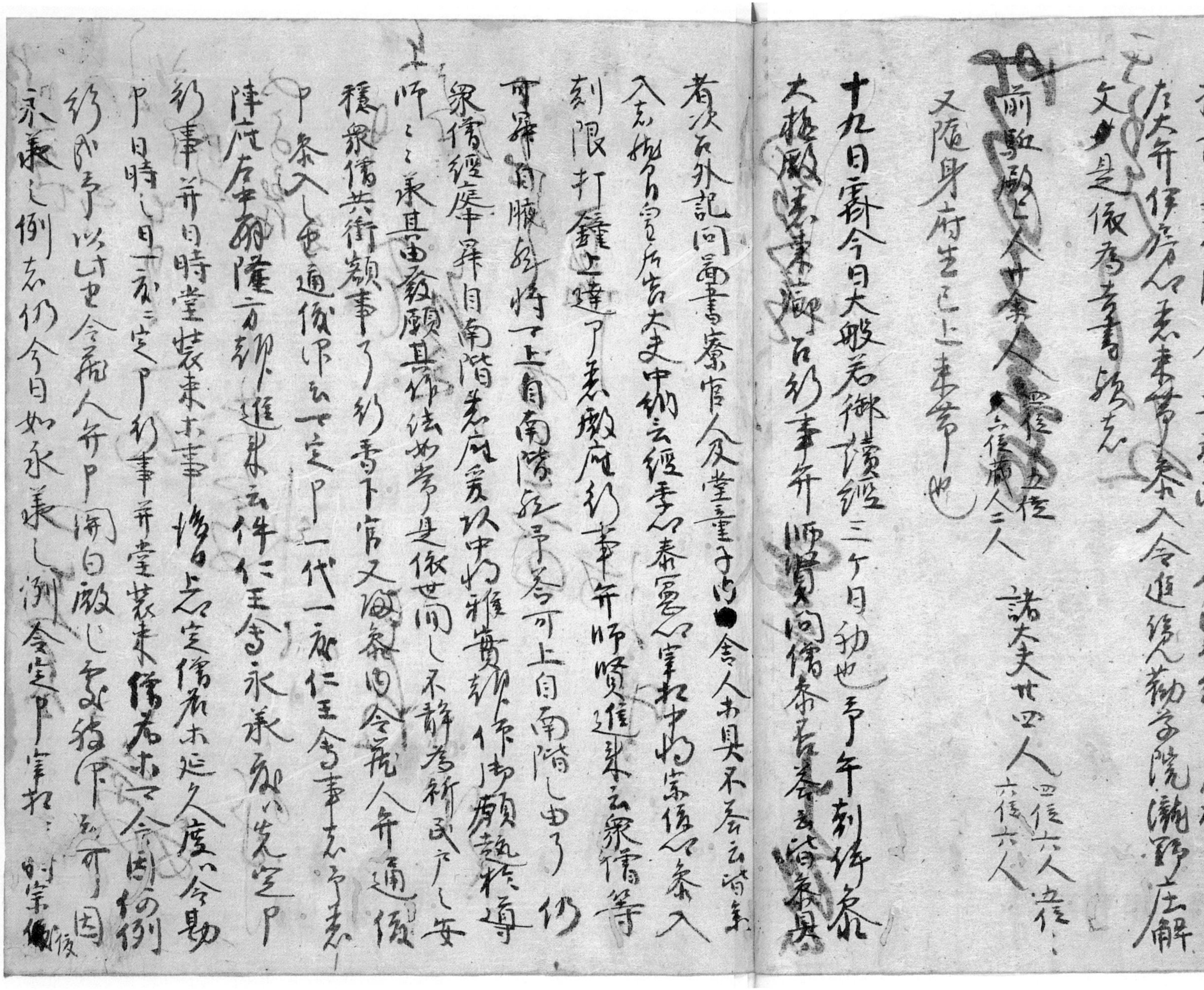

(28ウ)　(29オ)

廿一　定文陰陽寮進日時勘文入一筥付蔵人弁奏之　次返給
之下隆方卿奉行退出
廿四日晴　今日大般若御読経結願也頭之宮右中大夫参入覓新中将
公賢卿度者事に参内今日有政先之中納言経信参陣
座勘文伊勢遷宮山口祭日時
今日午時許関白殿御除服其後参内行勅令修御祈行
廿六日寮関白殿被仰前有令問中右大殿之事至令傳中其子
細早旦参右大殿令話去時行物忌有無事也御堂令辞大
將行之度有物忌宇治殿以度已無物忌此件物忌故者
宇治殿欲令献御辞状行之時令参議卿問故行成大納言
給云可有物忌歟又云此歟如可被納物忌之由云明宣亘信
云辞状者之時此件物忌於御堂御座者有其物忌可
令日可例給乎宇治殿令申被於御堂行之定被者

此物忌何事之在御者例宇治殿行度此物忌之後令到
見様々類林之間已有明宣亘信云未以施之物忌為是
以事乎者爰右大殿令答曰納言扣可令曰以者也者
又以辞状入函可被欲又不入函被送可用何様乎令答曰
給者入函可被献也者
又一上事前之何拙以乎定可行者一上事前之被仰下
大弁志之
廿六日寮未刻許右大殿令参内給帝以共参入令日陣定也　大宋国皇
帝付成尋闍梨弟子帰朝被献　右大殿令奉行件事行云卿
経論錦等可納事
着陣座定申可被納之由具旨在定文　入夜各退出
左宮権大夫経信　右兵衛督實季　大宰権師資仲　宗俊　左大弁
伊房　右兵衛督　房　権　俊明
右関白於外宿所不令参伊房以卿云　一上事　但令者

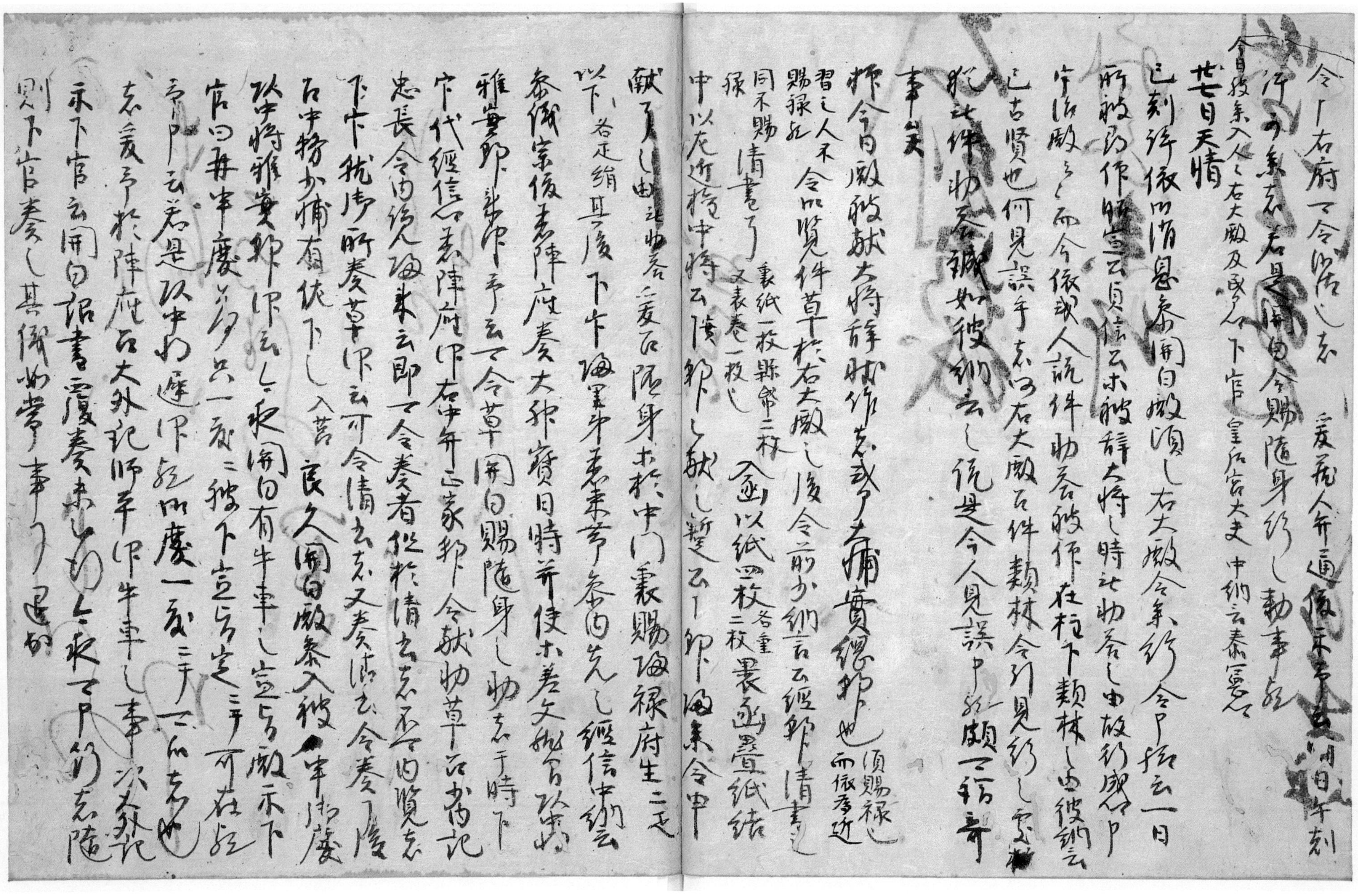

（30ウ）

（31オ）

十一月小
一日乙未
十二月
十六日癸卯　播磨守此日因幡大掾大江通国献策〈叙風雲 論筆硯〉
問右中弁正家朝臣也

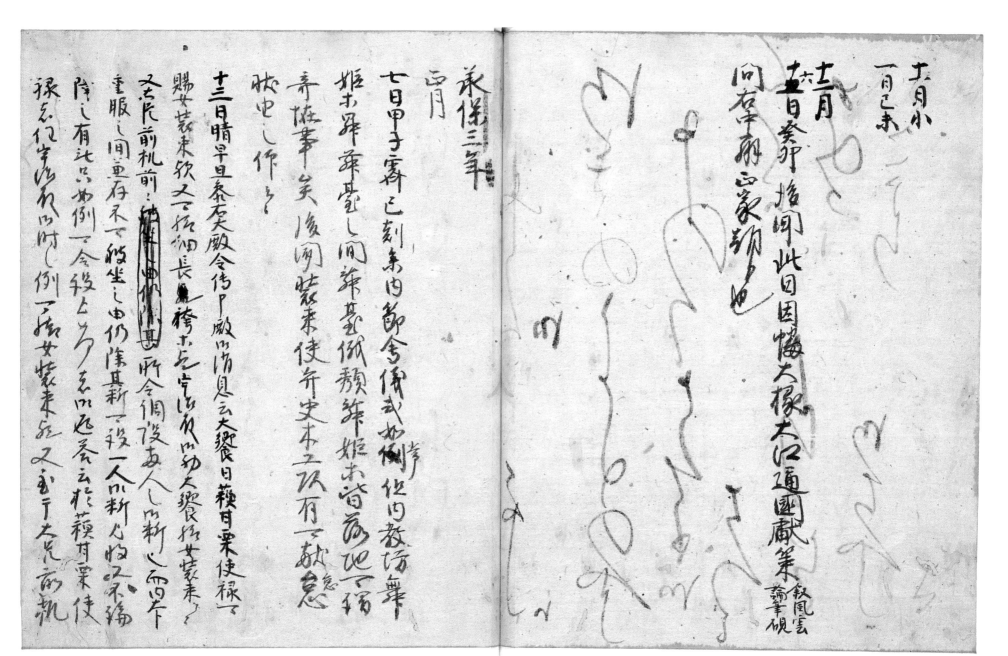

承保三年
正月
七日甲子寅巳刻参内節会儀式如例〈着陣〉依内教坊舞
姫等舞舞台之間舞台儀頗舞姫等皆参地下揖
并舞事矣、後聞装束使弁史等上頭有可勅怠
状也之作々
十三日晴、早旦参右大殿、令仰同殿以消息云大饗日榎村栗使禄可
賜女装束歟、又可給細長袴等之由宗以所給大饗給女装束之々
又大臣前机前之[illegible]所令倒、後安人之以新之而四尺
重服之間無存不可修坐之由、仍除其新可設一人以新之收以不稀
降之有此只如例可令設之之、答云以返答云於榎村栗使
禄者、但宰相所以附之、例可給女装束者、又示可大臣前机

事在一〻前例如之
十六日晴、夜雪不消、朝間地白、未終参内、今日女踏歌也、未奉
挙之前、戌刻許退出、後聞、亥刻有節会云々、予不参、
十九日天晴、今日殿大饗也、右大臣今日尊者也、今夜尊者御机
居一前於上達部座中央、是内府被遣喪之間、不被彼御料也、
廿日今日除目始也、執筆右府、下向也、

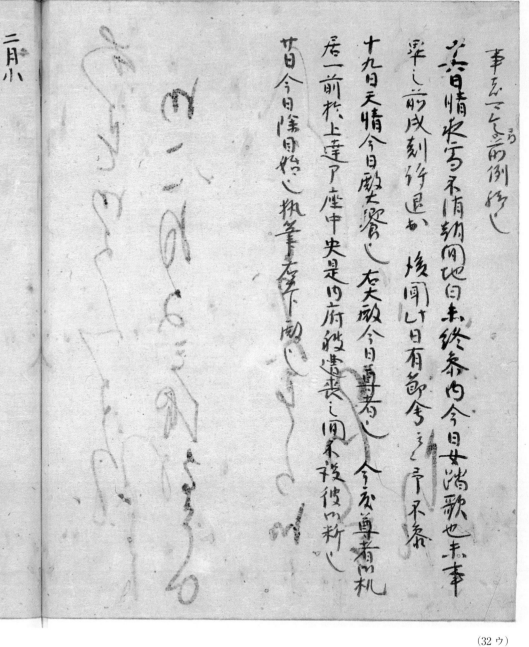

二月小
一日丁亥天晴、未終参釈奠、予為上卿、今夜有宴座、講詩題云
比徳於玉礼記、序者文章生藤親長也、
六日庚寅中将送書云、今日御馬交易、御馬早下参入、是上臈上也、
被尸障之故、即随其状参内、経弓場殿前及南殿階前、着陣
座、令取中将雑貴卿尸参入之由、頃之取中将解来下御馬、毋足
解文并召外記、仰下入御馬之由、取副解文於笏、昇自南殿東
階、仮南簀子数第一間、奏聞上、此座在第三間、主大床子三脚下敷茵、後立大床子倚息、御時近来時監見被位

四月大
九日　或人語云、今日有軒廊御卜事云々、去三月八日申時、伊勢太神
宮正殿前百枝松顛倒枉事云々、神祇官占申云、公家可慎御
上卿所有疑事歟、文陰陽寮占申云、依所依神事不
浄所致之、上卿女王可慎疾病歟、兼又上卿皇后宮権大夫
宰相中将卿、右少弁通俊奉行之云々

六月大
二日　未時左大殿御共参内、大宋国方物使於陣本与孫思文昔對面之由
或云、大取之、水銀、美乃長絹、真珠、或云長絹細布、金銀類、或又
被和琴和加何事有哉
十二日　申剋許、自殿御使来云、只今可参者、即馳参、被仰云、明日金剛寿院供養
也、而呪願文可有歟、文可被作者、以此由問大外記師平、許返答云
被供養御願寺之時、多以被准御斎会、因之有呪願、前々此呪願文之例不此
所見者也、又真言供養之時、因有願文、則呪願文可被作者

十三日　今日御堂供養、依仰被登山、上達部十人
今日願文、進房卿作之、呪願文有經卿作、清書左經卿
廿一日　晴、巳剋許左大殿令渡坂松殿、給今日開白殿下之坐枝所云々
是為令覧新造之指歟

七月

八月
四日丁亥　今日釋奠也、有宴座云々、題云、四方來賀、毛詩、序者文章生
平祐俊云々
八日　今日立札於南北門、是僧尼重軽着不可来之由也、依為来
十五日　放生会之上卿也
十八日　今夜於内御書所有作文云々、題云、明月満臺榭、以秋為
佐國所出之題云々、序者東宮学士有信也

(34オ)　(33ウ)

九月
九日今日於内々去時有作文云々題云菊為花貴種 以芳為韻
序者治部少輔友房云々
十二日晴早旦石清水俗別当輔任来陳与権別当頼清相論
署判之事并相遇謝之由 件両陸奥守為仲卿入来 示
件両返上馬之抗又挂云 件白衣敢被行以殺之
次被斜以類之一首行恐懼不少事也 志
邂逅仁思毛出ル時在ハ常去釈之物ト見トテ
返歌云
キナレ名ハ習ハ邂逅毛思忘ル隙ヤ在ヘキ
廿日儒者於北野右廟有作文云々題云宮殿甚厳飾 序者
右中弁ハ特依敦宗云々

（34ウ）

十六日今日関白殿向大井河給之
十七日
入夜自内頭馬頭俊実朝臣送消息云 明日云可奉内拝尾
北野行幸事 今日令立信尼及重軽服者不可入来也 札
十八日

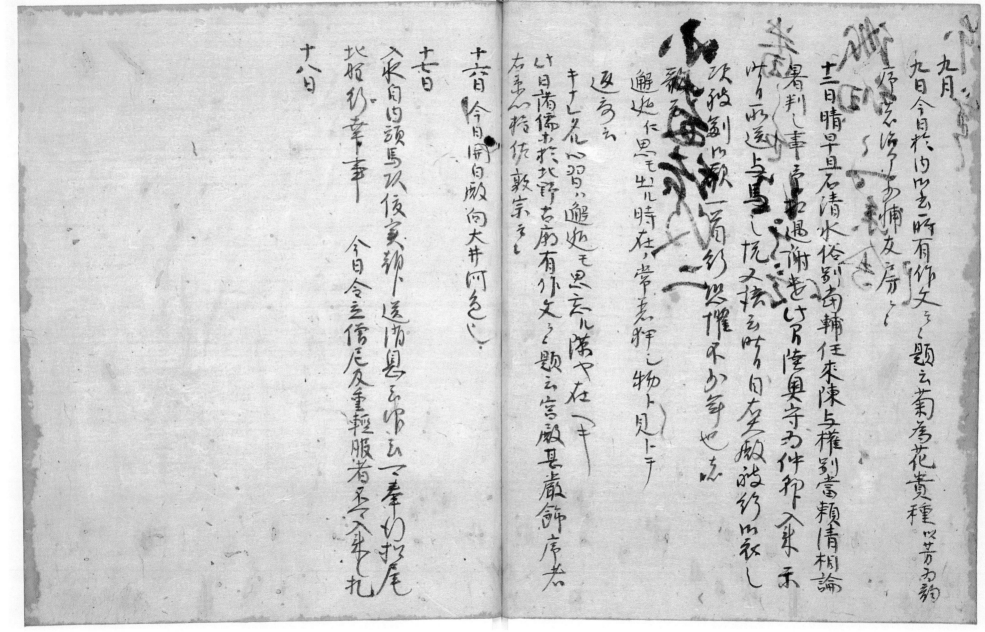

（35オ）

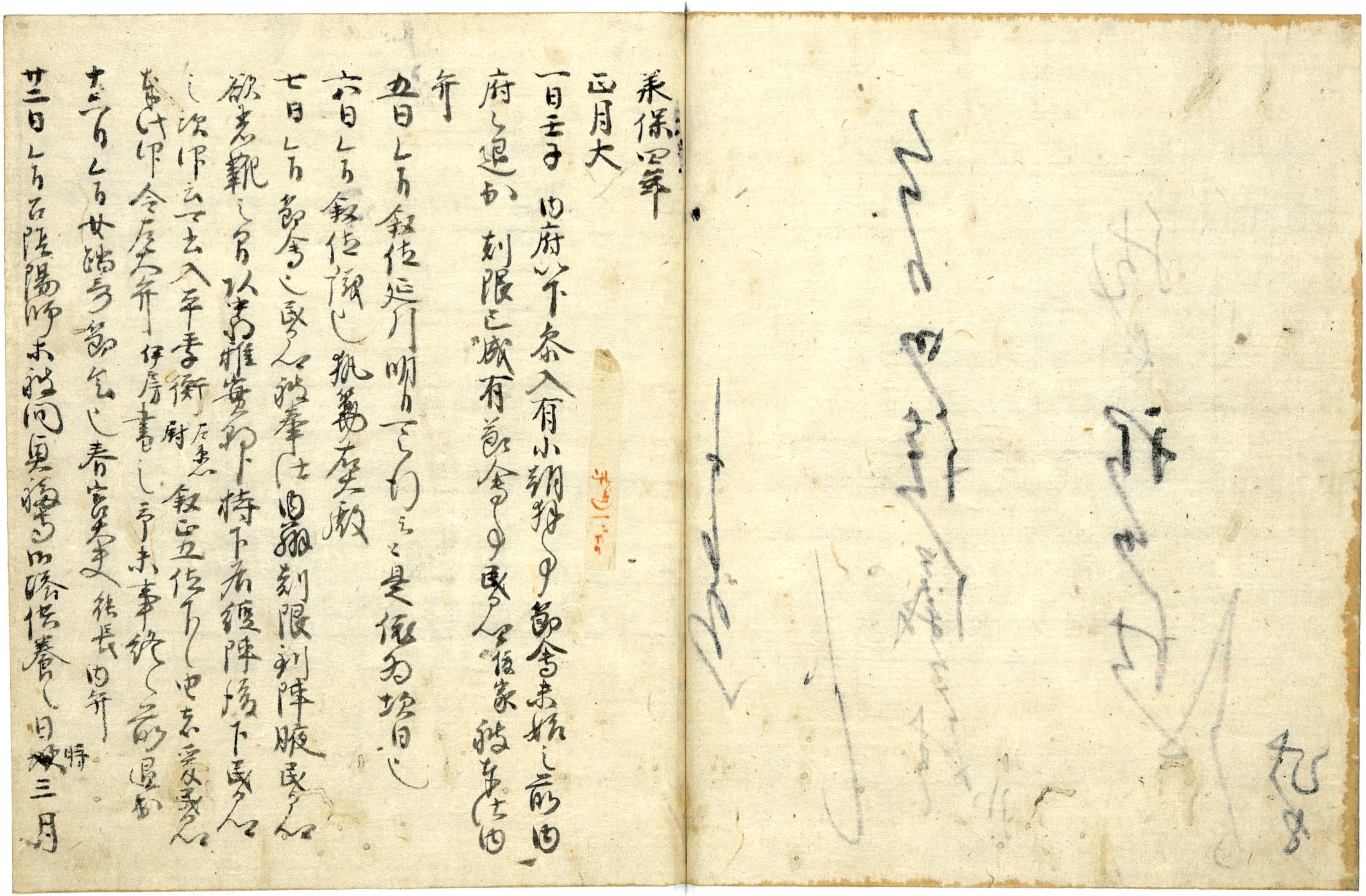

(36オ)　　(35ウ)

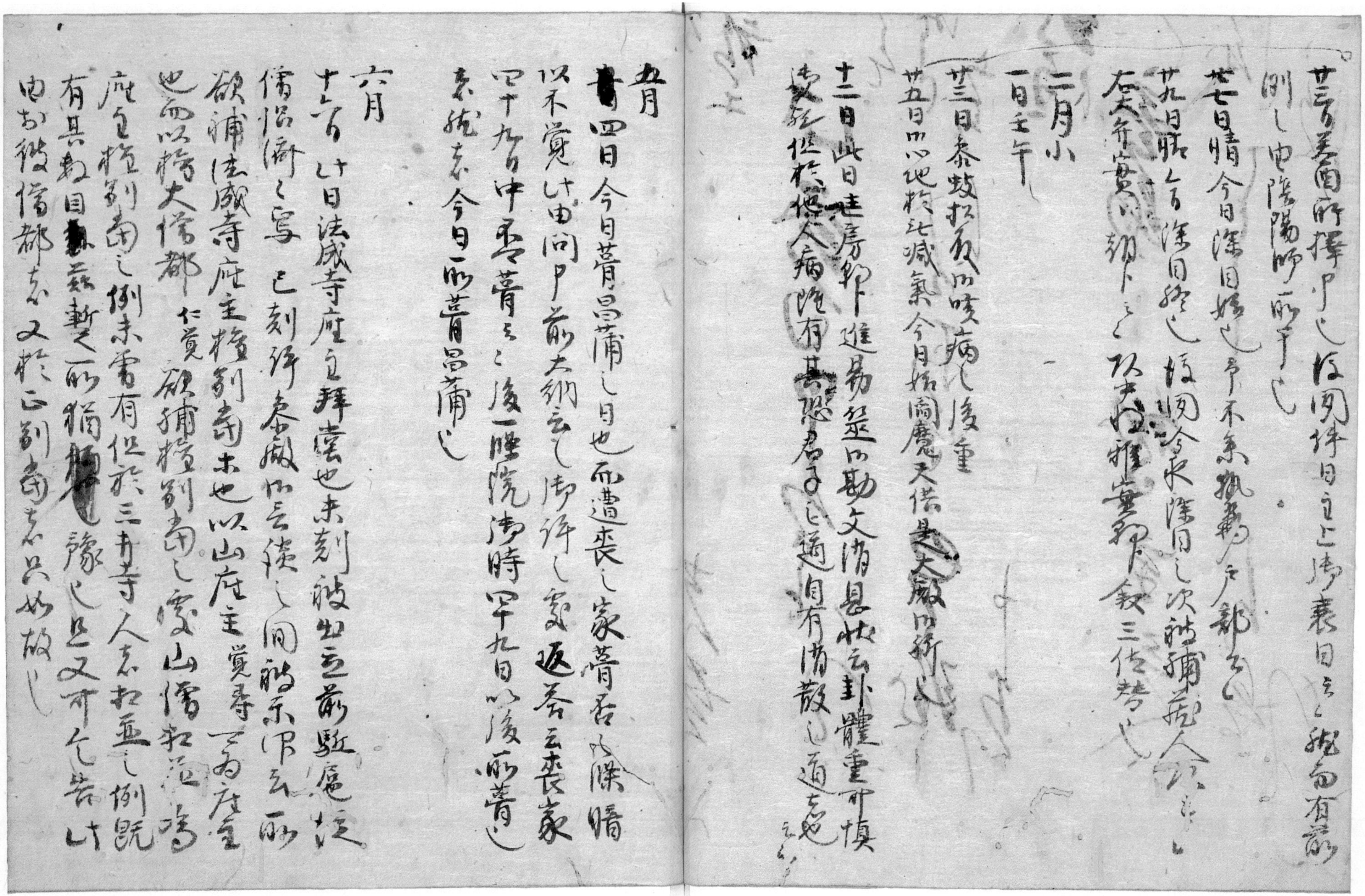

(37オ)　(36ウ)

十八日、月蝕、被献(?)羊於高倉殿(?)、件羊牝牡子三頭、其色
毛白如白犬、各有胡髯、又有二角、豫(?)如牛角、身体似鹿、其
大々如犬、其声如猿(?)、動尾猿(?)三四寸許
十九日、晴、今日故聖宝僧正三衣鈴五鈷、相付属醍醐禅師、
件三衣鈴五鈷、故桂入道相伝、而故尊師(?)附属故左大臣(?)
之、其時被入道殿之命云々、依此相伝、男子隆(?)而在俗
而奉附属也云々、又件入道所伝法文亦有甚多(?)、修(?)
遣出円了(?)僧正(?)
廿四日、今日家(?)被献仏舎利七粒、従宋国(?)伝法(?)云々

十一月
十七日、今日有改元定云々、被奏(?)因(?)云々、依陰陽寮奏(?)云々、
仍改承保四年為承暦元年云々、又有赦書事、赦(?)
数者(?)悉(?)免之云々
十二月
十八日、今日法勝寺供養也、辰剋許有行幸、亥(?)之日(?)請僧三百
口也、呪願大僧正覚円、導師山座主覚尋云々、唄散花以下僧綱在
別紙、又今日御(?)願之儀式具見件供養式、件式官底(?)検非違(?)
鐘(?)楼(?)作也、額左大弁伊房卿書也、呪願文式部大輔
実綱卿作、願文左大弁実政卿作之云々

承保五年
正月
二日　後聞、廿日石山寺焼亡云々、
四日　下官今年初奉源氏爵、而別給令去氏爵后博
源頼風勅任男也　付大外記師平、須當日付也、而日次不宜也、
聞今日所行也、件爵為加封、是故左大殿御記所見也、寛
師平云、今朝依召参関白殿、仰云、王氏爵并後之人爲
南晴上臈之親王直可奉、然而文蒙別宣旨
文挾氏爵同廿是定之人也、師平申云、王氏若
上臈親王蒙別宣旨所被奉之、近則故式部卿敦賢
親王被蒙可奉王氏爵宣旨之時、師平奉之、又
挾氏依氏人之奉、蒙是定宣旨之人挙之、
於源氏爵者、氏長者挙之、有別宣旨之由所不見
之者、又云、王氏源氏者皆被加封、挾氏者不加封
者、
六日　今夜叙位、摂政先之披陸被来、民部有其預事
過定下官奉之、
十四日　晴、今日御斎会畢也、
或人云、山階寺別当信都云範、随身者亦加叙爵之、小綱参御
斎会、了綱所云、件赤紱叙爵、不忍返々云々、以為非
勢不可随身赤紱之者、頗奇事也、随非法務為山
階寺別当之、随身赤紱者云々、
十七日　今日、毎月御念仏之請僧也、
或人云、去十六日綱所威儀従不依返々、云範僧都随身赤紱叙

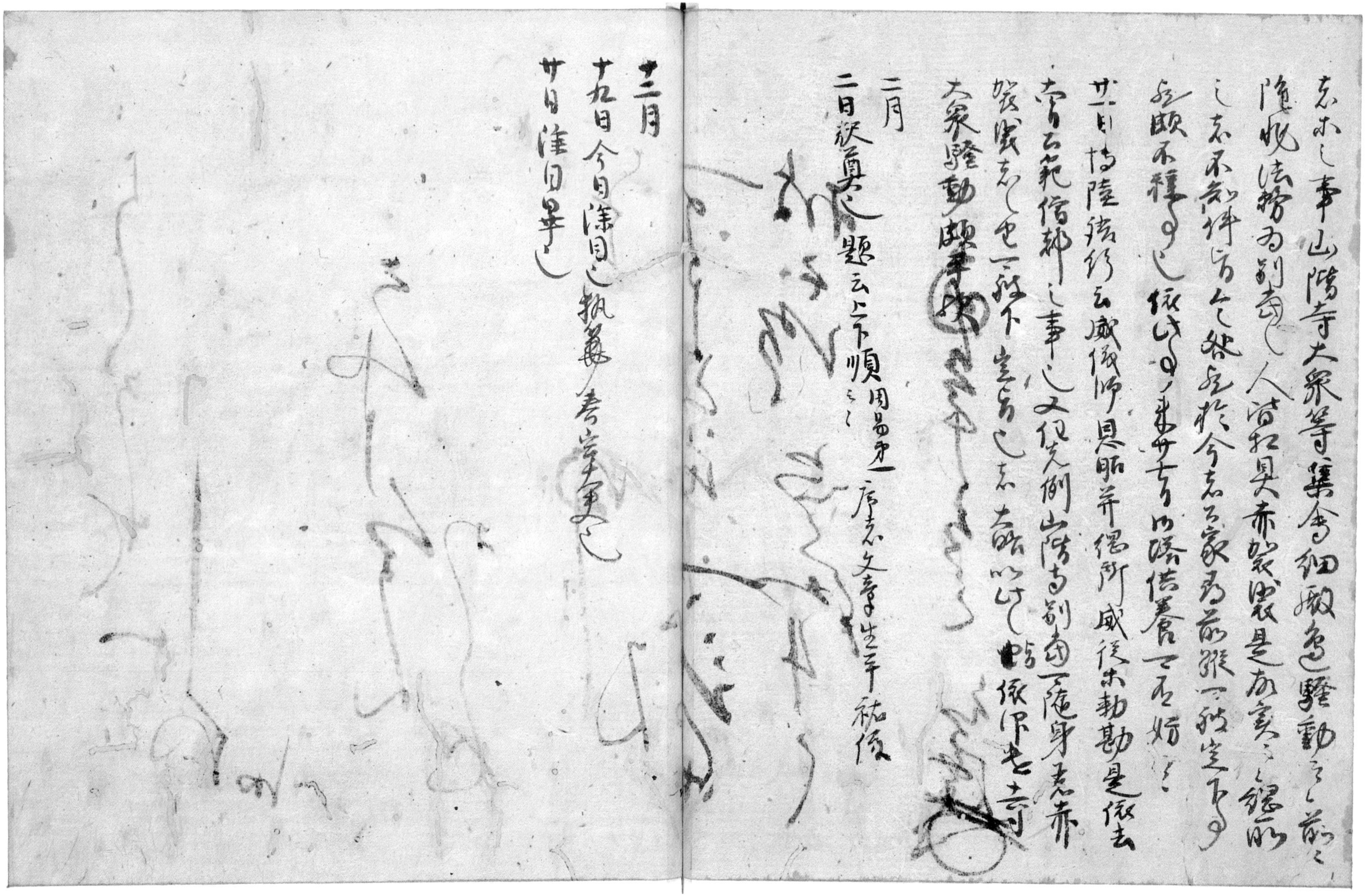

(40オ)　(39ウ)

承暦三年
正月小
一日辛未、人々以卒参内、下官以下参陽明門院、次参内、次有
小朝拝、殿於弓場殿、先勤以下民部卿参入、人々着靴
以次弁官頭弁被参、甚也、御倉了、殿上御装束了
人々列立拝舞、次節会如例、内弁民部卿、来者非参不能立
小朝拝
五日、天晴、叙位儀也、従情陸殿給書状曰、家令爵釈文有此者
若有見乎者、依所令爵外記之要、此所見者、抑只以詞
令奏者、不審之者、随相違之要、此不見例之、然卜左右両時
許参内、先参関白御宿所、[illegible]平給云、件家令爵事、不献請之
只以詞可令奏、其故者為関白之人参入[illegible]依座之時、以之爵不献
申文、以詞奏聞而給官符、尋此間事、経下官参卜云
件事不知給事也、不能左右、在御定者、仰者不能敢

（41オ）

（40ウ）

請文々々、内府被申家令宣旨於陣之者、被申文々
也、民部卿被申云、所被示也、兼又□□事如例白示給云、主計
助為長申、四位比階叙、四位不可□去主計助之由所申也
為長不可定、仍宣旨事施行、其例為長
為長去之年之、義老優恕可被示随、為長叙
四位真希代例也
七日、内弁民部卿
十六日、今日遅例、内弁被着座一元子頗不然、其意大納言奉
行内弁之時、着二三□元子事是見先立等記
二月大
十三日壬子、天晴、早旦参殿、余曰、及暦記之申宣旨
被□□□□風聞於一続及是為自大細密之
令中以教令被出可被也、今日可令勘申石清水御事

日時可令被免内弁
十四日、余問遣東宮権大夫云、為行幸上卿之人先之毎日
念誦、為子細可被示者、返事云、小野宮右大臣記云、行
事不問日定奉幣事、件日毎日停念誦、又家中恒例
事又以被停止、毎日念誦如常
四月
三日辛亥晴、今日於朱雀院可被試走馬、是来十三日
可有賀茂競馬之故也
廿六日、未刻許、持院被示、今日中宮可入内給之由定、今案
給頃又可有内親王立后事、然而不可及其意之故
戸部也、戌刻参宮、集中宮人々、扶入内給之次
先之人々参入、入給、儀下官来陣、庭頗以奔
走、次卯剋云、皇后今子並内親王

書以右二字於檀紙一枚、下官奉之、即下同弁了、是座弁
不知也、
不承之間所示也、依有同大弁之由、於次又同弁出里之、以
左大弁藤原朝臣可令申由、就之、則南座之即作一人
弁候家了、、、

五月
二日、辛丑、播磨守家郡卜被免之、陰陽勘当云々、表内因町
巡幸、是於家庭参見物、藤權大夫、重傳遍宣旨、参云々、
件籾叡十間云々、
十三日、庚辰、辰刻許、参院、被召、前斎宮也、今月
不快事也、陰陽傳世俗之人大入道所申、明日時以五月令来云々、
有例云々、今日拔例令合云々、

十五日、壬午、今有聯句事、百韻、臻真韻也、
十八日、朝間小雨、巳刻以後晴、午刻許向左府、依明日
可被着座之故也、奉借村螺鈿劒、明日料也、奉具馬
宗頼以劒也、暫之帰、此間持陰以書状被示、須云、今
向大将亭、依此家之、而明日子細不被仰遣之事、
若不審者、多歳可被沙汰也、志郎依此事清息参
入四条宮事趣、未入夜帰、
十九日、晴、亥一日宜時左府被着座云々、
前駈廿人 殿上人 諸大夫四位四人、五位十二人、六位四人
左府随身云々、

七月

十日丙子、今日有若宮御湯殿事、此日次不宜之間也、今日

鳴弦雑事之、御湯殿読書左中弁正家朝臣 文章博士大学

頭、以有綱 同日 五帝本紀 大外記定俊 助教 孝経 鳴弦五位十人、六位十人

嘱親房 雅業 以下五人

十一日、中宮御産三夜也、本宮被備之

十一月

四日、晴、廿日殿上逍遥之々、隆俊以弁直衣、自余布衣

若施風流之、集会右近馬場、入自陽明門、過御湯殿

閑院前、東面出陣門、従大宮北行、折西、各人集

野宮、大井右近将監為章備郡之、又有和歌云々

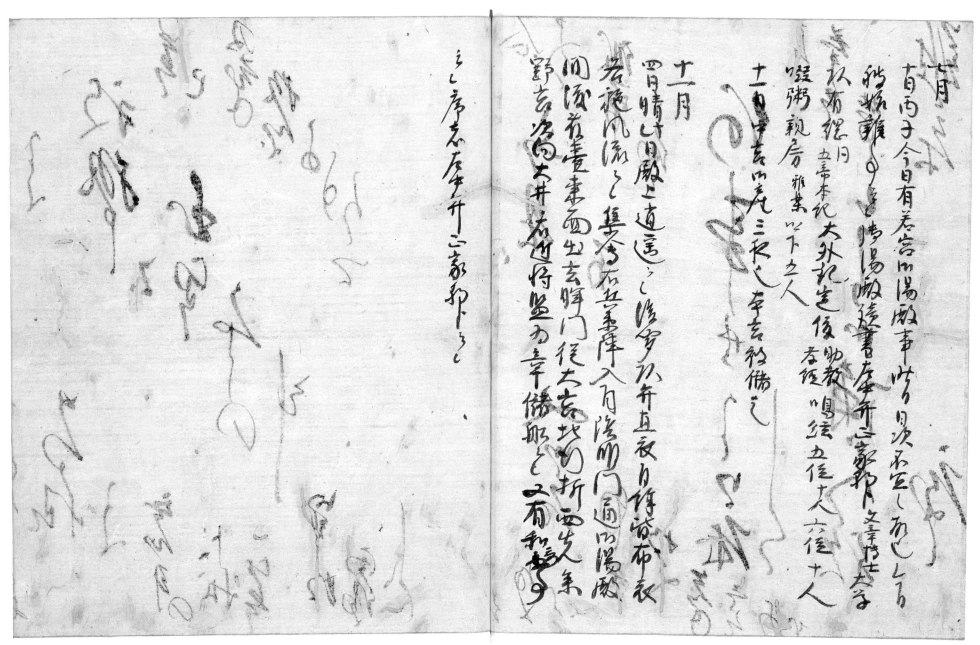

云々、序者左中弁正家朝臣云々

承暦四年　庚申

正月大

一日　乙丑

小朝拝如例〈嵩〉、人々来参陣頭之頃〈戴〉、

諸司具否[?]并外任奏、諸奏・中務[?]〈中〉旨依[?]忠[?]

作下進外任奏、以召外記宣輔、進外任奏、前々随同事具

召於大外記六位外記中外任奏修[?]之伝[?]召而進之、而今

依六位外記並指来、是作下進也、於大外記之前付以

并奏外任之次、申請下付諸司奏并由緒所之也、以并下外任奏

作下之、仮列諸司奏、下付由緒所、立作之召下外記、群卿

参外弁、皆床[?]、宮大夫依来、東宮不参之、下官起座参

靴、以外記宣輔令揮笏紙、暫之除[?]立陣腋、秉[?]人賓依

（45オ）　　（44ウ）

来告御出之由、于時日景方暮、已不秉燭、兼元子内
侍出御、着御帳中[illegible]、
許尺謝府 自南以南 替来 左廻拝、敷尹弟二元子
召舎人、称唯、少納言着版位、宣 大夫達召セ 少
納言称唯退出、少時両卿降元宣命版位置西廊群ヘ
列立廊下、宣 侍座 群卿謝座謝酒、昇殿、撤御簾
盤、帖供御膳、依雨儀、進自東階、警蹕、群卿不立下
官同、采女供粉熟、並各供之由、次供臣下粉熟、居了、三節
供御飯、同御箸、臣下應之、供御汁、亦如粉熟、
時供三節、次一献、下官退出、着元子、召外記、奏貢、催国栖
歌笛二献了、依舊催三献、奏博陸、自御後二献
了、召以酒物使 大臣 正笏起座、奏其由、依物許

以酒物使如常、次三献立楽、
次下官退下、着陣、着靴、懸尻、召陣官令候
宣命以託賢進宣命、見了、兄筥、外記進見参二通
一通見参
一通非侍従見参 宣命見参並給外記、令挿文杖、下官到陛下、揺笏
元文杖進、御屏風、於付内侍、退[illegible]間、抜笏、
南階子外束柱東一ヶ立、内侍返給見参、並進以屏風
元返退下、徐歩不容、退下、目召外記、見参
并文杖、元宣命於筋拝敷、召右近中将宗俊、給宣
命、其儀如常、宣命了、帰昇、次入御、警蹕
群卿着禄不賜禄、退出、伴宰相[illegible]、宮
近衛[illegible]華山院
宮紀再拝一揖出

但左府座下先一揖次再拜一揖着座曰但右大臣不揖
取笏之着予又右府取笏揖上卿座被用之敷用
揖之　又元日宣命見參共紛失揖之事是依陪膳
之此揖也或宣命見參若返給外記内記次
令挿文杖奏之云々依近例也

二日天晴　勘解由次官知綱為陪膳御使來云々晴内弁
此指失錯不擾儀

四日晴　戌終參法成寺今夜阿弥陀堂修正也開白參給
參入之間開白云叙位之事不審人々多之予被示紛云
叙位執筆近代直衣出前例又置申文於硯左右只但宜在
但書叙人之可着有例時就置其續紙於硯右元
之文筆兼置大納言部紀之或氏式部有着奏外記史之以
氏爵在勅以下其由叙之或氏有着奏入三莒云々

以弁出仰云々　今日有叙位予注執筆次第仰
之也

五日晴　午始參陪膳　・・・開白叙位事被示云紛云
自此前下　・・・　開白　盛硯　開白撰之御之文示授
執筆紀文院宮御申文觸申承由於陪膳随
申事由叙之又續紙進之一卷　奏書損之　又成殘申
文到外記勘文奉開白　入筥

六日陰　亥剋參入高陽院今日叙位御出入御等持
陣並座間申續筆叙人之而叙置筆下陣
申事次向陣亥參入人々春宮権大夫左兵衛督民部卿
宮権大夫左大将實大后宮大夫大夫右宰相中将同源中将
一左大弁左宰相源中将此時刻雅衛及亥初

召〻令奏申之處、更之御湯殿之了刻行藏人貫首
依未勝実嘆、〻〻　召陣官召外記〻〻宣輔參進仰
云、置文、依僖稱唯退下、〻持參、〻依仰起座
列立御前、新　下官先置文、其御前座如例
次人〻参入開白、其後給筥上召開白之〻微高揖唯
被召御前圓座、次召下官、微高揖唯經貫子數進
寅座之後、筥上取笏云早〻下官曲揖置笏取左
見束二筥文、有人〻文、次十年労、仍見束三筥入
歷名、補任十年労、筥次束、拍遅是外記失錯也、以置
替之、除十年労之外、加之三筥、先十年労開見之
入筥了、持巻硯筥於左方置、十年労〻〻前搢笏
膝行、寒侍置進之、以硯之、同披笏、依本注以硯之

了返給搢笏、〻〻　復本座、川筥硯筥於本所、了一
年労筥置本所　以元移文本不返入　元笏依仰云早奉仰旨
人　書共　蔵人資信参進、持陰被下五位蔵人、〻〻
蔵人并伊家参進、仰下進、續紙〻〻整進、續紙二巻
盤柳　申元置座前、伊家元柳筥退帰、取笏氏爵
筥　左府依申、持陰召〻被奏云、志はさ　大略〻奏了
問日上卿云早久置笏元續紙一巻入二筥文元今一巻
〻磨墨染筆置端二枚書從五位下置氏〻〻
取三筥、〻〻〻　天　置氏有奏於左府、〻人微高
位置或有有物氣、爰持陰被召日、今夜王氏
爵置一行、時〻蔵書了、續筆一筆着奏　他文己勒
入二筥、欲叙氏〻之間、持陰被元從氣色被仰蔵人之可

（48ウ）

叙博陸取目録上于書筵人々目録博陸見之被
返下之後院宮御申文之下官参取之叙目
左博陸取目示備或目録叙二人之後右院宮御
申文先是事也以予為参下之先院宮申文之
加給之後右近中将宗俊御申下之院宮御申文之
以同文氏爵、、、爵博陸、、、奏付文挿
次是定人々之筆、叙之次博陸自博前被給申文盛硯之
其外博陸下官置筥前披取目下僧院宮御申文召蔵人書筥
令作下書之目録挿入目録之博陸給勘文於下官
被取之御之下叙筥先叙宗家之者院申字造於勘
文次叙外記史付目重使院宮御申文返之奏云
未被勅之所於目有御気色被仰下之隨出之、挿之

（49オ）

之皆宗俊下納院宮申之文下次下入申文不已通
而二宮院大宮大后宮女御道子不被勅陽明院御令
依、博陸給加階之御申文下官先之置筥挿
筥於右近之取筥假返給不入筥不開封懸紙当博前復本座有表紙
依下官叙之下宮之被博陸気色云下先表紙
也被取之只下表紙懸目下入筥之次申懸目入之文位
勘文叙位讃適於次博陸被下右近府奏目録奏
書卿下已撰文也挿目只下叙之隨則叙之先筥位
以気色申下官一加階入内勘文之也官保家御下之
内一加階勘文之皆保家持来勘文申云入内之不以
之下官先保勘文申博陸之被披之次書様
五位上先加書一加階之博陸但勘文叙之之末、

々被給了々、次来縣召入筥、次加階并上階受領功
課文依遠々読治国加階々々若遠々依有急思食々天氣
候時被成功過者雖文遠々読此指過者下加階々々
召仰家下同者下官召仰家同之、仰家申云、皆是下
加階者也者、随書入了、須巻功過定文頭加階也、然而依
急思食所書入也、次書年労巻叙位充第一筥申文
等入三筥、抑硯筥置二筥、於其所入叙位勘文、於今
者功過定文入同筥一筥、了奏之、件官寄宣旨更指来
功過定下官充之、開見給勘文、気色入同筥、播笏
奏進、抜笏候御前、後下給、播笏給之、復本座、功過
定文留御所、如本置筥、申文等亦如本返
入、更取副叙位於笏、候御前云々、明日節会事人々、下云々

未明、将又依御物忌所急思食也、下官退下、府生以下同
勘陰成残申文并外記勘文等被返献（勘文叙人所不題名只宛返是之、依返献）
（大不付墨点是勘陰会之）予授叙位於入眼上卿、資仲退出之、次召大外記定
後仰明日午上人々可参之由
今夜源氏爵依無所望之人不申之也

七日、辛未、朔晴、巳刻陰、午刻参参、着陣（高陽院）卅間
未刻頃之、春宮権大夫、左大将、春宮大夫、右大将
藤中将、左大弁、右宰相中将、中将参入、申刻御前召下
奉仕、而弁之西下官奉之、着外府召陣官人、置膝突召

大外記定俊問侍臣見不并御弓奏外任奏事答云諸司
皆以参入但御弓奏諸司不具人於外任奏者可候之者定
俊退出相次外記宣輔進外任奏付杖并令奏之其次少
納言御弓奏諸司不具之由令付内侍所候者杖并御弓奏於
陣弓奏者可之付内侍所到下外任奏者可之候列者
召外記宣輔仰件奏等下外任奏予起座着靴以外記
兼孝令挿笏紙、　待内侍出着靴也然而依陣遠而其用
意也内侍来出之間仰立　脱靴之由侍出予進列西階
下搢笏拝二三階取下名以右手取之退下本所抜笏右廻着
兀子召内豎々々候唯参進予宣曰式部兵部召之々々候
唯退出二省逐参入立予宣云式部兵部候唯進搢笏給
内給下名次給兵部於前退之將下官起座入靴抜

此間天皇出御人々着靴弁近衛列陣、々々予又々以兀子下
内侍出下官起兀子更入廊中出自中門鉾列右近陣南
去中少将在五六尺許前右足五寸許謝座 一揖 拝又一
揖左廻西入着第二兀子次開門闈司着下官起座下
廊下於南面見宣命搢笏宛宣命拝厳列御屏
風南妻以右手付内侍一両歩退抜笏左廻立座
西間於下内侍西出予進搢笏給宣命右廻下自厳退
列召内記給書杖抜笏宛剣宣命於笏着兀子謄書
置位記筥於座前大盤 解結緒並之為上也式部兵部各一也依無上階也
召内豎 二音 々々進立右仗南以下官宣云式部兵部
召之
二省輔代参入列立瀧樹西以下官召式部輔代進
唯参之入自南面 同西第一 立下官之後下官如挿置笏

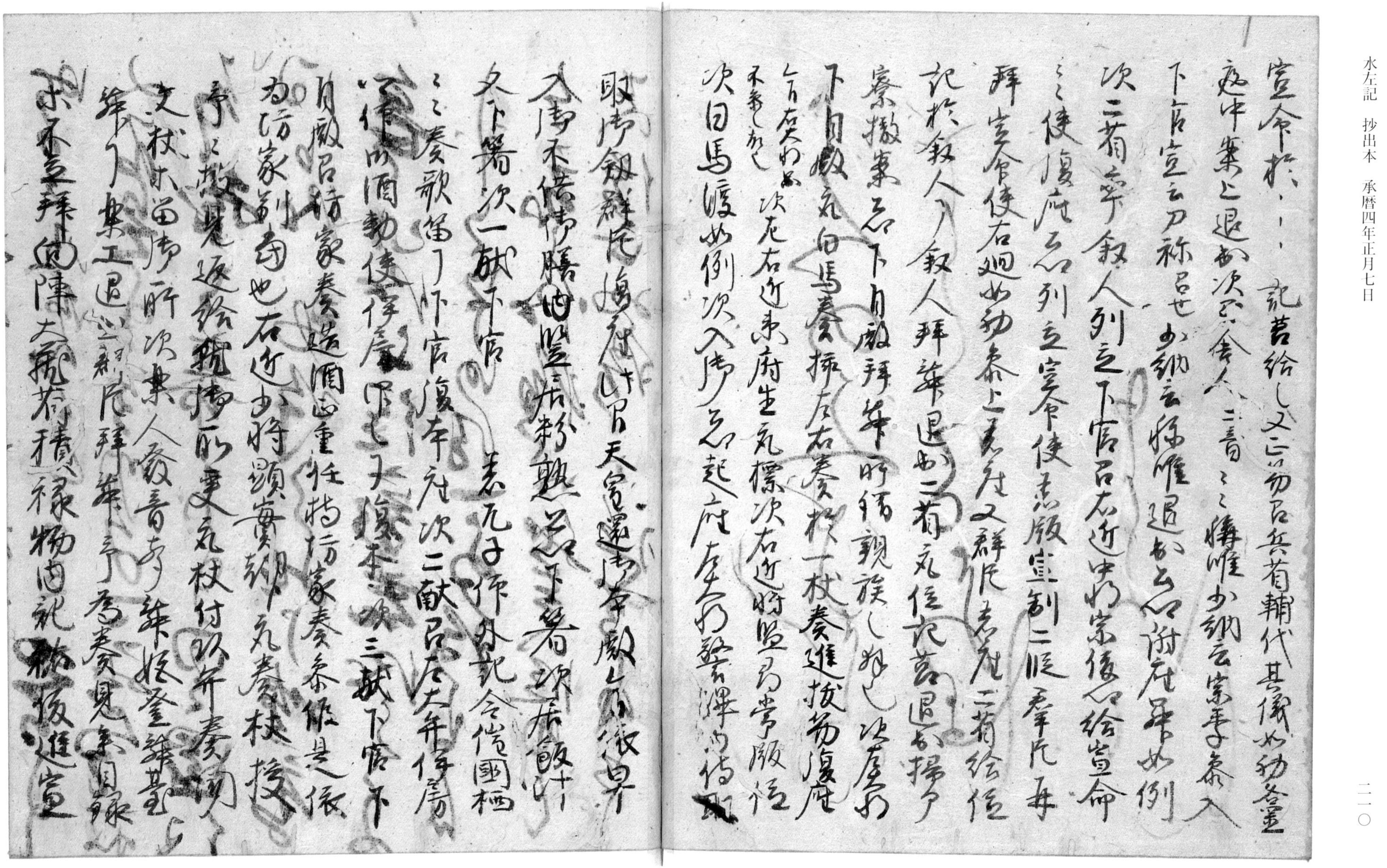

（51ウ）

（52オ）

命予披見留之、内記退出、次外記直孝進軾、見参目録
予披見給、宣命・見参、参木於外記、同令挿一杖、令為
外記、付外弁、参列、返給於外記、次下於之、整
懐見参、元副宣命於笏、復座、召右近中将雅実
卿給之、宣命使、復本座、次召左大弁伊房卿、給見
参目録、右廻退下、自敷居、着之、録所召之、下立、宣命使
宣制、又拝、如此、拝舞了、小時、復本座、巡下自敷
例、録退、於予時、次給之
八日、晴、時々小雨、巳刻参内、陰陽師云、午時内御
懐身上事、進退不覚、至于見苦事云々

被仰云、昨日内弁作法、指過失、被給下官、於宜着之
間、解垂頗似怠、又謝座了、廻座頗不歩、廻処早論
事、所見給之、予答云、是雖所存事、已掲焉
不能、巍々也
十日、甲戌、晴、早旦、自大外記定俊之許、送女叙位勘文案
予依可参也、今日女叙位、内々為見其體、所遣也、巳刻
許、美作守匡房朝臣来、語云、今日叙位、同事、自上
被仰云、早文短冊、筥之入硯筥、而今度入二筥、何様乎
如何、未刻、以弁[illegible]云、早可参入之由、答云、今参入
之由、申刻、先着[illegible]参内、先参関白殿直廬、依
被参御前、不賜対面、即参殿上、令以弁実政朝臣参入

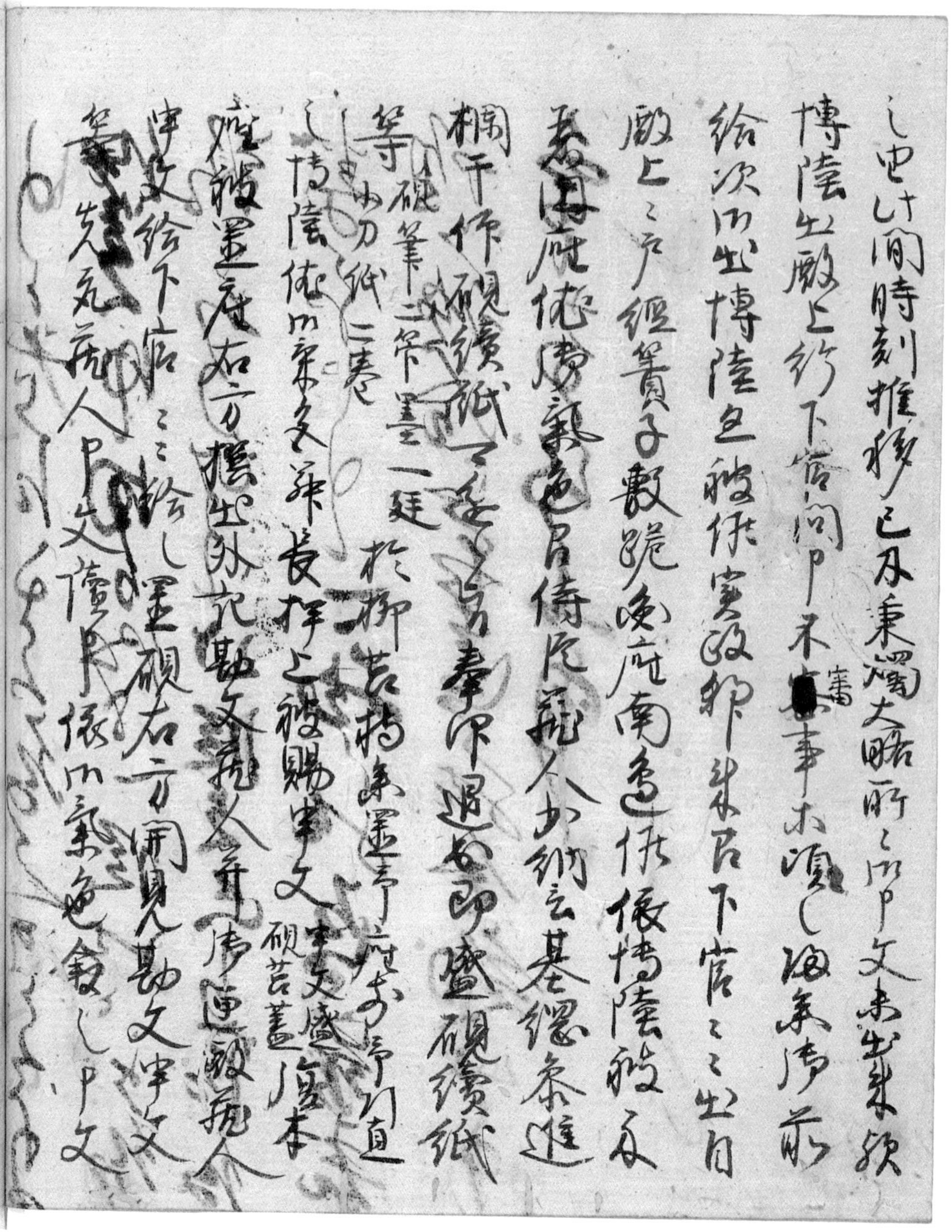

（53ウ）

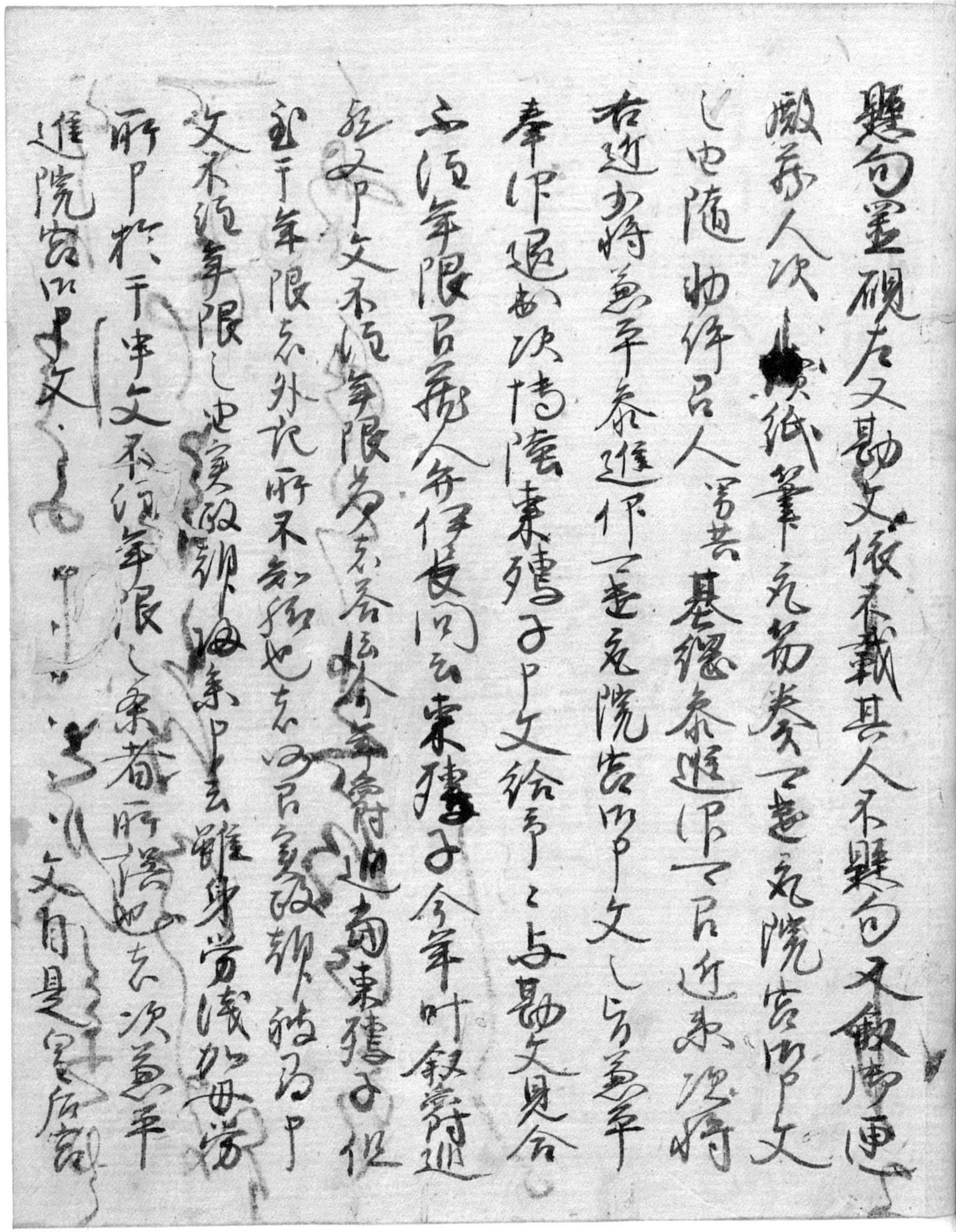

（54オ）

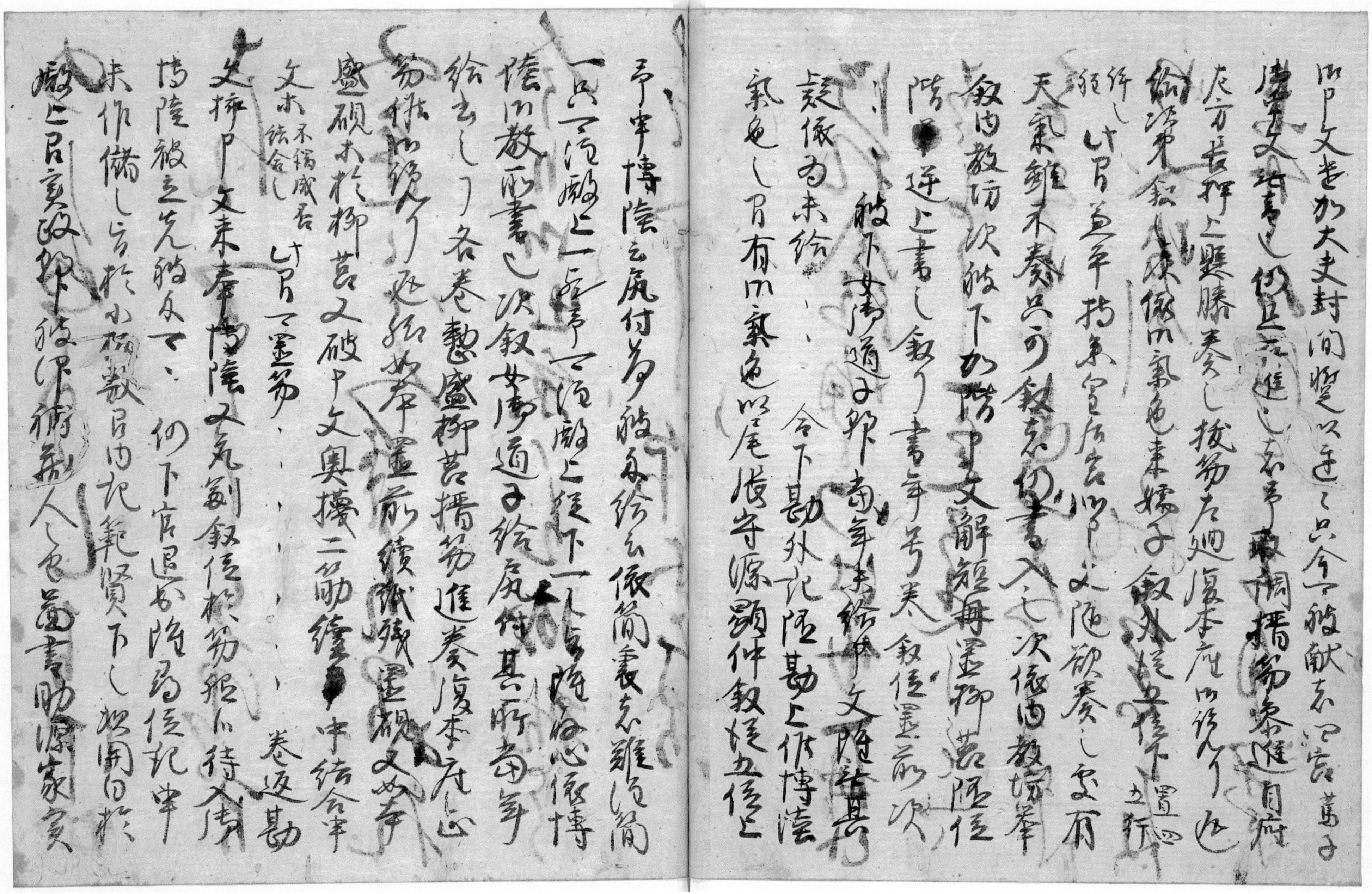

（54ウ）

（55オ）

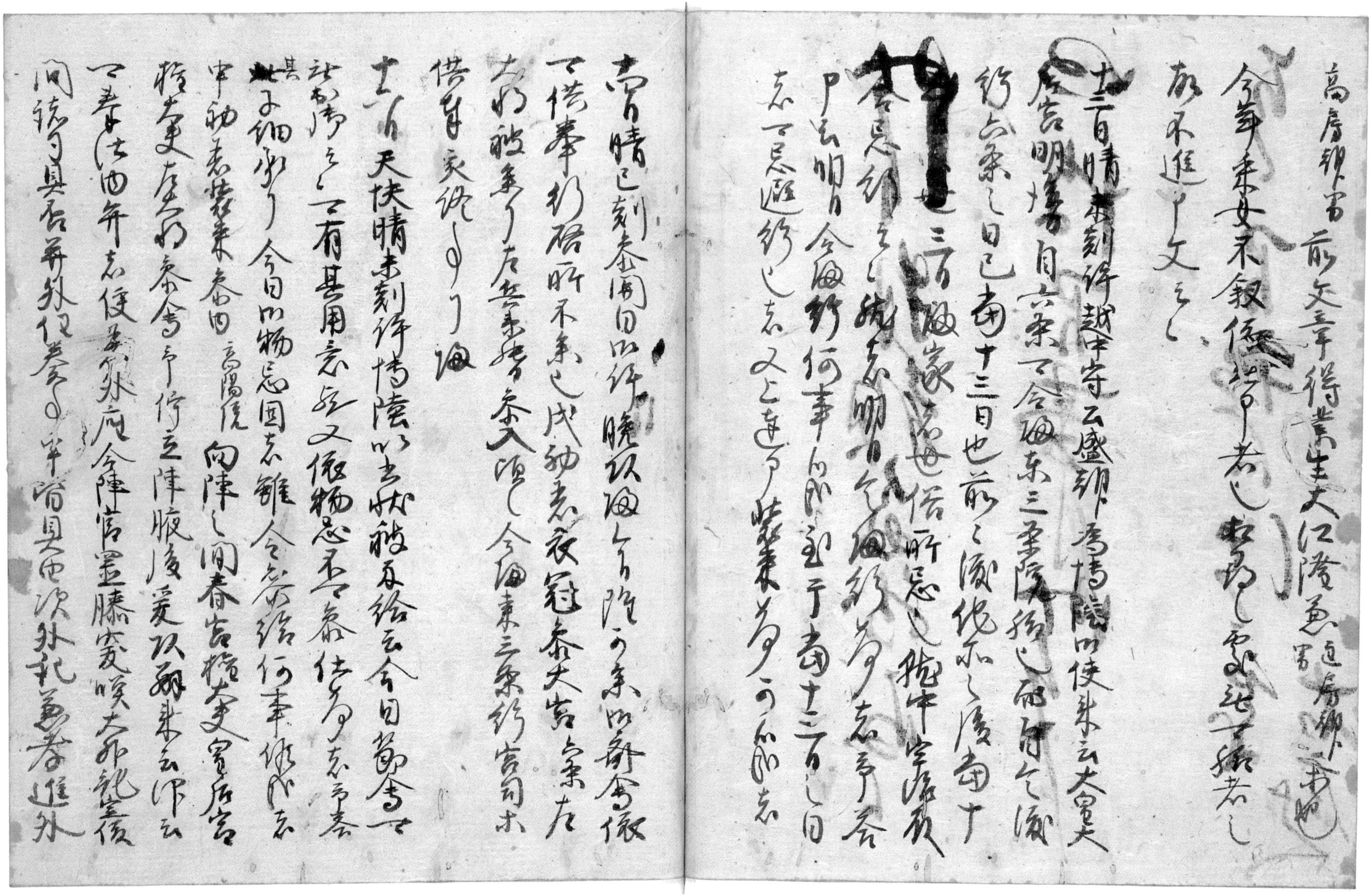

(56オ)　(55ウ)

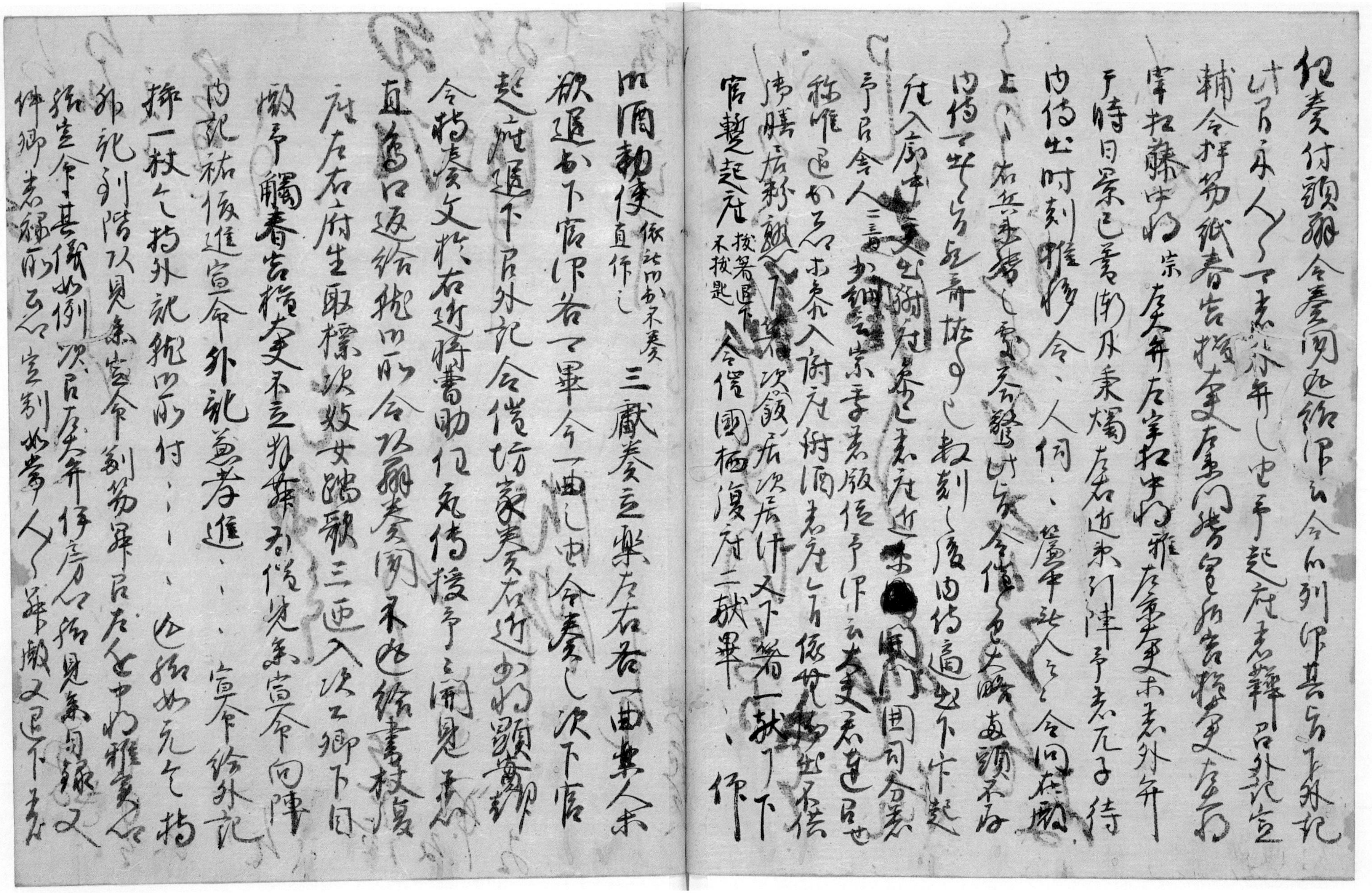

(57オ)　(56ウ)

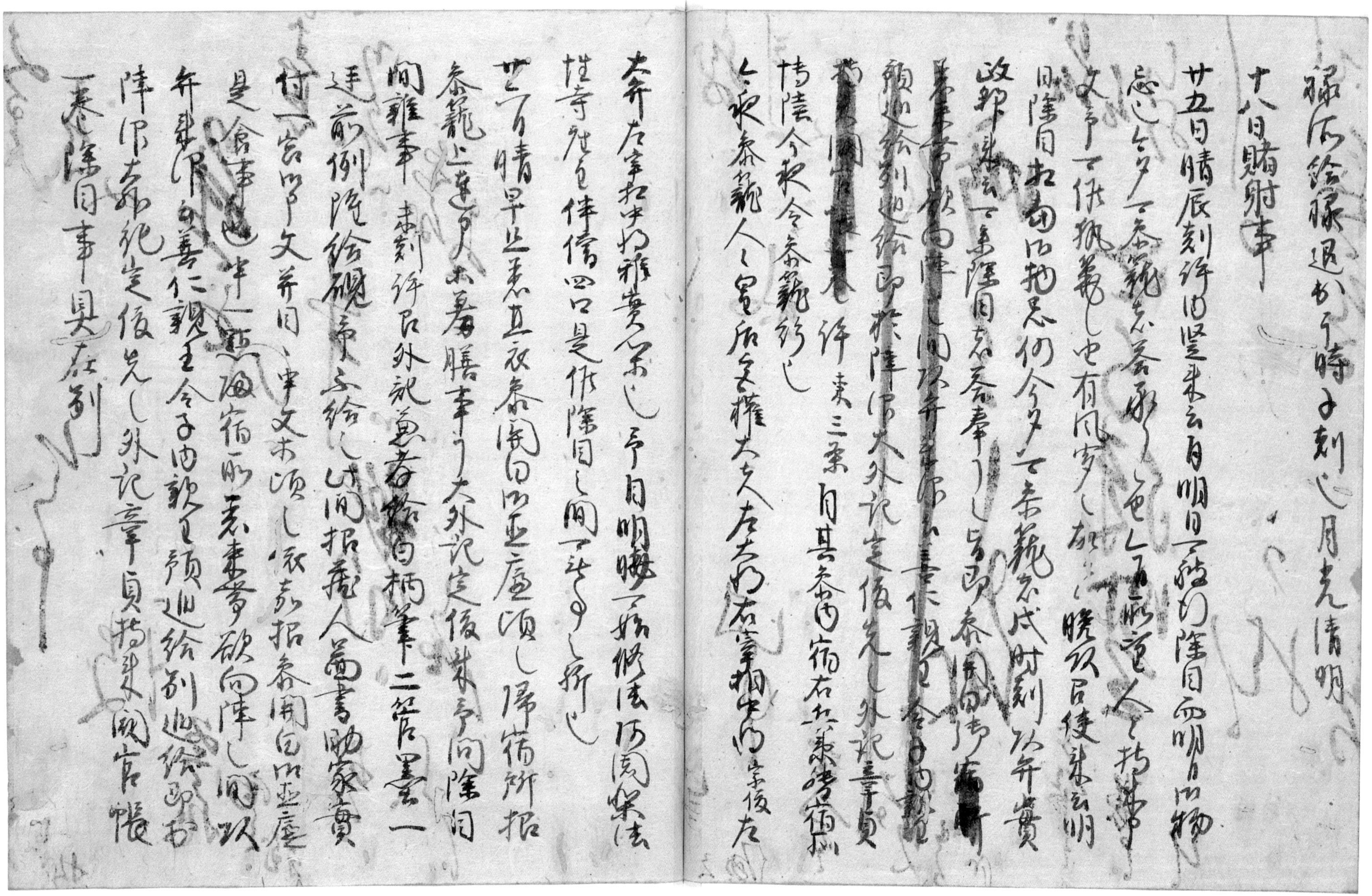

(57ウ)

(58オ)

二月小
一日癸未、晴、今日春日祭使左近権中将基忠朝臣云々、従官
云々、博陸不被立神馬使、明日南宇治殿以忠白之奉
幣本社被下、其由云々、使左衛門権佐行家朝臣云々、或者大補黄
紙卿作造文（告）云々、予今廣縄申博陸云、明日氏神以祭之院
以忠白今向宇治給之事不候也、以而可
撤以忠白去六月十五日返持日神今食之、而今撤被日今祭
停雲給錦忠者、二親之忌日者此甚憚之者、入夜
力使参来、前實友被返給大間、優美之也、不被
四日晴、長多仁法師来、可於東北院可被供十種供養之也、所
請又行之、是万可結構之者、自今年永欲為年事云々、博陸
有来臨也、而依為以忠月被前例事別以暦記

之處已此下准據之事、仍今申其由了、又語冷泉院故
三條院當代正月依為以忌月被停以節会、并以朝覲
楽之、但後三條院以讓位之後於同宗
師云々、以之趣、又今申博陸了、入夜中務少輔廣綱来
云、今年供養給之事、又被為年
故入道殿以忌月被供養法成寺、仍有音楽云々、依
被例下之、其所以之者
五日晴、求人弁行家来、於道間下
文書事弁云、伴外院焼亡之間焼亡
義事作新令作令定之者
九日晴、未終入陽明門之間右中弁通俊朝臣来語云、故
院二条第焼亡之時、記所在鈴鎰目録、令鈴五鎰三
已以不足、是入他之給失、高陽院其
所博陸以鈴鎰失也

於通俊卿[illegible]子剋坎方有焼亡、高倉[illegible]右[illegible]入道
宮并[illegible]之無事、[illegible]皇后宮大夫殿参、此間[illegible]有煽中以西人々
拝被[illegible]格子令[illegible]佛并御屏風[illegible]被取一[illegible]不完出、但御佛一体拝
不完出之、此中白檀[illegible]佛不完出之[illegible]
件鈴等入池失者、令干水可求之由所被仰下也

三月大
十三日丙子、晴、午刻為令蹴鞠、招堪能之輩、未刻行大将不期、右藤
[illegible]
馳向之
十五日、晴、今日於南庭樹下有蹴鞠事、堪能之輩多以来集、皇太
后宮大夫 師成 入来、招次皇后宮亮大夫、先之新中納言被坐、有年
給事、頃之勧盃、又招右兵衛督・政長卿・春宮亮[illegible]
給之、人々入夜有朗詠、此間碧落雲収、月光[illegible]、更漏[illegible]闌

人々退出
十七日、今日依見封物忌不出仕
廿四日、晴、午刻為向桂山庄、被令闘鶏云々
廿六日、晴、今日春日詣定之、陰陽師有行・道言勘申日時 四月廿二日乙卯
而有行申云、乙卯日神事不快、道言申云、件日神事雖
去四不出日之、有撰[illegible]、清陸[illegible]
伊春日詣[illegible]、仁三年三月廿二日乙卯也、陰陽師、平撰申
之、何不論左右以彼日所撰申也
廿七日、今日令修千僧供 百五十石、是依所願也、早旦書解文送三井寺[illegible]尊
之許、為自彼令伝送天台也、此日奉渡金剛童子於大智房、自今日令奉
供之、百ケ日為限、是偏与願進之
四月小
一日甲午、晴、今日平座也、予不参、清陸以書状被示[illegible]直物何様可
被行[illegible]明[illegible]参陰陽[illegible]同[illegible]直物之後可被行[illegible]

四日、許下〔了〕、
六日、陰、雨、巳刻許晴、頃之更陰、臨以勘解由次官知綱為陽陰以使来、
明日参賀茂詣云々、
七日、午時許参陽陰頭令云、今日物忌依雨延引、明日欲遂之、覆〔?〕
陰陽師道言云、依當神事雖無灌佛、尚於社以不無事可令悛〔?〕
給者、又与皇太后宮大夫同中大夫前太宰令議了参来之、各云、雖
停灌佛日依當神事之無其事、然者明日令遂以物忌〔給〕何〔事〕有
之、又且無事於佛入滅日者可有其憚、降誕日依有限可行之、
忽何可有哉、
十六日乙酉、晴、廿日左近中将家忠卿下為賀茂祭使出立自廿一日院〔?〕
五月小
六月大
八月 以下巻一〔?〕 二日
山階寺食堂顛倒了

廿一日、廿日前下野守義家朝臣為追討兵衛尉重宗之使下
向美濃國云々、
廿九日、未刻許、検非違使季〔?〕兵衛尉重宗之以逃隠
之時、義家朝臣進件身解如云々、
卅日、義家朝臣為〔?〕基来語云、於摂國脚力上洛申云、依國司人撫〔?〕
太夫為季与押領使景平、今月十日於合戦、為季已斬景平
首了云々、目義、景平一族發数千軍兵、更攻為季云々、
九月
九日、陰、関芸閣有作文云々、題云、詩酒被催菊 情
十六日、晴、廿日右大弁通俊卿招諸文士講晋書詠史詩云々、孝言為序者云々、
十月小

承暦四
七月
八月大
一日辛卯、晴、早旦持陸奥情状被来、仍云只今可来者、即参
入、依御物忌以人令申案内、被示云、今日可為大臣宣旨也、内
府蒙太政官下宣旨、成人令申春宮大夫、去可蒙大臣宣旨云々、於
右大将者可被下宣旨、皇后宮大夫蒙太政大臣、是依先筆
為申大臣所望之案内也、又可蒙大臣宣旨之人被尽之時
所々可被相尋、内竪遣召之、右大将参入云々、右大臣下宣旨被
蒙太政官宣旨、時内覧可使所被召之、右大将方須被奏
申時許戌刻春宮大夫参内、被蒙太政官宣旨了云々、又
内府下時仍太政官下之由、以弁為勅使被仰下云々
後或人語云、以弁為勅使参内府云、蒙大臣宣旨、右大将被出仕之

右大将太政官下以所労之官可令仍他人之右被参入云
武平不出仕、兼右是所労仍之間宜罷成右年不出仕、而
以不肖之身兼非心之官、仍病重而無何況罪天位
右孫往御而無愛以所労之官可之、右同義又為勅
使補兼云、可仍太政官下可令擇申日時、右尚被申非蔵人
旨之由云々
四日、晴、自皇后宮大夫許被示云、可蒙太政大臣宣旨之事、以一定之
旨、撤御時文書共可令撰給、右撰出送之
十四日、晴、今日右大臣内大臣可有大饗也、未刻許人々参内云々、有
所労不参、節会儀如常、内弁皇后宮大夫、宣命使右兵衛督云々
内大臣、仍太政大臣下能長卿、仍内大臣下宣命使右兵衛家
卿、補正権中納言資仲卿、仍大納言、補中納言師家
経季卿補参議、師忠補権中納言、仍権中納言云々、補中納言、一人泰憲卿正三位
辞替　遅替

源家賢正四位上藤原資政卿 并六人以 但条儀垂后見宣命資信
以起越上臈四人 祐家 資綱 経季 泰憲 祐家雖其捷已遍甚恐也人
哀慟之々
又頭宮内卿 顕房 被蒙下任符之宣旨
了入夜節会了人之退出被向左府下饗所之為志由下
之々前之如但大臣二人之特可為為志之々鶏鳴之間事了
又被向内府下饗所為志右府之々天明之後事了人之悔之
太政大臣不被儲饗是非饗望之故之々
廿四日晴今日左府被行慶賀是但大納言慶之前駈卅人
廿日 直衣帯劔被参陽明次参内之随身
布衣之々

閏八月大
十月
八日晴今日於清水寺橋河原有迎講 但両寺聖人行之
之々予為結縁参向即帰了
九日 有障 関白左府下列座上之由被下宣旨 依之和州
十日 私 先之自高麗来医者事有之異之
晴 巳刻従近房持来高麗返牒今有加入之字如件其状云
貴国和親之義長垂千王権 度数通千紀継彼前
好嘉此来章而侵穿務於無寝之中求医療於鰲波之
外者予披見之云政所字書方今某 字 為予注房云起可
也即摩而写今書入之今某々 之々 由候者見問之
朕以参陸被示云高麗也牒継之全須可被

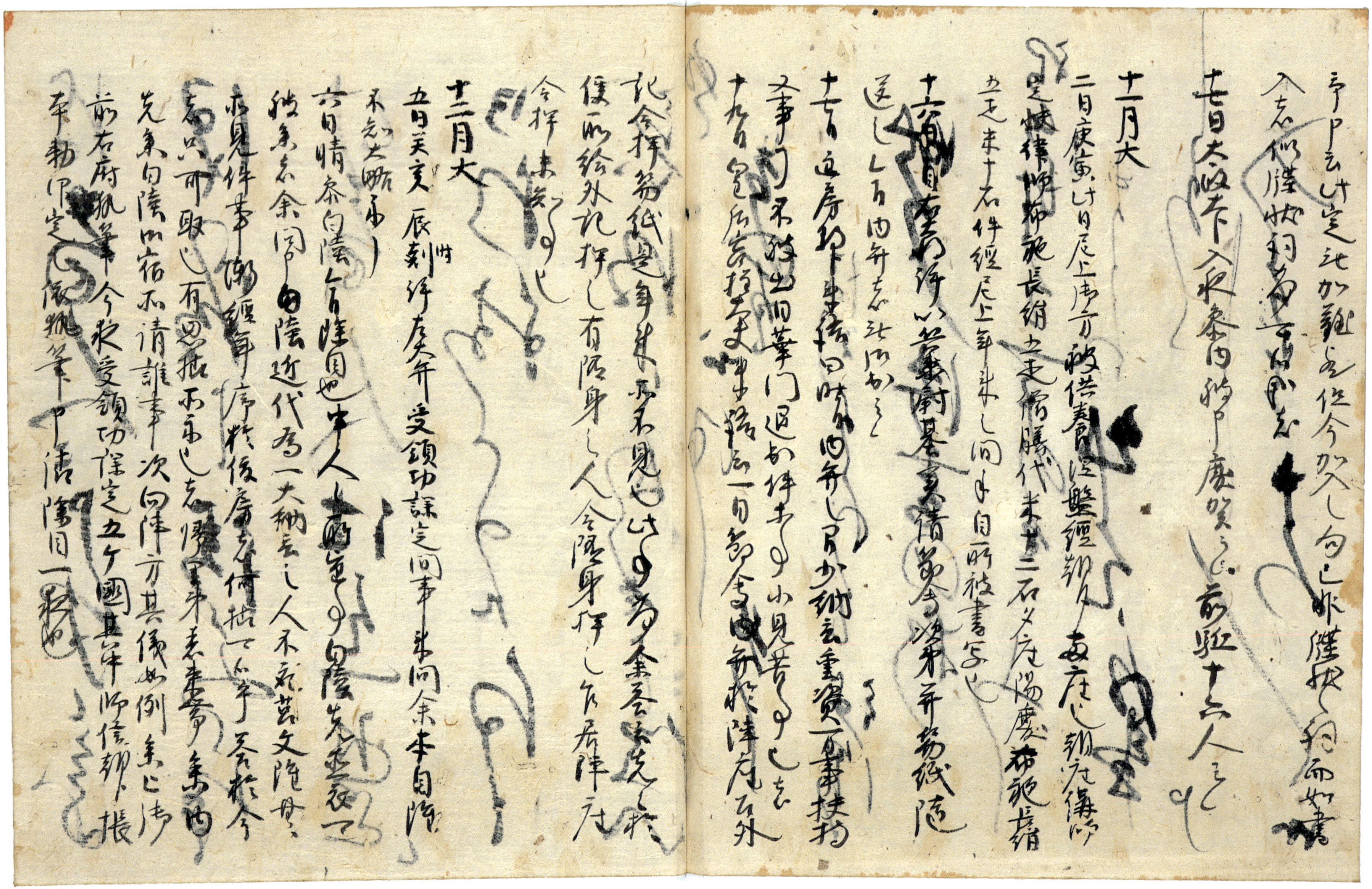

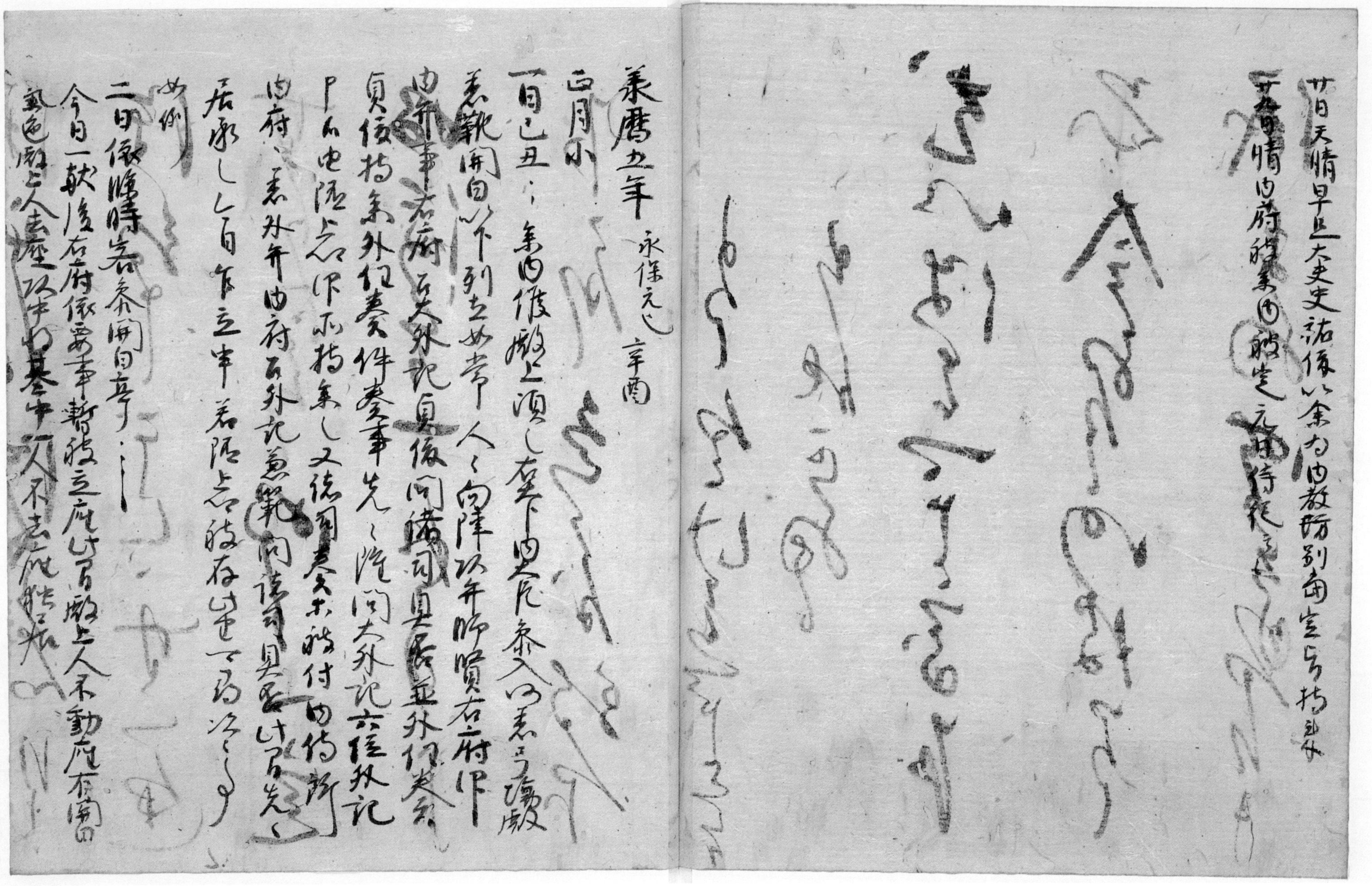
廿日、天晴、早旦、大夫史祐俊以余為内教坊別当宣旨持来、
廿九日、晴、内府被参内、被定元日侍従云々、
[illegible]
承暦五年　永保元也　辛酉
正月小
一日、乙丑、[illegible]
二日、[illegible]

(65オ)　(64ウ)

三日、天晴、未時宰相中将雅実来、左房卿下云、昨日臨時客間
左大臣被立庭中、須無作法、前右府仍開白殿御
坐、而蒙御気色、下立之、中心悩々、後作法之古、不甘諸
道房卿下傳云、上右内府之時、被仰云、従司者同議、次々
人為内府、左府云作内府、時被仰云、是故二条殿仰下
道房卿下問、昨日下官下、右内府而右外臣、余答云
下者内府之、而依開白令、昨日右外府之、非例事

十六日、天晴、酉刻、行幸内裏、右節会、依御物忌被籠内、開白被坐
御後、宰節会儀如常、左大将余立庭中、取内教坊奏、預
重任中云、近衛府判官顕資鎮西下向、他人取奏、仰下
外記令催他近衛将之、官事不候之也、仰以重任取之
被御所付以弁奏之

廿四日、陰、雨下、一日除目初也、雨儀也、執筆左大臣下
刻限上卿之後、列外記進置莒文之、有三而予問云、春
除目莒之莒文有四也、而外記申云、依旧可入之、申文
今度進三也、然重仰云、除目文、未尋、奥可入之、次書
未莒文、尚可有四也、然而不副莒進之、次本充之、墨
御前如例

廿五日、内大臣下依仰被籠御物忌、左府有痾、懸、不被
籠、以同忌乃明日入眼、執筆可被奉仕之也

廿六日、今夜除目入眼也、内府被奉仕執筆

二月大

三日、庚申、今夜奥先聖、於殿御時、毎度庚申、有此事、乎松浜歌
奉興之處、心事依違、今夜纏懈、仍々、夜初不合之

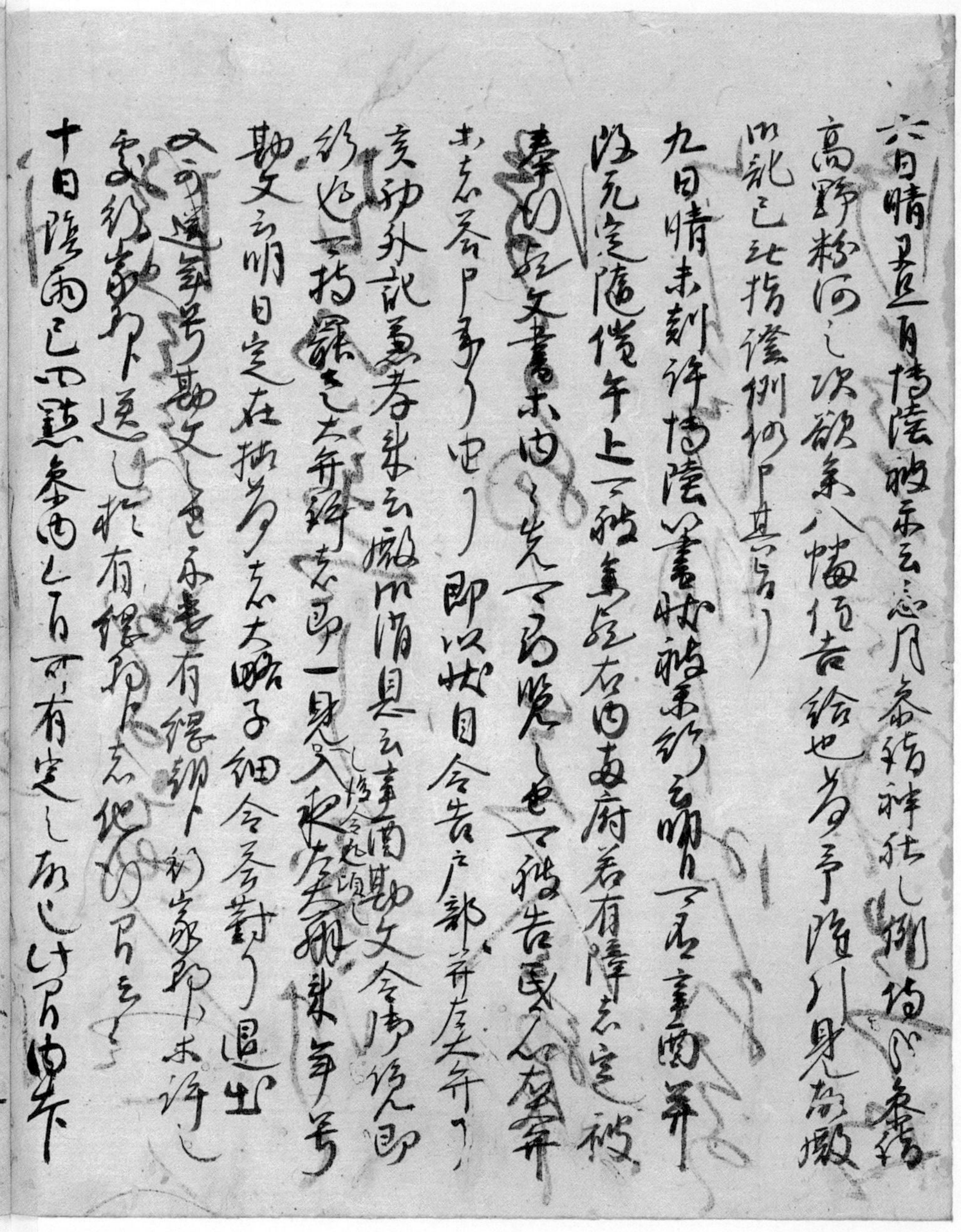

（66ウ）

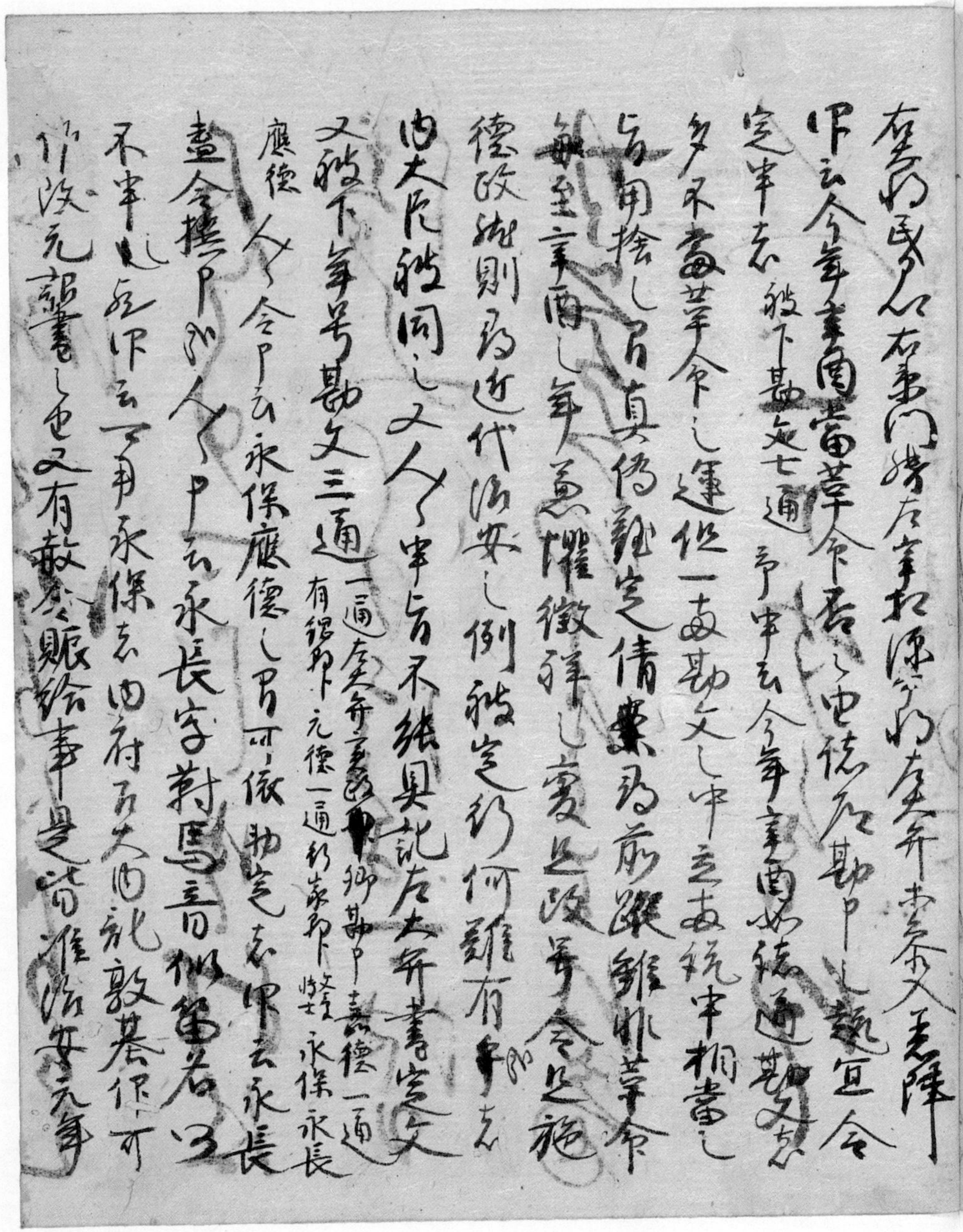

（67オ）

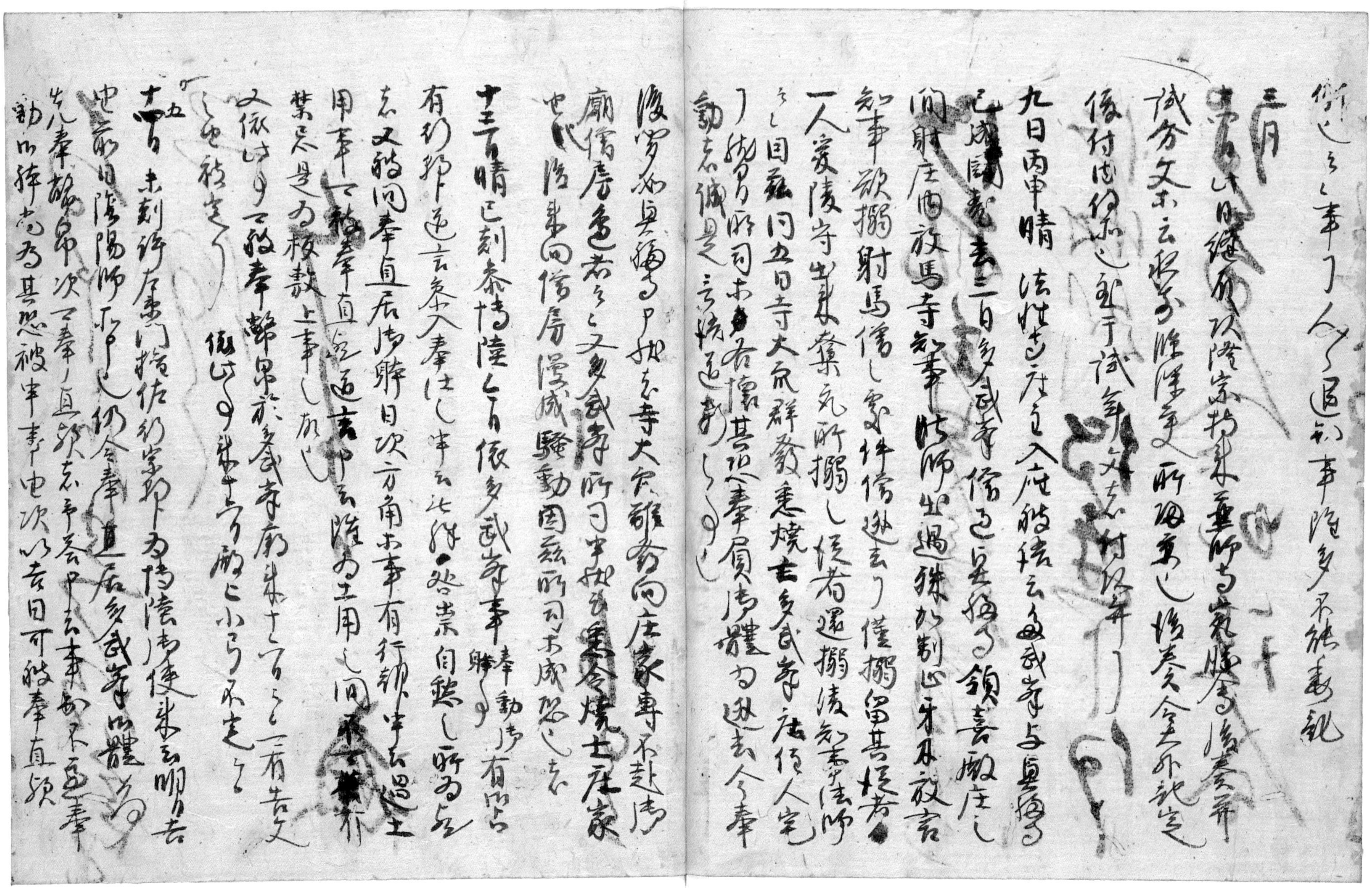

(68オ)　(67ウ)

十六日、晴、鶏鳴之後、参梅宮、依私願也、今日被立奉幣使
於八幡宮、中宮亮有綱朝臣也、子細見告文状矣
十九日、午時許、知綱来云、厳島解状云、多武峯告文使有綱
朝臣還来云、奉幣勤仕之間、雖有事煩、今日中納言従大将中奉
幣、小僧都奉取出、小僧都并大僧都有以面破損
事、雖為由緒寺僧、未知也、仍件事永承之比、僧
面破、山階寺有焼亡事之、世間人所信疑、件事、如
又参如此、只新造謝、来廿日可奉幣春日、祝師大原
野吉田相加奉幣也、
居直僧肆之、又何人可令参集乎、
彼山騒動、又堂舎破損、飛来為亮所、耀輝、可聴入、如
未被云々、
答云、僧面破損事、猶有其疑、随飛満、備之、可被為

又大原野・吉田奉幣事、必以此事也、此之事之時奉
幣常事也、流記之、可被行、又奉居直有綱朝臣
又事之、何可以来、未消、雖入宿願、不付件使、始被付
所知人云々、
四月
十九日、中宮令渡給座三条宅、上達部済々、亥刻許
坏据
六月
卅日、今日臨時事、依煩腹間、不行、是也、甚間有行
道言、不許之、覧答云、何様哉、可奉如例、候之
故敏延久之年之、梅宮依腹間不候、依之可被候也
是依道之卿、中三之然而又依陰陽師来、可候

十月九日向世尊寺見障子繪是弘高真跡也

十一月

十九日辛丑晴、今日五節参入、右兵衛督依宰相

宰相中将云々、後能登守云依卿、伯耆守業房亦云々

廿二日甲辰晴　酉刻許着束帯、新中納言参内

向陣云々、未参源之人々参入、以弁・外記召下、辛法門

弁起座、於陣腋召外記、季信令撰内紙、志外座令置

膝突、召外記問候于奥座并外記、参事外記進外、杖奏

付以弁奏聞、返給即下云々、令外記列起座、志範之間人々志外

弁謝座拝畢、如常、次開門、闈司著座、召舎人二音、大舎

人称唯、少納言着版位、召宣召刀禰、少納言称唯退

出、右大将以下列立、召宣命志幾尹亦、備卿謝座、謝酒、雖在

催或人又隨被召、已于其事遂了、次于賜人々坊立

節所之事中、左大将三位中将不起之、次居粉熟、次餛飩

次黒白酒、次一献、参起座、志元子召外記、催国栖二献

御酒勅使右兵衛督家賢　三献、大歌別当召之、以下殿大舎

人發聲、一節之後云々、召右大歌別当大舎人、進舞、其後次

下小忌太盤々々小忌人起座、令下大盤而令座

居座下之、違例也、掃部寮有破損之気、女官進

脂燭此間掃部寮、被示云脂燭女官可出、自何方哉、令申云、自西階可進歟　次舞姫出、舞了

群臣拝舞、不立列、向陣内記、祐俊令進宣命、参気

宣命内記持宣杖還、次外記進見参、見了、捌其宣命、賜

外記、令挿一杖、経階下就陣前、付荒人、唐櫃奏聞、返給

於軒廊取副見参、宣命於納言、召右兵衛督、賜宣

命、召宰相中将云々、賜見参、此間右兵衛督春宮大夫

云小忌人以禄所返了事也、下被用他人否、委在
前々小忌人所役常事也、何不忌禄所以給自昔季
被下云小忌人所役有前例、何避之、有以忌以為禄所
可改宜則如常了、須庁次退下賜禄退出
今日小忌宰相已一遍来云々、更参入之後以内豎告春
宮大夫之答云、参付職可勤参、何被可有以
左大将云忌小忌之人也、是従陣時之御随宜被役謝也
参入之人々下官、左大将、春宮大夫、左大将、民部卿、中納言
左兵衛督、大宮大夫、則内等中納言、雅実同中納言云々
三位中将参上
廿三日、晴、晩以来御陰陽拾陽之、次宰相内弁、同事被承云
内弁為元子事下参自北之而南時内府自南参之、未見

事也
廿九日、向左府同車、則参左府、参入外見物了
十二月
三日、乙卯、酉刻許、廣縁内御陰陽使来云、明日御幸供奉
上達部等、甚数甚少、而右大将并中納言三人、宰相五人外皆
有故障不参、傍之、春宮大夫、依有犬穢不参仕、自余参所
御幸下令従行、又従織内路間供奉之、重来留之当
是前々斎宮御禊時、臨織人路間供奉之、承了、又内府
依有所労、乗車下供奉之、是所被申之、何故下有一事
御即乎出云、斎宮御禊之時、臨織人路間供奉之
河原留帰也、側所承之、雖為同事、御幸路間織人
供奉事、左右難申、従依春宮大夫一人不供奉之事
御幸下之従川在下官供奉之、於于家侍事者是
私之志

四日 寅刻参内 [illegible]之 参敷上 揚陰被示云 陰陽以[illegible]奉仕之
夜間事之 付官 左府被奏宣命草 次向陣座 左大弁座[illegible]
有事又参之 新入弁基綱出[illegible]下云 以治[illegible]人右大弁[illegible]下座弁
追房卿参 [illegible]有宣命事 自示付官 於治[illegible]人 以基綱
作下追房卿 [illegible]次人々参入 辰刻行幸 如例出御
[illegible]催門之 殿下歸前守義家郎等百人許帯
弓箭 被事 當在門西 為是近日例也
十六日 隆目執筆 内大臣下之
十七日 滝口除目 任右馬允 前々春陰目任之 而始自今年
被加滝口 負十人 春秋除目被任之也 是文章生不
給官 是為[illegible]也

永保二年　壬戌歳
正月大
一日 癸未 微雨時々降 寅刻拝天地四方 如常 未時從藏人
左少将隆宗参内 行直参内先之 人々参入 内府
令人々被立列 自於弓場殿為欲着靴之 而又靴
未持来 因茲 令脱宣耕中将雅実所着之靴 而先
着之立列 雅実如文着靴 同立之 小朝拜了 向陣
節会如常 内弁内大臣
五日 叙位儀 執筆内大臣
七日 節会之 内弁内大臣 事[illegible]外弁
叙位入眼 上卿左大將 被示云 下官書白紙 付官乞也 上卿敷之 更取前々
書 從座取中 取中 又次第 取弁陣之下 [illegible]紙剖[illegible]
返何事有所仰 取之 下二箱了

之、或説以所奏聞亦付内侍所、今日此事可然、是又失也
八日　時隆朝臣来、予云、故宰相中将以春秋卅一之歳初乗牛車
令来由給、而予今年卅一也、仍来十一日乗車牛所
被来之、予申云、何可乎
十二日　女叙位執筆内府云々
十六日　節会之、予奏任由并之
十八日　自明日可被行除目
十九日　申刻参議夢向陣、苔文参上、参上撰如夢故式部信
以修一大納言云、随不允苔文、予令取之、文書五日叙位給寿
外記兼孝跪持苔文、前之五位外記下立、進苔文、而予思失
不答跪事允之

四月
十四日　問明法博士有真云、無服之殤有暇之由見令文、但誕生
之後三月之中死亡者、有者云、無服之殤有暇之
条、三月以後之事也、誕生之後三月以前者、無其暇云々
七月
廿日　始自今日三ヶ日、陰陽頭道言於神泉苑奉仕五龍祭云々、
請雨経御修法之時、又有此祭、是前例云々
十月
十三日　予並匡房卿来、予示云、大宋国牒状云、林非子路何折片言之
獄件句定有識、匡房卿引論語疏書出證文
午時許参内、陣外件条入道之、匡房卿注文書名云、
片言之句如論語疏文者、陣有兼
事有無、匡房卿不見書役之

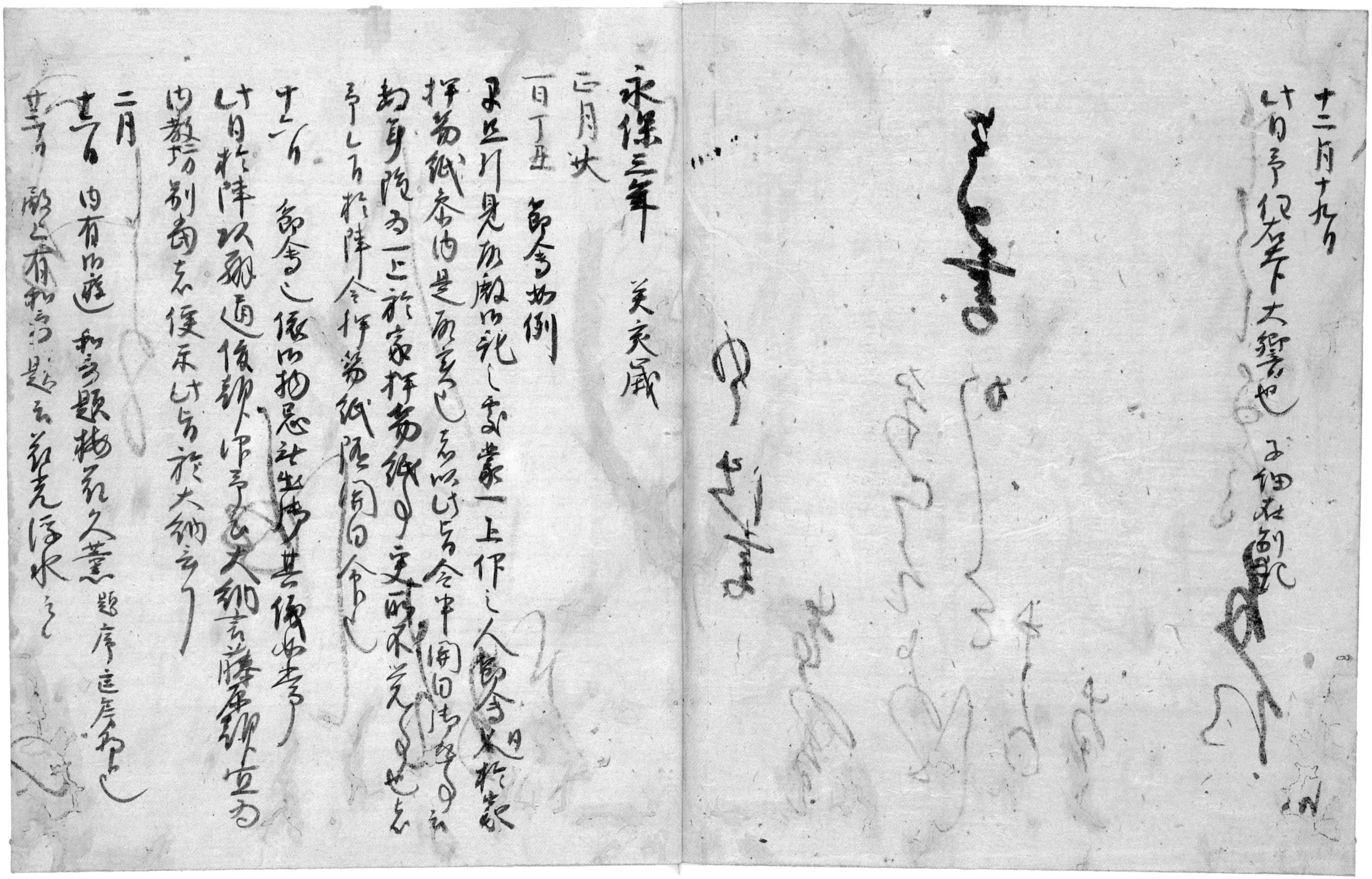
十二月十九日
廿日亭子院大饗也　子細在別記
永保三年　癸亥歳
正月大
一日丁丑　節会如例
十六日　節会也
二月
十六日　内有御遊
廿三日

(74オ)　(73ウ)

廿五日　殿上有和歌事、題云柳條池水、中宮大夫以下殿上人候之

八月

六日　自内給絵文集一部、新写本、今日返進也

應徳元年欠

應徳二年乙丑

正月

一日　節会

大外記中原師平外任奏事、今日……、余不参

去此不参、去之、余参如例

三日　以弁来申云、一階叙位、佐前参奉りしや

六月

廿三日　今日古今集二巻返上、左府御前、自権納言

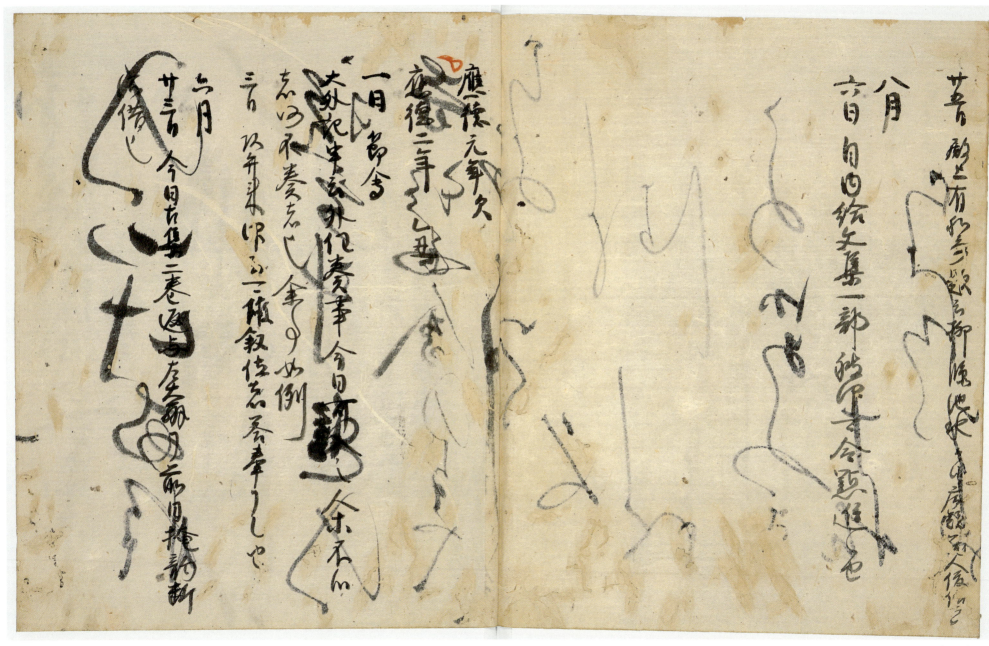

借之

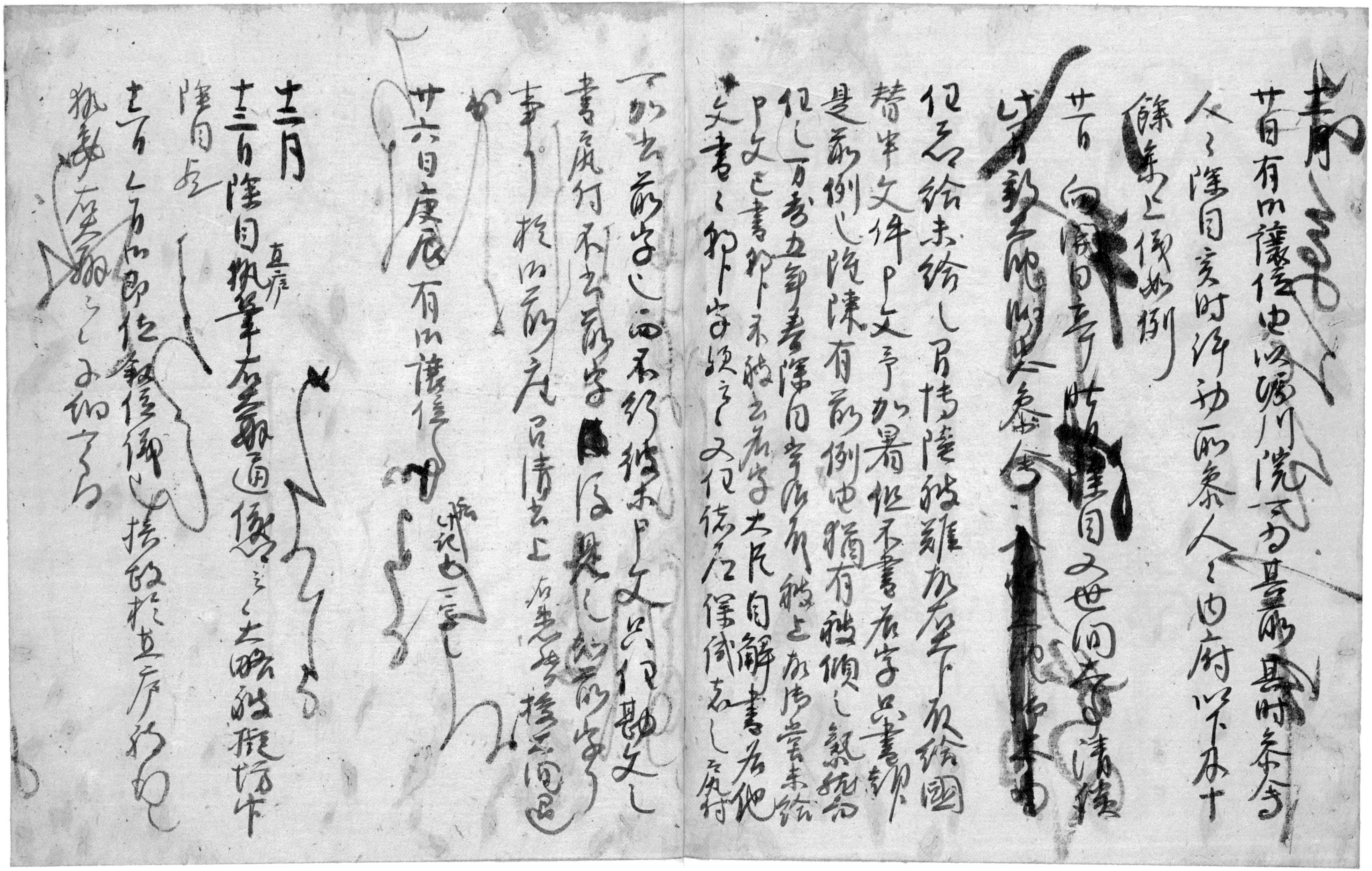

（76オ）　（75ウ）

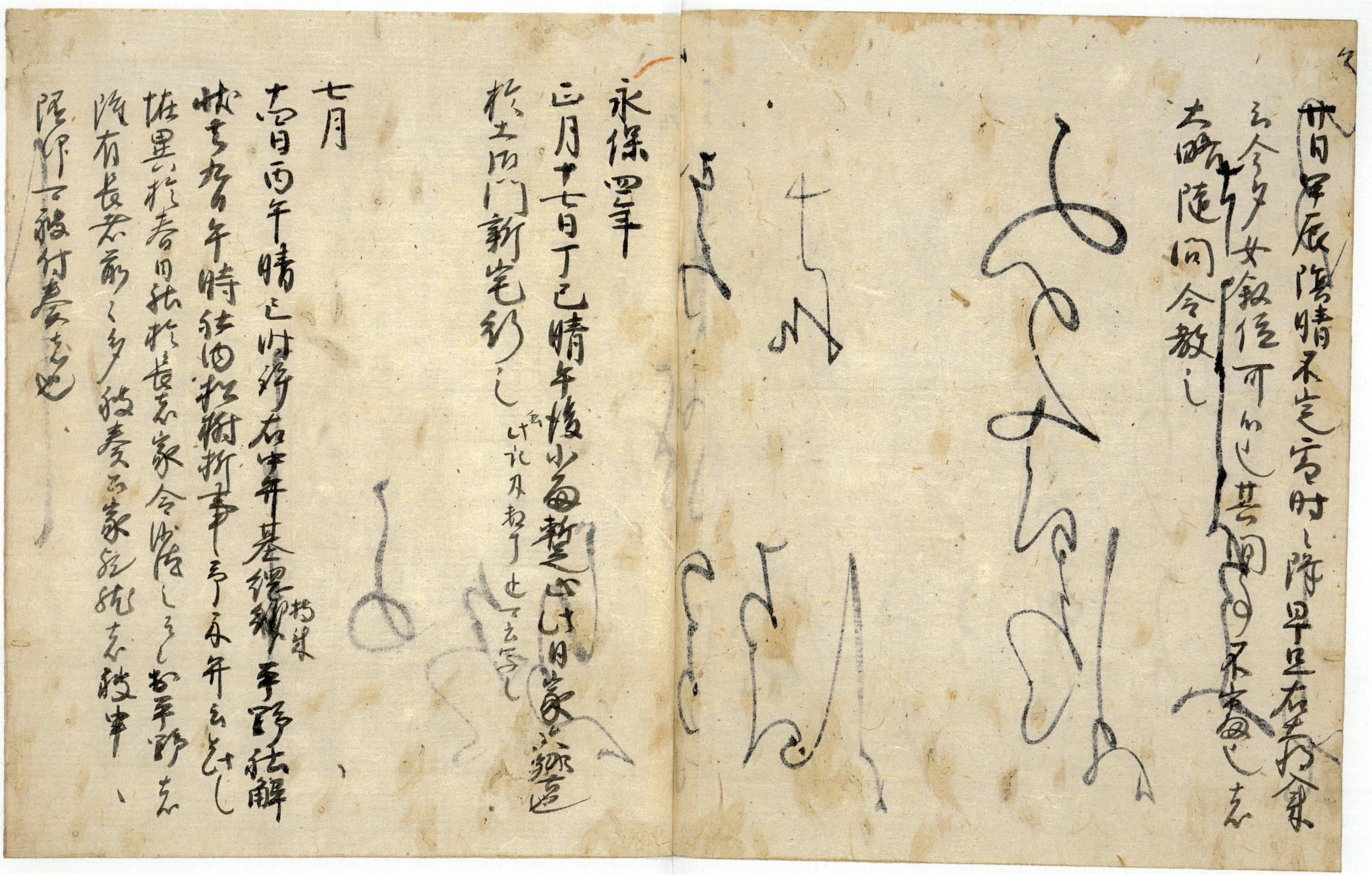

廿日甲辰　陰晴不定　寅時許降雪　早旦右兵衛督来
云　今夕女叙位可行也　甚以不安也云々
大略随問令教之

永保四年
正月十七日丁巳　晴　午後少雨　新造土御門家渡
於土御門新宅行之　去此記又尋了也云々
七月
十四日丙午　晴　巳刻許右中弁基綱持来平野社解
状　去九日午時社内松樹折事也　平野社云々
於異於春日社於長者家令然之　平野者
陰有長者前之事多被参家社者被申
温卯下被付参者也

（77オ）　（76ウ）

八月廿九日、雨降、今日法勝寺常行堂供養也、
件堂為家奉為故中宮所令造進給也、云々
此間例日以今日願文被見了、之見
了、間被承云、前中宮書先皇后宮中云
宮后宮后也、了被問仰下、作者被問仰者
匡房卿下之、又云、延喜時皇太子業遊
時時書願文書先皇太子見給、件例不仕也
者有先例者何、有所者由願文被望字
所了
以故弁匡房為導師、前願文下給匡房卿、令献
皇宮字即進之
有布施、導師料、同日被取之、置於布施
苑之

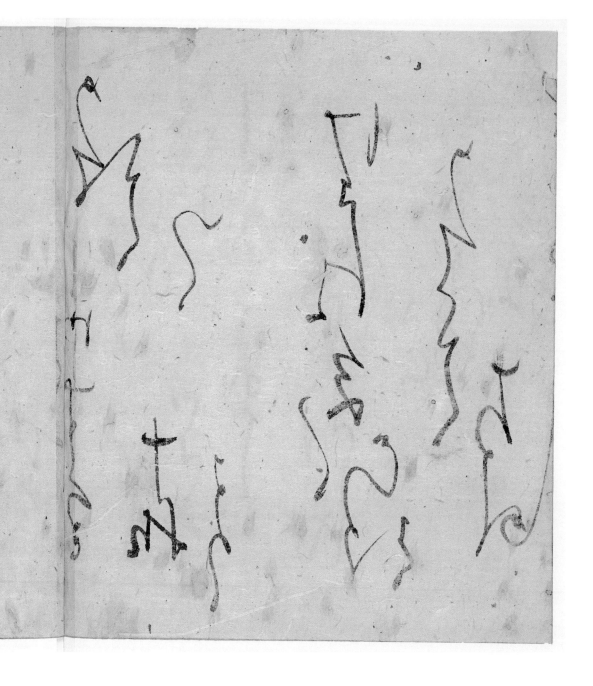

参考図版

図１　収納桐箱の蓋上

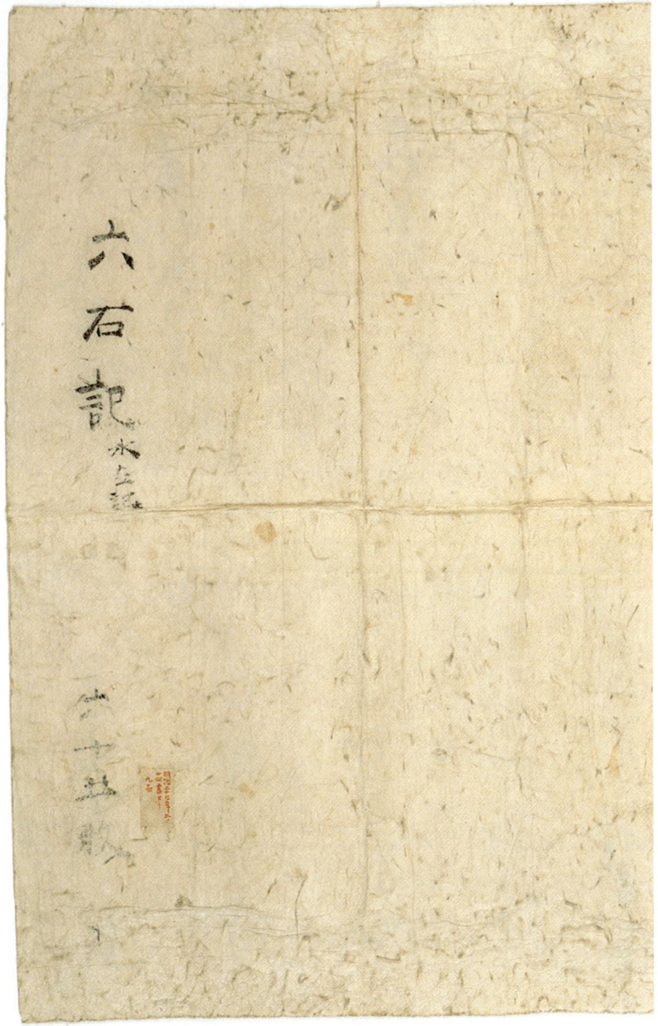

図２　旧包紙

図3　最前御求被遊候時分あなたゟ添参候書付并古筆了祐見届候紙面

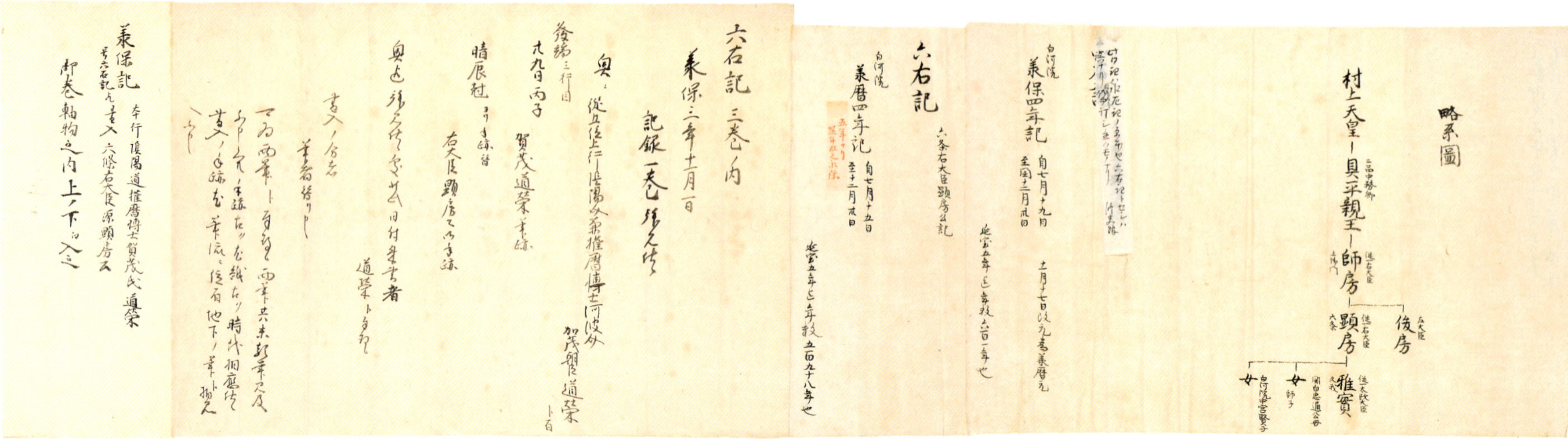

同端裏

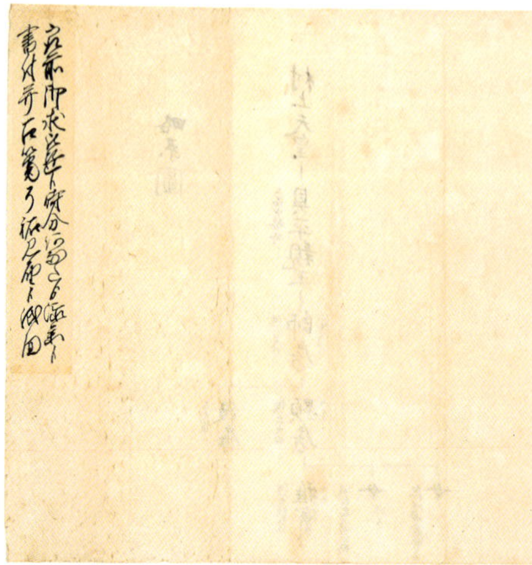

同貼紙下の墨書

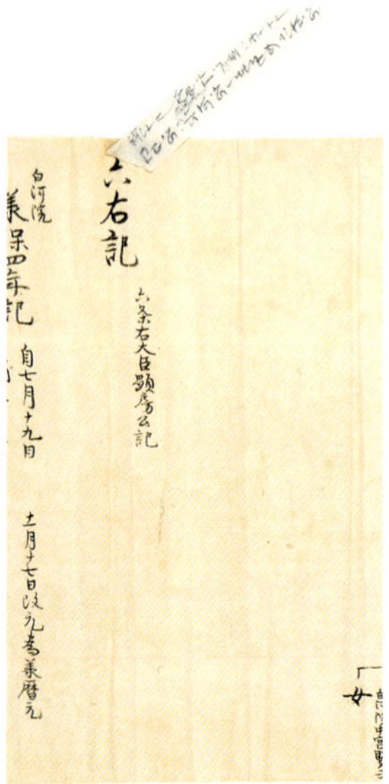

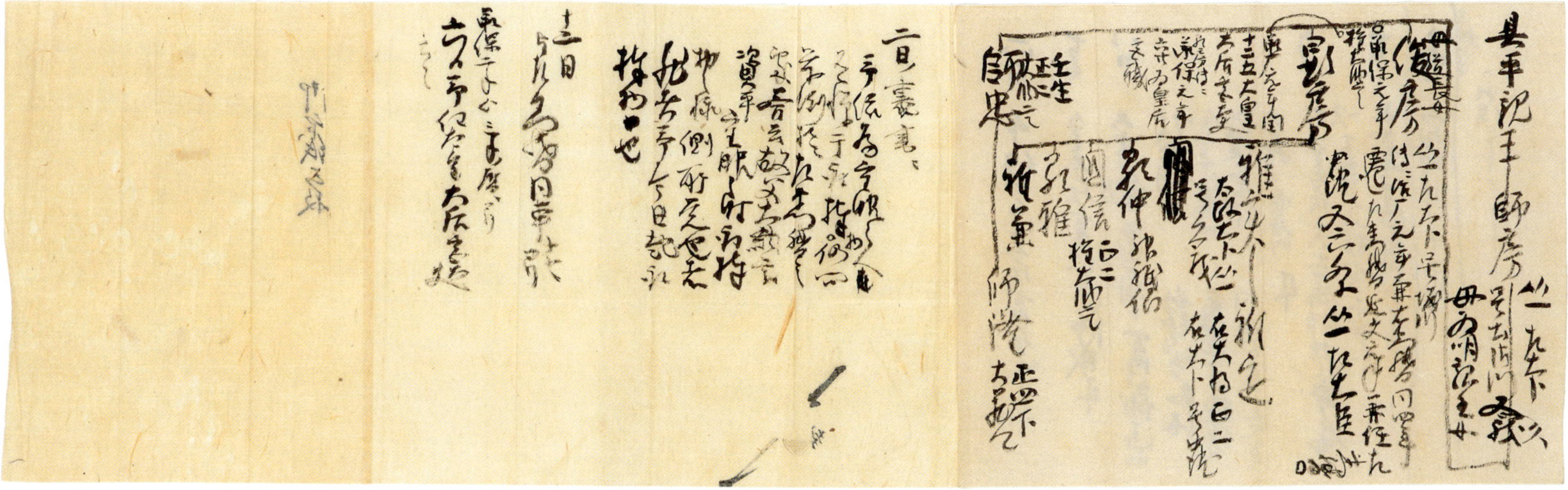

図4　六右記事憶不相知ニ付御考之物

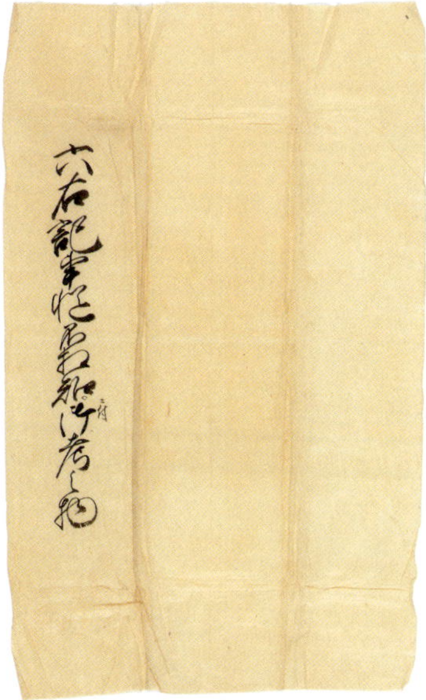

同包紙

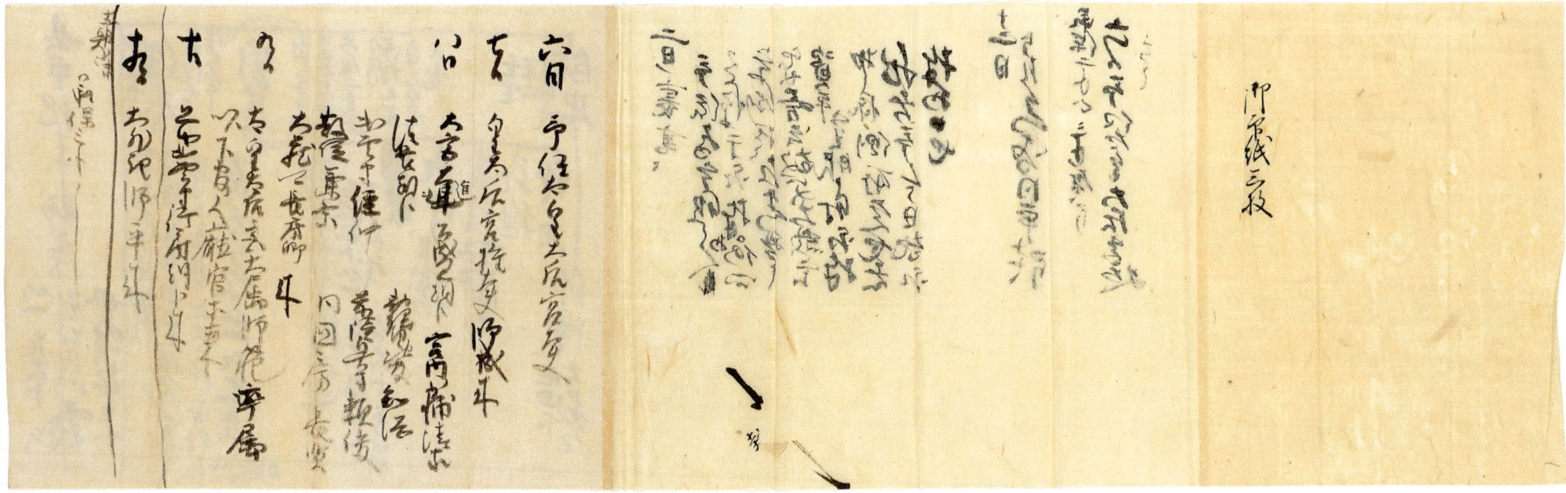

同　裏

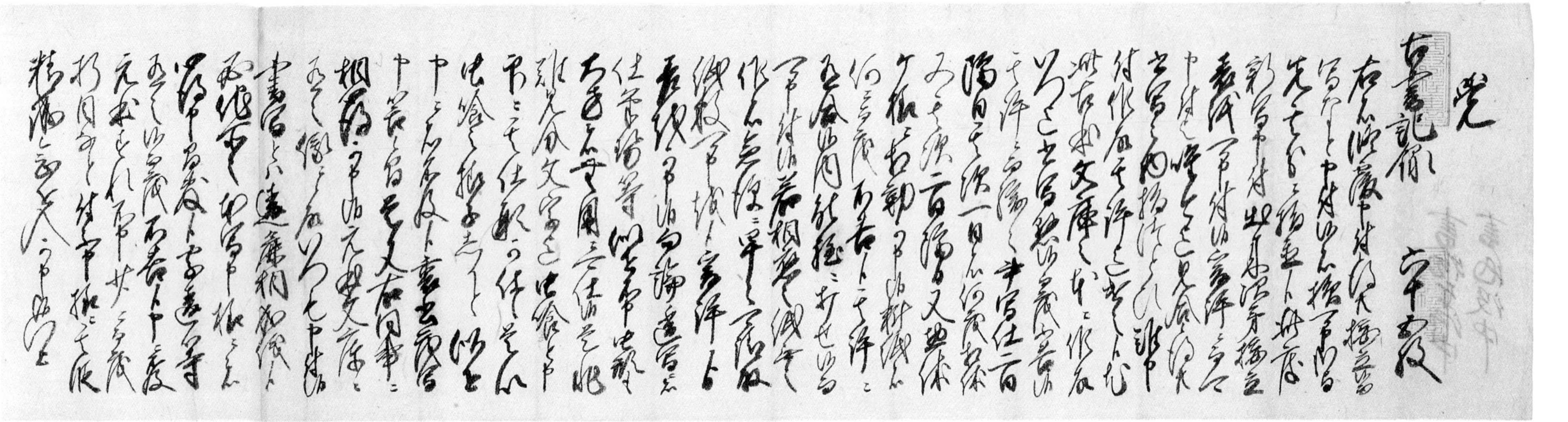

図5　宝永五年閏正月十五日付覚書ほか

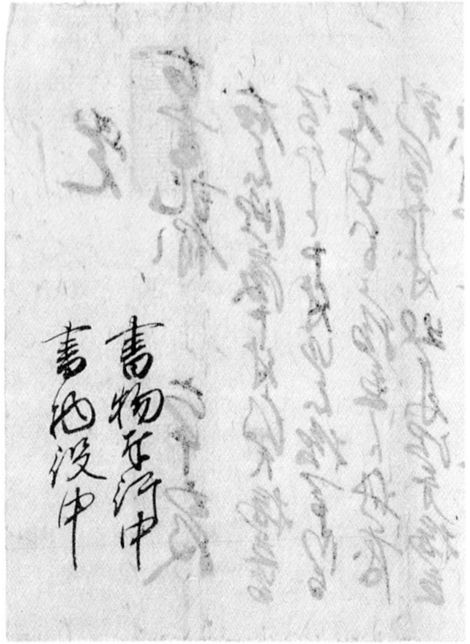

同端裏

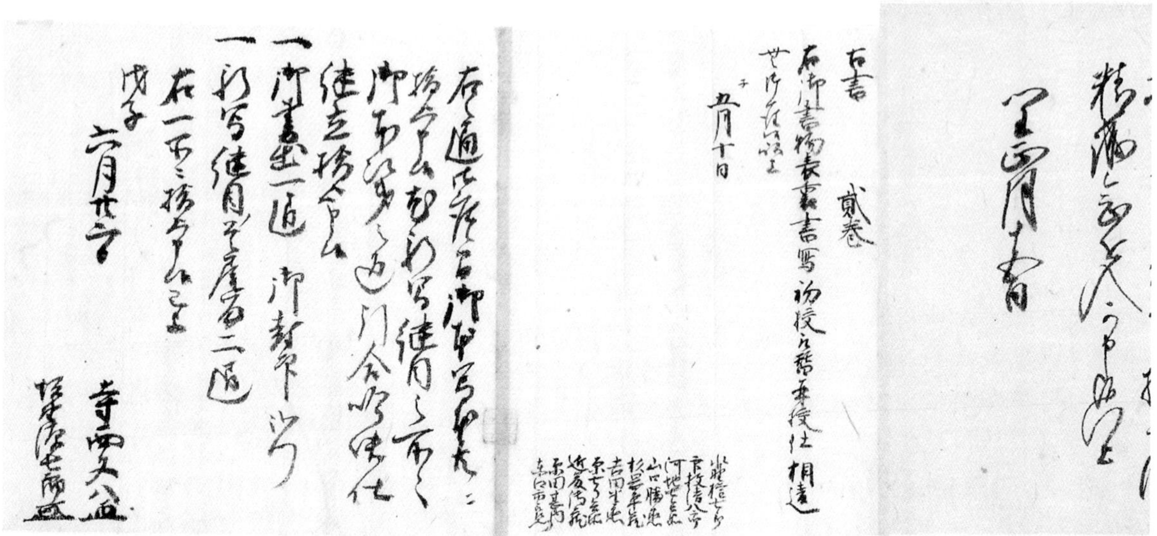

図5の続き

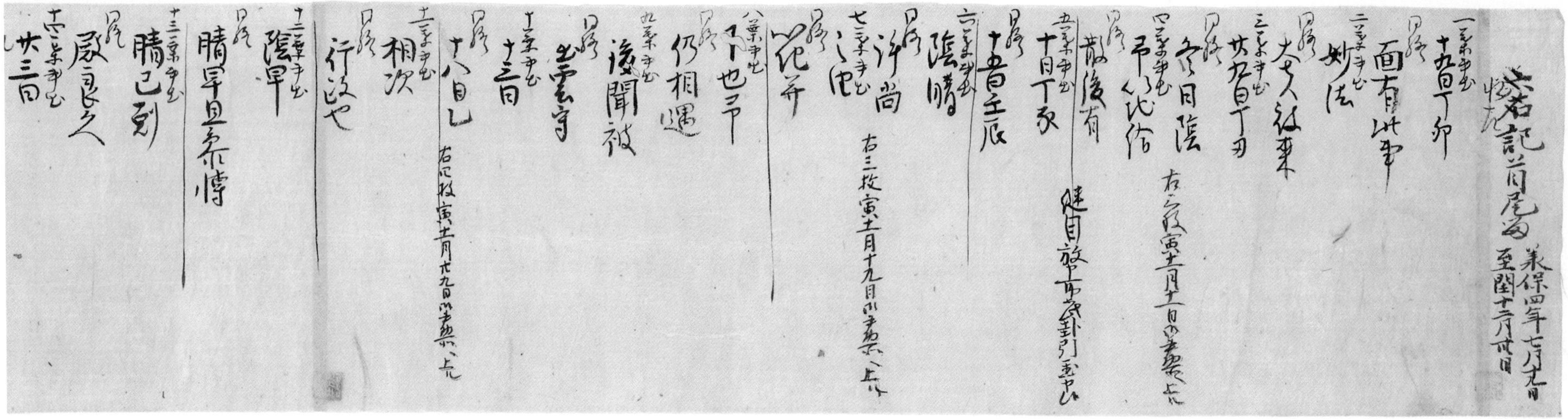

図6　水左記首尾留（承暦元年秋冬記第1紙〜第25紙）

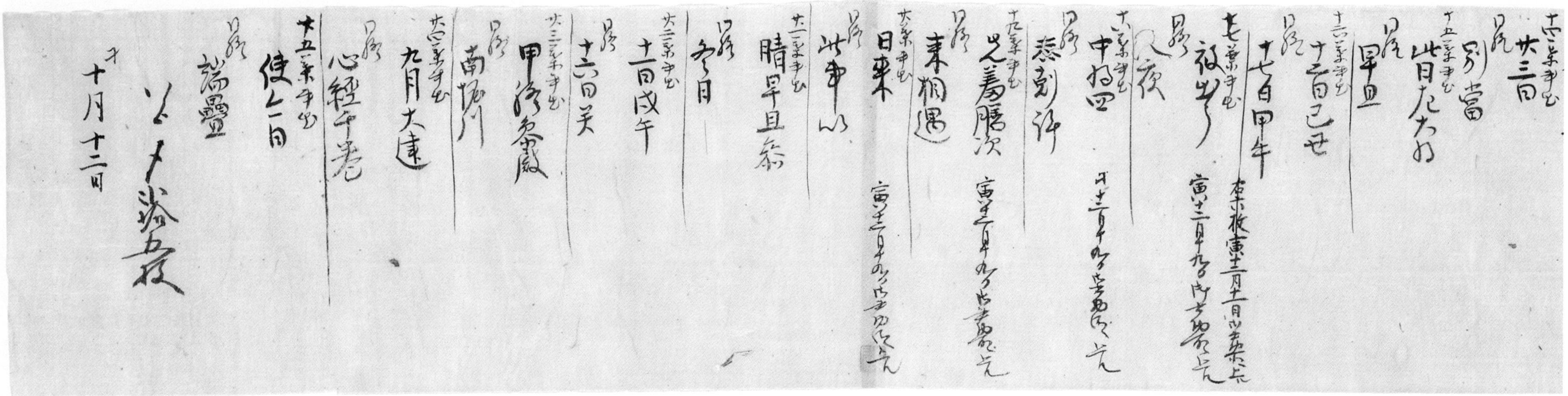

図6の続き

図7　水左記首尾留
（承暦元年秋冬記第二十六紙～第三十七紙）

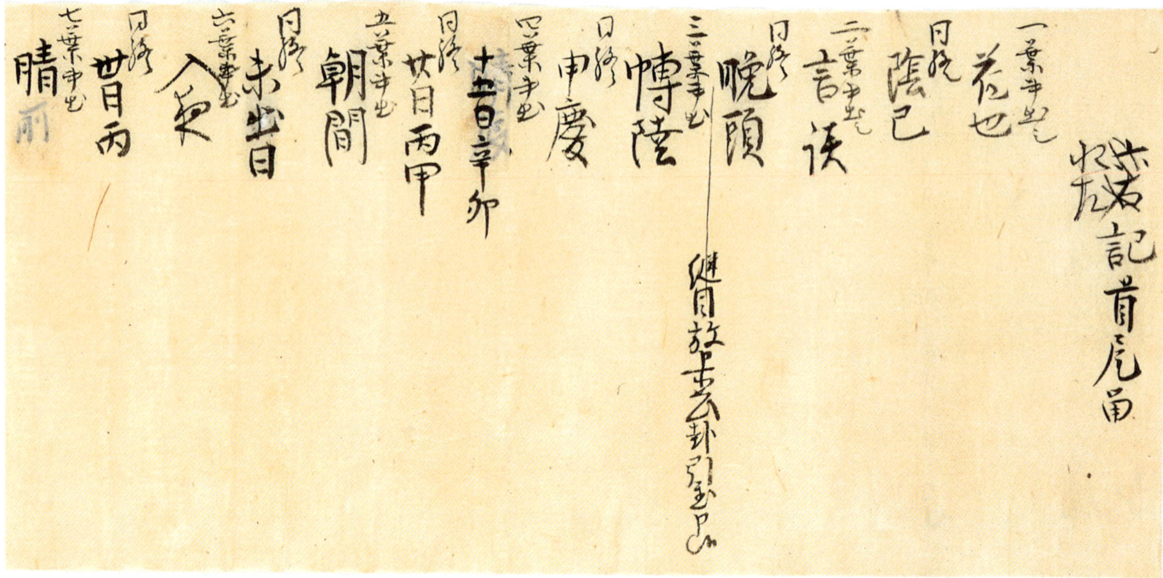

図7の続き

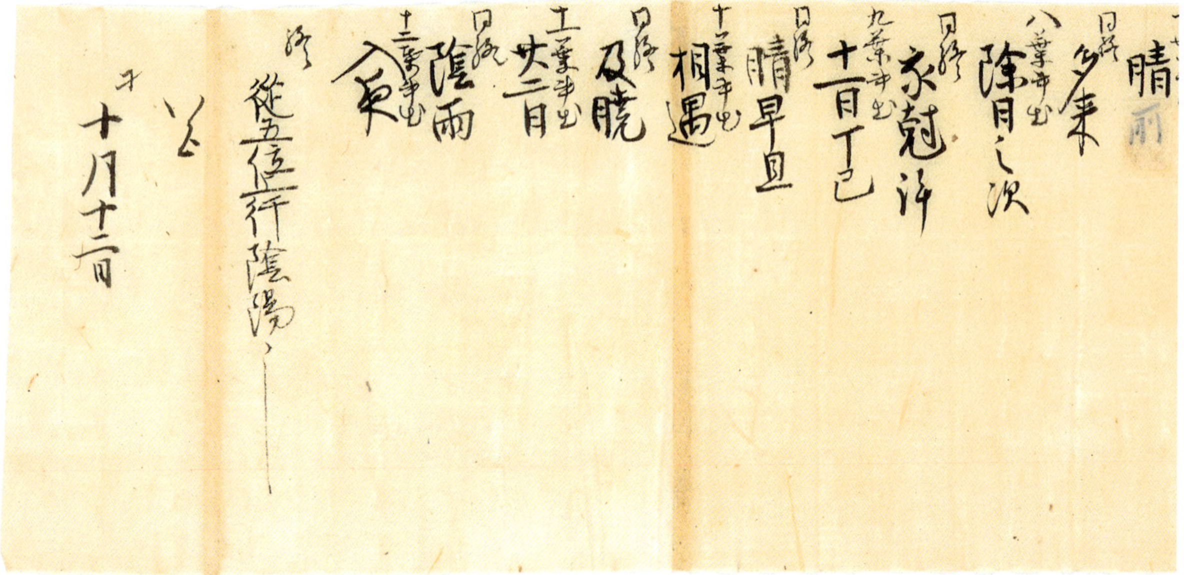

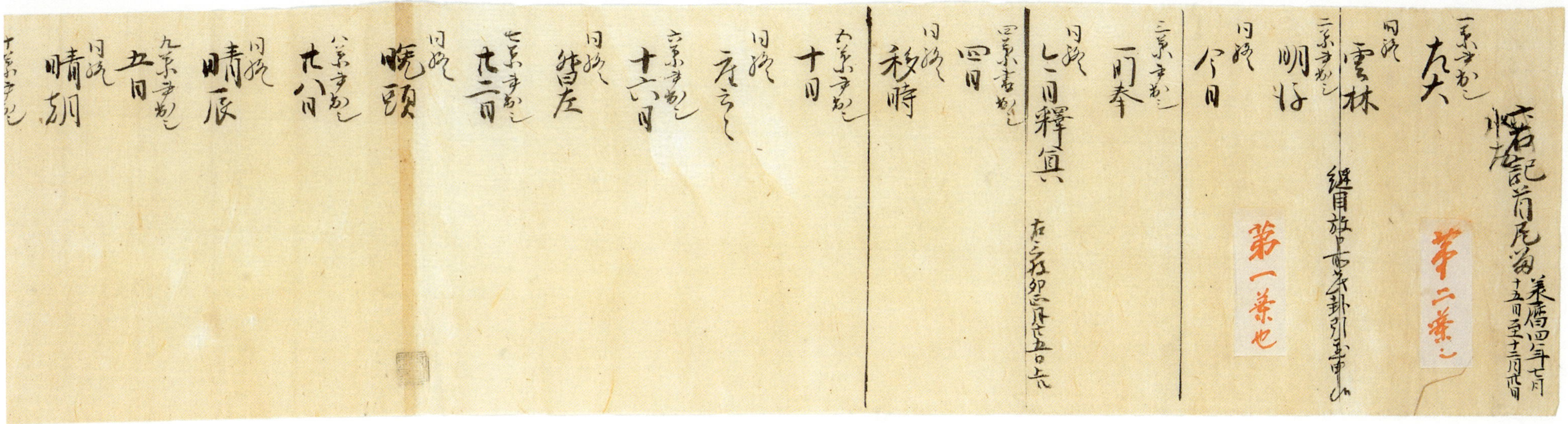

図8　水左記首尾留（永保元年秋冬記）

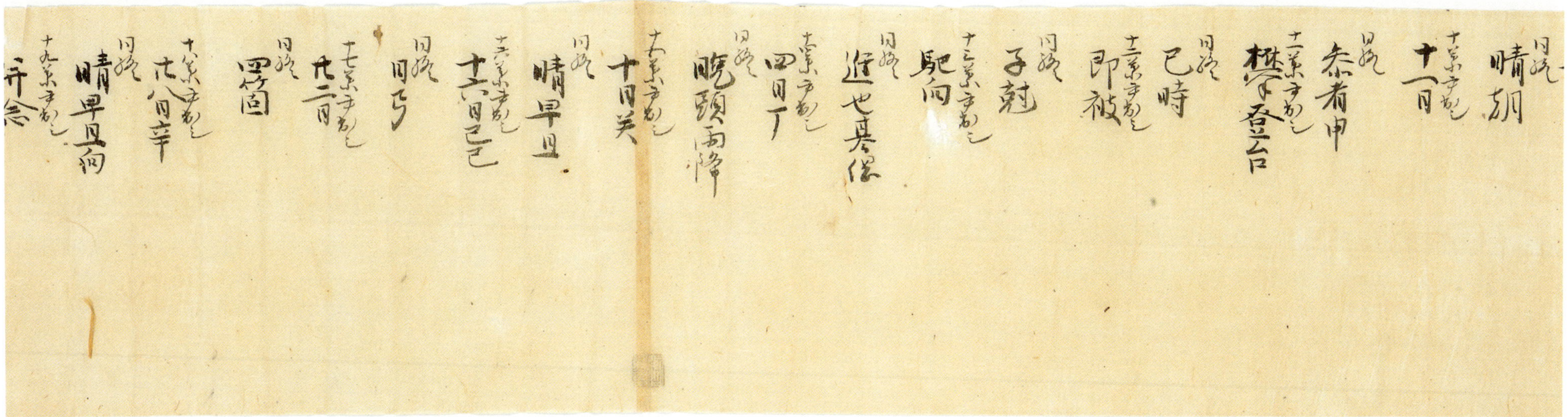

図8の続き（1）

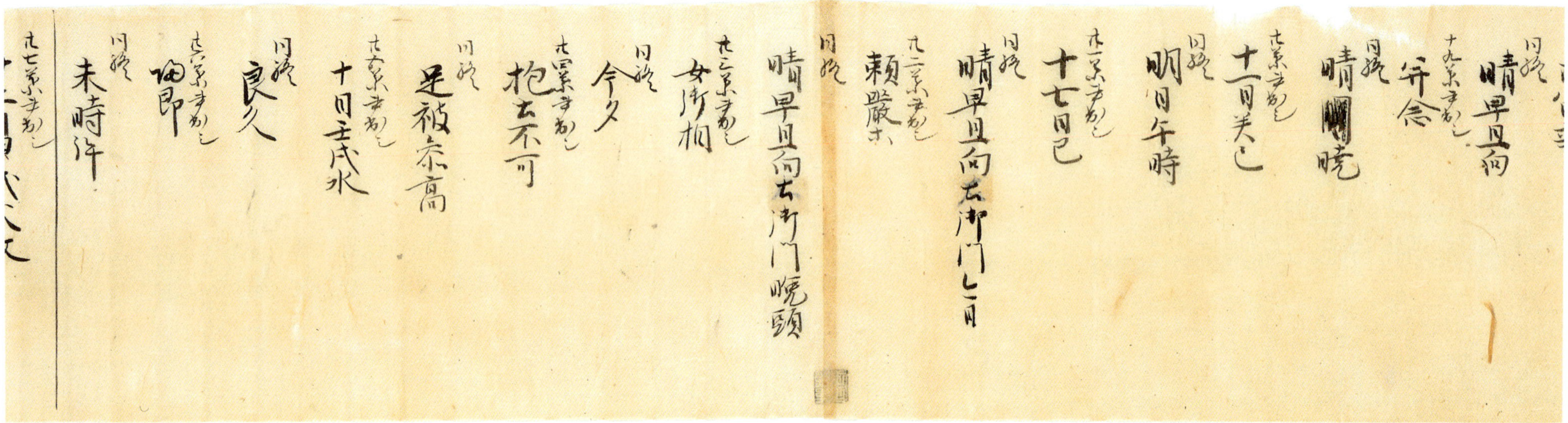

図8の続き（2）

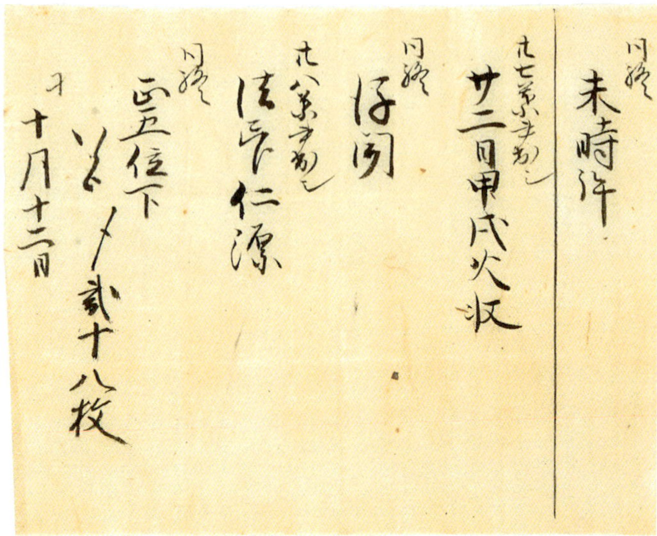

図8の続き（3）

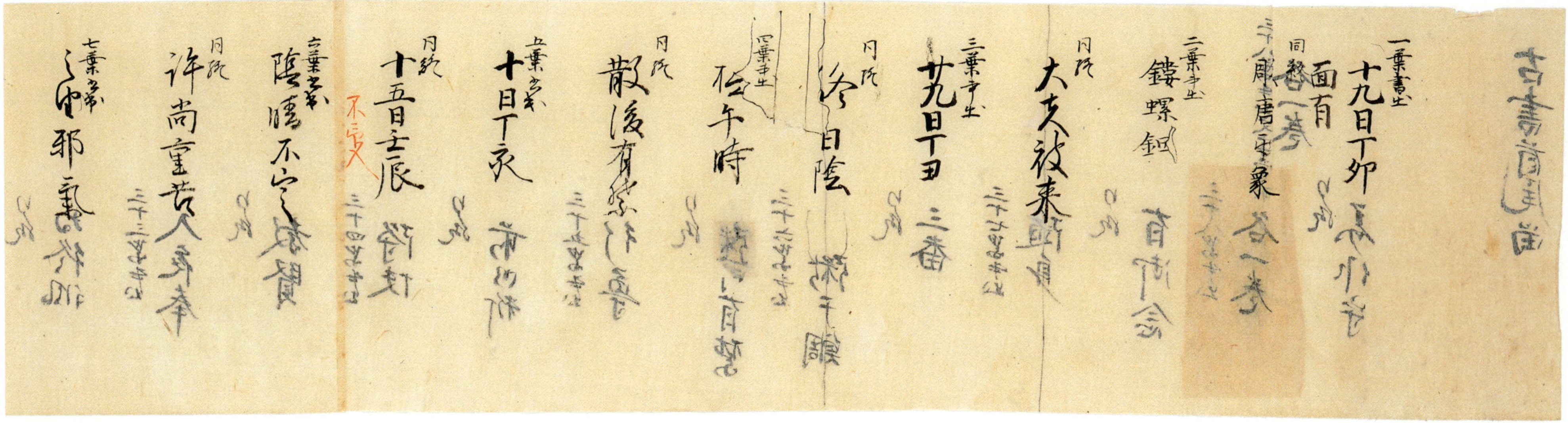

図9　古書首尾留（模写本承暦元年秋冬記）

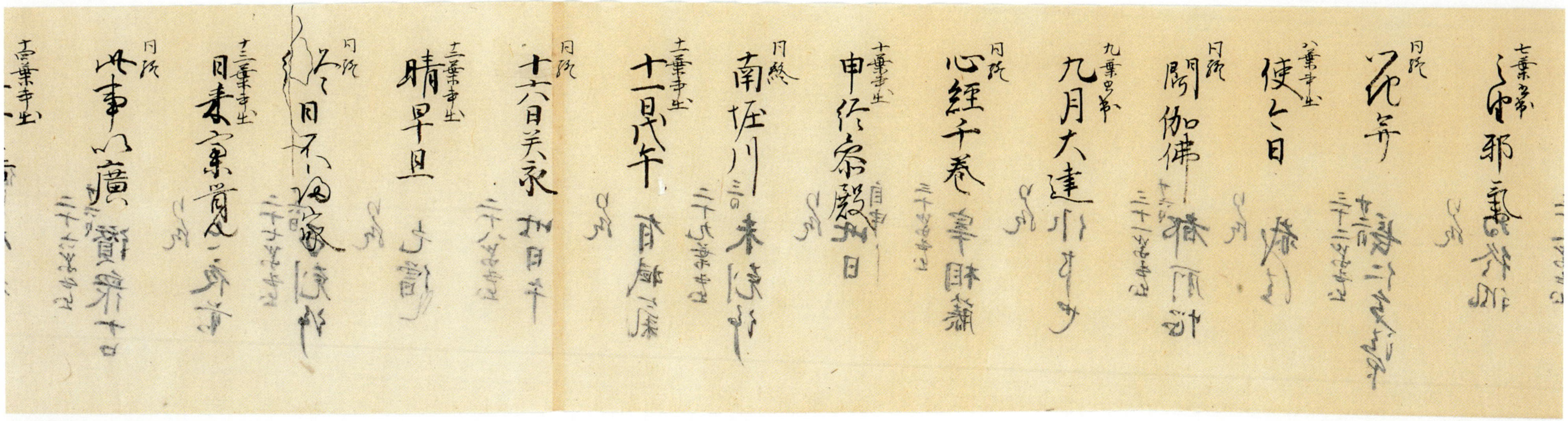

図9の続き（1）

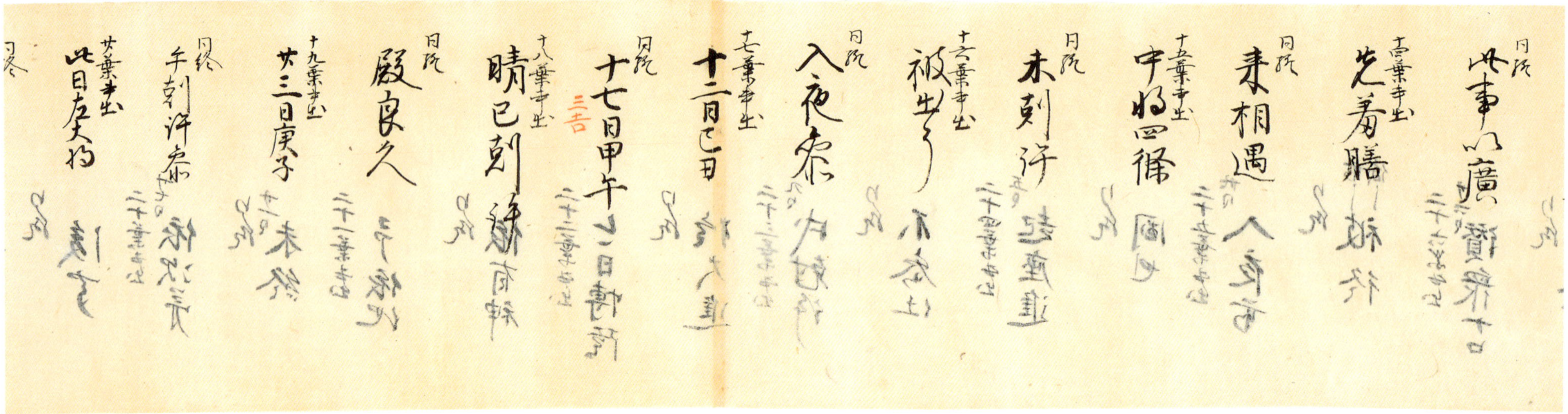

図9の続き（2）

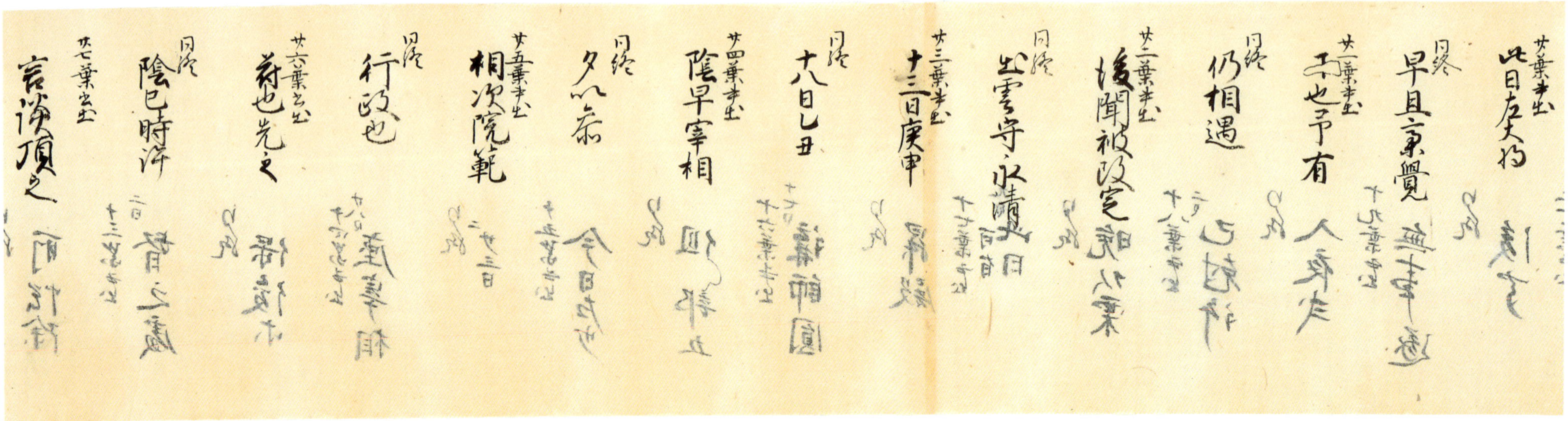

図9の続き（3）

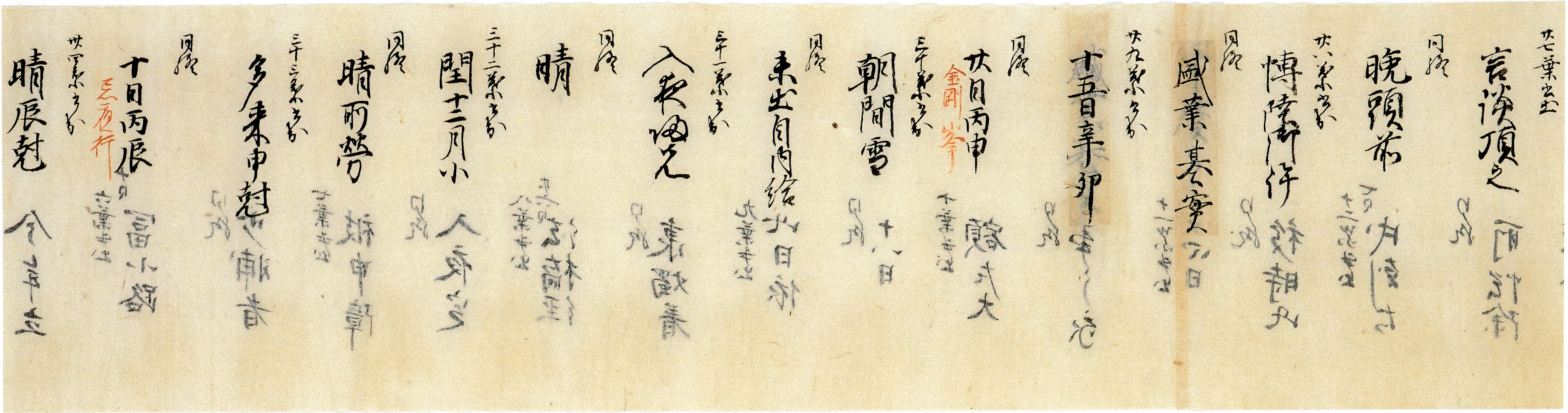

図９の続き（4）

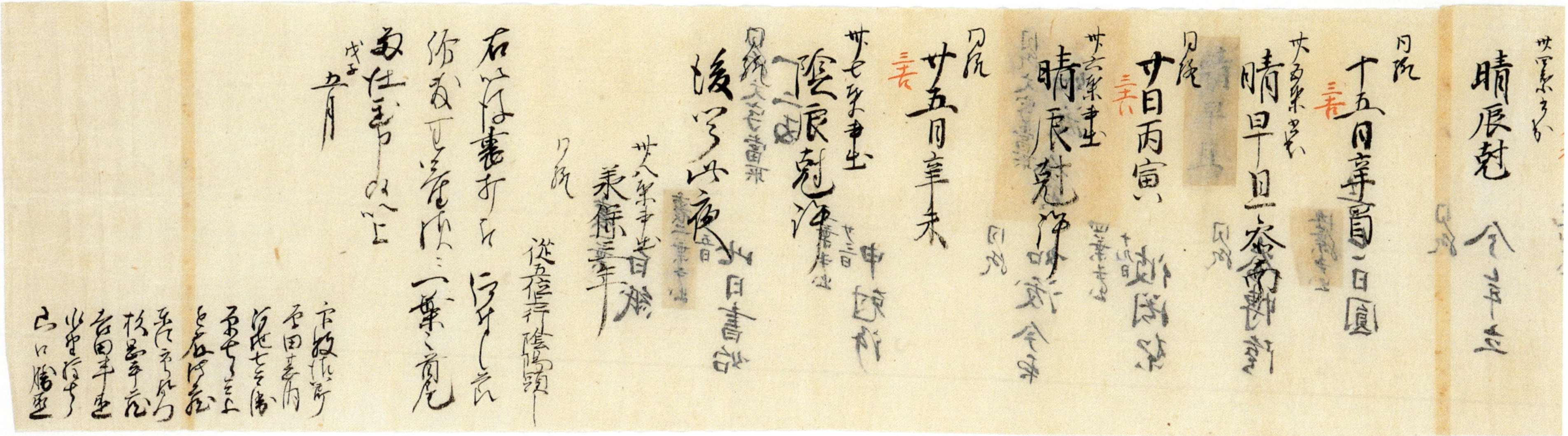

図９の続き（5）

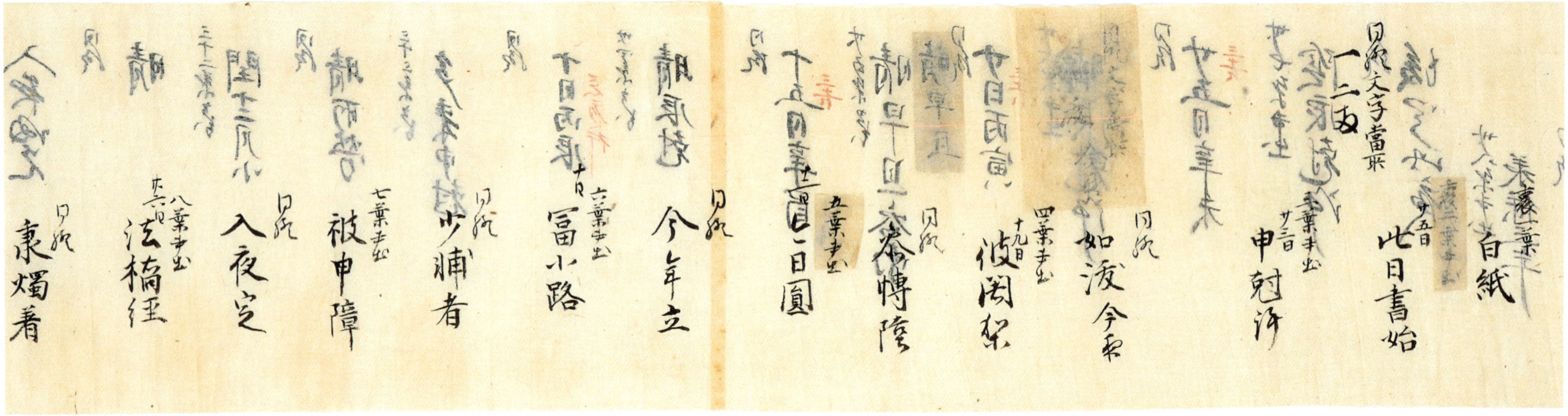

図9紙背

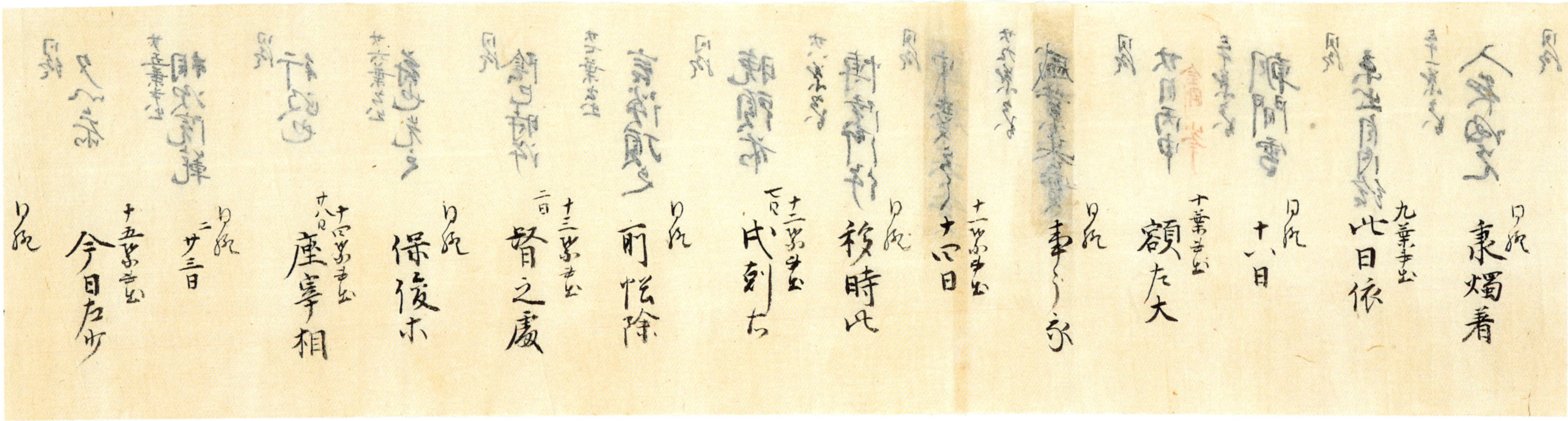

図9紙背の続き（1）

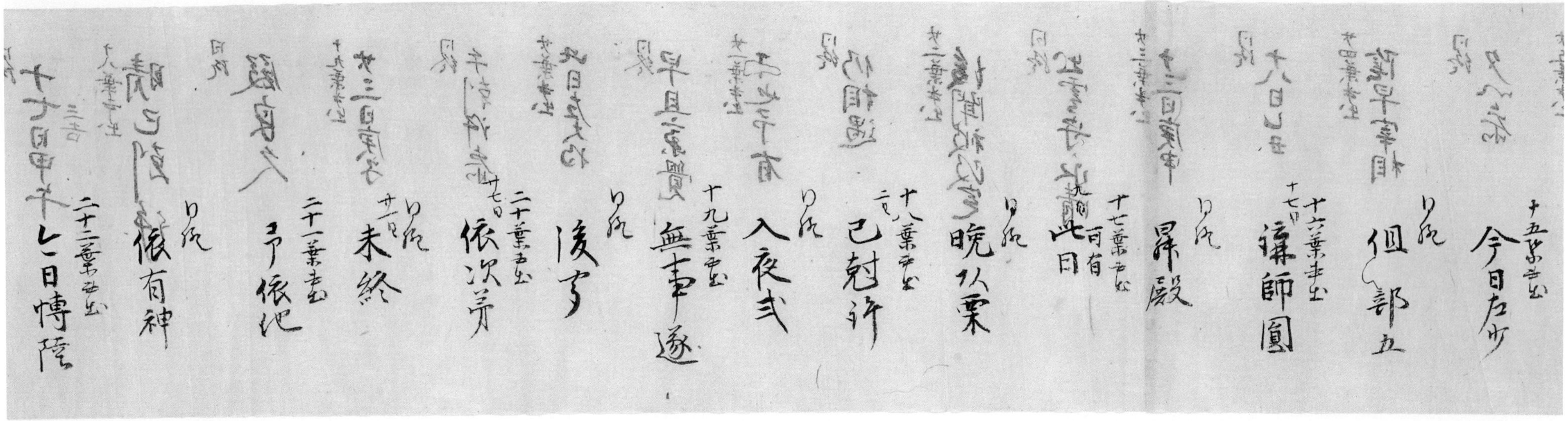

図9紙背の続き（2）

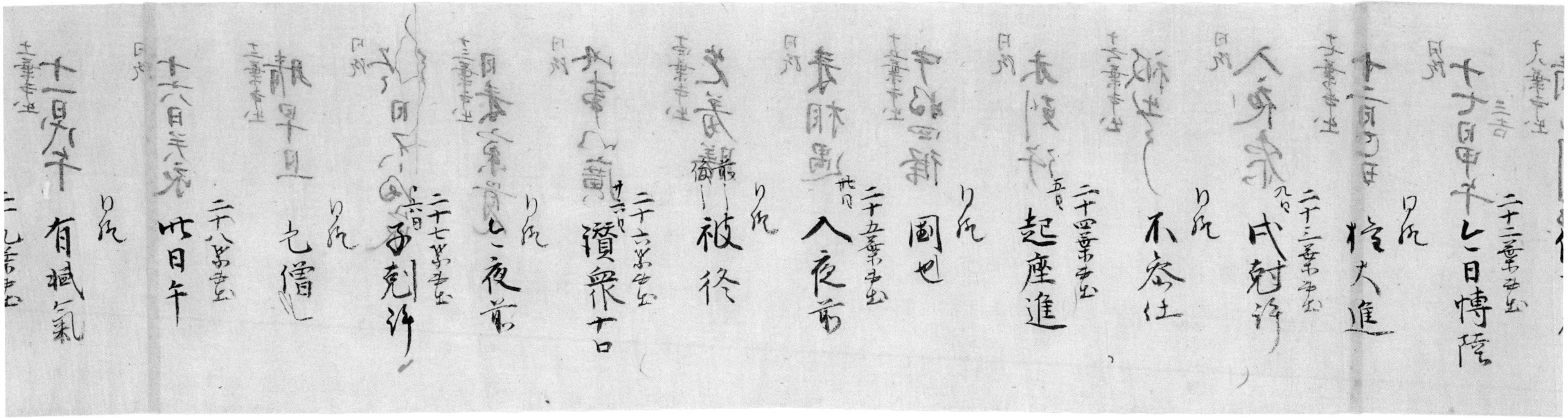

図9紙背の続き（3）

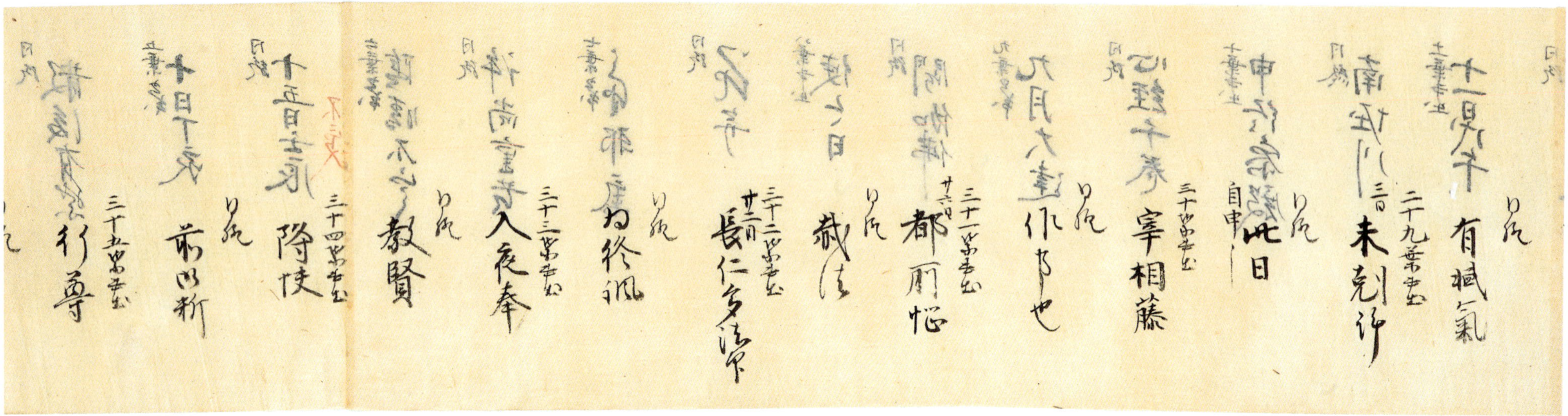

図９紙背の続き（4）

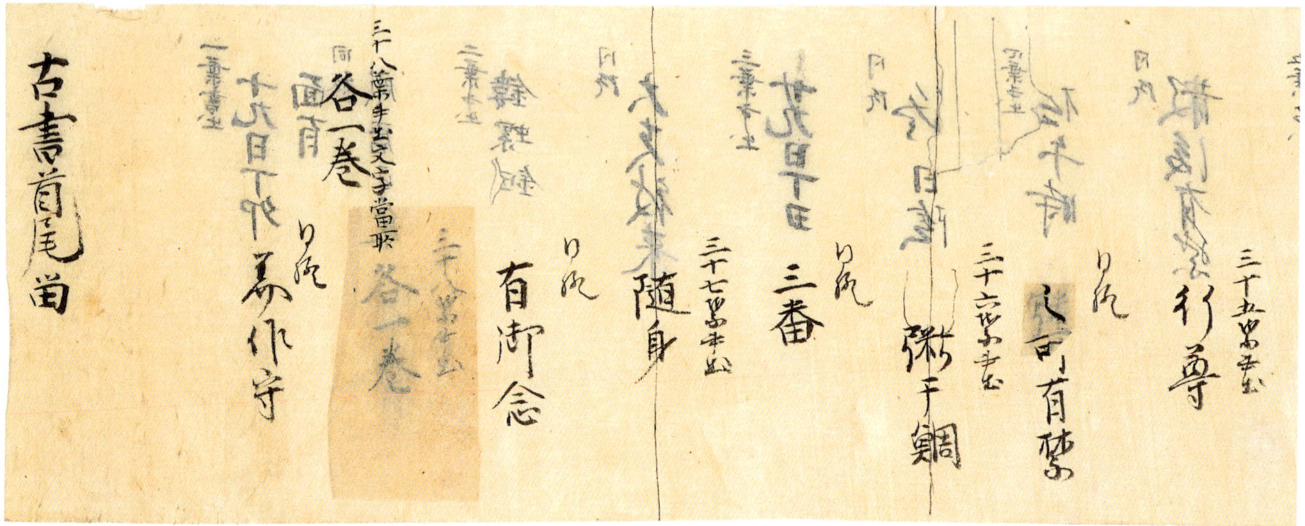

図９紙背の続き（5）

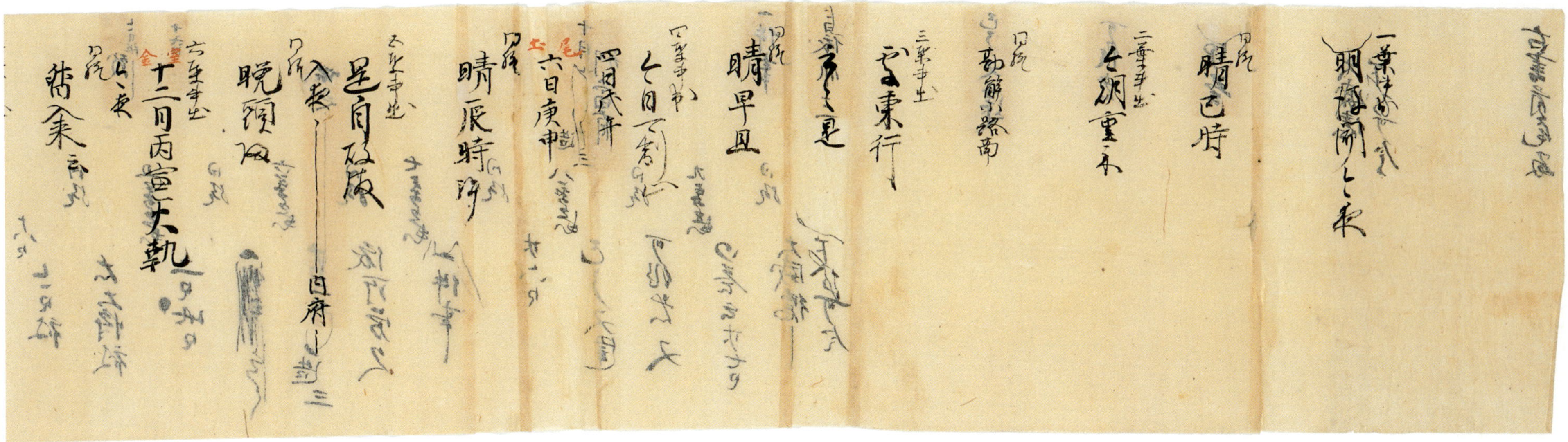

図 10　古書首尾留（模写本永保元年秋冬記）

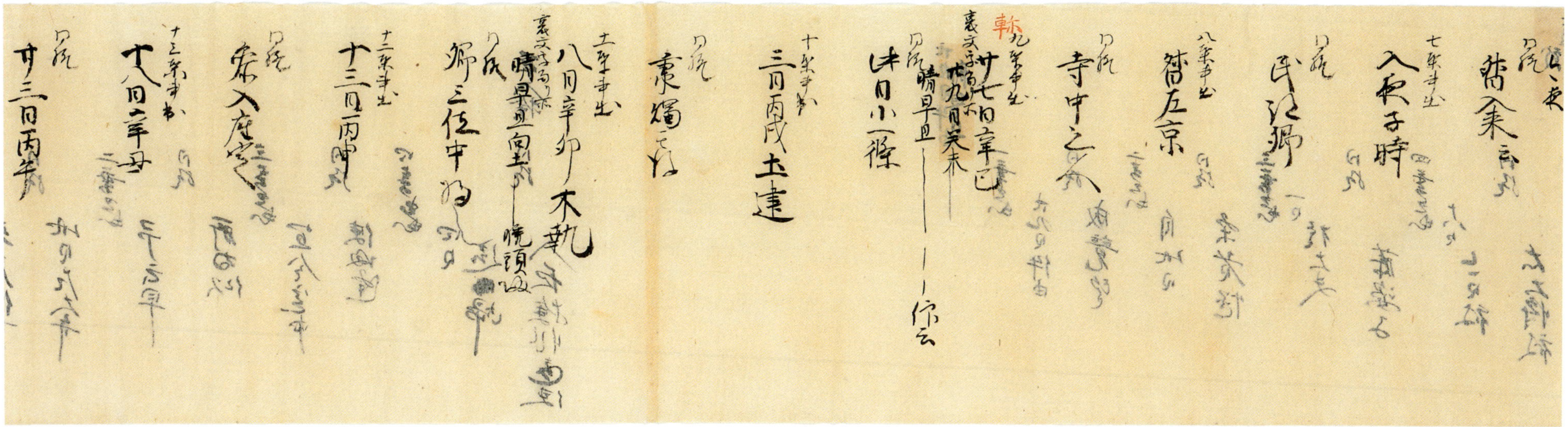

図 10 の続き（1）

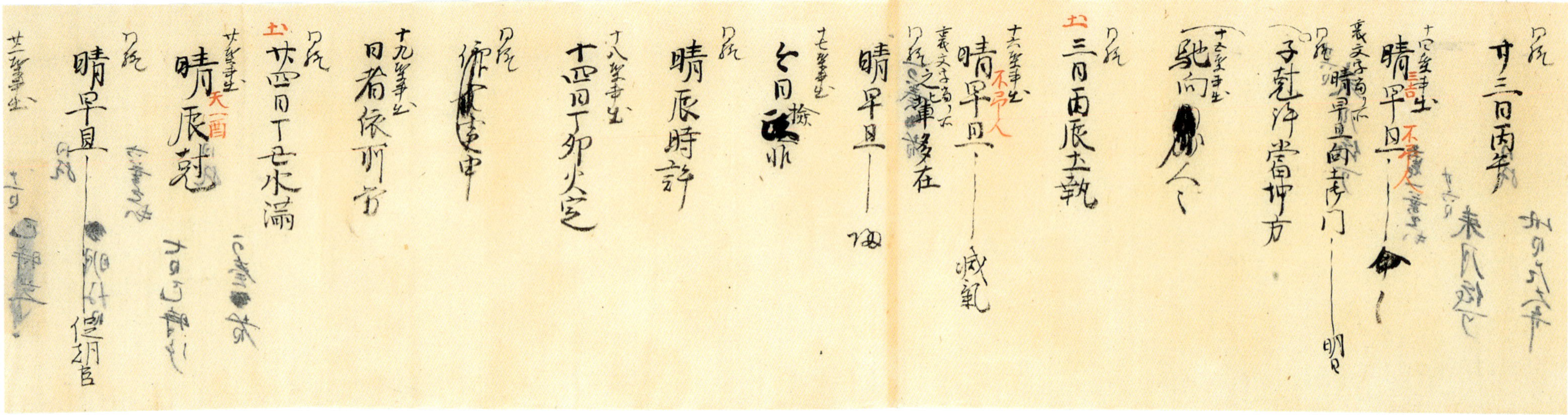

図10の続き（2）

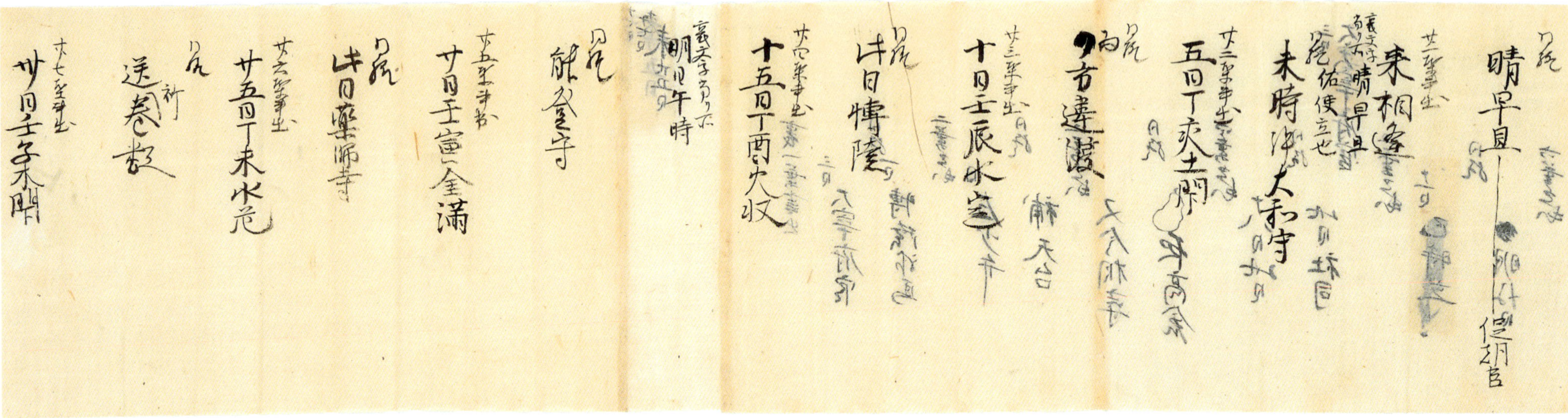

図10の続き（3）

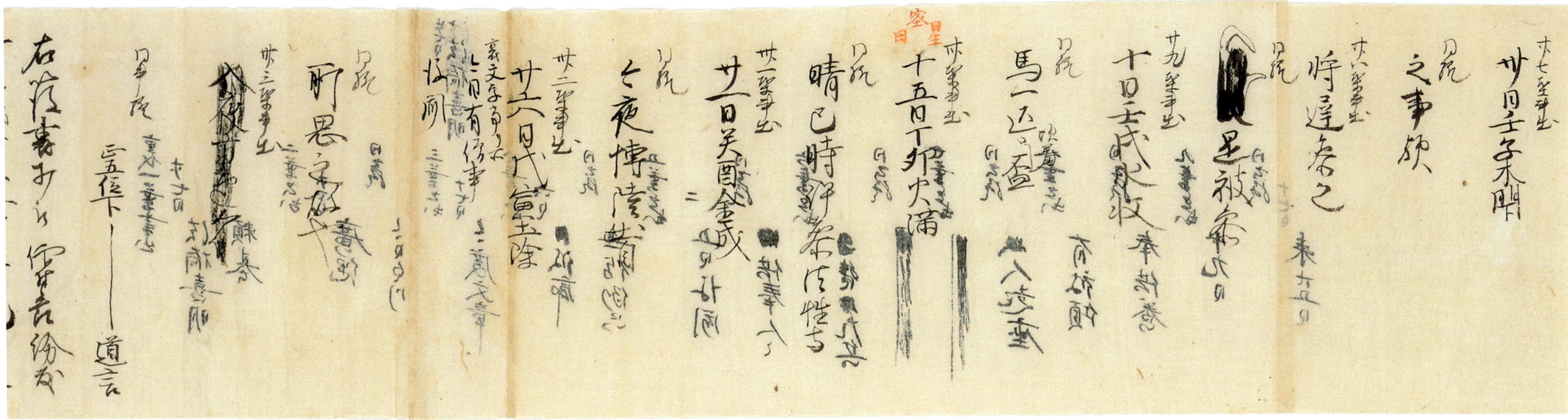

図10の続き（4）

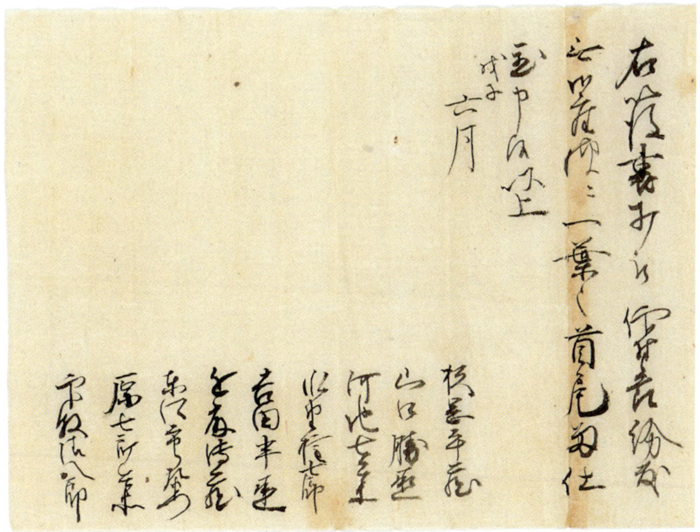

図10の続き（5）

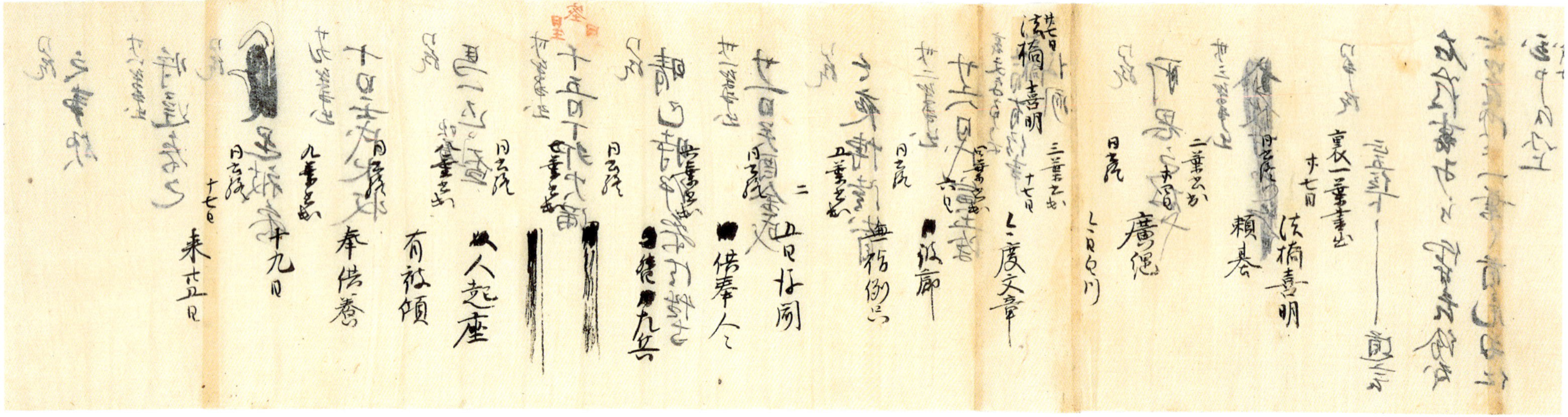

図 10 紙背

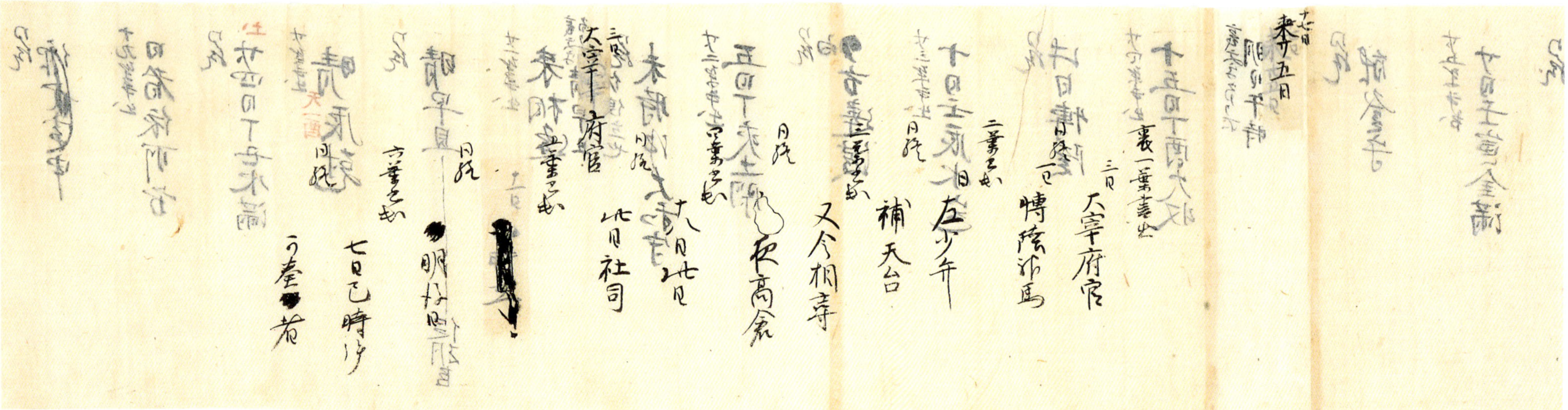

図 10 紙背の続き（1）

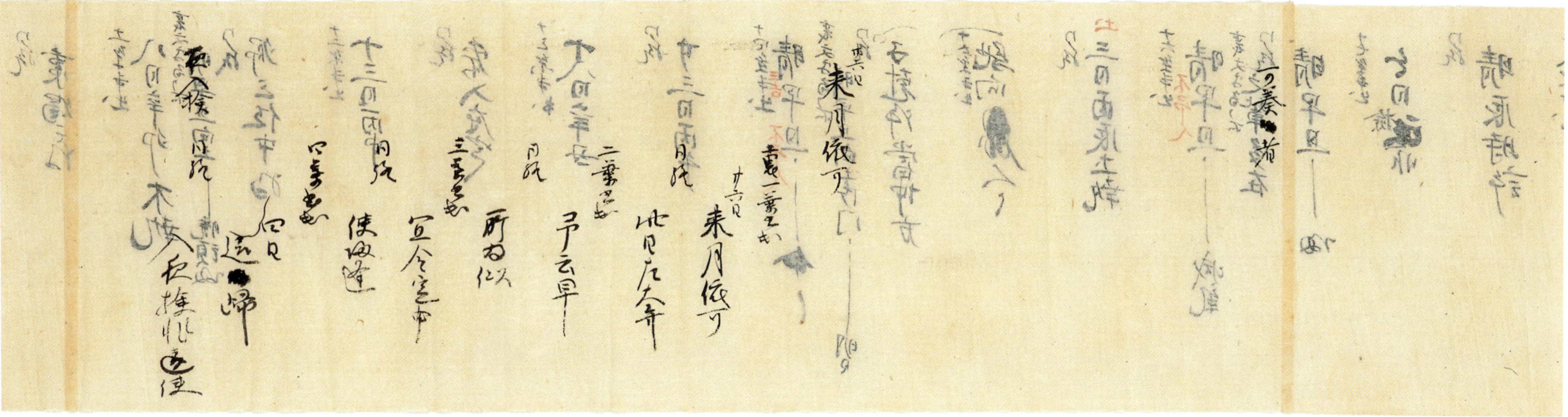

図10紙背の続き（2）

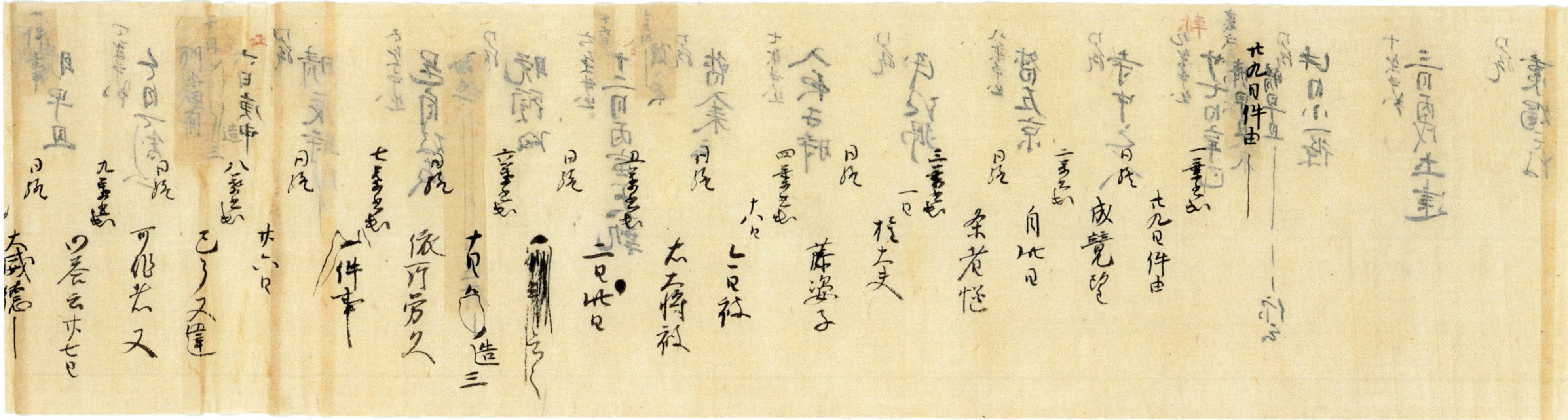

図10紙背の続き（3）

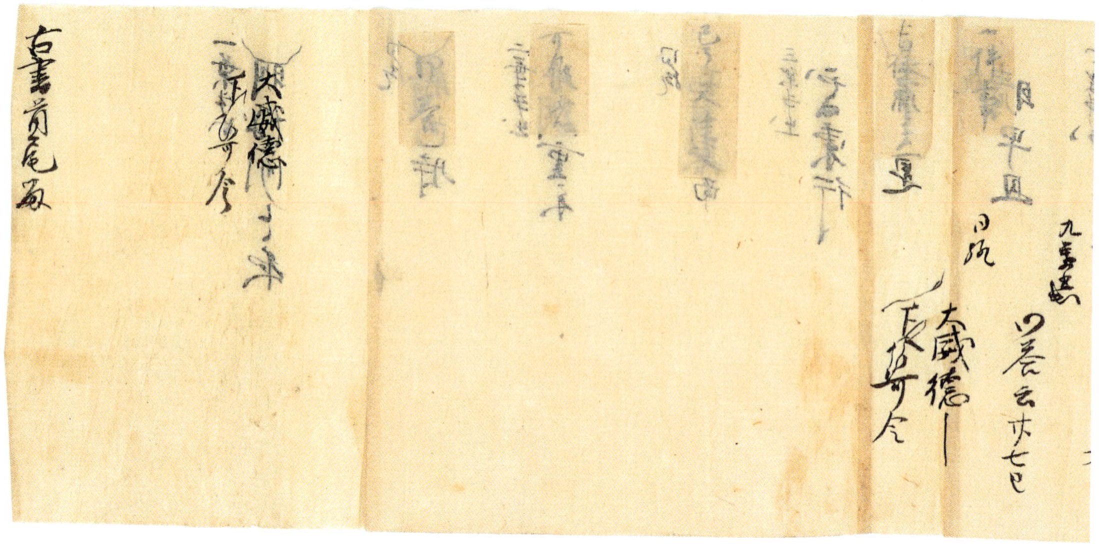

図10 紙背の続き（4）

図11　抄出本外包紙

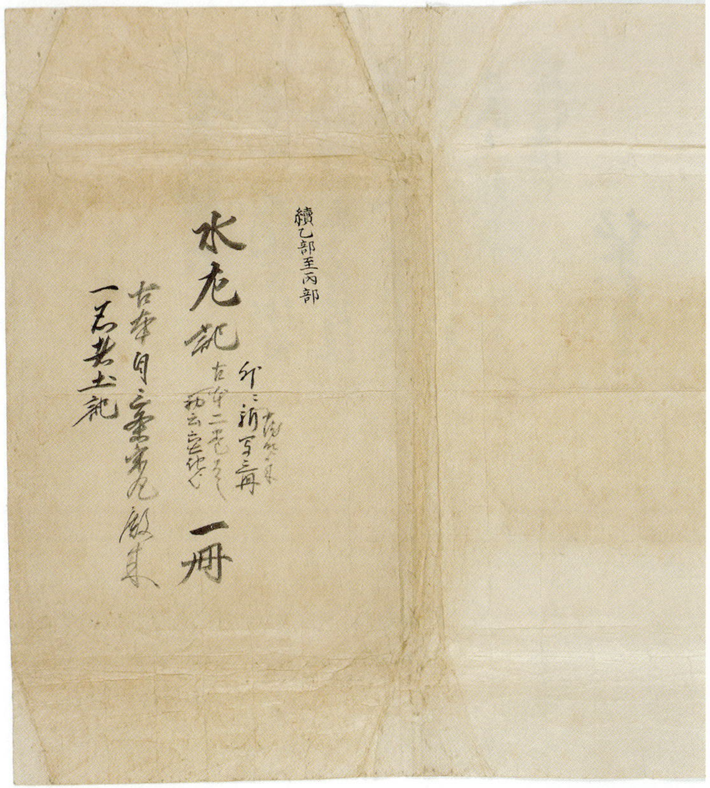

図12　抄出本内包紙

図13　水左記抄出本等覚書

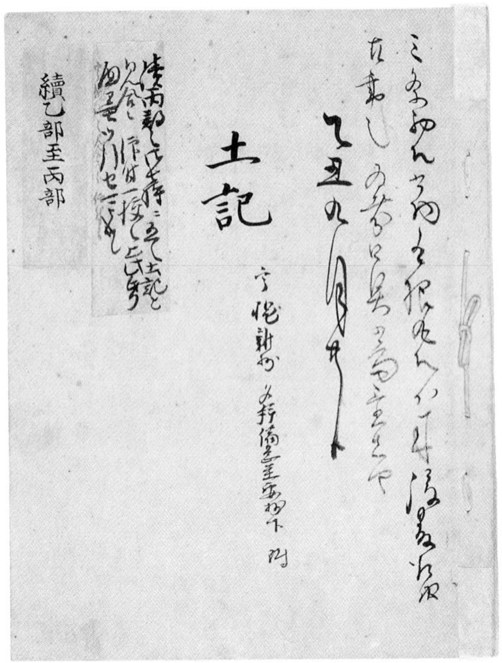

（1オ）

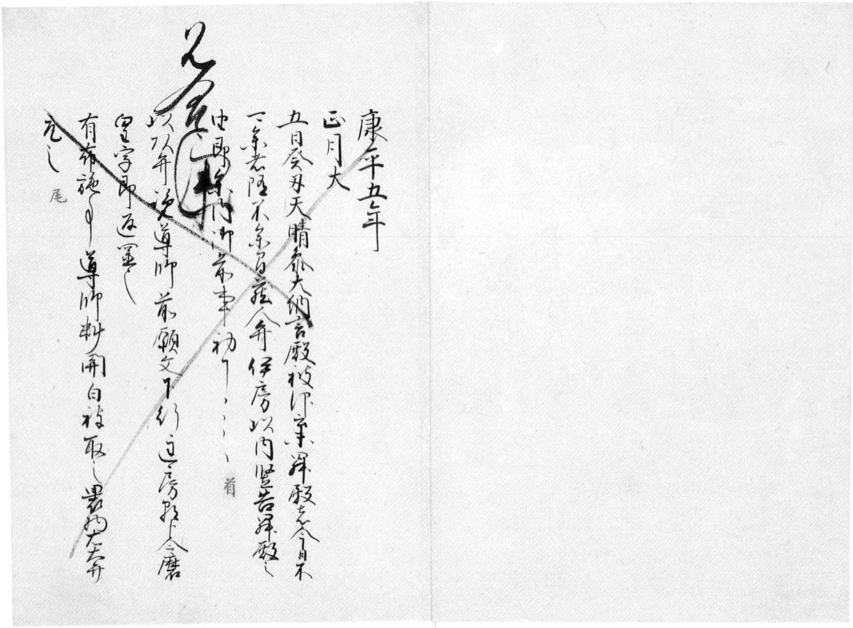

（3オ）　（2ウ）

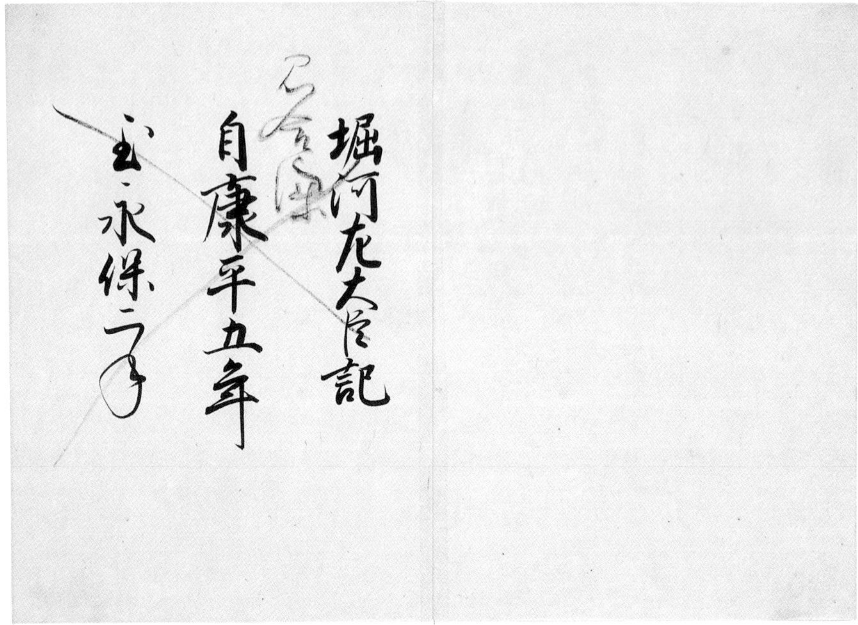

（2オ）　（1ウ）

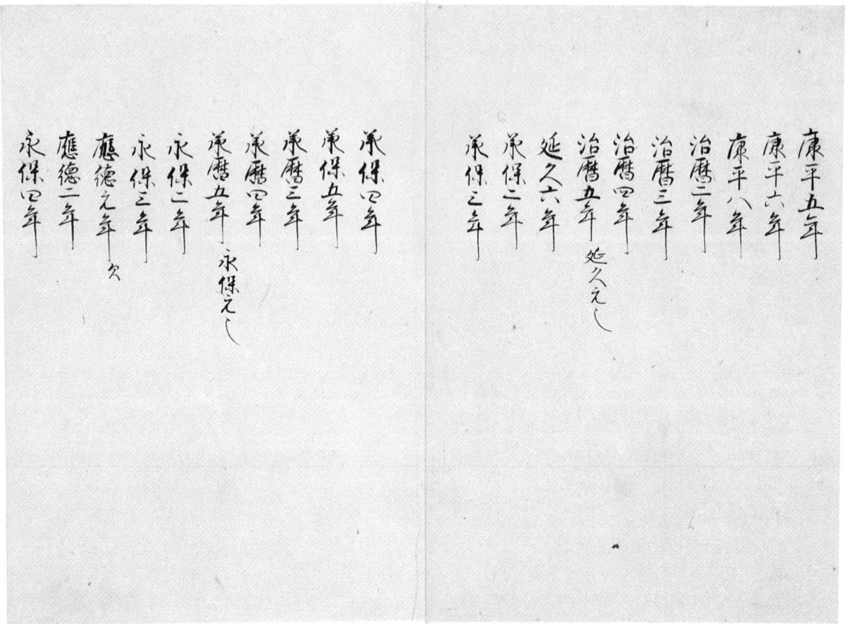

（4オ）　（3ウ）

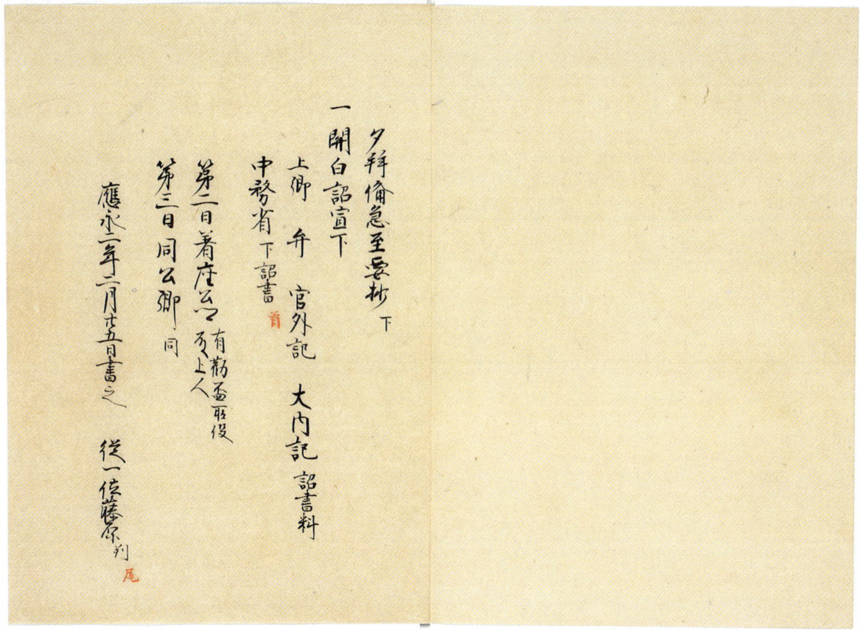

（9オ）　　（8ウ）

（6オ）　　（5ウ）

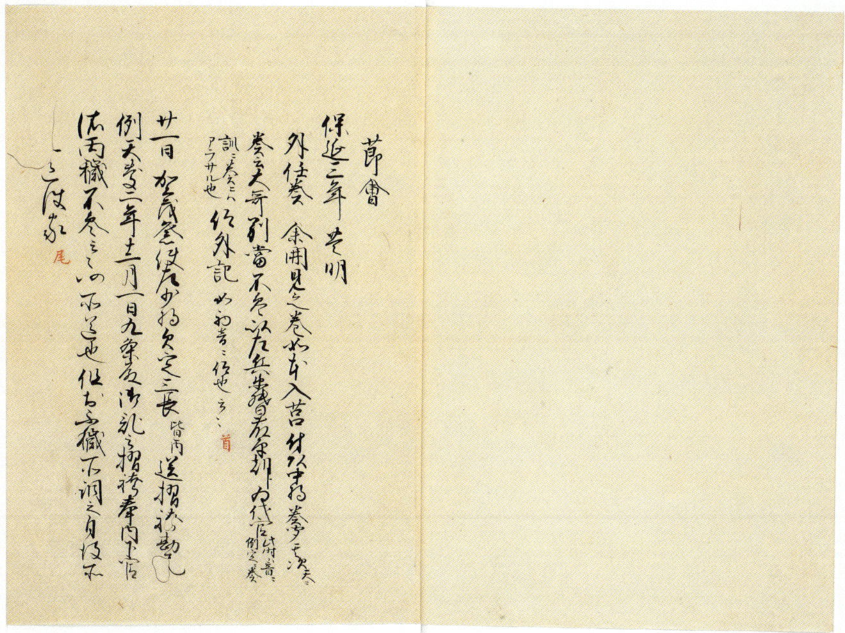

（7オ）　　（6ウ）

※表紙・裏表紙はなく、全10丁。掲出しなかった第3丁裏・第4丁表および第9丁裏から第10丁裏に墨付はない。

尊経閣文庫所蔵

『水左記』解説

石田実洋

一　本冊の構成

侯爵前田家尊経閣文庫編『尊経閣文庫国書分類目録』(1)によれば、尊経閣文庫には『水左記』の伝本として、

①水左記	（承暦元年秋冬・永保元年秋冬） 源俊房記　寫（自筆）	二六八書
②水左記	（康平五年至永保四年抄録）　表題土記 源俊房記　室町中期寫	一六九書
③水左記	（承暦元年秋冬・永保元年秋冬） 源俊房記　模寫	二六二イ

の三種がある。本冊には、このうちの①と②、およびそれぞれの付属書類などを収めるが、本稿では便宜上、①を自筆本あるいは自筆暦記、②を抄出本あるいは三条西家旧蔵抄出本、③を模写本あるいは前田家模写本などと称することにしたい。③は、宝永五年（一七〇八）に①を模写したものと考えられるため、本冊には収録していない(2)。ただ、①だけでなくその付属書類には、③と密接に関係するものが存する。また、①の伝来を考える上で、③を生み出した模写事業について明らかにしておくことも不可闕の作業となる。そこで、必要に応じて③にもふれていくことにしたい。

二　『水左記』の名称と記主源俊房

『水左記』とは源俊房の日記のことであるが、この記名は、俊房の姓源のサンズイと、その極官が左大臣であることとに因んだものと考えられる。この他、父師房以来の家号である土御門や、居地とした堀河（あるいは堀川）に因んだと考えられる「土記」・「堀河左府記」・「堀川左大臣記」などといった呼称も存する。

さらに、国立公文書館所蔵『任槐大饗部類記』に「佐記」という記録が引用されており、その内容からこれも『水左記』とみられている(3)。ただ、国立公文書館所蔵『神木動座之記』にもやはり同じ記名がみえ、内容より『水左記』とみられるが、その「佐記」とある右には、「川左」との傍書がある。この傍書は「堀川左大臣」を略したものであろうが、そうすると「佐記」とは、あるいは当初サンズイに「左」を合わせた略号の如きものが用いられていたところ、サンズイが人偏に誤写されて生まれた異称と考えるべきであろうか。記して後考を俟ちたい。

なお、本稿では、引用などの場合を除き、基本的に俊房の日記の書名を『水左記』に統一する。

さて、『水左記』の記主源俊房は、源師房の嫡男として長元八年（一〇三五）に誕生した。母は、藤原道長の娘尊子である。

父師房は、村上天皇の皇子具平親王の嫡男として寛弘五年（一〇〇八）に誕生したが、具平親王はその翌年に薨去してしまう。ただ、姉の隆姫女王が藤原頼通の配偶となったことから、幼少より頼通の養子となり、その許で育てられたらしい。一時期は、長く男子を得なかった頼通の後継者に擬されていたという(4)。

このように村上源氏は、俊房の父師房の代から御堂流藤原氏と密接な関係にあり、俊房自身も頼通の養子として叙爵されている。以後、後冷泉天皇・後三条天皇・白河天皇・堀河天皇・鳥羽天皇と五代の天皇に仕え、保安二年（一一二一）正月に致仕するまでの間に、位階は従一位、官は左大臣に至る。そして、致仕した翌月に出家すると、同年の十一月に八十七歳をもって薨じた。公事に詳しく、また、深い学識と秀でた文才をもち、能筆でもあった、という。その他、俊房の経歴の詳細については、東京大学史料編纂所編の大日本史料に薨伝がたてられており(5)、『国宝　水左記』には略年表も掲載されているので、それらを御参照いただきたい。

ただ、俊房の生涯の中で、『水左記』の記事、あるいはその現存状況に大きな影響を与えたと考えられる点をいくつかここで指摘しておく。

まず第一に、後三条天皇との関係が挙げられる。天喜五年（一〇五七）、俊房は後朱雀天皇の皇女娟子内親王を正室とするが、当初その関係は、密通、駆け落ち同然のものであったらしい。これにより、俊房は一両年籠居することを余儀なくされるが、それだけではすまされず、娟子内親王の同母弟である後三条天皇は、当時はまだ皇太子であったのだが、これに対して不快感を抱いていたという。『古事談』に「仍受禅之後、依其御意趣令追籠給、不解所帯云々、延久之間ハ不被召仕」とあるのはやや誇張があるのかもしれないが、『水左記』の現存記事に後三条天皇在位中のものがほとんど存在しないのは、こうしたことが影響している可能性も考えられる。

第二に、承暦元年（一〇七七）二月十七日[6]に父師房が薨去したことを挙げておく。これ以降、俊房は、源氏長者の地位などを師房から承け継ぐこととなり、『水左記』にも関係記事が多く見出せるようになる。[7]

最後に挙げておかねばならないのは、輔仁親王との関係である。同親王は父後三条天皇が皇嗣に擬していたともされるが、俊房はこの輔仁親王と親密な関係を結んでいた。しかるに永久元年（一一一三）、俊房の子で、同親王の護持僧となっていた仁寛が、大逆を企てたとして配流され、俊房とその子師時・師重なども連座して出仕を停められる。俊房や師時・師重に対する処分は翌年に解除されるものの、以後、俊房の弟顕房の系統が村上源氏の嫡流としての地位を占めることになる。[8] 現在確認できる『水左記』の下限記事が永久元年のものであるのは、この事件の影響によるところが大きいのではないだろうか。

三　『水左記』の伝本

『水左記』の現存する記事については、管見の及ぶ限りの逸文も含めて、表三にまとめておいた。逸文については、その本文も本稿末尾に示しておいたので、適宜御参照いただきたい。[9]

さて、この表三「『水左記』の現存記事」によれば、『水左記』の現存記事は、俊房二十八歳の康平五年（一〇六二）より七十九歳の永久元年に及ぶ。いわゆる摂関期から院政期への移行期に当たるが、前後と比較して残された記録が少なく、特にある程度の期間にわたって伝存する記録が少ない時期であり、その意味でも貴重な日記といえよう。

また、成立を中世以前にまで遡り得る伝本としては、俊房自筆本と三条西家旧蔵抄出本とがある。抄出本については後述するとして、前者を現在の所蔵ごとに整理すると、宮内庁書陵部所蔵の伏見宮本『水左記』（伏―一）に、

康平七年春夏記
康平七年秋冬記
応徳元年（一〇八四）春夏記
応徳元年正月十七日別記

の四巻が属し、同部所蔵の柳原本『水左記』（柳―一二五〇）が、

承暦四年春夏記
承暦四年秋冬記

の二巻からなる。さらに、本冊所収の尊経閣文庫所蔵本が、

承暦元年秋冬記
永保元年（一〇八一）秋冬記

の二巻で、計八巻が『水左記』の現存する自筆本ということになる。うち七巻は、具注暦に記された暦記であり、現存する公卿の自筆暦記としては、藤原道長の日記『御堂関白記』に次いで古い。[10] 残る一巻は、大臣大饗についての別記である。

そして現在、この自筆本八巻と三条西家旧蔵抄出本とを除けば、江戸期以降に成立した新写本しか確認されていない。それだけではなく、再び表三を御覧いただくと、自筆本八巻と三条西家旧蔵抄出本一冊とに収められた記事を合わせれば、現在最も一般的に用いられている史料大成本の記事を、ほぼ完全に網羅できることがわかるであろう。

逸文まで含めても、これだけ高い割合の記事が古写本にまで遡り得る、という点では、『水左記』は非常に恵まれた記録である、といってよいであろう。

四　尊経閣文庫本自筆暦記の書誌とその伝来

次に、尊経閣文庫本自筆暦記二巻の概要と、その伝来についてまとめておこう。

(1)　収納桐箱

この二巻は、一つの桐箱に収められており、その蓋上には、

水左記　承暦元年 永保元年　二巻

とある（参考図版の図1参照。以下、参考図版を指す場合には、たんに図1などと略記する）。また、箱身下部中央の貼紙には、右から左に「水左記」と墨書され、その右上の貼紙には、「記録（印）／第卌八號」（「／」は改行を示す。以下同じ。また、初行の印は印文「貴」の円形朱印一顆）とあり、左下の貼紙には、印文「國／寶」の方形朱印が一顆捺されている。さらに箱身上部には、「巻／二百六十一番／水左記」と記された貼紙がある。

(2)　承暦元年秋冬記

承暦元年秋冬記は、表紙を除けば全三十七紙からなる巻子本一巻。濃い茶色の表紙をもつが、外題はない。紫色の巻紐があり、その付札に、

水左記「三十七枚繼」一
承暦元年秋冬
用紙具注暦

とある（「　」内は朱書。以下同じ）。ここにもみえるように、料紙として承暦元年の具注暦が用いられており、その暦跋には、

承保三年十一月一日従五位下行陰陽博士兼周防介賀茂朝臣
従五位上行陰陽助兼権暦博士阿波介賀茂朝臣道榮
従五位上行陰陽頭兼主計助暦博士賀茂朝臣

とある。現状は首闕で、七月十八日の間空き部分からはじまる。したがって、厳密にいえば不明とすべきかもしれないが、他の『水左記』の自筆暦記も勘案すれば、当初から、承暦元年一年分の具注暦ではなく、同年秋冬半年分の具注暦として書写されたものとみられる。ただし、

第一紙～第三十一紙
第三十二紙～第三十六紙
第三十七紙

の三箇所で、用いられた料紙の大きさが異なる（表一参照）。それだけではなくこの三箇所で界高・界幅も区々なのである（表一の附表参照）が、にもかかわらず、暦注はその紙継目をまたいでいる。したがって、そもそもこの具注暦を書写するに当たって用意されていた料紙が、具注暦用の界線が引かれた、しかしながらその法量も、界高・界幅も異なる三種からなるものであった、と考えるしかないであろう。暦注も、閏

十二月の月建部分などに特徴的であるように、かなり不完全なものとなっている。さらに、基本的には間空き三行であるが、閏十二月二十八日の間空きが二行、同月二十九日の間空きが四行となっている。暦注が不完全な具注暦・仮名暦はある程度みられるのではないかと思うが、間空きが一定でないのは非常に珍しいのではないだろうか。

日記の記載方法としては、特異な点はみられない。天候だけにせよ、毎日何かしらの記載があり、記事が多いために記載が裏書にまわる日も少なくない。

(3) 永保元年秋冬記

永保元年秋冬記は、表紙を除けば全二十八紙からなる巻子本一巻。濃い茶色の表紙をもつが、外題はない。紫色の巻紐があり、その付札に、

水左記「二十八枚續」二
　永保元年秋冬
　　用紙具注暦

とある。料紙には永保元年の具注暦が用いられており、その暦跋には、

承暦四年十一月一日従五位上行陰陽博士賀茂朝臣成平
　従五位上行陰陽助兼主計権助権暦博士賀茂朝臣道榮
　正五位下行陰陽頭兼主計助暦博士賀茂朝臣道言

とある。これも、もともと永保元年秋冬の半年分の具注暦であったものであろう。首闕で、七月十五日条の記事からはじまる。全体として、天地にはかなりの破損がみられる。しかし、表二からわかるように、紙幅はほぼ一定であり、また、界線の引き方も一様といってよい。間空きはほぼ三行であるが、末尾の十二月三十日分が四行となっている。

日記としての記載方法は、承暦元年秋冬記と同様、ほぼ特異な点はみられないといえよう。

(4) 前田家伝来当初の状態

ところで、この自筆暦記は、前田家に伝来した時点では、俊房の弟顕房の日記である『六右記』であると誤解されていたらしく、また、二巻ではなく三巻であったらしい。

記名について、旧包紙(図2)では、

六石〔右〕記　水左記　　六十五枚

と誤写されているものの、前田綱紀自身が作成した調書とされる「最前御求被遊候時分あなたゟ添參候書付幷古筆了祐見届候紙面」(図3)、あるいは「六右記事慥不相知ニ付御考之物」(図4)では「六右記」とされている。さらに三通の「水左記首尾留」(図6~図8)では、当初「六右記首尾留」となっていた首題が、「水左記首尾留」と訂正されている。

ところで、この三通の首尾留と、自筆暦記二巻各紙の初行・終行の書出文言との対応関係を確認していくと、図6が承暦元年秋冬記の現状の第一紙~第二十五紙に対応する。ただし、第一紙~第七紙→第二十一紙~第二十三紙→第二十五紙→第二十四紙→第十八紙~第二十紙→第十七紙→第十六紙→第十五紙→第十四紙→第十三紙→第十二紙→第十一紙→第十紙→第九紙→第八紙の順であったらしい。また、図7は同記第二十六紙~第三十七紙にこの順で対応する。図8は永保元年秋冬記に対応するが、冒頭の第一紙と第二紙は逆になっていた、つまり第二紙→第一紙の順となっていたらしい。残る第三紙以降は最終の第二十八紙まで、現状と同じ順であったと思われる。

以上、要するに、現在は承暦元年秋冬記として成巻されている自筆暦記は、前田家に伝来した当初は二

巻に分かれてしまっていたらしい。「最前御求被遊候時分あなた〻添參候書付幷古筆了祐見屆候紙面」に「六右記（三巻ノ内）」とある記載もこれに対応する。しかも、承暦元年秋冬記第二十六紙～第三十七紙に対応する一巻だけは現状と同じ順に貼り継がれていたとみられるものの、同記第一紙～第二十五紙の一巻と永保元年秋冬記の一巻には、錯簡もあったらしい。『国宝　水左記』が『書札類稿』から引用する、元禄十二年（一六九九）閏九月十九日付前田綱紀書状（中院通躬宛）に、「摠様事之外朽損、過半者修覆以後初而見申候、根本繼目はなれ有之候を、巻置申體ニ而、錯簡多、月日續不申候、とくと考合候ハてハ、繼申儀難成、先一枚々々ニ仕置候」とあるのは、元禄十二年段階でも同様の状態であったのを反映して、修補、継ぎ直しのため、一紙ごとに剥がして保存されていたことを示すものと考えられる。

(5) 伝　来

では、自筆暦記が前田家の所蔵となったのは、いつのことなのであろうか。この点については、明証はないものの、「最前御求被遊候時分あなた〻添參候書付幷古筆了祐見屆候紙面」において、承暦元年秋冬記に「延寶五年迄年數六百一年也」と注記し、永保元年秋冬記には（ただし、承暦四年秋冬記と誤解して）「延寶五年迄年數五百九十八年也」との注記があるのが注目される。延宝五年（一六七七）が何等かの意味で起点となっているのであるが、自筆暦記と関わる特別な出来事などは、同年の前田家あるいは前田綱紀には見出せない。とすれば、残る可能性としては、自筆暦記が前田家に伝来し、この書類が作成されたのが延宝五年であった、ということが考えられよう。ここではひとまず、尊経閣文庫本の自筆暦記は、延宝五年以前、恐らくは同年に、前田家の蔵するところとなった、と考えておきたい。

『国宝　水左記』では、尊経閣文庫本の自筆暦記を、中院家から伝来したものと考えているが、その典拠史料は、綱紀が源顕房の後裔である中院家に対し、自らが蔵していた『六右記』に関する情報を提供し、さらにその『六右記』そのものまで提供しようとしたが、修補や模写本作成の過程で、実は『六右記』ではなく『水左記』であることが判明した、という文脈で理解すべきものではないだろうか。前田家模写本の作成開始に関わると思しい宝永五年閏正月十五日付覚書（図5）において、「此古本」は「文庫之本」である故に、「いつ迄書寫懸候茂不苦候」、つまり急いで写さなくともよい、とされていることなどから、このように考えておきたい。

なお、前田家模写本の作成は、すでに『国宝　水左記』で指摘されているように、宝永五年と考えて間違いあるまい。二通の「古書首尾留」（図9・図10）は、図9の方が模写本の承暦元年秋冬記に、図10の方が模写本の永保元年秋冬記に対応するので、この模写事業が終わった段階で作成されたものと推定される。

一方、『水左記』の自筆本全体についてみれば、中世以前においては、田島公氏が指摘されているように、蓮華王院宝蔵から持明院統の皇統に、そしてさらに伏見宮家に伝来していた、と考えていいであろう。(11)しかし、田島氏が、「更に橋本義彦によれば、近世前期以前に自筆本の日次記七巻・別記一巻は永く伏見宮家に襲蔵されていたことが附属の包紙類のウワ書により判明しているという。書陵部本のうち柳原家旧蔵の二巻は『続史愚抄』の編者として知られる柳原紀光が天明年間に借り出して書写し、そのまま同家にとどまったものらしく、尊経閣本は古書の蒐集や保存に力を尽くしたことで有名な加賀前田藩第五代藩主綱紀が、伏見宮家の蔵書を借覧修補した際、前田家に残留してしまったものであるという」とするのには疑点が残る。ここで依拠されている橋本義彦「古記録の伝来」は、『別冊歴史読本・事典シリーズ〈第五巻〉日本歴史「古記録」総覧（下巻）』(12)のエッセイ特集に収められたもので、その性格上、典拠史料が示されていないから、独自にその論拠を探る必要がある。そこで、「現在宮内庁書陵部と前田尊経閣文庫に分蔵される自筆本の日次記七巻・別記一巻は、永く伏見宮家に襲蔵されていた」ことが判明するという「附属の包紙類のウワ書き」の所在を確認しようとしたのだが、宮内庁書陵部でも、尊経閣文庫でもその存在を見出すことはできなかった。

ここからは推測となるが、橋本氏が依拠したのは、恐らく書陵部所蔵伏見宮本の康平七年春夏記の、表紙見返しと本文第一紙との間に貼り継がれている旧包紙なのではないだろうか。そこには、

康平七年記 自筆暦記 首闕 記者未考 與承暦記永保記五巻内
自正月至六月卅日 但四月與五月之間闕 墨付卅枚

との墨書がある。ここに「五巻」とある「五」字は、当初は「七」と記されていた上に重ね書きされたものであるが、「五巻」にせよ「七巻」にせよ、いろいろな想定が可能であり、必ずしも現存する自筆本に対応するとはいえまい。「康平七年記」が「承暦記・永保記と」合わせて五巻、あるいは七巻であったというのであるけれども、「康平七年記」とは、この康平七年春夏記一巻のみを指す可能性と、同秋冬記も合わせた二巻を指す可能性とがある。また、現存する自筆本のうち、「承暦記」・「永保記」と呼ばれる可能性があるものとして、

尊経閣文庫本　承暦元年秋冬記
柳原本　承暦四年春夏記
柳原本　承暦四年秋冬記
尊経閣文庫本　永保元年秋冬記
伏見宮本　応徳元年春夏記（永保四年が応徳元年に改められた）
伏見宮本　応徳元年正月十七日別記

の六巻がある。あるいは暦記に限定して別記を除外すれば五巻ということになるが、「康平七年記」一巻あるいは二巻と、「承暦記・永保記」五巻あるいは六巻とがあり、このうちから合わせて五巻あるいは七巻とする組み合わせは、他に関連する史料が存在しない以上、一意的には決まらない。

さらに、現存が確認されていない自筆本・自筆暦記が存在した可能性も否定できないし、また、尊経閣文庫本の承暦元年秋冬記は、前述の如く前田家で修補される以前には二巻に分かれていたらしいのであり、他にもそのような状態であったものが存在した可能性があるから、たとえ巻数が合致したとしても、安易に現存の自筆本と結びつけて考えるのは不適当であろう[13]。そもそも康平七年春夏記にみえる旧包紙は、その墨書の筆跡から、賀茂清茂によって付されたものと推定される[14]。しかるに、清茂は延宝七年の誕生で、綱紀がすでに自筆暦記を蔵していたとみられる（ただし「六右記」として）同五年にはまだ生まれてもいなかった。

したがって、この康平七年春夏記の旧包紙の墨書が橋本氏のいう「附属の包紙類のウワ書き」であると考えてよければ、これは「現在宮内庁書陵部と前田尊経閣文庫に分蔵される自筆本の日次記七巻・別記一巻は、永く伏見宮家に襲蔵されていた」ことの論拠とはできない。また、その他に、橋本氏のいう「附属の包紙類のウワ書き」に相当するものを確認することもできない。以上により、『水左記』自筆本は、中世後期までは伏見宮家に伝来していたが、江戸時代前期までに巷間に流出したものもあり、延宝五年までには前田家でも、後に修補されて二巻となる三巻を入手していた、と考えておきたい。

念のために付言しておけば、柳原本の伝来については、柳原家で天明三年（一七八三）・同四年に、現在の伏見宮本の康平七年秋冬記・応徳元年春夏記・同年正月十七日別記と柳原本の承暦四年春夏記・承暦四年秋冬記の五巻から転写し、四冊に編成した新写本を作成していることから、橋本氏・田島氏の所論が首肯される。また、橋本氏が、『水左記』自筆本が「前田家に残留」した契機とされた、前田家が「伏見宮家の蔵書を借覧修補」した事業については、近藤磐雄編『加賀松雲公　中巻』（一九〇八年印行）二三二頁〜二三八頁で論及されており、橋本氏も恐らくこれによられたのであろう。だが、ここで挙げられている典拠史料に、『水左記』に関する記載はみえない。

(6) 具注暦と日記

最後に、尊経閣文庫本自筆暦記の特徴というわけではないが、具注暦と日記との関係について述べておきたい。

日記が書き込まれた最古の具注暦は、正倉院文書の中に伝来した天平十八年（七四六）の具注暦断簡であるが、ここでは、間空きのない具注暦の、暦注より下に大きく余白を設け、日記を書き込むスペースとしたとみられる。しかし、一日に書くことが多く存するとき、具注暦に書き込むのではどうしてもスペース不足が問題となっていったと考えられる。その対策としては、記述を紙背に続ける（裏書）、あるいは切断して別紙を挟み込む（継入紙）といった工夫がしられているけれども、『御堂関白記』や『水左記』の段階では、継入紙はほとんどみられない。『水左記』でいえば、柳原本承暦四年春夏記の同年四月十六日条と同月二十二日条とに継入紙がみえるが、この二箇所のみで、また、同記にも夥しい数の裏書がある。しかし、鎌倉時代前期の『猪隈関白記』では、継入紙を用いるのが普通になっていたように見受けられる。

暦記の現存例が限られるため、具注暦に多くの記事を書き込むための工夫がどのように変遷したのかを細かく追究することは不可能なのであろうが、付記しておく。

五　三条西家旧蔵抄出本の書誌とその伝来

次に、三条西家旧蔵抄出本の概要と、その伝来についてみていきたい。

本書は、袋綴じの冊子本で、表紙を除き、遊紙を含めて全八十丁。全紙、反古となった書状などを翻して用いる。法量は約二四・一糎×二一・一糎。かなり正方形に近く、一般的には珍しいといってもよいのであろうが、室町時代後期にはよくみられる大きさ、形状である。

濃い茶色の表紙中央上部に、

　土記

と外題が記されている。これは、三条西実隆あるいはその息公条の筆になるものであろう[15]。表紙右下の貼紙には、

　丁亥之夏端午後二日大炊御門黄門
　所藏之水左記令見合之處全無
　相違土記與水左記同書不可疑之
　　　香雪寓主人書

とある。ここでいう「丁亥」とは宝永四年のことで、「大炊御門黄門」とは大炊御門経音、「香雪寓主人」とは前田綱紀のことである。

表紙と本文第一丁との間に、

　堀河左大臣記
　自康平五年
　至永保二年

と内題が記された一丁があるが、これも外題と同筆であろう。やや不審なのは、康平五年から応徳三年までの記事が収められているにもかかわらず、「至永保二年」とされていることである。永保二年の記事の後には大きな余白があり、永保三年以降の記事は丁を改めて記されているから、この記載がなされた段階では永保二年までの記事しかなく、後に永保三年以降の分も合綴された、という想定も可能ではある。ただし、筆者には、綴じ直しの痕跡を見出すことはできなかった。

本文も、外題などの墨書と同筆と思われる。半丁十二行前後。塗抹した上での訂正などがかなりみられる。数箇所のみであるが、朱で合点が付されたところもある。奥に遊紙二丁があり、奥書などはない。なお、承暦元年正月一日条の右に、「此迄一ニアリ」と朱書された貼紙があるが、その記載の意味するところは把握し得なかった。あるいは、本書から転写本を作成するに際して付された注記であろうか。

では、この抄出本は、すでに存在した抄出本から転写されたものなのであろうか、それとも、この本自体が『水左記』の暦記などから抄出をおこなって作成されたものなのであろうか。この問題については手がかりが少なく、確言はできないものの、承暦四年十月十日条に、

私
先之自高麗求醫者事有之略之

応徳三年十一月二十六日条に、

私
此記追可寫之

永保四年正月十七日条に、

私
此記及數丁追可書寫之

といった注記があり、これは抄出者が、さらに増補した抄出本を作成することをにらんで付した注記とみるべきであろう。この注記ごと転写した、ということも考えられないではないが、本稿では、この三条西家旧蔵抄出本が抄出本としてのオリジナルであるとみておきたい。

そして、その抄出の際に底本とされたのは、俊房自筆の暦記であったのではないだろうか。この抄出本には「承保五年」という記載がみえるが、承保四年に改元があり、同年が承暦元年とされたため、「承保五年」なる年は現実には存在しない。では何故に承暦二年とすべきところが「承保五年」とされたかといえば、この改元が具注暦作成の日付となる十一月一日を過ぎた同月十七日になっておこなわれたため、翌年の具注暦がすでに承保五年具注暦として作成されており、これに俊房の日記が記載されたことによるのであろう。南北朝期における、持明院統から北朝に伝来した諸書の様相を示すとされる『仙洞御文書目録』によれば、「堀河左府暦記」が一合伝存していたが、それは康平五年から応徳三年までのものであったという。これが抄出本の所収年と完全に重なることも、この抄出本が自筆暦記から直接抄出して作成されたものであると考える傍証となるかもしれない。

この抄出本の伝来について、外包紙（図11）には「三條西うね殿ゟ來」、内包紙（図12）には「古本自三條宋〔采〕丸殿來」という墨書があり、これが三条西実教の息うね丸より前田家にもたらされたものであることがわかる。[16] なお、「水左記抄出本等覚書」（図13）は、うね丸より諸書がもたらされた際に作成された、『水左記』抄出本と『宇槐雑抄』・『夕拝備急至要抄』との三書に関する覚書の如きもので、たまたま『水左記』抄出本に関する記載が冒頭にあるため、これに付属するものとして扱われているが、本来は上述の三書に付属するものというべきであろう。『水左記』抄出本についていえば、前田家伝来当初から現状と同じ状態であったことが、この覚書により推測できる。また、この抄出本に収められている年次の目録も付されている。

最後に、繰り返しとなってしまうが、自筆本に存するものや逸文を除けば、『水左記』の現存記事のほぼ全ては、遡及していくとこの三条西家旧蔵抄出本にたどり着くものと推定されるのであり、『水左記』本文の研究に当たっては、本書は自筆本八巻にも劣らぬ価値をもつものであることを強調しておきたい。

注

（1）侯爵前田家尊経閣文庫編『尊経閣文庫国書分類目録』（一九三九年）の「第五門　歴史　傳記」の「第一類　歴史」のうち、「一　國史」の「史料・記録」に分類されている。同目録の五一四頁・五一五頁参照。

（2）②が三条西家旧蔵であること、および③の書写年次については、前田育徳会編『国宝　水左記』（前田育徳会発行、勉誠出版販売、二〇一三年）参照。以下、本稿でたんに『国宝　水左記』と記した場合、同書のことを指す。

（3）この「佐記」が俊房の日記に他ならないことについては、木本好信「内閣文庫蔵『任槐大饗部類記』―藤原師実の任太政大臣大饗―」（同『平安朝官人と記録の研究』〔おうふう、二〇〇〇年〕所収。初出は一九九二年）参照。後述するように、本稿末尾に管見の限りで『水左記』の逸文を集成しておいたので、『任槐大饗部類記』・『神木動座之記』にみえる逸文についてもそちらを御参照いただきたい。

（4）源師房についての最近の研究として、和田律子「源師房について―藤原頼通文化世界の一員として―」（和田律子・久下裕利編『考えるシリーズⅡ　③知の挑発　平安後期　頼通文化世界を考える―成熟の行方』〔武蔵野書院、二〇一六年〕所収）がある。

（5）東京大学史料編纂所編『大日本史料　第三編之二十七』（東京大学史料編纂所発行、東京大学出版会発売、二〇〇五年）の保安二年十一月十二日条および東京大学史料編纂所編『大日本史料　第三編之二十八』（東京大学史料編纂所発行、東京大学出版会発売、二〇〇八年）保安二年補遺の同日条参照。

（6）本稿では、改元がおこなわれた年については、原則として新しい年号を用いて表記する。前近代の改元は、「改◎◎△年爲〇〇元年」といった文言を有する詔によっておこなわれるものであり、途中まで旧年号が用いられていた年全体に対して新年号を用いるように改めるものである。つまり、現行の制度のように、改元以前は旧年号、それ以降は新年号を用いるというものではない。したがって、改元詔の趣旨によるならば、元日にまで遡及して改元以前にも新元号を用いるべきだといえよう。逆に、旧年号を用いた場合、厳密には改元以降年末までを含まないことになる。

また、具注暦は、前年中に作成されるものであるから、これに『〇〇元年暦』という書名を付すのは不適当である、との議論もある。確かに、もともと元年暦として作成された具注暦が存在しないのはその通りであろうが、元年暦として使用された具注暦は存する。例えば、宮内庁書陵部所蔵の伏見宮本『花園院宸記』（伏―五一九）のうち、元亨元年（一三二一）秋冬記は、首題に「元應三年具注暦日」とあった具注暦を利用して記された花園天皇宸筆の原本であるが、この首題には、恐らくはやはり花園天皇宸筆と思われる筆跡で、「元亨元」と傍書されている。つまり、この具注暦は元応三年具注暦として作成されたものではあるが、花園天皇の意識としては、元亨元年具注暦として使用したものと推定される。

以上のようなことから、本稿では、具注暦の名称も含め、改元のあった年は新年号で呼ぶことにしたい。

（7）下向井龍彦「『水左記』にみる源俊房と薬師寺　―太政官政務運営変質の一側面―」（古代學協會編『後期摂関時代史の研究』〔吉川弘文館、一九九〇年〕所収）等参照。

（8）龍粛「三宮と村上源氏」（同『平安時代』〔春秋社、一九六二年〕所収）等参照。

（9）表三も稿末に付した「『水左記』の逸文」も、あくまで本稿の便宜上、仮に作成したものである。

（10）現存する具注暦・仮名暦については、研究代表者厚谷和雄『具注暦を中心とする暦史料の集成とその史料学的研究』（二〇〇六～二〇〇七年度科学研究費補助金基盤研究（C）研究成果報告書、二〇〇八年）でかなり網羅的に集成されている。

（11）田島公「文庫論」（大津透・桜井英治・藤井譲治・吉田裕・李成市編『岩波講座日本歴史　第22巻　歴史学の現在（テーマ巻3）』〔岩波書店、二〇一六年〕所収）参照。

（12）新人物往来社より一九九〇年に発行。

（13）一九五四年・一九五五年に宮内庁書陵部より伏見宮本康平七年春夏記・同年秋冬記のコロタイプ複製が発行されているが、これに付された『水左記解題　付釈文』でも、現存する『水左記』自筆本との対応を考えた場合に、この旧包紙の記載をどのように解釈すべきか、慎重な姿勢が示されている。

（14）同様の旧包紙は、宮内庁書陵部所蔵の伏見宮本の中に数多く見出すことができる。なお、賀茂清茂については、宮内庁書陵部編『図書寮叢刊　書陵部蔵書印譜　下』（宮内庁書陵部、一九九七年）の「岡本清茂」の項に略解がある他、児玉幸多「賀茂清茂伝」（『歴史地理』七〇―六、一九三七年）等参照。

（15）紙背文書には実隆や公条が差出あるいは宛所となっているものがみられるので、いずれにしても実隆・公条父子の活躍したころの書写とみてよい。

（16）近藤磐雄編『加賀松雲公　中巻』（一九〇八年印行）二三八頁～二五四頁や、新井重行「尊経閣文庫所蔵『参議要抄』解説」（前田育徳会尊経閣文庫編『尊経閣善本影印集成53　夕拝備急至要抄・参議要抄』〔八木書店、二〇一二年〕所収）・『国宝　水左記』等参照。

付・『水左記』の逸文

（凡例）

・自筆本や三条西家旧蔵抄出本にも存する記事は、古写のもののみを採録した。
・各記事の冒頭に、所収年月日を月単位で示した。
・掲出は、基本的に年代順とした。ただし、典拠史料のまとまりを重視したために、前後している記事もある。
・各典拠史料については、表三の「備考」欄でも若干ふれたが、ここでその詳細を述べるのは紙幅の都合上難しいため、別の機会を期したい。
・翻刻に当たり、古体・異体・略体文字は原則として正字に改めた。また、字配りなどについては、極力底本の体裁を保存するよう努めた。
・「　」で括ったのは、その部分が朱書であることを示す。

治暦元年八月二日

〔改元部類記〕（治暦）○宮内廳書陵部所藏三條西本

康平八年（土記 俊房公）

・八（八（×六））月二日己丑天晴可有改元定公卿等未剋入内令著
陣座頭辨經信朝臣以年號文奉内府殿受取御覽了
渡右府給次々見了一同相定云延久治暦之間可也仍以
此旨以同朝臣奏聞勅語曰聞食了二間共宜聞食重可定
申者公卿申云博士等所獻年號其數多雖然依尤宜定
申此兩之間可依勅定又勅語云延久雖宜聞食兩間猶可
申一定者内府殿重令奏給云以炎旱愁被改年號者
治暦宜候歟如何依字隨三水也昔漢時有炎旱愁改元天
以有漢水故改元□〔天〕漢□〔以〕之云之治暦宜候歟隨以治暦改定了
此間右府退出内府殿令著外座給召大内記成季令草詔書給了
奏聞又淸書奏了以外記召中務輔下詔書次召外記召左衞門
佐爲仲被仰赦免由次頭辨經信朝臣次以官方吉書申
上卿次奏聞重下上卿事了人々退出次右府退出下﨟〇（承）行事
問轉任之後不承行事仍被退出云々

延久四年十二月八日・十二日・十六日・二十四日

〔御脱屣記〕（後冷泉院）○國立公文書館所藏本

（水左記）延久四年十二月八日今日有讓位事云々
參舊主御所（清涼殿）追參上殿上關白出自御所示云先之須遷御弘徽殿
而當王相方仍猶御殿不快藤壺當西北可無其忌歟今夜欲遷御如何
余申尤可然之由退出此後人々參東宮歟
讓位之後卽日舊主遷代殿云々而今日無儀春宮大夫相遇言談之次談
此條々當日必遷御代殿者也如何而達天臨（聽歟被歟）衣遷飛香舍云々弘徽殿
當王相方不御云々竊案改當王相方暫間遷御可無其忌歟後日問道平
同此說雖無益事爲後記也
十二日丙戌此日左大臣參奉仰令勘申建禮門行幸（十七日）御卽位（廿九日）日時

又太上皇尊號御封御隨身等事府生二人番長二人近衛六人云々
十六日庚寅今日新帝觀舊主 昭陽舍 藤壺 無御贈物祿等歟
亥時上皇出御關白二條第寄御手輦於藤壺東南屛戶 構打 橋 此間五位
藏人匡房依宣旨近衛陣可候上皇之由於關白卽仰左大臣之後上皇
聞食此由被奏不可然由停止仰又下畢到玄龜門遷御唐車 件車關 白被獻
先々檳榔毛或全作云々■ 々而此度有仰如此云々 御隨身府生二人騎前行自餘六人候御車後皆
褐衣胡錄茵脛巾云々到二條左大臣以下騎馬供奉入御寄御車
於南階下御之後公卿著殿上 寢殿西北 西行渡御 盃酌之後各退出
廿四日今日御覽禮服御裝束又■上皇辭尊號書奉今上使大納言能□〔長〕
卿云々

承暦元年正月十一日

〔御遊抄〕 二 朝覲行幸 御遊 ○立命館大學圖書館所藏西園寺文庫本
承保四年也 承暦元正十一 幸東三條 堀川左大臣記陽明門院御在所有船樂或記云 去延久五雖幸依御不豫無拜觀禮
無御遊

永保元年二月十日

〔改元部類記〕 永保 ○宮內廳書陵部所藏三條西本
康平八年 土記 俊房公
（中略）
承暦五年 同記 辛酉
二月十日陰雨巳四點參內今日可有定之■故也此間內大臣右大將
民部卿右衛門督左宰相源中將左大辨等參入著陣仰云今年
辛酉當革命否之由諸道勘申之趣宜令定申者 被下勘文 七通 予
申云今年辛酉如諸道勘文者多不當革命之運但一兩勘
文之中立兩說申相當之旨用捨之間眞僞難定倩尋前
蹤雖非革命每至辛酉之年兼懼徵祥之變且改號令
且施德政則尋近代治安之例被定行何難有哉者內大臣
被同之又人々申旨不能具記左大辨書定文又被下年號
勘文三通 一通左大辨實政卿勘申嘉德一通有綱朝臣 元德一通行家朝臣 文章 博士 永保永長應德 人々令申云永保應德之
間可依勅定者仰云永長蓋令撰申哉人々申云永長字對馬
音似笛名仍不申之歟仰云可用永保者內府召大內記敦基
仰可作改元詔書之由又有赦令賑給事是皆准治安元年
例也云々事了人々退出事雖多不能委記

永保二年四月十三日

〔諸院宮御移徙部類記〕 上 花山院 ○伏見宮本
永保二年四月十三日甲子晴巳剋許參華山院
堀河左府 此日太皇大后宮自堀河院渡華山院給予依奉行
神事不參也

十二月九日・十四日・十六日

〔任槐大饗部類記〕○國立公文書館所藏本

佐記

寛治二年十一月五日丁丑陰雨終日不止秉燭之後藏
人辨爲房朝臣爲攝政御使來云可任太政大臣之由十二
月二日八日十四日等吉由陰陽師所申也而二日法成
寺御八講間也八日齋日也爲之如何□〔予〕申云二日御
八講間候可有憚八日雖齋日何事候哉但十四日尤
宜候歟宇治殿令任件官ｏ〔給〕事十二月下旬比也然者十四日
何事候哉者太相國可被獻辭表云々
十二月九日辛亥天晴今日有太政大臣宣旨事酉時
許詣攝政亭參會人々內府按察大納言實季民
部卿經信師忠雅實中納言俊明公實宰相公房
基忠通俊匡房保實公定等也殿上人兩頭以下濟々
秉燭之後主人出居對西廂給人々居二棟廊勅使
右〔左〕衛門督□□〔家忠〕卿參入起中門伊與守爲家朝臣遇使次
申參入之由攝政出居對南面召家司爲家令引左金吾
令昇自中門至廣廂跪依頻命昇長押上著座西
頭申仰旨于時右衛門督俊明執被物〔女裝束〕奉攝政勅
使起座下長押下進賜之下自南階再拜歸參院〔依御〕
〔幼子上皇被仰此事〕次攝政出居對西面座給予以下居二棟廊召
爲房令成大饗日時勘文〔道言候籠祭國隨遲參成平一人所參也〕陰陽助成
平進勘文來十四日者次爲房執硯書定文書了奉覽
之人々一々見下件定文次賜之爲房撤硯等退出次
有饗膳事々了人々退出今日裝束西對南面母屋
廂除東第一間西三間卷廂簾敷長筵〔廣廂不敷〕東一間西
柱下南北妻立四尺御屛風傍北及西障子立ｏ〔同〕屛風
當西一間東柱下南北妻敷高麗端一枚其上鋪地
敷茵等〔茵繧繝東京錦地敷繧繝〕爲勅使座東御屛風前南北妻
鋪高麗端疊一枚爲攝政座事了問申攝政云勅使仰
詞何樣候乎示給云勅曰明年依御元服可任賜太政
大臣可令勘申日時者申云雖思給依有限事畏奉了
者又□□□□〔云カ〕前例勅使進主人座邊微音申仰
詞退著座今日不進御座邊頗高聲也如何答給
云々其旨兼不敎喩尤可然者今日勅使雖爲父子之
間依勅使無止攝政自取祿被授勅使也右衛門督
取之傳奉攝政
十四日天晴今日太政大臣初任大饗也辰時許先宗忠々

參向東三條（烏帽子）先於寢殿南欄予對面次殿上
裝束併見廻裝束體同康平四年次談大饗事等
退出次在良來
未時參內於堀川二條冷泉院自車下及二條之間見
東方攝政於自油小路辻車下被參仍暫起留攝政被
參之後參內民部卿按察使大納言參會次內府率人々
被參是攝政御共被候歟被相伴內府人々源大納言
侍從大納言中納言右衞門督俊明左衞門督（家忠）左兵衞督（家賢）
宰相中將基忠右大辨通俊左大辨匡房宰相中將保實
新宰相公定朝臣等也次予著陣座內府按察使民部卿
同被著召官人令置膝突頭辨季仲朝臣仰云依明春
御元服□□〔加冠カ〕事以攝政可爲太政大臣宣命事可奉行者次召大
內記仰件由大內記退出次官來蜜々云右衞門督被申云
攝政有令申給事者予起座出陣腋右衞門督云今日宣
命事能々案內可被仰內記者仍招戶部云合此事召大
內記於陣腋見合大入道殿時宣命幷今日宣命大略
相議以件作之歟仰此定可草由還著陣座邊畢次
付頭辨令奏須付內記奉攝政直盧也雖然依有院
內覽付頭辨奉攝政此間爲房著膝突仰云來十六日
御元服事可被定又御元服式事可勤仕也人々可令催者
師平退去暫頭辨來下宣命草立〔云〕可令淸書者此
間示合右兵衞督可爲宣命使由召大內記在良仰此由
下草次奏淸書付同辨奏之頭辨又下予（下）內記仰可候
陣腋由予起座著靴人々著外辨予取內記所持之宣
命取副笏立此間近衞陣遲々仍加催引陣予取
副宣命於笏進立西軒廊（不立廊不先子隨不著之）內侍召人臨東檻
予昇自東階經簀子敷著兀子次開門不開腋此間
國（闈歟）司未著雖加催遲々暫國（闈）司著予（〔召カ〕）舍人如例少
納言知家參入予宣召刀禰稱唯退出公卿列立予召
宣命使々々々離列進自納言下昇殿經簀子敷立
予後予授宣命（自座下給之）宣命使受之下殿立軒廊第
一間（南面北邊）予退下出廊二間經右近陣南及內大臣後大納言
列前立內大臣上次宣命使出同間就宣命版位立定
宣制兩段再拜了（無拜〔揖〕）右廻經尋常版位西及列東方復
本位次予以下經列前退出於中門外脫靴更入中門
率人々渡階前參太相國御直盧次太相於殿上南屛
外立蔀內被申慶賀此間人々相從令頭辨季仲朝臣
奏事由之次被奏饗祿事頭辨歸來申聞食了之由又
有昇殿宣旨相具一度被拜此間上達部羣居立蔀內
予按察大納言民部卿立々蔀外有舞踏之間予入立蔀

內居內府傍 宇治殿任大政大臣給日 舞踏之間二條殿居給今依例
居之舞了相國被參御前 晝御座 次退下入自西中門渡
階前自左衛門陣被退出予以下留中門于時季仲朝臣
仰予云今日太政大臣饗祿事可仰諸司者到陣腋召大外
記師平仰件由次予出敷政門代出自右衛門陣之間外記
仲信 史 國季歟 各一人自左右趍進留門前橋下予於示令
前行渡堀川橋南面未到押小路之間予以扇鳴笏外記
史跪居更立召々使 二音 又居予等正笏下裾過外記史
前外記留召使八人出自押小路左右前行叱呵雜人
予進立幔門下 三條坊門辻 北面立內府又北面立予東納
言以下南面鴈行少寄東留立辨少納言立參議末外
記史南面西上立辨少納言須立上官前而納言西面後
可加參議末而可度立參議末可尋之立定後予雜色
前驅傍路西邊一行趍出予揖出幔門乘車到姉小
路東折到西洞院北行入東三條西門佇立中門內
廊西幔門下相國立寢殿南階前給 當階東柱溜下 予以下
入自幔門列立庭中 當階中央 參議以上一列辨少納言一列
外記史一列再拜了相國揖予給又揖相國又揖給進立
庭中又揖次相國進階下更立歸揖予進砌下揖相國
又揖予又揖相國還昇階東邊被著親王座右近少將
能俊 五位 取御沓予昇自階西邊經簀子敷入自南廂
西一間傍屛風東進對相國 小退西 暫居依相國誘著尊
者第二茵次內大臣昇自階西邊入自西第一間居參議
座程被避相國座近歟主人起直被進著東一間
予依主人誘移著一茵座次內府被著東三茵座
次納言以下依次昇著座辨以下經西渡殿西妻馬道昇
北渡殿西階著座上下出本幔門著座 廊歟西席 自幔內可
著歟頗不得心座定尊者以下立机予手長前美乃守
行房朝臣敷 持歟 簀薦二枚敷座前諸大夫四人具机二脚
立簀薦上者次前參河守賴綱朝臣又持簀薦敷內
府座前諸大夫舁机立同前次太皇大后權大進淸家
持簀薦四枚敷大納言座 各一枚 諸大夫各机各一脚中
納言參議座又如此右大臣改設座不立机依不被參也
辨少納言座不敷簀薦豫立机居物次尊者以下机
居物了敷主人圓座 左馬頭道良朝臣取之進自東經簀子敷之 次伊與守爲家朝臣
持盃 酒部所様器居折敷 奉主人々々勸盃備中介師賴朝臣
取瓶子予受盃勸內大臣到外座末轉辨座 康平四年自奥座
轉辨座 此間勸上官座盃云々此間立主人机豫盃肴物
無簀薦之大皇大后宮大進有宗朝臣居之二獻二位
中將經實瓶子取可尋自奥座後勸予次第下之

件卿隨設盞不拔笏奇怪也此間居粉熟民部卿
被申上居了之由被申傳大辨申上旨歟檢非違使
著三獻（右近中將仲實朝臣 諸大夫五位取瓶子）勸予々取盃次第勸之實仲
朝臣取瓶子到按察大納言座授瓶子於本人退著居
飯汁加雉燒物撤粉熟居之此間檢非違使退四獻
參議公定朝臣左近少將家輔取瓶子公定朝臣進自奧座
欲勸予々示自廂可奉主人之由居雉汁（加生 鮑）五
獻（中納言 家賢卿）右近少將能俊取瓶子（四獻之後盃奉主人 奉盃後各取瓶子）居蘇甘
栗次召祿事四位大皇大后權亮道時朝臣五位能俊
大皇大后大進知綱散位敦憲等參候南簀子（道時朝臣 階間）
（東邊 居之）主人仰道時朝臣能俊云辨少納言賜御酒微音稱
唯自彼座末就當所此間敷錄事圓座次知綱敦憲
等進候被仰可爲上官錄事之由稱唯退了次穩座圓
座自南階東柱下敷之主人移件柱下給予當階
中央著以下一々敷之移著之後著羞肴物予內府前
三本自餘二本歟此間敷召人座諸衞官人敷之當
階中央砌前西行敷疊一枚知貞孝淸章貞國俊
成綱等著之絃管間發內大臣琵琶民部卿拍子源大納言
和琴公定朝臣笙堪事之〔殿〕輩上人早退出不參候此座
此間積史生祿案昇立庭中（當酒部 所艮角）家令々廣貞
就案下唱之史生一々進給祿退出此間居召人衝重
右大辨勸盃主人後右大辨取酌家輔取瓶子上官祿
辨少納言祿了辨少納言外記史懸祿進立庭中（當召人 西方）
辨少納言前外記史一列一揖退出次參議祿此間民部
卿勸盃左近少將俊忠奉主人後民部卿取酌次中納言
祿次大納言祿次源大納言進屛風下取祿授予次中將
雅俊進寄主人被問何事哉申云依可內府御祿有
其催仍參進也者被示改云件祿參議可取也右兵衞
督可取之雅俊退歸右武衞又進屛風下取祿奉內府
次引出物予料馬二疋內府一疋公卿等退座予祿道時
持之觸盆於主人下自西南廊階退出次人々退出

人々裝束

主人予內府有文帶螺鈿劍蘇芳下重按察民部卿
柳色下重劍帶同自餘皆蘇芳下重已上著靴辨
少納言外記史巡方少納言螺鈿劍近衞將蒔繪劍壺胡簶
著靴

十六日戊午未尅許攝政示給云今日參院申慶賀之
後可參前齋宮御方也可有拜歟只〔申〕有慶賀由於
拜者不可有歟予申云故宇治殿依御慶賀雖令
參四條宮御方給無御拜事依爲御子歟又令申

關白慶賀給之日雖令參殿中宮御方無御拜今日御
拜有無難思得候但令參給無御拜何事候乎雖爲御
孫帝王東宮是別事歟能可有御思慮歟者頃之聞
攝政被參之由參上皇候殿上以內藏頭師信朝臣被問
仰云今日御冠歟烏帽歟下官申云御冠能候歟御烏
帽子是內々事也者相次按察大納言參入清談之間
申剋許攝政參給人々扈從人々內大臣源大納言
權大納言右衞門督左衞門督皇后宮權大夫別當
右大辨左大辨等也於中門以家司被申慶賀由前
驅殿上人十五人藏人朝輔諸大夫此間予起殿上立
障子後拜舞了攝政依召被參上々皇御坐對南
面攝政被候廣庇有御引出物馬一疋攝政下自對南
階進中門下取馬綱末一拜歸昇中門廊被參前齋
宮御方無拜御贈物和琴入錦袋權大納言持之授左衞門督
次攝政被著殿上有院行幸定

寬治二年十一月十八日

〔清瀧御詑等緣起集記〕○醍醐寺所藏本
外題云清瀧御詑宣等堀川左府記延應元年六月日土御門前內府書給之
月ム云報恩院僧正御筆跡也
左府記此三字者無兩本月ム書之「報恩院僧正御自筆權以朱直之」
寬治二年十一月于時左大臣也
十八日（庚寅晴）「注也」辰時「無」許向下醍醐雖
聞日者座主（勝覺）「注也」不例之由（依）「無」或障
衰日或當物忌仍及于今也
先於法務方言談次向座主病床
方僧侶數十人在前各讀經座主
褰障子帷示云予者清瀧明神也
依有本願尊靈之約束護此寺佛法
也云々依爲可繼此寺佛法之者也義
範僧都爲魔緣被接已欲不言之
間爲令受授法於此僧副彼病床所
令相授也可傳受事悉令寫瓶了
爰詑彼義範之魔緣相次欲詑此
僧可繼佛法也者因茲相競魔緣
防禦之間蹔所詑也是又爲示達
此旨日者相待汝也於今者欲罷「去」者
不可惱氣云々下官答云此山雖知在
明神依不見其緣起不知如此之子
細給承此旨之後可致其歸依也

又示曰延喜聖主建立此寺事子孫
之中欲令護源氏「次」者也於帝王者
伊勢太神宮八幡大菩薩有限護給也
然者汝爲氏長者猶可歸依此寺
事也者下官答云此寺事先公御時
雖入所宛之攝錄殊「被」「○」致沙汰事下官相
次又爲長者因茲有自寺申「中」請事之時
略雖奏達已無許容是力之不及
也非志之不至矣又示曰其事已所
見也今四五年之後有其力不及之
事歟但毎年一度奉幣幷於寺
修如小善事不可遇差只可隨堪也
者答承了之由次稱欲離去之旨
身體振動其面甚赤云「示」此事之間
於我非我歟座主入寢之間予歸
法務方羞膳定譽持經者云々此明神
者觀音垂跡也本宮者笠取向大石
也現石事者無慥狂動之義也現女
者和合之義也俗體女體有二現變
是見緣起云々今日當良曜奉近觀
音變神給誠緣深事也定譽啼
泣予又落涙難禁
「月ム云以朱直之間以朱書之
御自筆本奥書云
已上記以堀川左大臣日記書之
件日記被納蓮花王院寶藏而故土御門
內大臣申隱岐院被書寫之久我前內
大臣相傳云々
又月輪禪定殿下申出蓮花王院本
令書寫給以件本九條前左大臣良平
被書寫云々
彼日記七十餘卷云々上件事有寛治
二年卷」

寛治四年正月三日

四月十九日

同　五年十月十三日

〔御遊抄〕二 朝覲行幸 御遊 ○立命館大學圖書館所藏西園寺文庫本
寛治二正十九初幸院（中略）
同四正三幸大炊殿 堀川左府記歩儀舞三番 無御遊

同年四十九幸鳥羽殿　堀川左府記舞三番有詩廿日競馬又有舞無御遊

同五正十三幸大炊殿　堀川左府記舞三番　無御遊

康和元年正月三日

〔日次記〕　癸二十七　良經記　行幸記　○東山御文庫本

康和元年正月三日幸院

堀川左記云御贈物御手本二卷付梅枝

云々

康和五年正月二日

〔御遊抄〕　二　朝覲行幸　御遊　○立命館大學圖書館所藏西園寺文庫本

康和元正三幸鳥羽殿（中略）

同五正二幸鳥羽殿　堀川左大臣記舞三番師時卿記無御遊

嘉承二年正月三日

〔日次記〕　癸二十四　良經記　朝覲行幸部類記　○東山御文庫本

堀河左府記

嘉承二年正月三日　庚寅　晴此日行幸一院　内府出〻〔土〕御門亭　博陸内府大納言家忠經實中納言雅俊宗通能實國信仲實顯通宗忠基綱參議忠敎家政顯雅顯實重資俊忠非參議顯季卿等共〔供〕奉云々還御及曉更中將師時入來語之有勸賞從四位上藤原家光正下五位源雅定等也民部卿新大納言等依假〔暇〕〻不參仕春宮大夫所勞云々

嘉承二年十月二十一日

十一月三日

〔水心記〕　○陽明文庫本

嘉承二年十月廿一日癸酉藏人頭爲房爲院御使來云御卽位定日人々可著吉服歟將如何者雖不著吉服何事候乎近則寬德二年三月廿六日御卽位定參上人々皆著鈍色但上卿內大臣幷頭辨著吉服於件兩人者依令勘伊勢使日時令申著吉服之由畢以此旨可被奏者

同十一月三日甲寅今日可有賀表事先可令勘伊勢奉幣幷御卽位日時也陰陽寮召儲歟如何者催儲由所奏也午時許外記來云大納言一人不參者其間以師遠令達攝政了酉時許參內著陣召官人令置膝突參仕人々中納言宗通卿能實卿仲實卿顯通卿宗忠卿基綱卿參議忠敎顯雅重資顯實等卿也以藏人頭爲房令申參入由

卽爲房來云可勘申卽位伊勢奉幣幷卽位日時等者
此間鈍色人々定起座者人々退座令顯隆仰陰陽寮
先勘申奉幣日時付爲房朝臣奏聞了卽下顯隆治曆
四年依被下辨也召大外記師遠仰可催儲等（本定）之由召大內記
敦光仰宣命趣件宣命不可載九月例幣延引由唯被
告卽位宣命也是爲上皇仰之由先々爲房所仰也次仰
顯隆成卽位日時勘文（來十二月一日）其後仰師遠令進御
卽位例文幷硯等令重資（吉服）書定文（子細在定文）

天仁元年七月二十六日

八月三日

〔改元部類記〕（天仁○東山御文庫本）

水左記

嘉承三年七月廿六日甲戌午時許頭爲丨（房）來仰
云先日申所勞由猶相扶參上可定申國郡卜定
竝改元事若不參者奉行誰人乎可召勘文
人々匡房卿正家朝臣兩文章博士代始先々三人承
之於四人者可有憚歟今日先仰文章博士等其
後相尋可仰殘人者余申承之由召大外記師遠
仰件兩條事次仰可催公卿之由云々
（國郡卜定日改元事）
八月三日庚辰今日大嘗會國郡卜定事也次爲房下
年號勘文三通仰云可定申者僉議區分余以江
帥所撰進之正治天仁所定申也付勘文於同爲丨
奏聞又被仰云二之中可令申一定者爲房云正
字作師遠申云一止者有其憚歟余申云至正字
者有正曆雖然又被用天仁何事候哉仰云然者
以嘉承三年可爲天仁元年者今度不被下勘文
余召大內記敦光仰年號字幷可草詔之狀
依爲代始無赦免賑給事敦光進詔草余付
爲丨奏聞不立座返給次淸書又返給余見御
晝日有無召中務丞藤原永盛下之（入筥）大輔不參
（父子奏官藏人方吉書之事）
故也次爲丨（隆）下吉書官方又爲丨下宣旨卽下
爲丨（隆）今日午上參內故障更退出七十有餘身已
有若亡備位之故如此之公事難避者也參入
人々內府大納言俊明卿家忠卿經實卿中納言
雅俊卿宗通卿能實卿國信卿顯通卿宗忠卿
基綱卿參議顯雅卿重資朝臣顯實朝臣等也
事了間重資著座稱申文由余云改元時先々
必有申文歟如何不然者不可有者仍歸了

天仁元年七月二十七日

〔行類抄〕臨時部 改元定 ○宮内廳書陵部所藏三條西本

有赦令事 代始無此事 仰之早晩不定 其例注左

（中略）

改元赦不行非常赦例

嘉承三七廿七 改天仁「堀川左」 爲房來仰云改元赦時被行非常赦之例有

無如何召問敦光之處大寶已後件例不見次內記進詔書

天永元年七月十三日

〔行類抄〕臨時部 改元定 ○宮内廳書陵部所藏三條西本

上卿置笏於奥方 是在端座時儀也在奥座者可置右方歟 取勘文職事居定之後

置勘文於前

（中略）

勘文中無可然之字時自御所被下舊勘文

（中略）

天仁三七十三 改天永「堀左」 俊實卿申云見舊勘文在大治可被用歟

被用舊例也者以各申旨付爲房奏聞還來院仰云天永

永久之間尚可申一定但自御所被副下舊勘文恒事也

公卿進申舊勘文如何者

〔行類抄〕臨時部 改元定 ○宮内廳書陵部所藏三條西本

上卿復仗座賜詔書於中務省

（中略）

賜詔書於丞例 輔不參時給丞也

（中略）

天仁三七十三 改天永「堀左記」 中務輔不參仍召丞永盛下之入筥給之

〔行類抄〕臨時部 改元定 ○宮内廳書陵部所藏三條西本

職事下藏人方吉書

（中略）

先覽藏人方吉書例 常儀先官方次藏人方也

天仁三七十三 改天永「堀左」 尋官方吉書右中辨爲隆取之向攝政

宿所云々仍藏人方吉書次爲隆申官方吉書下同辨結畢

「後改下官方吉書之上卿下時先下辨事」

後下藏人方文於同辨事了退出

永久元年閏三月二十日～二十二日・二十七日・二十九日
四月一日・五日・九日～十一日・十三日・十五日～十八日

〔神木動座之記〕四 ○國立公文書館所藏興福寺大乘院舊藏本

「鳥羽院 堀川太子 攝政關白太政大臣 忠實 號知足院殿 覺信」

永久元年壬三月廿日 辛丑 佐記（川左）云爲訴申清水寺別當事興福

寺大衆入洛未時許著勸學院云々

廿一日 壬寅 依大衆訴今日興福寺僧綱已講參院云々

廿二日（卯）大衆訴訟有裁許今日下向自三條大路東行□
堂門家中之人見之云々先赤衣男三人次僧二人次大童子七〔八〕〇十
人許（持榊或結付尻付履等是□□年童云々）次黄衣神民百人許（各稱警蹕持鉾□□□）
次赤衣男又二三十次春日社司五人騎馬（著衣冠）次□
下部僧廿人許次大衆千餘人（或持弓矢或著□□□者處々致闘諍間□□□）
次騎馬大衆四百人（將軍者相交云々）次乘車九兩經尋實圓□□
僧綱已講云々〔依本〕頃之權別當僧都永緣入來相語云々〔蟲損〕々々引率僧綱□
可參會院之由自攝政御許被仰下仍參上仰云大衆所擧申人々□
注申者申云權律師智尊清水寺一和尚僧兩人之間可被補者□
補任永緣由被仰下了誠不思懸者依爲大衆訴於永緣者不著□〔勸〕
學院爲本司所司故也者不上洛人々耆〔正〕別當僧正前僧都眞覺權
律師智尊賴實法橋隆信等云々
廿七日（戊申）叡山大衆騒動之由云々是南京大衆入洛之次冊日吉禰
宜成房聟刑部丞盛家之宅致破損故云々
〔廿〕□九日（庚戌）晴藏人辨雅兼爲院御使來云山大衆訴申云南都
大衆參洛之間祇薗水荒御薗（四條朱石）〔雀也〕悉被損亡同社修理
料橋〔樽カ〕於堀川邊又以捍取了可蒙裁許者何様可被行乎可計
申者々々云〔蟲損〕前々大衆之訴無左右有裁許今度只任道理
御裁許可候歟
四月一日（辛亥）未時許清水寺僧房百餘房爲山大衆々々〔蟲損〕々々
人云神民等舁立祇薗北野及京極寺御輿等於院御門云々
大衆〇□□旁驚衆人耳未剋許僧鎭源來語云々大衆等訴訟
已成皆以分散云々依訴申可被裁許由被仰下之間自□□□雅兼
許所遣〔告〕送也後聞（雅兼語也）諸社〔神〕□輿立大炊御門萬〔里〕□□
於大將軍御輿者舁寄院北御門丹後守平正盛□□□
著甲冑其中至上總守平兼季前出羽守源光國□□〔者カ〕
兼季著〔持〕村奈支那多左〔右〕衛門尉藤原盛道著冑帶弓箭候于御
簾中犀〔座〕之傍云々
〔蟲損〕々々々（乙卯）此日興福寺大衆以所司遣奏狀云々訴山大衆所行
（四月五日條ナリ）
（四月九日條ナリ）
々々（己未）藏人辨雅兼來仰云明日可參七社奉幣定是興福〔寺〕〇延暦
寺大衆共起可合戰之由云々爲鎭件事也者余自去晦日有所勞不堪
參仕由答也
興福寺大衆奏狀云破却清水寺房舍等輩座主仁豪大僧都觀〔寛〕
〔慶〕□兩人可被行流罪、、〔牛頭天カ〕□神御體本是春日御社傍水屋々々
御坐也而承平比修行者僧奉負持所移東山也〇（今此濫行出來大衆等）如本可奉迎僧
都實覺無故可被配流者件事早可被止者
〔蟲損〕々僧都實覺不可行其罪於奉迎祇薗事者也〔已〕經數代忽不可
有裁許至破却清水寺輩發張本可被行罪科者大衆事頭辨
依爲齋院禊齋辨雅兼所仰也未時頭辨來云攝政命云明日大

衆事可有其定相助所勞可參仕也依大事重所示也者余答□〔云〕
所勞猶不快不能參上可被□宜候者仍不參仕畢
十月（日）（庚申）藏人辨雅兼入來云依南北大衆事可有奉幣宣命趣
何樣可被申哉可令計申者下官申云々々等猥舁神□〔輿〕□□〔停〕□
止由宣下先了而奉驚公家□〔雖〕須加懲肅依畏□
裁許了因茲彌致如此事重可被申歟件趣此等樣可候□
辨重來傳院仰云兩方大衆動神輿率軍兵可參上之由□
制仰詞可有何樣哉但偏有多（申）可禦（者歟）由之歟予申云被〔彼〕此訴訟各□〔被カ〕
裁許於今者不可參上遣綸旨企參上者長吏以下可被加懲者□□〔先カ〕
宣下此由之後而不隨制止者可被禦歟者候院人々攝政內府按□〔察〕
大納言大藏卿等也別當左大辨有召不參云々
十一日（辛酉）藏人辨雅兼來下宣旨仰詞云如聞興福延暦兩寺衆
徒爲企合戰催設軍兵狼戻之甚已忘朝憲事若實者早從停止而
不憚制止可加懲誡於長吏已下
十三日（癸亥）今夜自藏人辨雅兼許進上興福寺延暦寺請文
卽付同辨奏聞了請文之趣興福寺者大衆發起停止延暦
寺者依興福寺起爲禦其濫行也彼不起不可參上哉者
十五日（乙丑）早旦爲停大衆參洛爲攝政使主殿頭惟信朝臣
馳興福寺云々今日依被停止大衆事御祈被立七社奉幣上卿
同府〔內〕云々
十六日（丙寅）藏人辨雅兼來傳院仰云延暦寺大衆獻奏
狀其狀云興福寺大衆可燒失祇園之由有其聞仍此間令宿直
被停止件宿直兼又彼大衆少々在京云々可被相尋件輩□
何樣可被仰哉奏申云須被停止也然而若有不審□
其恐頗難申左右者如只今□□□如不隨勅命□
房可申狀如此云々
十七日（丁卯）人云昨日午時許惟信朝臣歸洛大衆敢不隨長者
制止而可上洛之由云々於實說不知之又去夜春日奉幣使顯隆卿
來爲大衆被相留遲歸由云々
十八日（戊辰）藏人辨雅兼來院仰云八幡別當令申云自興福寺
告送云大安寺之內八幡宮者行教和尚所奉始安置也然者所者
雖各別本是一所也大衆上洛時可奉舁彼宮御輿也可相與者
何樣可返答哉者件事如何可被仰下哉余申云忽難申左右且又
可被問仰含由申了未剋內府入來清談曰去朔日山大衆參上

參考　永久五年十月三十日

十一月十日

〔土御門皇居造立記〕　○國立公文書館所藏本

（佐記）永久五年十月卅日（甲申）陰晩雨降今日有八社奉幣云々
遷宮御祈云々

十一月十日甲午天晴今夜主上遷御新內裏土御門室町件所地者

中將師時殿也而讚岐守顯能爲重任所造進也日來御所

※ここにみえる「佐記」は、俊房の息師時を「中將師時殿」と呼んでいることなどからして、『水左記』の逸文ではない可能性が高いか。

俊房	年月日			自筆本	抄出本	史料大成	底本候補	備考
50歳	応徳元年（1084）	正月	17日		○	○	尊経閣文庫所蔵抄出本	
				○		○	伏見宮本自筆別記	
			18日～29日	○				
		2月	1日～30日	○				
		3月	1日～30日	○				
		4月	1日～29日	○		9日·10日·13日·15日·16日·22日～25日·28日	伏見宮本自筆暦記	抄出本、冊尾にあり
		5月	1日～30日	○		4日·6日·7日·9日·13日～21日·23日·27日·29日·30日		
		6月	1日～29日	○		1日～13日		
		7月	14日		○	○	尊経閣文庫所蔵抄出本	
		8月	29日		○	○		
51歳	応徳2年（1085）	正月	1日・3日		○	○	尊経閣文庫所蔵抄出本	抄出本、正月の記事に月の記載なし
		6月	23日		○	○		
52歳	応徳3年（1086）	11月	20日・21日・26日		○	○	尊経閣文庫所蔵抄出本	抄出本、年の記載なし
		12月	13日・16日・20日		○	○		
54歳	寛治2年（1088）	11月	5日				国立公文書館所蔵『任槐大饗部類記』	鎌倉写。中御門家旧蔵
			18日				醍醐寺所蔵本『清瀧御詫等縁起集記』	鎌倉写
		12月	9日・14日・16日				国立公文書館所蔵『任槐大饗部類記』	鎌倉写。中御門家旧蔵
56歳	寛治4年（1090）	正月	3日				立命館大学図書館所蔵西園寺文庫本『御遊抄』二、朝覲行幸、御遊	文明17年松木宗綱写
		4月	19日					
57歳	寛治5年（1091）	正月	13日				立命館大学図書館所蔵西園寺文庫本『御遊抄』二、朝覲行幸、御遊	文明17年松木宗綱写
65歳 従一位左大臣	康和元年（1099）	正月	3日				東山御文庫本『日次記』癸二十七、良経記、行幸記	霊元天皇所持本
69歳 従一位左大臣	康和5年（1103）	正月	2日				立命館大学図書館所蔵西園寺文庫本『御遊抄』二、朝覲行幸、御遊	文明17年松木宗綱写
73歳 従一位 左大臣	嘉承2年（1107）	正月	3日			○	東山御文庫本『日次記』癸二十四、良経記、朝覲行幸部類記	霊元天皇所持本
		10月	21日				陽明文庫本『水心記』	
		11月	3日					
74歳 従一位 左大臣	天仁元年（1108）	7月	26日			○	東山御文庫本『改元部類記』天仁	甘露寺親長書写本を後西院が転写
			27日				宮内庁書陵部所蔵三条西本『行類抄』臨時部、改元定	延徳元年三条西実隆書写
		8月	3日			○	東山御文庫本『改元部類記』天仁	甘露寺親長書写本を後西院が転写
76歳 従一位左大臣	天永元年（1110）	7月	13日				宮内庁書陵部所蔵三条西本『行類抄』臨時部、改元定	延徳元年三条西実隆書写
79歳 従一位 左大臣	永久元年（1113）	閏3月	20日～22日・27日・29日				国立公文書館所蔵『神木動座之記』四	南北朝写、興福寺大乗院旧蔵
		4月	1日・5日・9日～11日・13日・15日～18日					

※「俊房」欄では、その年の俊房の年齢および位階官職を記載した。ただし、年が連続している場合、位階官職については、前年より異動がある場合のみを示している。
※「自筆本」欄で○を付したのは、日記としての記事が存在しなくとも、具注暦として残っている場合を含む。
※「抄出本」・「史料大成」欄で○を付したのは、月やその大小、あるいは日付の記載のみで、日記としての記事が存在しない場合を含む。
※「史料大成」欄で網掛けとしたのは、この刊本に存在しない、あるいは部分的にしか存在しない年月日である。

俊　房	年月日			自筆本	抄出本	史料大成	底本候補	備　考
46歳 任大納言	承暦4年 （1080）	正月	1日･2日･4日～8日･10日･13日・14日・16日・18日		○	○	尊経閣文庫所蔵抄出本	
			24日（前闕）～30日	○	25日・26日	25日・26日	柳原本自筆暦記	
		2月	1日～29日	○	1日・4日・5日・9日	1日・4日・5日・9日		
		3月	1日～30日	○	13日・15日・17日・24日・26日・27日	13日・15日・17日・24日・26日・27日		
		4月	1日～29日	○	1日・6日・7日・16日	1日・6日・7日・16日		
		5月	1日～29日	○	「五月小」とあるのみ	○		
		6月	1日～30日	○	「六月大」とあるのみ	○		
		7月	21日（前闕）～29日	○	「七月」とあるのみ	○	柳原本自筆暦記	
		8月	1日～29日	○	1日・4日・14日・24日	○		
		閏8月	1日30日	○	「閏八月大」とあるのみ	○		
		9月	1日～29日	○		○		
		10月	1日～30日	○	8日～10日・17日	○		
		11月	1日～30日	○	2日・16日・17日・19日	○		
		12月	1日～30日	○	5日・6日・20日・29日	○		
47歳 兼按察使	永保元年 （1081）	正月	1日～3日・16日・24日～26日		○	○	尊経閣文庫所蔵抄出本	
		2月	3日・6日・9日		○	○		
			10日		○	○		
					○	○	宮内庁書陵部所蔵三条西本『改元部類記』永保	大永8年書写　三条西公条カ
		3月	9日・13日～16日・19日		○	○	尊経閣文庫所蔵抄出本	
		4月	19日		○	○		
		6月	30日		○	○		
		7月	15日（前闕）～29日	○		○	尊経閣文庫所蔵自筆暦記	
		8月	1日～29日	○		○		
		9月	1日～30日	○		○		
		10月	1日～29日	○	9日	○		
		11月	1日～30日	○	19日･22日･23日･29日	○		
		12月	1日～30日	○	3日・4日・16日・17日	○		
48歳 任右大臣	永保2年 （1082）	正月	1日･5日･7日･8日･12日･16日・18日・19日		○	○	尊経閣文庫所蔵抄出本	
		4月	13日				宮内庁書陵部所蔵伏見宮本『諸院宮御移徙部類記』上、花山院	鎌倉写
			14日		○	○	尊経閣文庫所蔵抄出本	
		7月	20日		○	○		
		10月	13日		○	○		
		12月	19日		○	○		
49歳 任左大臣	永保3年 （1083）	正月	1日・16日		○	○	尊経閣文庫所蔵抄出本	
		2月	16日・23日・25日		○	○		
		8月	6日		○	○		

俊　房	年月日			自筆本	抄出本	史料大成	底本候補	備　考
40歳 任権大納言	承保元年 (1074)	11月	28日		○	○	尊経閣文庫所蔵抄出本	
		12月	2日・10日・25日～27日		○	○		
41歳	承保2年 (1075)	正月	13日・16日・18日・20日		(○)	○	尊経閣文庫所蔵抄出本	抄出本で「二月」とされている記事は、実際には正月の記事
		2月			○			
		7月	11日・13日		○	○		
		8月	8日・16日		○	○		
		9月	10日・13日・17日・20日・25日・26日		○	○		
		10月	1日～3日・5日・6日・15日・16日・19日・21日・24日・26日・27日		○	○		
		11月	1日		○	○		
		12月	16日		○	○		
42歳	承保3年 (1076)	正月	7日・13日・16日・19日・20日		○	○	尊経閣文庫所蔵抄出本	
		2月	1日・6日		○	○		
		4月	9日		○	○		
		6月	2日・12日・13日・21日		○	○		
		7月			○	○		
		8月	4日・8日・18日		○	○		
		9月	9日・12日・16日～18日		○	○		
43歳 任太皇太后宮大夫	承暦元年 (1077)	正月	1日・5日～7日		○	○	尊経閣文庫所蔵抄出本	
			11日				立命館大学図書館所蔵西園寺文庫本『御遊抄』二、朝覲行幸、御遊	文明17年松木宗綱写
			16日・22日・23日・25日・27日・29日		○	○	尊経閣文庫所蔵抄出本	
		2月	1日・12日		○	○		
		5月	4日		○	○		
		6月	16日・18日・19日・24日		○	○		
		7月	19日～29日	○		○	尊経閣文庫所蔵自筆暦記	
		8月	1日～30日	○		○		
		9月	1日～30日	○		○		
		10月	1日～30日	○		○		
		11月	1日～29日	○		○		
		12月	1日～30日	○		○		
		閏12月	1日～29日	○		○		
44歳	承暦2年 (1078)	正月	2日・4日・6日・14日・17日・21日		○	○	尊経閣文庫所蔵抄出本	抄出本では「承保五年」とするが実際には承暦2年
		2月	2日		○	○		
		12月	19日・20日		○	○		
45歳	承暦3年 (1079)	正月	1日・5日・7日・16日		○	○	尊経閣文庫所蔵抄出本	抄出本の8月～10月の記事は、承暦4年の6月と7月の間に記載されている。また、8月2日条とした記事は、日付を闕くも、その内容より同日条と推定できる
		2月	13日・14日		○	○		
		4月	3日・26日		○	○		
		5月	2日・13日・15日・18日・19日		○	○		
		7月	10日・11日		○	○		
		8月	2日・21日・29日・30日		○			
		9月	9日・16日		○	○		
		10月			○	○		
		11月	4日		○	○		

表三　『水左記』の現存記事

俊房	年月日			自筆本	抄出本	史料大成	底本候補	備考
28歳 従二位 権中納言	康平5年 (1062)	正月	5日・27日・28日		○	○	尊経閣文庫所蔵抄出本	
		2月	19日		○	○		
		5月	6日		○	○		
29歳	康平6年 (1063)	正月	7日		○	○	尊経閣文庫所蔵抄出本	
		2月	1日・16日・25日・27日		○	○		
		3月	12日		○	○		
		6月	2日		○	○		
30歳 叙正二位	康平7年 (1064)	正月	22日（前闕）～30日	○		○（22日条なし）	伏見宮本自筆暦記	
		2月	1日～30日	○		○		
		3月	1日～30日	○		○		
		4月	1日～19日	○		○		
		5月	16日（前闕）～30日	○		○（16日条なし）		
		閏5月	1日～29日	○		○		
		6月	1日～29日	○		○		
		7月	19日（前闕）～30日	○		○	伏見宮本自筆暦記	
		8月	1日～29日	○		○		
		9月	1日～29日	○		○		
		10月	1日～30日	○		○		
		11月	1日～22日	○		○		
31歳 兼右衛門督	治暦元年 (1065)	正月	1日・5日・7日・23日		○	○	尊経閣文庫所蔵抄出本	
		2月	1日		○	○		
		3月	1日・22日・25日～29日		○	○		
		4月	1日・2日・5日		○	○		
		6月	3日・22日		○	○		
		8月	2日		○	○		
					○	○	宮内庁書陵部所蔵三条西本『改元部類記』治暦	大永8年書写　三条西公条カ
		9月	9日		○	○	尊経閣文庫所蔵抄出本	
32歳	治暦2年 (1066)	正月	22日		○	○	尊経閣文庫所蔵抄出本	
		2月	6日・14日～16日		○	○		
		3月	12日・13日・28日		○	○		
		6月	11日		○	○		
		7月	10日・11日		○	○		
		8月	23日・28日		○	○		
33歳 補検非違使別当	治暦3年 (1067)	正月			○	○	尊経閣文庫所蔵抄出本	
		閏正月	28日・29日		○	○		
		2月	25日		○	○		
		3月	13日		○	○		
		4月	14日・27日		○	○		
		5月	10日～12日		○	○		
34歳 遷左衛門督	治暦4年 (1068)	3月	23日		○	○	尊経閣文庫所蔵抄出本	
		4月	3日・19日		○	○		
		5月	10日		○	○		
35歳 辞検非違使別当	延久元年 (1069)	正月	21日・26日		○	○	尊経閣文庫所蔵抄出本	
		2月	17日		○	○		
		4月	13日		○	○		
38歳	延久4年 (1072)	12月	8日・12日・16日・24日				国立公文書館所蔵『御脱屣記』後冷泉院	南北朝写。押小路家旧蔵
?	年未詳	正月	2日		○	○	尊経閣文庫所蔵抄出本	

表二　自筆暦記（永保元年秋冬記）の法量

紙　数	A	B	C1	C2	C3	D
表紙見返	31.1	21.9				0.9
第1紙	12.1(27.2)	55.2	(3.8)	12.1(24.0)		0.3
第2紙	15.3(28.2)	55.8	2.5(4.0)	12.8(24.2)		0.3
第3紙	20.1(28.2)	55.8	3.2(4.0)	16.9(24.2)		0.3
第4紙	25.2(28.1)	55.6	3.5	21.7(23.9)	(1.7)	0.3
第5紙	26.2(29.2)	56.2	3.5	22.4(23.8)	(1.8)	0.2
第6紙	24.6(29.0)	55.8	3.5(3.7)	21.1(23.8)	(1.5)	0.1
第7紙	25.2(28.0)	55.9	2.7(3.7)	22.5(23.7)	(1.2)	0.2
第8紙	24.0(29.0)	55.2	1.2(3.6)	22.8(23.8)	(1.5)	0.3
第9紙	25.2(29.0)	55.8	2.2(3.6)	23.0(23.8)	(1.9)	0.1
第10紙	26.7(28.4)	55.6	2.8(3.5)	23.8	0.1(1.7)	0.2
第11紙	23.9(28.4)	55.4	2.9(3.4)	21.0(23.8)	(1.8)	0.3
第12紙	27.1(28.6)	56.0	1.7(3.2)	23.8	1.6(1.8)	0.2
第13紙	19.2(28.2)	55.9	1.2(3.1)	18.0(23.7)	(1.8)	0.2
第14紙	28.2(29.1)	55.6	3.2(3.4)	23.8	1.2(1.9)	0.3
第15紙	24.9(29.2)	55.6	2.9(3.4)	22.0(23.8)	(2.0)	0.3
第16紙	26.9(29.1)	55.7	3.2(3.4)	23.7(23.8)	(1.9)	0.3
第17紙	27.3(29.1)	55.5	1.6(3.4)	23.8	1.9	0.3
第18紙	25.1(28.6)	56.0	1.9(3.0)	23.2(23.8)	(1.8)	0.1
第19紙	29.1	55.3	3.5	23.8	1.8	0.3
第20紙	28.9	55.6	3.5	23.8	1.6	0.3
第21紙	28.5(29.0)	54.4	3.4(3.5)	23.8	1.3(1.7)	0.2
第22紙	27.1(29.1)	55.1	3.4(3.5)	23.7(23.8)	(1.8)	0.4
第23紙	28.0(28.9)	54.1	3.4	23.8	0.8(1.9)	0.5
第24紙	28.9(29.1)	54.8	3.0(3.2)	23.8	2.1	0.3
第25紙	29.1	54.7	3.1	23.7	2.3	0.3
第26紙	25.5(29.1)	55.1	0.7(3.2)	23.8	1.0(2.1)	0.3
第27紙	24.4(29.1)	54.6	0.9(3.1)	23.5(23.8)	1.7(2.2)	0.2
第28紙	25.0(29.6)	47.9	3.0(3.7)	22.0(23.9)	(2.0)	0.3
軸　長	31.9					
軸　径	1.7					

＊第28紙が軸付けされている。Bの数値は軸際まで。

表一　自筆暦記（承暦元年秋冬記）の法量

紙　数	A	B	C1	C2	C3	D
表紙見返	30.5	21.8				0.9
第１紙	26.7(29.5)	49.1	1.3(3.3)	23.4	2.0(2.8)	0.4
第２紙	28.1(29.5)	49.3	3.3	23.5	1.3(2.7)	0.5
第３紙	28.6(30.0)	49.3	3.2	23.5	1.9(3.3)	0.2
第４紙	29.4(30.4)	49.4	3.3	23.7	2.4(3.4)	0.4
第５紙	30.3	49.3	3.5	23.5	3.3	0.5
第６紙	28.8(30.3)	49.5	3.4	23.5	1.9(3.4)	0.3
第７紙	28.2(30.2)	49.5	3.4	23.5	1.3(3.3)	0.3
第８紙	29.0(30.2)	49.6	3.3	23.6	2.1(3.3)	0.4
第９紙	30.2	49.6	3.3	23.6	3.3	0.2
第10紙	30.3	49.4	3.5	23.5	3.3	0.4
第11紙	30.3	49.8	3.6	23.5	3.2	0.2
第12紙	25.5(30.2)	49.7	1.0(3.5)	23.5	1.0(3.2)	0.4
第13紙	29.7(30.3)	49.8	3.3	23.7	2.7(3.3)	0.4
第14紙	28.9(30.3)	49.8	3.3	23.6	2.0(3.4)	0.3
第15紙	29.1(30.3)	49.8	2.1(3.3)	23.7	3.3	0.5
第16紙	29.0(30.2)	49.8	3.1	23.6	2.3(3.5)	0.4
第17紙	28.1(30.3)	49.8	1.0(3.2)	23.7	3.4	0.2
第18紙	30.2	49.6	3.2	23.7	3.3	0.2
第19紙	30.2	49.8	3.3	23.5	3.4	0.4
第20紙	30.3	49.8	3.5	23.5	3.3	0.3
第21紙	26.8(30.2)	49.7	3.1	23.6	3.2(3.5)	0.4
第22紙	28.0(30.2)	49.9	1.1(3.3)	23.7	3.4	0.3
第23紙	27.9(30.2)	49.7	0.9(3.2)	23.7	3.3	0.3
第24紙	30.2	49.9	3.3	23.6	3.3	0.2
第25紙	28.4(30.2)	49.9	3.5	23.7	1.2(3.0)	0.1
第26紙	29.0(29.9)	49.9	2.2(3.1)	23.7	3.1	0.3
第27紙	29.7(30.3)	49.8	2.8(3.1)	23.6	3.3	0.3
第28紙	30.1(30.1)	49.8	3.3	23.6	3.2	0.3
第29紙	27.2(30.0)	49.9	2.6(3.3)	23.7	0.8(2.9)	0.2
第30紙	30.1	49.8	3.5	23.5	3.1	0.6
第31紙	30.0	45.1	3.5	23.5	3.0	0.4
第32紙	29.8	53.0	3.1	24.7	2.0	0.3
第33紙	30.0	52.9	2.9	24.8	2.3	0.3
第34紙	30.0	53.1	2.9	24.8	2.3	0.3
第35紙	29.8	52.9	2.8	24.8	2.2	0.2
第36紙	29.8	53.0	2.9	24.8	2.1	0.3
第37紙	29.8	46.8	2.7	23.7	3.4	0.3
軸　長	31.5					
軸　径	1.7					

＊第37紙が軸付けされている。Bの数値は軸際まで。

法量表

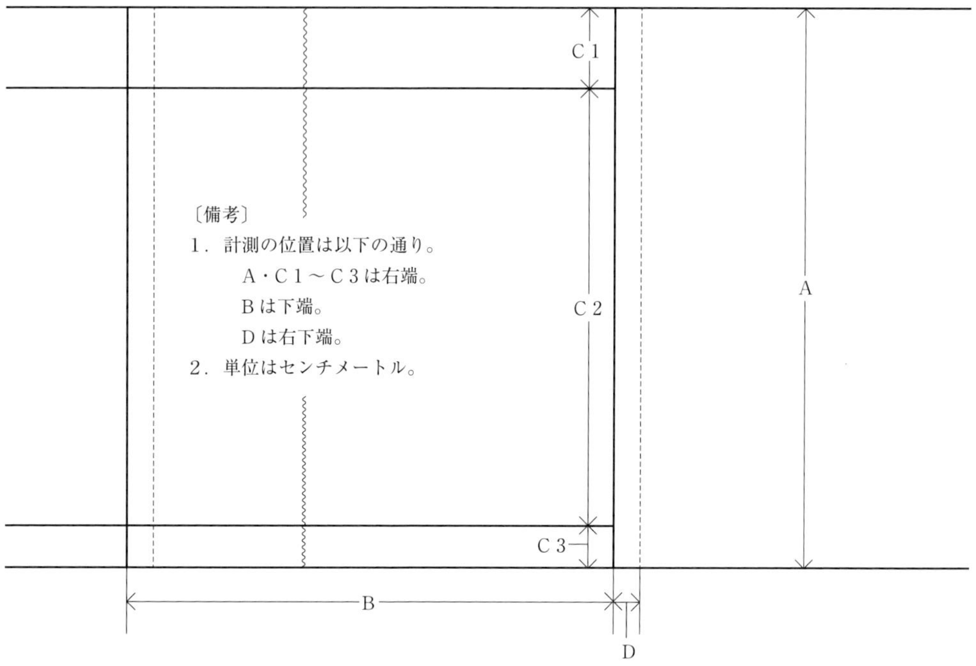
C1
C2
C3
A
B
D
〔備考〕
1. 計測の位置は以下の通り。
A・C1～C3は右端。
Bは下端。
Dは右下端。
2. 単位はセンチメートル。

＊表一・表二は、各紙の別示したような箇所の法量を計測したものであるが、その箇所に破損がある、あるいは完全に破損している場合、同紙内の他の箇所から本来の姿に近い数値を推定し、（　）でくくって計測値の後ろに付記した。

附：三種の界高・界幅

	界高1	界高2	界高4	界高5	界高6	界高7	界幅
第１紙	3.4	4.6	2.2	14.2	3.6	30.4	2.3
第32紙	3.6	6.0	2.0	14.6	2.3	30.6	2.4
第37紙	3.4	5.2	2.7	13.1	3.5	30.6	2.8

尊経閣善本影印集成 65

水左記（すいさき）

発行　平成二十九年五月三十日

定価　（本体三二、〇〇〇円＋税）

編集　公益財団法人　前田育徳会尊経閣文庫
東京都目黒区駒場四－三－五五

発行所　株式会社　八木書店古書出版部
代表　八木乾二
東京都千代田区神田小川町三－八
電話　〇三－三二九一－二九六九〔編集〕
　　　　　　　　　　－六三〇〇〔ＦＡＸ〕

発売元　株式会社　八木書店
東京都千代田区神田小川町三－八
電話　〇三－三二九一－二九六一〔営業〕
　　　　　　　　　　－六三〇〇〔ＦＡＸ〕

製版・印刷　天理時報社

製本　博勝堂

ISBN978-4-8406-2365-0　第八輯　第5回配本

Web https://catalogue.books-yagi.co.jp/

E-mail pub@books-yagi.co.jp